디지털콘텐츠거래와 소비자보호법

고형석

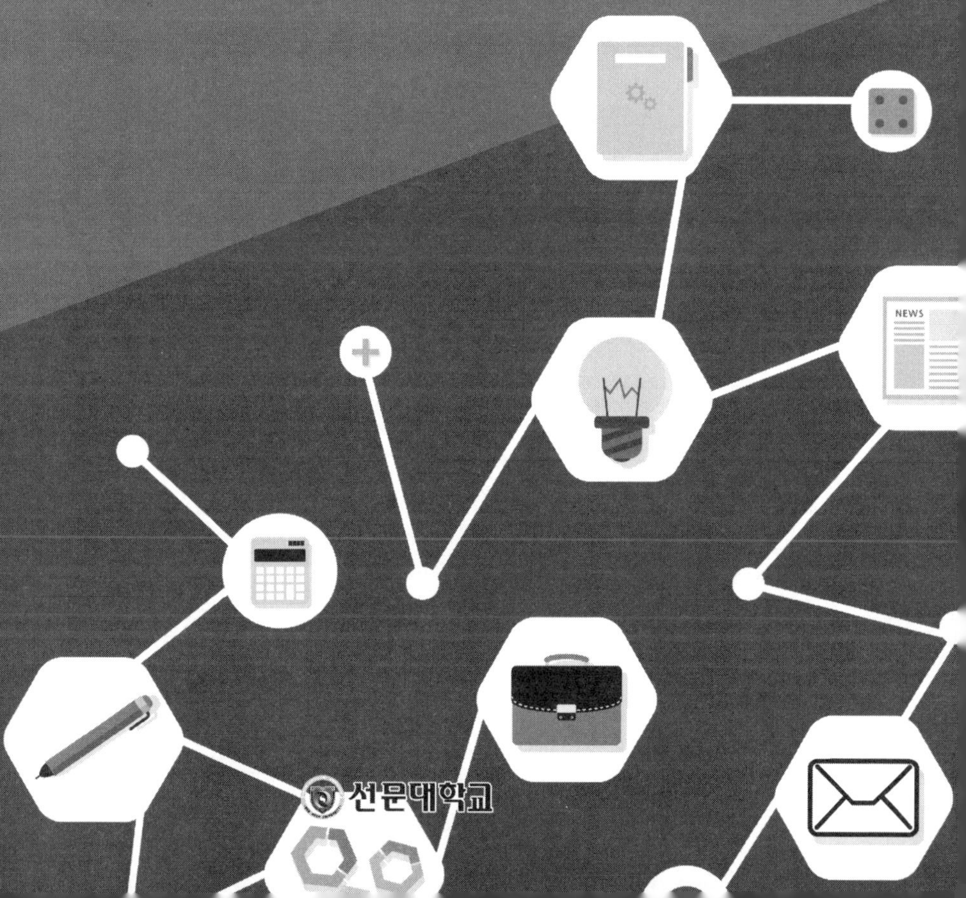

선문대학교

저자 약력

고형석

선문대학교 법학과 교수(현)
한국소비자원 정책연구실 기획위원
한국소비자법학회/한국스포츠엔터테인먼트법학회 상임이사
변호사시험/사법시험/소비자전문상담사 시험위원
한국해양대학교 대학원 수료(법학박사)
한국소비자원 정책연구실 선임연구원
부경대학교 법학연구소 전임연구교수

디지털콘텐츠거래와 소비자보호법

초판 1쇄 인쇄 • 2015년 2월 25일
초판 1쇄 발행 • 2015년 2월 28일

지은이 • 고 형 석
발행인 • 황 선 조
발행처 • 선문대학교 출판부
등록번호 • 제 9호
등록일 • 1998년 9월 25일
주소 • (336-708) 충남 아산시 탕정면 선문로 221번길 70
전화 • (041)530-2827 팩시밀리 (041)530-2979

디자인 · 인쇄 • 다해 (02)2266-9247

판매가 17,000원

ISBN 978-89-8423-765-0 93330

디지털콘텐츠거래와 소비자보호법

고 형 석

머리말

농업혁명과 산업혁명은 그 명칭에서 볼 수 있듯이 인간의 문명에 획기적인 변화를 가져왔다. 이후 20세기 후반에 들어오면서 인류는 또 하나의 커다란 변화에 직면하게 되었으며, 단순한 정보처리장치로 발명되었던 컴퓨터가 통신의 기능까지 겸비하면서 기존 오프라인의 생활영역과 더불어 가상공간(Cyber-Space)이라는 새로운 생활영역을 발생시켰다. 물론 인터넷이 등장하였던 20세기 말은 거래방식의 변화가 주를 이루었다. 즉, 인간이 재화 등을 거래함에 있어서 대면하여 계약을 체결하는 방식이었지만, 인터넷의 등장으로 인하여 비대면 자동화된 계약체결방식인 전자상거래의 등장과 발전으로 이루어지게 되었다(인터넷혁명 1.0). 그러나 21세기의 시작과 더불어 이러한 인터넷혁명은 단지 계약체결방식의 변화에서 나아가 온라인에서의 생활 그 자체가 가능하게 되었으며, 이는 급부의 목적물이 유체재화에서 무형의 재화인 디지털콘텐츠의 발전에 기인한다. 물론 인터넷혁명 1.0 시대에서도 디지털콘텐츠가 존재하였지만, 그 유형 및 범주는 제한적이었다. 즉, 이 당시의 정보처리장치는 PC가 주를 이루었으며, 이를 고정된 상태에서의 이용이었다. 그러나 이동식 정보처리장치의 발전은 단지 계약체결에서 벗어나 그 자체내에서 이용을 요구하게 되었으며, 이를 위하여 매우 다양한 형태의 디지털콘텐츠의 개발 및 보급이 시장에서 요구되었다. 그 기폭제 역할을 한 것이 바로 스마트폰의 등장이다(모바일혁명 또는 인터넷혁명 2.0). 즉, 이동식 통신수단으로 역할을 하던 휴대폰에 정보처리기능 및 인터넷 기능을 가미하여 이용자가 언제 어디에서든지 온라인을 접속할 수 있는 환경이 조성되었으며, 이에 따라 스마트폰에서 이용할 수 있는 디지털콘텐츠의 발전은 필연적이었다. 따라서 디지털콘텐츠산업 및 시장은 급속도로 발전하고 있으며, 현재 완료형이 아닌 진행형이기 때문에 어떠한 형태로 전개될 것인가를 예단하는 것은 사실상 불가능하다.

이처럼 인터넷혁명 2.0은 인간에게 더욱 많은 편익을 제공하고 있지만, 이로 인하여 기존에 경험하지 못하였던 새로운 유형의 법적 분쟁을 야기하고 있기도 한다. 이러한 문제는 계약의 체결 등에서 발생하는 것과 디지털콘텐츠를 이용하면서 발생하는 것으로 구분할 수 있으며, 이 역시 기존 계약법 또는 소비자보호법으로 충분히 해결할 수 있다고 주장할 수 있다. 이러한 점이 현재 입법자들의 입장이라고 할 수 있다. 즉, 디지털콘텐츠거래로 인하여 다양한 소비자문제가 발생하고 있지만, 이 문제에 대한 해결방안으로써 입법을 통한 해결을 추진하고 있지 않기 때문이다. 그러나 디지털콘텐츠거래와 관련한 소비자보호문제는 기존의 법제로 그 모든 문제를 해결할 수 없다. 즉, 계약체결의 방식이 전자상거래이기 때문에 유체재화에 대한 전자상거래와 동일하게 평가하고, 기존 전자상거래법을 통하여 이 문제를 해결하는 것은 디지털콘텐츠 및 디지털콘텐츠의 특성을 전혀 고려하지 않은 것이다. 그 결과 현행의 법제도만으로 디지털콘텐츠거래분야에서 소비자를 충실하게 보호할 수 없을 뿐만 아니라 일부의 분야에서는 과도하게 소비자를 보호함으로써 디지털콘텐츠산업의 발전을 저해하는 경우까지 발생하고 있다. 물론 이 분야의 문제를 해결함에 있어서는 단지 입법론으로 해결하여야 하는 것은 아니며, 해석론을 통하여도 해결할 수 있는 경우도 존재할 수 있다. 그러나 현행의 법제도는 디지털콘텐츠거래가 활성화되기 이전에 제정된 것이기 때문에 디지털콘텐츠 또는 디지털콘텐츠거래의 특성을 반영하고 있지 않다. 그 결과 해석론으로 이 문제를 해결할 경우, 적절한 해결방안을 제시하는 것이 아닌 또 다른 문제를 야기할 수 있다는 점에서 해석론을 통한 해결은 한계가 있다. 따라서 디지털콘텐츠 및 디지털콘텐츠거래의 특성을 감안하여 이 분야의 소비자문제를 적절하게 해결할 수 있는 입법적 측면에서의 해결방안의 모색이 필요하다.

필자는 소비자문제에 대한 법적 개선을 위해 다수의 논문과 책을 서술하였으며, 특히, 디지털콘텐츠거래분야에서의 소비자문제에 관한 다수의 논문을 발표하였다. 이러한 논문들은 이 책을 집필함에 있어서 기초가 되었다. 다만, 논문의 지면 등의 관계로 인하여 서술하지 못하였던 점을 보완하고, 디지털콘텐츠거래에서의 소비자문제를 종합적인 체계하에 서술하고자 이 책을 집필하게 되었다. 물론 그 표제는 디지털콘텐츠거래와 소비자보호법이라고 하고 있지만, 청약철회권이 중심이다. 이는 청약철회권에 관한 논의가 많지 않을 뿐만 아니라 이 분야에서 가장 쟁점이 되고 있기 때문이다. 이외에도 정보제공, 결제, 불완전이행, 해제 또는 해지, 손해배상책임 등 디지털콘텐츠거래와 관련한 매우 다양한 쟁점들이 존재하며, 이 역시 지속적인 연구가 필요한 분야이다. 이 부분에 대하여는 추가적인 연구를 통하여 보완할 예정이다.

이 책의 발간까지 많은 분들이 도움을 주셨으며, 이 분들께 지면으로 통해서나마 감사의 인사를 전하고자 한다. 먼저, 목포와 삼랑진에 계시는 어머님과 장모님, 아내 및 도원과 범경 그리고 가족들에게 감사를 드린다. 또한 이 책의 구체적인 내용에 있어서 직・간접적으로 많은 조언을 하여 주신 모든 분들께 감사를 드린다.

2015년 1월

저자 씀

목 차

제1장
계약과
계약의 구속력

제1절 시민법과 사회법

1. 절대왕정의 붕괴와 시민국가의 등장

1789년 프랑스 대혁명(French Revolution, 1789-1799)은 절대왕정, 봉건주의, 신분제 사회로 대표되는 중세를 붕괴하고, 시민국가로 명명되는 근대의 시작을 알리는 서막을 장식하였다. 즉, 중세국가는 국왕을 중심으로 한 절대왕정시대였으며, 엄격한 신분제 사회였다. 따라서 모든 문제는 자신의 신분에 의하여 해결되었다. 이러한 신분은 자신의 노력에 의하여 취득하는 후천적 신분이 아닌 선천적 신분, 즉 자신의 부모로부터 물려받은 신분이었다. 그 결과 법 역시 이러한 신분제도를 유지 및 발전시키는 것을 내용으로 하였기에 공법 중심으로 구성될 수 밖에 없었다. 그러나 18세기 후반부터 시작된 시민혁명은 신분에 의한 인간의 불평등을 타파하였으며, 모든 인간의 법 앞에서의 평등을 주창하게 되었다. 그 결과 인간불평등의 근원인 신분제도는 폐지되었으며, 신분제도를 근간으로 한 국가 및 사회의 모든 질서는 다른 질서로 대체될 수 밖에 없었다. 이러한 점은 법의 영역에 있어서도 지대한 영향을 주었으며, 공법 중심으로의 사회에서 공법과 사법으로 이원화되는 사회로의 전환이 시작되었다. 즉, 신분제 사회에서는 사인간에서 발생하는 문제 역시 주로 공법에 의하여 해결되었기에 사법의 중요성은 공법에 비교하여 매우 미흡할 수 밖에 없었다. 그러나 신분질서의 폐지는 사인간의 관계를 규율하는 또 다른 질서를 요구할 수 밖에 없었고, 이로 인하여 사법적 질서가 발전하게 되었다.

2. 신분에서 계약으로의 전환

사법적 질서에 있어서 가장 핵심적인 문제는 모든 문제의 해결기준으로 작용하였던 신분질서를 근대 시민국가에서는 무엇으로 대체할 것인가의 문제였다. 그 해결기준의 정립은 근대시민국가의 인간상에서 출발하게 된다. 즉, 근대시민국가에서의 인간상은 합리적인 이성을 가진 추상적 인간을 전제로 한다. 14세기 이후 16세기까지 전개된 르네상스(Renaissance)는 인간 중심, 인간에 대한 재발견이었으며, 이는 시민혁명에 지대한 영향을 부여하였다. 따라서 시민국가에서는 합리적인 이성을 가진 인간과 인간의 평등성을 근간으로 기존 신분질서를 대체할 요소로써 인간의 의사를 제시하게 되었다. 즉, 자신을 구속하는 근거는 선천적으로 취득한 신분이 아닌 자신의 의사에서 기인하며, 합리적으로 사고할 수 있는 능력을 가지고 있다는 전제하에서 시작된다. 따라서 중세사회의 대표적인 요소가 신분이라고 한다면 근대사회는 의사, 즉 합리적인 이성을 가진 자간의 합의인 계약이 핵심적인 요소로 작용하게 되었다.

이는 타인과의 법률관계를 형성함에 있어서 자신의 합리적인 의사에 기초하여야 함을 의미하는 것을 말하며, 이를 사적자치의 원칙이라고 한다. 즉, 상명하복(上命下服)의 방식이 아닌 자유로운 상태에서 합리적으로 결정한 자신의 의사에 기속됨을 말한다. 그러나 그 합의를 반드시 하여야 하는 것은 아니다. 즉, 타인과의 법률관계를 형성할 의사가 있는 경우에 한하여 계약을 체결하기 때문에 이러한 의사가 없음에도 불구하고 타인과 계약을 체결하여야 하는 것은 아니다. 따라서 사적자치의 원칙(법률행위 자유의 원칙, 계약자유의 원칙)은 구체적으로 다음의 4가지로 구성된다. 첫째, 체결의 자유이다. 즉, 당사자가 상대방과 계약을 체결할 것인지 아니면 체결하지 않을 것인지를 자유롭게 결정할 수 있다는 것을 의미한다. 둘째, 상대방 선택의 자유이다. 즉, 당사자가 계약을 체결하고자 하더라도 모든 상대방과 계약을 체결하여야 하는 것이 아닌 자신이 원하는 상대방과 계약을 체결할 수 있음을 의미한다. 셋째, 방식의 자유이다. 즉, 상대방과 계약을 체결함에 있어서 일정한 물건의 수수가 필요한 것인지 아니면 당사자간의 의사의 합치만으로 성립을 인정할 것인지의 문제에서 비롯하여 후자의 경우 반드시 일정한 양식으로 구성된 서면으로 체결할 것인지 아니면 단순히 구두(말)에 의한 의사의 합치까지 그 효력을 인정할 것인지의 문제이다. 물론 방식의 자유가 인정된다고 함은 계약의 성립을 위하여 일정한 물건의 수수(授受)가 필요하지 않으며, 의사표시의 방법에 있어서도 제한이 없다는 것을 의미한다. 따라서 단순히 당사자간 의사의 합치만 존재하면 계약은 성립하며, 그 방식 역시 반드시 서면으로 이루어질 필요없이 구두에 의한 경우까지 포함한다. 마지막으로 내용구성의 자유이다. 타인과의 합의를 통하여 법률관계를 구성함에 있어서 구체적인 내용을 무엇으로 정할 것인가에 대하여는 법에서 그 내용을 제시하는 것이 아닌 법의 틀 속에서 당사자가 자유롭게 정할 수 있었다. 물론 그 자유가 무제한적으로 허용되는 것이 아닌 일정한 제약 범위내에서만 인정된다. 그 대표적인 기준이 신의성실의 원칙, 권리남용금지의 원칙, 선량한 풍속 기타 사회질서 등이며, 이에 반하지 않는 한 당사자는 합의를 통하여 계약의 내용(당사자의 권리와 의무)을 정할 수 있었다. 이러한 사적자치의 원칙은 중세사회의 기준인 신분질서를 대체하는 가장 기본적인 질서로 근대사회를 유지하는 가장 근본적인 기초가 되었다.

그럼 근대사회에서의 사법적 질서의 근간이 되었던 사적자치의 원칙은 현대에서도 그대로 유지되는가? 물론 현대사회가 근대사회와 동일하다고 할 수 없지만, 그 근본까지 변화되었다고 할 수 없다. 따라서 현대사회에 있어서도 사적자치의 원칙이 유지되고 있지만, 그 내용에 있어서 일부 변화되었다. 이를 상기의 4가지 측면에서 살펴보면 다음과 같다. 먼저, 체결의 자유와 상대방 선택의 자유는 일부 계약에 있어서 제한된다. 즉, 전기, 수도, 가스, 대중교통 등과 같은 공공재화 또는 공공서비스는 현대사회에서 인간이 인간다운 생활을 영위하기 위한 필수재이다. 따라서 이러한 공공재화등에 대하여 체결 및 상대방 선택의 자유를 다른 재화등에 관한 계약과 동일하게 인정할 경우 이를 이용할 수 없는 자가 발생하게 되며, 이에 따라 인간다운 생활을 영위할 수 없게 된다. 그러므로 이러한 분야에 대하여는 체결 및 상대방선택의 자유가 제한되어 그 사용을 원하는 자와 무조건적으로 계약을 체결하여야 한다. 그러나 체결 및 상대방 선택의 자유가 제한된다는 의미는 합리적으로 공공재화등을 이용하는 자의 이용신청을 거절할 수 없다는 것을 의미하기 때문에 대금의 미지급에 따른 해지(전기공급의 중단 등), 다른 이용자의 이용에 현저한 피해를 유발할 수 있는 자(만취자 또는 혐오물건의 소지자 등)의 대중교통이용에 대한 제한은 가능하다. 또한 방식의 자유 역시 일부 계약의 경우 제한된다. 즉, 일반적으로 구두에 의한 계약의 효력은 인정되지만, 일정 계약의 경우 반드시 서면에 의한 체결이 요구된다. 물론 계약체결에 있어서 서면성이 요구된다고 할 때, 서면요건의 불충족의 효과가 모두 동일하다고 할 수 없다. 즉, 서면요건에 관한 규정의 법적 성질이 효력규정에 해당하는 경우와 단속규정에 해당하는 경우로 구분되며, 전자를 위반할 경우 당해 계약은 무효이지만, 후자를 위반할 경우 행정적 규제를 받는 것은 별도로 하더라도 사법상의 효력 그 자체가 부정되는 것은 아니다. 또한 방식의 자유와 관련하여 구분하여야 할 것이 계약서 교부의무이다. 즉, 개별 법령에서는 계약의 체결방식에 대하여는 제한을 두지 않은 반면에 계약체결시 상대방에 대하여 계약서를 교부할 의무를 부과하고 있는 경우가 존재한다. 이 경우 계약서 교부의무는 당해 계약의 효력과는 어떠한 관계가 있는가? 사업자가 계약서의 교부의무를 이행하지 않은 경우 그 자체만으로 사법상의 효력에는 영향이 없다. 따라서 당해 계약은 그대로 유효하지만, 공법적 제재(과태료 등)를 받을 뿐이다. 그러나 계약서를 교부하지 않은 경우 후술하는 청약철회권의 행사기간이 연장될 수 있다. 마지막으로 법률행위의 내용결정의 자유는 약관의 등장으로 인하여 많은 변화가 발생하였다. 즉, 계약의 내용은 당사자간의 합의를 통하여 정하는 것이 원칙이지만, 현대사회의 특징인 대량거래에서는 당사자간 직접적인 합의방식에 의하여 해결할 수 없게 되었다. 즉, 다수의 상대방과 별도로 계약내용을 협의한다는 것은 양자 모두에게 번거로움을 주게 되었으며, 이에 사업자는 다수의 상대방과 일시에 계약을 체결하기 위하여 사전에 계약의 내용을 정하고, 이를 상대방에게 제시하여 상대방이 이를 수락하였을 경우 계약의 내용으로 편입하는 약관을 통한 계약(부합계약)을 체결하게 되었다. 따라서 계약내용결정의 자유는 약관을 통하여 이루어지고 있다고 하더라도 과언은 아니다. 그러나 약관의 등장은 계약체결의 편리성을 부여함과 동시에 역으로 상대방에게 내용결정의 자유를 박탈하게 되는 결과가 발생하게 되었다. 즉, 상대방은 사업자가 제시한 약관에 대하여 동의할 것인지 아니면 거절하고 다시 계약내용에 대하여 협상할 것인지에 대한 선택권은 존재하지 않는다. 물론 이론상으로 가능하다. 그러나 사업자가 약관을 거절한 상대방과는 계약을 체결하지 않기 때문에 협상권은 사실상 무의미하다. 따라서 상대방은 사업자가 작성한 약관에 대하여 동의할 수 밖에 없는 상황이며, 그 내용은 작성자인 사업자에게 유리한 방향으로 설정될 가능성이 높다. 그 결과 약관의 작성과정에 참여하지 못한 상대방의 이익을 고려할 필요가 있으며, 이에 따라 약관의 내용에 대한 통제가 필요하게 되었다.

3. 사회법의 등장

근대시민법상 기본원리인 사적자치의 원칙은 현대에 들어오면서 일부에 한하여 그 내용이 수정되었지만, 그 근본은 여전히 유지되고 있다. 그러나 이는 민법을 필두로 한 사법관계에 국한된다. 즉, 공・사법으로 명확히 구분되었던 근대국가와 달리 현대국가는 공・사법 이외에 새로운 법 영역이 등장하게 되었으며, 이것이 바로 사회법분야이다. 이러한 사회법 중 근대자본주의의 병폐를 해소하고자 기존 사법질서만으로 해결할 수 없는 분야에 대하여 공법적 요소를 가미하여 경제정의를 실현하는 것을 목적으로 하는 법 분야가 새롭게 등장하였으며, 이를 경제법이라고 한다. 경제법은 다시 사업자간의 거래분야에서 불공정거래행위를 규율함으로써 공정거래질서환경의 조성을 목적으로 하는 공정거래법 등과 사업자와 소비자간 거래분야에서 공정거래질서의 확립 및 소비자보호를 목적으로 하는 소비자보호법으로 구분된다. 특히, 소비자보호법상 보호대상자인 소비자는 근대민법에서 전제하였던 인간상인 추상적 인간상이 아닌 구체적인 인간상을 전제로 하고 있다. 즉, 소비자는 자신의 행위의 의미에 대하여 합리적으로 판단하고, 자신에게 유리한 방향으로 법률관계를 형성할 수 있는 자가 아닌 상대방의 권유 등에 의하여 즉흥적으로 계약체결의사를 결정하는 자이다. 또한 소비자계약의 당사자인 사업자와 소비자의 관계는 근대민법에서 전제로 한 대등당사자가 아닌 사업자가 실질적인 우위관계를 차지하고 있다. 따라서 사업자와 소비자간의 관계는 근대민법에서 전제하였던 합리적인 이성을 가진 자간의 동등한 관계가 아니다. 그럼에도 불구하고 양자를 형식적으로 동등하다고 판단하여 다른 자간의 관계와 동일하게 취급하는 것은 평등의 이름으로 불평등을 합법화하는 결과를 야기하기 때문에 양자간의 격차를 인정하고 이를 달리 대우하는 것(같은 것은 같게, 다른 것은 다르게)이 필요하게 되었다. 그 결과 소비자보호법에서는 기존 사법질서에서 인정되지 않았던 사업자의 의무와 소비자의 권리를 부여하게 되었으며, 이는 양자간의 격차를 인정하고 달리 대우하는 것으로 이 분야에 있어서 실질적 평등을 실현하는 것이다.

제2절 계약의 구속력과 청약철회권

1. 소비자계약에 있어서 계약의 구속력

사인간의 법률관계를 구성하는 가장 대표적인 방안이 바로 계약임을 앞에서 살펴보았다. 이러한 계약에 따라 양당사자를 구속하는 가장 근본적인 이유는 합리적인 이성을 가진 자간의 합의이다. 따라서 일방이 이미 성립한 계약을 일방적으로 파기하는 것은 합의에 의하여 성립한 법률관계를 깨뜨리는 것으로 용납될 수 없을 뿐만 아니라 이로 인하여 상대방에게 발생한 손해에 대하여 배상하여야 함은 지극히 당연하다고 할 것이다. 이러한 계약의 구속력에서 더 나아가 민법에서는 청약의 구속력까지도 인정하고 있다. 즉, 계약은 청약과 승낙이라는 의사표시의 합치에 의하여 성립하지만, 일방의 의사표시인 청약이 효력을 발생한 시점(상대방에게 도달한 시점)부터 구속력을 인정하여 청약자의 임의적 철회를 부정하고 있다(민법 제527조). 이는 청약을 받은 상대방이 승낙을 함으로써 계약이 성립하기 때문에 승낙자는 계약의 이행을 위하여 준비활동을 하게 된다. 만일 청약자의 임의적 철회를 인정할 경우 승낙자는 예상하지 못한 손해를 입을 수 있다는 점에서 청약의 구속력을 인정하고 있다. 그러나 이러한 청약의 구속력 또는 계약의 구속력은 특수한 소비자계약에서는 예외적으로 인정되지 않는다. 즉, 소비자계약의 일 주체인 소비자 역시 자연인에 해당하지만, 민법에서 전제하는 추상적 인간이 아닌 구체적 인간이다. 따라서 합리적인 판단하에 계약체결의사를 결정하는 것이 아닌 사업자의 권유 등에 따라 즉흥적으로 구매의사를 결정한다. 물론 이러한 의사를 결정한 것은 소비자 자신이기 때문에 이에 따른 책임 역시 스스로 부담하여야 함은 민법적 사고에서는 당연하다고 할 것이다. 그러나 이러한 계약체결의사를 결정한 것은 사업자 등의 특수한 거래방식에서 비롯되었기 때문에 전적으로 소비자만의 책임으로 전가하기는 곤란하다. 따라서 이러한 경우에 있어서 소비자를 보호하기 위한 방안이 필요하게 되었으며, 그 방안으로 도입된 것이 소비자의 청약철회권이다. 즉, 민법에서 인정되고 있는 계약의 구속력은 일부 소비자계약에 적용되지 않다. 그렇다고 하여 모든 소비자계약에 대하여 청약철회권이 인정되는 것은 아니다. 즉, 청약철회권을 부여하는 취지는 소비자의 합리적인 계약체결의사가 방해될 수 있는 경우에 국한되기 때문에 소비자계약 중 특수한 거래방식에 의하여 체결되는 소비자계약에 국한된다.

2. 디지털콘텐츠거래와 청약철회권

21세기에 들어오면서 급속도로 증가하고 있는 거래 형태가 디지털콘텐츠거래이다. 물론 계약의 체결과정만을 본다면 20세기 후반부터 시작되어 급속도로 발전하고 있는 전자상거래와 동일하다. 그러나 기존 전자상거래는 계약체결만 온라인을 통하여 이루어질 뿐 그 이행은 오프라인을 통하여 이루어졌다. 이는 급부의 목적물이 유체재화이기 때문에 당연하다고 할 수 있다. 그러나 디지털콘텐츠거래는 디지털콘텐츠를 대상으로 하기 때문에 정보통신망을 통하여 이행이 가능하다. 따라서 계약의 체결에서 이행까지 모두 온라인을 통하여 이루어진다. 물론 디지털콘텐츠거래는 전자상거래의 방식으로 이루어지기 때문에 특수거래방식에 의하여 이루어진다는 점에서 청약철회권 역시 인정된다. 또한 디지털콘텐츠는 일반 유체재화와 달리 그 내용을 파악할 수 없다는 특징을 가지고 있기 때문에 소비자가 자신의 구매의사를 재차 판단할 수 있는 기회를 부여하여야 하기 때문에 청약철회권의 필요성은 더욱 강조되지만, 디지털이라는 특성은 일반 재화와 동일하게 청약철회권을 부여할 수 있는가에 대한 의문점을 제기하게 된다. 따라서 디지털콘텐츠거래분야에 있어서 청약철회권의 인정문제가 최대의 입법과제 중 하나로 제기되고 있다.

3. 청약철회권의 본질에 적합한 법질서 정립의 필요성

상기에서 살펴본 바와 같이 민법의 기본원리인 계약의 구속력에 대한 예외로 소비자계약분야에서는 청약철회권을 소비자에게 부여하고 있다. 물론 이러한 청약철회권은 영미법 국가에서 처음 인정된 제도이지만, 대륙법계 국가에서도 이를 광범위하게 수용하고 있다. 이러한 점은 우리의 법에 있어서도 동일하며, 초기 소비자계약법분야에 도입되었던 청약철회권은 매우 다양한 영역에서 인정되고 있다. 물론 그 용어를 청약철회라고 표현하고 있는 경우도 존재하지만, 해제 등의 다양한 표현을 사용하면서 이를 수용하고 있다. 그러나 소비자계약 등에서 일반화되고 있는 청약철회권에 대하여는 다른 계약해소권과 달리 본질적인 측면에서의 연구가 진행되지 않은 상태에서 구체적인 문제점을 해결하기 위한 방안으로 도입된 결과 많은 분야에서 문제점이 도출되고 있다. 이러한 점은 청약철회권의 존재의의를 단지 당해 문제점을 해결하기 위한 하나의 방편으로 전락하는 결과를 유발시키게 되며, 이를 통한 소비자계약의 발전은 도모할 수 없는 장애물로 작용할 수 있다. 또한 청약철회권의 근본적인 문제점에 대한 규명이 진행되지 않은 결과 이해관계자간의 첨예한 대립이 진행되고 있으며, 법 집행기관 역시 혼란을 겪고 있다. 따라서 청약철회권이 도입된 후 20여년이 경과한 현 시점은 매우 늦은 감이 없지는 않지만, 더 이상 이 분야에 대한 종합적이고, 본질적인 내용에 대한 규명을 미루는 것은 현재 제기되고 있는 청약철회권과 관련된 문제점을 더욱 악화시키는 결과를 야기한다. 그러므로 청약철회권의 제반 내용에 대한 심도있는 연구를 통하여 현재 제기되고 있는 다양한 문제점에 대한 근본적인 해결방안을 강구할 필요가 있다. 특히, 비교적 최근에 등장하여 급속도로 발전하고 있는 디지털콘텐츠거래분야에서 청약철회권의 문제 역시 집중적으로 다룰 필요가 있다. 이는 계약체결의 특수성뿐만 아니라 급부의 목적물에 있어서 특수성이 있기 때문에 기존 유체재화에 대한 거래를 대상으로 한 청약철회제도가 디지털콘텐츠거래에 그대로 적용하는 것이 과연 타당한 것인가의 문제가 발생하고 있기 때문이다. 따라서 디지털콘텐츠 및 디지털콘텐츠거래의 특성을 고려하여 기존의 청약철회제도가 과연 이 분야에 적용하는 것이 타당한 것인지에서부터 시작하여 타당하지 않다면 그 본질에 적합한 청약철회제도는 어떻게 설정되어야 하는지에 대한 연구가 필요하다. 이를 위하여 다음과 같은 점이 구체적으로 논의되어야 한다. 첫째, 청약철회권 그 자체에 대한 규명이 필요하다. 즉, 청약철회권이 과연 어떠한 권리이며, 왜 필요한 것인가에서 시작하여 다른 계약해소권과는 어떠한 점에서 동일하며, 차이가 있는 것인가의 문제를 비롯하여 어느 범주까지 허용될 수 있는가에 대한 연구이다. 둘째, 비교법적 고찰이다. 청약철회권은 우리의 법질서에서 본래부터 존재한 것이 아닌 영미법에서 유래한 것이며, 유럽연합 회원국 및 일본 등의 법제를 기초로 우리 법질서에 계수된 것이다. 따라서 청약철회권에 관한 모델이라고 할 수 있는 미국 등 주요국의 법제 현황 및 최근의 입법동향을 살펴보고, 우리법에 대한 시사점을 도출할 필요가 있다. 셋째, 현행법상 청약철회권에 관한 고찰이며, 이는 청약철회권을 규정하고 있는 우리 법제의 내용에 대한 분석이다. 물론 소비자보호법을 중심으로 청약철회권을 규정하고 있지만, 단지 소비자보호법에 국한하여 이를 규정하고 있지 않다. 또한 청약철회권이라는 용어를 사용하고 있지만, 실질적으로는 다른 기능을 하고 있는 법제의 내용에 대하여 검토할 필요가 있다. 이를 기초로 현행 법제의 내용이 청약철회권의 본질적 기능에 적합하게 규정하고 있는지에 대한 평가를 진행한다. 물론 청약철회권이 소비자보호 또는 약자인 거래상대방을 보호하는 기능을 담당하지만, 그 수준 역시 보호의 필요성에 적합하여야 한다. 따라서 그 범주를 도과하여 과도한 보호가 이루어질 경우 이는 역차별의 문제를 야기하게 된다. 따라서 청약철회권의 내용에 대하여 검토함에 있어서는 그 본질적 취지에 미흡한 부분에 대한 검토와 더불어 과도한 보호의 내용 역시 검토한다. 마지막으로 상기의 내용을 기초로 청약철회권 제도가 본연의 기능을 수행할 수 있기 위하여 나아가야 할 방향, 즉 개선방안에 대한 고찰이 필요하다. 이러한 내용에 대하여는 이하의 장에서 각각의 내용을 검토한다.

제2장

소비자계약과 청약철회권

제1절 소비자계약과 디지털콘텐츠거래

1. 소비자계약의 개관

가. 정의 및 법적 성질

(1) 의의

1) 소비자계약

청약철회권을 논함에 있어서 소비자계약에 대한 정의가 왜 필요한 것인가? 이는 소비자계약의 일방 당사자인 소비자는 상대방인 사업자와 비교하여 상대적 약자이기 때문에 양자를 동일하게 평가할 수 없으므로 실질적인 평등을 실현하기 위해서는 소비자에 대한 우선적 보호가 필요하기 때문이다. 물론 이러한 보호방안은 매우 다양하게 제시할 수 있지만, 대표적인 것이 청약철회권이다. 다만, 청약철회권이 소비자보호에 있어서 충분조건은 아니지만, 필요조건에 해당한다. 또한 반드시 소비자에게만 부여되는 것은 아니지만, 일반적으로 소비자에 대하여만 부여되고 있기 때문에 소비자계약이 어떠한 것인가에 대한 규명은 청약철회권을 논함에 있어서 가장 기본이라고 할 수 있다.

소비자계약이라고 함은 사업자와 소비자간에 재화 또는 용역에 관하여

체결하는 계약을 말한다. 따라서 소비자계약 역시 민법에서 규율하는 계약의 일종이다. 이러한 소비자계약에 대하여 우리 소비자보호법에서는 명문으로 정의규정을 두고 있지 않다. 다만, 국제사법에서는 소비자계약이라는 표제하에 소비자가 직업 또는 영업활동 외의 목적으로 체결하는 계약을 소비자계약으로 규정하고 있다(동법 제27조 제1항). 물론 소비자보호문제는 단지 우리나라에서만 제기되는 문제가 아닌 전세계적으로 공통된 문제이며, 이를 해결하기 위하여 각국에서는 소비자보호에 관한 법제를 마련하고 있다. 다만, 소비자보호법제를 가지고 있다고 하여 모든 국가가 소비자계약에 대한 법적 정의규정을 두고 있는 것은 아니다. 소비자계약에 대한 법적 정의를 하고 있는 주요국으로는 미국, 일본 등이 있다.[1] 미국 통일상법전(UCC : Uniform Commercial Code)에서는 상인과 소비자간 계약을 소비자계약(consumer contract)으로 정의하고 있다(§2-103 (1) (d)).[2] 일본 역시 소비자계약법에서 사업자와 소비자간에 체결된 계약을 소비자계약으로 정의하고 있다(동법 제2조 제3호).[3] 또한 전자소비자계약 및 전자승낙통지에 관한 민법의 특례법(電子消費者契約及び電子承諾通知に關する民法の特例に關する法律)에서는 전자소비자계약에 대한 정의규정을 두고 있으며, 전자소비자계약을 사업자와 소비자간에 전자적 방법에 따라 전자계산기의 영상면을 통하여 체결되는 계약으로써 사업자 또는 그 위탁을 받은 자가 해당 영상면에 표시한 절차에 따라 소비자가 전자계산기

---

1) 독일의 경우 2001년 민법전 개정으로 기존 소비자법에서 규정하고 있었던 소비자사법의 내용을 민법으로 편입하였다. 따라서 민법전 내에서 소비자계약(Verbraucherverträgen)이라는 용어를 사용하고 있지만(독일 민법 제355조 이하), 이에 대한 정의규정은 두고 있지 않다.

2) Uniform Commercial Code § 2-103. Definitions and Index of Definitions.
(d) "Consumer contract" means a contract between a merchant seller and a consumer.

3) 消費者契約法　第二条（定義）3　この法律において「消費者契約」とは、消費者と事業者との間で締結される契約をいう。

를 사용하여 송신함으로써 청약 또는 승낙의 의사표시를 하는 계약으로 정의하고 있다(동법 제2조).[4)]

이와 같이 우리법과 주요국에 있어서 소비자계약에 대한 정의는 거의 유사하다. 그럼 우리의 소비자계약과 주요국에서의 소비자계약이 동일한 것인가? 물론 소비자계약에 대한 정의규정 그 자체만을 본다면 동일하다고 할 수 있지만, 성립요건을 구체적으로 살펴본다면 동일하다고 할 수 없다. 이에 대하여는 후술하는 소비자계약의 성립요건 부분에서 자세히 살펴본다.

2) 특수소비자계약

상기의 소비자계약은 계약 중 당사자가 소비자 및 사업자인 계약만을 의미한다. 그러나 이러한 소비자계약이라고 하여 모두 다 청약철회권이 인정되는 것은 아니다. 즉, 후술하는 바와 같이 소비자계약 중 특수한 계약 체결절차를 통하여 체결된 소비자계약에 대하여만 청약철회권이 인정된다. 그럼 여기에서 말하는 특수소비자계약은 무엇인가? 그 유형으로는 할부거래(후불식 할부계약과 선불식 할부계약), 방문판매, 전화권유판매, 다단계판매, 후원방문판매, 전자상거래 및 통신판매이다. 즉, 소비자계약 중 청약철회권이 인정되는 소비자계약은 이를 규정하고 있는 개별 소비자보호법상 규율대상인 거래형태에 국한되며, 할부거래법에서는 후불식 할부거래와 선불식 할부거래를 규율하고 있다. 방문판매법에서는 방문판매・전화권유판매・다단계판매・후원방문판매・사업권유거래 및 계속거래를 규율대상

---

4) 電子消費者契約及び電子承諾通知に関する民法の特例に関する法律 第二条 （定義）この法律において「電子消費者契約」とは、消費者と事業者との間で電磁的方法により電子計算機の映像面を介して締結される契約であって、事業者又はその委託を受けた者が当該映像面に表示する手続に従って消費者がその使用する電子計算機を用いて送信することによってその申込み又はその承諾の意思表示を行うものをいう。

으로 하지만, 사업권유거래[5] 및 계속거래[6]에 대하여는 청약철회권이 아닌 해제・해지권을 부여하고 있다. 마지막으로 전자상거래소비자보호법에서는 전자상거래와 통신판매를 규율하고 있다. 이러한 특수 소비자계약에 대한 정의는 다음과 같다.

① 할부계약

후불식 할부계약은 직접 후불식 할부계약과 간접 후불식 할부계약으로 구분된다. 직접 후불식 할부계약이라 함은 계약의 명칭·형식이 어떠하든 재화나 용역(일정한 시설을 이용하거나 용역을 제공받을 수 있는 권리를 포함한다)(이하 "재화등"이라 한다)에 관하여 소비자가 사업자에게 재화의 대금(代金)이나 용역의 대가(이하 "재화등의 대금"이라 한다)를 2개월 이상의 기간에 걸쳐 3회 이상 나누어 지급하고, 재화등의 대금을 완납하기 전에 재화의 공급이나 용역의 제공(이하 "재화등의 공급"이라 한다)을 받기로 하는 계약을 말한다. 간접 후불식 할부계약이라 함은 계약의 명칭·형식이 어떠하든 재화등에 관하여 소비자가 신용제공자에게 재화등의 대금을 2개월 이상의 기간에 걸쳐 3회 이상 나누어 지급하고, 재화등의 대금을 완납하기 전에 사업자로부터 재화등의 공급을 받기로 하는 계약을 말한다(할부거래법 제2조 제1호).

선불식 할부계약이라 함은 계약의 명칭·형식이 어떠하든 소비자가 사업자로부터 장례 또는 혼례를 위한 용역(제공시기가 확정된 경우는 제외한다) 및 이에 부수한 재화 또는 이에 준하는 소비자피해가 발생하는 재화등

---

5) 사업권유거래라 함은 사업자가 소득 기회를 알선·제공하는 방법으로 거래 상대방을 유인하여 금품을 수수하거나 재화등을 구입하게 하는 거래를 말한다(방문판매법 제2조 제11호).

6) 계속거래라 함은 1개월 이상에 걸쳐 계속적으로 또는 부정기적으로 재화등을 공급하는 계약으로서 중도에 해지할 경우 대금 환급의 제한 또는 위약금에 관한 약정이 있는 거래를 말한다(방문판매법 제2조 제10호).

으로서 소비자의 피해를 방지하기 위하여 대통령령으로 정하는 재화등[7]의 대금을 2개월 이상의 기간에 걸쳐 2회 이상 나누어 지급함과 동시에 또는 지급한 후에 재화등의 공급을 받기로 하는 계약을 말한다(동법 제2조 제2호).

② 방문판매, 전화권유판매, 다단계판매 및 후원방문판매

방문판매라 함은 재화 또는 용역(일정한 시설을 이용하거나 용역을 제공받을 수 있는 권리를 포함한다. 이하 같다)의 판매(위탁 및 중개를 포함한다. 이하 같다)를 업(業)으로 하는 자(이하 "판매업자"라 한다)가 방문을 하는 방법으로 그의 영업소, 대리점, 그 밖에 총리령으로 정하는 영업장소[8](이하 "사업장"이라 한다) 외의 장소에서 소비자에게 권유하여 계약의 청약을 받거나 계약을 체결(사업장 외의 장소에서 권유 등 총리령으로 정하는 방법[9]으로 소비자를 유인하여 사업장에서 계약의 청약을 받거나 계약을 체결하는 경우를 포함한다)하여 재화 또는 용역(이하 "재화등"이라 한다)을 판매하는 것을 말한다(방문판매법 제2조 제1호).[10]

---

7) 할부거래법 시행령에서는 이에 해당하는 재화를 규정하고 있지 않다.

8) 총리령으로 정하는 영업장소는 영업소, 대리점, 지점, 출장소 등 명칭에 관계없이 소유 또는 임차(賃借)하거나 점용허가를 받은 고정된 장소에서 3개월 이상 계속적으로 영업하고(천재지변 등 불가피한 사유로 영업을 계속할 수 없는 기간은 산입하지 아니한다), 판매에 필요한 시설을 갖추며, 영업 중에는 소비자가 자유의사에 따라 출입할 수 있으며, 영업장소 내에서 소비자가 자유의사에 따라 재화 또는 용역(이하 "재화등"이라 한다)을 선택할 수 있는 상태를 유지하고 있는 장소를 말한다(동 시행규칙 제2조).

9) 총리령으로 정하는 방법은 사업장 외의 장소에서 권유 등의 방법으로 소비자를 유인하여 함께 사업장으로 이동하는 것, 주된 재화등의 판매 목적을 숨기고 다른 재화등의 무료·염가 공급 또는 소득 기회 제공 등의 방법으로 유인하여 소비자가 사업장에 방문하게 하는 것 또는 다른 소비자에 비하여 현저하게 유리한 조건으로 재화등을 판매·공급한다고 권유하여 소비자를 사업장에 방문하도록 하는 것을 말한다(동 시행규칙 제3조).

10) 방문판매의 정의에 대한 비판적 고찰은 拙稿, "방문판매의 정의에 관한 연구",

전화권유판매라 함은 전화를 이용하여 소비자에게 권유를 하거나 전화회신을 유도하는 방법으로 재화등을 판매하는 것을 말한다(동법 제2조 제3호).

다단계판매라 함은 판매업자에 속한 판매원이 특정인을 해당 판매원의 하위 판매원으로 가입하도록 권유하는 모집방식이 있으며, 이러한 판매원의 가입이 3단계(다른 판매원의 권유를 통하지 아니하고 가입한 판매원을 1단계 판매원으로 한다. 이하 같다) 이상 단계적으로 이루어지고(다만, 판매원의 단계가 2단계 이하라고 하더라도 사실상 3단계 이상으로 관리·운영되는 경우로서 대통령령으로 정하는 경우[11]를 포함한다) 판매업자가 판매원에게 후원수당[12]을 지급하는 방식을 가지고 있는 판매조직(이하 "다

「저스티스」 제130호, 2012 · 6, 172면 이하 참조.

11) 이에 해당하는 경우로는 판매원에 대한 후원수당의 지급방법이 사실상 판매원의 단계가 3단계 이상인 경우와 같거나 유사한 경우 또는 다른 자로부터 판매 또는 조직관리를 위탁받은 자(법 제13조 및 제29조 제3항에 따라 다단계판매업자 또는 후원방문판매업자로 등록한 자는 제외한다)가 자신의 하위판매원을 모집하여 관리·운영하는 경우로서 위탁한 자와 위탁받은 자의 하위판매조직을 하나의 판매조직으로 볼 때 사실상 3단계 이상인 판매조직이거나 이와 유사하게 관리·운영되는 경우이다(동법 제2조). 이를 판단하는 기준으로 판매원에 대한 후원수당 지급방법이 사실상 판매원의 단계가 3단계 이상인 경우와 같거나 유사한 경우는 후원수당 지급방법이 직접적인 판매행위를 하는 판매원에게 후원수당을 지급하고, 후원수당은 해당 판매원에게 직접적으로 속하는 하위판매원의 판매실적뿐만 아니라 그 하위판매원의 후원수당에 영향을 주는 다른 판매원들의 판매실적에 의해서도 영향을 받은 경우로 한다. 또한 사실상 3단계 이상인 판매조직이거나 이와 유사하게 관리·운영되는 경우는 판매 또는 조직관리를 위탁한 자가 위탁받은 자의 하위판매원 모집·관리 또는 후원수당 지급에 관한 업무의 일부를 대행하거나 그 업무를 지원·감독하는 등의 방법으로 영향을 주는 경우로서, 위탁한 자와 위탁받은 자의 판매원의 단계가 전체 3단계 이상인 경우로 한다(동 시행규칙 제4조).

12) 후원수당이라 함은 판매수당, 알선 수수료, 장려금, 후원금 등 그 명칭 및 지급형태와 상관없이 판매업자가 판매원 자신의 재화등의 거래실적, 판매원의 수당에 영향을 미치는 다른 판매원들의 재화등의 거래실적, 판매원의 수당에 영향을 미치는 다른 판매원들의 조직관리 및 교육훈련 실적과 관련하여 소속 판매원에게 지급하는 경제적 이익 또는 이외에 판매원들의 판매활동을 장려하거나 보

단계판매조직"이라 한다)을 통하여 재화등을 판매하는 것을 말한다(동법 제2조 제5호).[13]

후원방문판매라 함은 방문판매 및 다단계판매의 요건에 해당하되, 대통령령으로 정하는 바[14]에 따라 특정 판매원의 구매·판매 등의 실적이 그 직근 상위판매원 1인의 후원수당에만 영향을 미치는 후원수당 지급방식을 가진 경우를 말하며, 방문판매 및 다단계판매에는 해당하지 아니하는 것으로 한다(동법 제2조 제7호).

③ 전자상거래 및 통신판매

전자상거래라 함은 재화등을 거래함에 있어서 그 전부 또는 일부가 전자문서에 의하여 처리되는 방법으로 상행위를 하는 것을 말한다(전자상거래소비자보호법 제2조 제1호).

통신판매라 함은 우편·전기통신, 그 밖에 총리령으로 정하는 방법[15]으로 재화 또는 용역(일정한 시설을 이용하거나 용역을 제공받을 수 있는 권리를 포함한다. 이하 같다)의 판매에 관한 정보를 제공하고 소비자의 청약

상하기 위하여 지급되는 일체의 경제적 이익을 말한다(동법 제2조 제9호).

13) 다단계판매의 정의규정에 대한 비판적 고찰은 拙稿, "다단계판매에 관한 미국 법제 및 정의규정에 대한 연구", 「법학논총」 제34권 제2호, 2010 · 12, 24면 이하 참조.

14) 후원방문판매의 후원수당 지급방식은 특정 판매원의 구매·판매 실적 및 이에 직접적으로 영향을 미치는 교육훈련·조직관리 활동이 그 직근 상위판매원 1인의 후원수당에만 영향을 미치는 지급방식으로 한다. 다만, 시간당 교육비 등 구매·판매 실적과 관계없이 미리 마련한 기준에 따라 부정기적으로 지급되는 교육훈련비, 모든 판매원에게 똑같이 지급되는 상여금 또는 시용(試用) 제품 또는 실제 지출된 비용을 기준으로 지원하는 사업장 운영지원비 중 어느 하나에 해당하는 후원수당을 지급하는 것은 후원수당 지급방식에 포함되지 아니한다(동 시행령 제3조).

15) 이에 해당하는 방법으로는 광고물·광고시설물·전단지·방송·신문 및 잡지 등을 이용하는 방법 또는 판매자와 직접 대면하지 아니하고 우편환·우편대체·지로 및 계좌이체 등을 이용하는 방법을 말한다(동 시행규칙 제2조).

을 받아 재화 또는 용역(이하 "재화등"이라 한다)을 판매하는 것을 말한다. 다만, 「방문판매 등에 관한 법률」 제2조 제3호에 따른 전화권유판매[16]는 통신판매의 범위에서 제외한다(동법 제2조 제2호).[17]

(2) 소비자계약의 법적 성질

앞에서 언급한 바와 같이 소비자계약은 민법상 계약에 해당한다. 그럼 소비자계약은 민법에서 규정하고 있는 전형계약 중 어디에 속하는 것인가? 그러나 소비자계약 그 자체를 가지고 민법상 전형계약 중 어디에 속한다고 할 수 없다. 즉, 소비자계약은 계약 당사자를 기준으로 정의한 것이며, 민법상 전형계약은 계약의 목적을 기준으로 분류한 것이다. 따라서 소비자계약은 다시 계약의 목적에 따라 다시 구분하여야 할 것이며, 민법상 전형계약의 구분형태를 기준으로 세분하면 다음과 같다.[18]

1) 재산권 이전형 소비자계약

재산권 이전형 소비자계약이라 함은 사업자가 소비자에게 일정한 재산권을 이전하는 채무를 부담하는 계약을 말하며, 유상 또는 무상을 불문한

---

16) 전화권유판매 역시 원격통신수단(전화)을 사용하여 계약을 체결하기 때문에 통신판매에 해당하지만, 전화를 통하여 권유를 한다는 점에서 우리의 경우 방문판매법에서 규정하고 있다. 다만, 일본 특정상거래법에서는 전화권유판매를 독자적인 판매방식으로 인정하고, 이 분야에 있어서 소비자보호를 별도로 규정하고 있다.

17) 전자상거래와 통신판매간의 관계에 대한 비판적 고찰에 대하여는 拙稿, "전자상거래소비자보호법상 전자상거래와 통신판매와의 관계에 관한 연구", 「인터넷 법률」 제47호, 2009·7, 12면 이하 참조.

18) 민법상 전형계약은 증여, 매매(환매), 교환, 소비대차, 사용대차, 임대차, 고용, 도급, 현상광고, 위임, 임치, 조합, 종신정기금, 화해이다. 그러나 이러한 계약 모두가 소비자계약에 해당하는 것은 아니며, 고용·조합은 이에 해당하지 않는다. 따라서 소비자계약의 유형을 분류함에 있어서 고용 및 조합을 제외한 나머지 계약을 대상으로 한다.

다. 이에 해당하는 계약으로는 증여, 매매(환매), 교환, 현상광고[19], 종신정기금[20], 화해[21]이다.

2) 대여형 소비자계약

대여형 소비자계약이라 함은 재산권 이전형 소비자계약과 달리 재산권을 이전하는 방식이 아닌 소비자가 목적물을 사용・수익할 수 있도록 이전하는 것을 내용으로 하는 계약이다. 이에 해당하는 계약으로는 소비대차, 사용대차, 임대차이다. 물론, 소비대차의 경우 목적물에 대한 재산권이 소비자에게 이전되기 때문에 재산권 이전형 소비자계약에 해당한다고 할 수 있지만, 추후 소비자가 이와 동종・동질・동량(이자부 소비자대차의 경우 이자 포함)을 반환하여야 하기 때문에 대여형 소비자계약이라고 할 수 있다.

3) 노무제공형 소비자계약

노무제공형 소비자계약이라 함은 사업자가 재산권을 이전하는 것이 아닌 용역(서비스)을 제공하는 것을 말하며, 이에는 도급, 위임, 임치가 있다. 이러한 노무제공형 소비자계약은 재산권 이전형 소비자계약과 달리 누가 채무를 이행할 것인가가 계약에 있어서 중요한 내용이 된다. 즉, 재산권

---

19) 현상광고는 일반적으로 노무제공형 계약이라고 한다. 그러나 현상광고에 있어서 광고자는 사업자이며, 소비자는 광고에서 제시된 행위를 완료하여 사업자로부터 재산권을 이전받는다. 따라서 현상광고 역시 재산권 이전형 소비자계약이라고 할 수 있다.

20) 소비자계약은 일반적으로 1회의 급부 또는 계속반복적 급부를 내용으로 한다. 다만, 계속반복적 급부의 경우 특정기간을 정할 수 있지만, 계약기간을 무기한 또는 종신으로 정할 수 있기 때문에 소비자계약의 일종이라고 할 수 있다.

21) 화해계약이 선석으로 새산권 취득을 목적으로 하는 세악이라고 할 수 있지만, 이를 배제할 수 없다. 즉, 사업자와 소비자간에 분쟁이 발생하여 이를 해결하기 위한 방법으로 원 계약상 목적물 이외의 다른 목적물을 제공하기로 하는 계약 역시 화해계약에 해당하며, 재산권 이전형태에 해당한다.

이전형 소비자계약은 누가 채무를 이행할 것인가의 문제가 아닌 어떠한 재산권(물건)을 이전할 것인가의 문제가 계약의 중요내용이라고 한다면 노무제공형 소비자계약의 경우 누가 채무를 이행할 것인가의 문제가 핵심이며, 채무자에 따라 급부의 내용이 달라질 수 있기 때문이다.

4) 특수 소비자계약의 법적 성질

상기의 소비자계약의 법적 성질에 대한 분류는 모든 소비자계약을 대상으로 민법상 전형계약에 따라 분류한 것이다. 그럼 특수 소비자계약 역시 동일하게 평가할 수 있는가? 물론 특수 소비자계약은 소비자계약 중 그 체결방식에 있어서 특수성을 가지는 것이기 때문에 당연히 이러한 분류 역시 적용된다고 할 수 있다. 그러나 특수 소비자계약 중에는 판매만을 대상으로 하는 계약(전자상거래 및 할부계약을 제외한 특수 소비자계약[22])이 존재하며, 판매의 의미가 무엇인가에 따라 그 법적 성질 역시 결정된다.

먼저, 판매의 의미에 대하여 유상계약으로 해석하는 방안이다. 즉, 판매를 좁게 해석하지 않고, 대가를 받고 거래하는 것으로 해석하는 것이다. 이에 따르면 재화에 대한 소유권 이전형태를 비롯하여 대여형 소비자계약 중 유상 소비대차와 임대차를 포함하게 된다. 반면에 판매의 의미를 소유권 이전형태의 계약 중 유상계약에 국한하는 해석하는 것이다. 이에 따르면 소유권 이전형태의 계약 중 무상계약(증여)은 배제되며[23], 대여형 소비자계약 역시 배제된다. 이와 같이 판매의 의미에 대하여 크게 두 가지로

---

22) 전자상거래는 전자거래의 방식으로 행하여지는 상행위이며, 상행위에는 단지 소유권 이전형 뿐만 아니라 대여형 등의 많은 계약이 포함된다. 따라서 대여형 계약의 포함여부가 문제되지 않는다. 또한 할부계약 역시 대금의 분할지급을 기준으로 정의하고 있기 때문에 반드시 소유권 이전형 계약만이 대상은 아니다. 따라서 할부계약 역시 대여형 소비자계약의 포함여부가 문제되지 않는다.

23) 무상계약 중 대표적인 계약이 증여계약이지만, 부담부 증여의 경우 유상계약에 관한 규정을 준용하기 때문에 유상계약으로 인정할 수 있다.

해석할 수 있으며, 각각의 해석에 따라 특수거래분야에서의 소비자보호를 목적으로 하는 법의 적용범위가 상이할 수 있기 때문에 이에 대한 해석문제는 중요한 역할을 차지한다. 그럼 이 중 어떠한 방향으로 해석하여야 하는가? 물론 소비자보호법은 사법관계에서 발생한 소비자문제를 해결하기 위하여 제정된 특별법이다. 따라서 사법관계를 기초로 하지만, 공법관계 역시 존재한다. 또한 사법관계라 하더라도 계약의 일반법인 민법에서 규정하고 있지 않은 특칙을 규정하고 있다. 그 결과 개별 소비자보호법에서 규정하고 있는 규정에 대한 해석을 함에 있어서는 이러한 소비자보호법의 특성을 감안하여야 한다. 즉, 사법규정이라고 하여 민법과 동일한 해석방법으로 확장 및 유추해석을 허용할 경우 특별법의 입법목적을 초과할 수 있으며, 일반법과의 한계가 불명확해지는 문제점이 제기된다. 또한 소비자보호법상 사법규정은 공법적 규정의 적용에 있어서 구성요건에 해당하기 때문에 죄형법정주의 원칙에 따라 유추해석이 금지된다. 이러한 소비자보호법의 특징으로 인하여 소비자보호법상 사법적 규정에 대한 해석은 민법상 유추해석 및 광범위한 확장해석이 불가능하다고 할 것이다. 그럼 이러한 소비자보호법에 대한 해석방법론은 앞에서 제기한 판매에 대한 의미를 해석함에 있어서 어떻게 작용할 것인가? 물론 판매의 의미를 거래로 파악하여 모든 유상계약을 포함하는 것으로 해석하는 것은 판매가 가지는 의미를 초월한 것이다. 즉, 판매는 재산권 이전을 목적으로 하는 계약이며, 대가지급을 전제로 한다. 그럼에도 불구하고, 이러한 거래형태가 아닌 대여형 계약까지 포함할 경우에는 법문의 의미를 넘은 해석이며, 이는 유추해석에 해당한다고 할 것이다. 그러나 이러한 유추해석은 소비자보호법의 특성상 허용되지 않기 때문에 판매의 의미에 대하여 유상계약으로 해석할 수 없다. 따라서 판매의 의미에 대하여는 재산권 이전형 계약 중 유상계약에 국한하여 해석하여야 할 것이다. 그 결과 대여형 계약에 대하여는 그 체결방식이 특수거래의 방식으로 이루어졌다고 하더라도 개별 소비자보호법의 적용대상에서 배제된다.

그럼 이러한 대여형 소비자계약에 대하여는 개별 소비자보호법의 적용을 통한 보호가 필요하지 않는가? 그러나 개별 소비자보호법의 입법취지는 특수거래방식으로 체결되는 소비자와 사업자간의 계약에 있어서 소비자보호를 추구하고자 하는 것이기 때문에 이를 배제하는 것은 타당하지 않다. 그럼 이러한 입법의도를 감안하여 판매를 유상계약으로 해석할 수 있는가? 물론 법문의 의미를 해석함에 있어서는 입법의도 역시 고려의 대상이지만, 법문이 가지고 있는 의미를 초월하여 해석할 수 없다. 만일, 법문의 의미를 초월하여 입법의도에 따라 해석한다면 사실상 유추해석금지의 원칙은 의미가 없게 된다. 따라서 입법의도가 특수거래분야에서의 소비자를 보호하기 위함이라고 할 지라도 구체적으로 입법된 법문의 의미를 초월할 수 없으므로 판매의 범주에 대여형 소비자계약을 포함할 수 없다고 할 것이다. 그 결과 이러한 문제는 단지 해석론으로 해결할 수 없으며, 입법론으로 해결하여야 한다. 그럼 개별소비자보호법에서 사용하고 있는 판매라는 용어를 거래로 개정하여야 하는가? 물론 이러한 문제점을 해결하기 위한 방안으로 거래라는 용어를 사용할 필요가 있다. 그러나 이와 같이 판매를 거래로 개정하였을 경우 소비자에 혼란을 유발할 수 있다. 즉, 현재 소비자에게는 방문판매, 전화권유판매, 다단계판매, 통신판매라는 용어가 이미 익숙해져 있다. 그런데 이를 방문거래, 전화권유거래, 다단계거래, 통신거래로 개정하였을 경우 소비자는 용어에 있어서 혼란을 겪게 된다. 이러한 방식은 개별 소비자보호법의 직접적인 대상자인 소비자에게 친화적인 것이 아니다. 따라서 이미 소비자에게 익숙한 용어를 변경하는 것 보다 이를 그대로 사용하면서 대여형 계약을 포함한다고 규정하는 것이 법문이 가지는 문제점을 해결함과 더불어 용어의 변경에 따른 혼란을 예방할 수 있는 방안이라고 할 수 있다. 물론 판매에 대여형 계약을 포함하는 것이 타당하지 않다고 비판할 수 있지만, 특수 소비자계약의 대다수가 재산권 이전형

계약이라는 점을 감안한다면 다수를 차지하고 있는 거래를 대표용어로 사용하는 것이 반드시 적합하지 않은 것은 아니다. 따라서 개별 소비자보호법상 정의규정에서 특수거래형태에 대한 정의를 하면서, 이에 대여형 계약을 포함하는 문구를 추가하여 그 문제를 해결할 필요가 있다.

나. 소비자계약의 성립요건으로서의 소비자

청약철회권이 인정되는 계약은 주로 소비자계약에 국한되며, 이 중 특수소비자계약에 한정된다. 그럼 소비자계약이 성립하기 위한 요건은 무엇인가? 물론, 계약이기 때문에 청약과 승낙이라는 의사표시의 합치는 존재하여야 한다. 문제는 당사자인 소비자와 사업자가 누구인가이며, 이 중 소비자의 범주가 핵심이다. 즉, 청약철회권을 행사할 수 있는 자는 소비자이기 때문에 어떠한 자가 소비자에 해당하는가는 매우 중요한 문제이다. 개별 소비자보호법에서는 이러한 소비자에 대하여 본질적 의미의 소비자와 정책적 의미의 소비자로 구분하고 있지만, 보호에 있어서 양자의 차이는 존재하지 않는다.[24] 다만, 본질적 의미의 소비자와 달리 정책적 의미의 소비자는 개별 소비자보호법마다 약간의 차이가 있다.

(1) 본질적 의미의 소비자

본질적 의미의 소비자에 대하여는 개별 소비자보호법에서는 다음과 같

24) 소비자에 대한 법적 정의에 있어서 주요국에서는 단일의 소비자개념을 사용하고 있지만, 우리의 소비자기본법 등에서는 다양한 소비자의 범주를 규정하고 있다. 따라서 원래의 의미에 해당하는 소비자를 본질적 의미의 소비자라고 칭하고, 이에 해당하지 않음에도 불구하고 소비자로 인정되는 자를 정책적 의미의 소비자라고 칭한다.

이 정의하고 있다. 할부거래법에서는 소비자를 할부계약 또는 선불식 할부계약에 의하여 제공되는 재화등을 소비생활을 위하여 사용하거나 이용하는 자로 정의하고 있다(동법 제2조 제5호). 방문판매법에서는 소비자를 사업자가 제공하는 재화등을 소비생활을 위하여 사용하거나 이용하는 자로 정의하고 있다(동법 제2조 제12호). 전자상거래소비자보호법에서는 소비자를 사업자가 제공하는 재화등을 소비생활을 위하여 사용(이용을 포함한다. 이하 같다)하는 자로 정의하고 있다(동법 제2조 제5호).

이와 같이 개별 소비자보호법에서 정의하는 본질적 의미의 소비자는 재화등을 소비생활을 위하여 사용하거나 이용하는 자이며, 이러한 재화등은 사업자로부터 제공받아야 한다. 따라서 소비생활을 위하여 재화를 구입하더라도 이를 제공하는 자가 사업자가 아닌 일반 개인인 경우에는 소비자에 해당하지 않는다.[25)]

(2) 정책적 의미의 소비자

정책적 의미의 소비자는 재화등을 소비생활을 목적으로 사용 또는 이용하는 자가 아닌 상행위를 목적으로 구입하는 자이다. 그러나 이러한 자에 대하여 개별 소비자보호법에서는 소비자로 인정하고 있지만, 그 범주가 동일한 것이 아닌 약간의 차이가 있다.[26)]

---

25) 소비자기본법상 본질적 의미의 소비자는 사업자가 제공하는 물품 또는 용역(시설물을 포함한다. 이하 같다)을 소비생활을 위하여 사용(이용을 포함한다. 이하 같다)하는 자이다(동법 제2조 제1호).

26) 소비자기본법상 정책적 의미의 소비자는 제공된 물품등을 원재료(중간재를 포함한다), 자본재 또는 이에 준하는 용도로 생산활동에 사용하는 자는 제외하고 제공된 물품 또는 용역(이하 "물품등"이라 한다)을 최종적으로 사용하는 자 또는 「축산법」 제21조제1항에 따라 농림수산식품부령으로 정하는 사육규모 이상의 축산업을 영위하는 자 및 「원양산업발전법」 제6조제1항에 따라 농림수산식품부장관의 허가를 받아 원양어업을 하는 자를 제외하고 제공된 물품등을 농업(축

1) 할부거래법

동법상 정책적 의미의 소비자는 재화등을 원재료[중간재(中間財)를 포함한다] 및 자본재로 사용하는 자는 제외하고 재화 또는 용역(이하 "재화등"이라 한다)을 최종적으로 사용하거나 이용하는 자, 본질적 의미의 소비자와 동일한 조건 및 지위에서 재화등을 구매하는 자 및 재화등을 농업(축산업을 포함한다) 및 어업활동을 위하여 구입한 자로서 「원양산업발전법」 제6조제1항에 따라 농림수산식품부장관의 허가를 받은 원양어업자 외의 자이다(동 시행령 제2조).

2) 방문판매법

동법상 정책적 의미의 소비자는 재화등을 원재료(중간재를 포함한다) 및 자본재로 사용하는 자는 제외하고 재화등을 최종적으로 사용하거나 이용하는 자, 본질적 의미의 소비자와 동일한 조건 및 지위에서 재화등을 구매하는 자 및 다단계판매원 또는 후원방문판매원이 되기 위하여 다단계판매업자 또는 후원방문판매업자로부터 재화등을 최초로 구매하는 자, 방문판매업자 또는 전화권유판매업자(이하 "방문판매업자등"이라 한다)와 거래하는 경우의 방문판매원 또는 전화권유판매원(이하 "방문판매원등"이라 한다) 및 재화등을 농업(축산업을 포함한다) 및 어업 활동을 위하여 구입한 자(「원양산업발전법」 제6조제1항에 따라 농림수산식품부장관의 허가를 받은 원양어업자는 제외한다)이다(동 시행령 제4조).

3) 전자상거래소비자보호법

동법상 정책적 의미의 소비자는 재화등을 원재료(중간재를 포함한다) 및 자본재로 사용하는 자는 제외하고 재화등을 최종적으로 사용하거나 이용

산업을 포함한다. 이하 같다) 및 어업활동을 위하여 사용하는 자이다(동 시행령 제2조).

하는 자, 본질적 의미의 소비자와 동일한 조건 및 지위에서 재화등을 구매하는 자, 「원양산업발전법」 제6조제1항에 따라 농림수산식품부장관의 허가를 받은 원양어업자는 제외하고 재화등을 농업(축산업을 포함한다) 또는 어업 활동을 위하여 구입한 자이다(동 시행령 제2조).

(3) 주요국에 있어서 소비자의 정의

1) 미국

미국에서 소비자에 대한 법령상 정의는 계약을 체결함에 있어 사적 목적에 중점을 두고 있다.[27] 연방거래위원회 신용규칙상 소비자는 개인・가족 또는 가정의 이용을 위하여 물품・용역 또는 금전을 취득하는 자연인으로 규정하고 있다.[28] 이러한 점은 통일상법전(U.C.C. : Uniform Commercial Code)에서도 동일하다(§1-201(11)).[29] 또한 소비자신용보호법상 신용거래와 관련하여 소비자는 신용을 제공받거나 연장된 자연인을 말한다(§103(h)). 통일컴퓨터정보거래법상 소비자는 개인으로써 계약체결 시점에 주로 개인・가족 또는 가정적 목적으로 이용하기 위하여 정보 또는 정보권에 대한 허가를 받은 자로 정의하고 있다(§102(15)). 따라서 개인의 사적・가족 또는 가정의 투자에 대한 관리가 아닌 농업・사업관리와 투자관리를 포함하여 직업적 또는 상업적인 목적으로 이용하기 위하여 이용허가를 받은 자는 배제된다.[30] 이와 같이 법령상 소비자의 범주에 대하

---

27) 拙稿, "소비자계약의 성립요건에 관한 연구", 「저스티스」 제112호, 2009・8, 94-95면.

28) FTC Credit Practices Rules, 16 C.F.R. § 444.1.

29) William T. Vokowich, Consumer Protection in the 21st Century, Transnational Publishers, 2002, p.99.

30) Cristina Coteanu, Cyber Consumer Law and Unfair Trading Practices, ASHGATE, 2005, p.9.

여 사적 이용을 위한 개인만을 대상으로 하고 있으나, 일부 학자들의 경우 소상인(small business) 역시 대기업과의 관계에서 교섭력 등에 있어서는 소비자와 동등한 지위에 있으므로 별도의 법적 보호가 필요하다고 한다.[31]

2) 유럽연합

유럽연합(European Union) 그 자체는 하나의 국가가 아니며, 27개 회원국[32]으로 구성되어 있다. 다만, 단일의 공동체를 구성하기 위하여 노력하고 있으며, 이러한 노력의 일환 중 하나가 법질서의 통일화이다. 따라서 유럽연합 차원에서 입법을 진행하고 있으며, 소비자보호에 관련하여 다양한 입법지침을 제정하고 있다.[33] 또한 최근 유럽사법을 통일화를 위한 노력을 진행하고 있으며, 그 성과로 2010년 유럽사법공통참조기준 초안이

---

31) Cem Kaner, U.S. Perspectives on Consumer Protection in the Global Electronic Marketplace, Public Comments Received(http://www.ftc.gov/bcp/icpw/comments/kaner.htm). 미국 법원은 소상인 역시 산업에서 제한된 경험을 가진 경우 피해를 입을 수 있다고 판시하였다(Weaver v. American oil Co., 276 Ne 2ed, 1971).

32) 유럽연합의 회원국은 Austria(1995), Belgium(1952), Bulgaria(2007), Cyprus (2004), Czech Republic(2004), Denmark(1973), Estonia(2004), Finland(1995), France(1952), Germany(1952), Greece(1981), Hungary(2004), Ireland(1973), Italy(1952), Latvia(2004), Lithuania(2004), Luxembourg(1952), Malta (2004), Netherlands (1952), Poland (2004), Portugal(1986), Romania(2007), Slovakia(2004), Slovenia(2004), Spain(1986), Sweden(1995), United Kingdom (1973)이다(http://europa.eu/about-eu/countries/index_en.htm).

33) 소비자에 대한 정의규정을 두고 있는 지침으로는 Directive 85/577/EEC, Directive 87/102/EEC, Directive 93/13/EEC, Directive 94/47/EC, Directive 97/7/EC, Directive 98/6/EC, Directive 1999/44/EC, Directive 2000/31/EC 및 Directive 2002/65/EC 등이 있으며, 그 내용은 소비자권리지침상 소비자에 대한 정의에 거의 동일하다. 다만, Directive 94/47/EC의 경우 소비자라는 용어 대신에 구매자(purchaser)라는 용어를 사용하고 있다(Christian von Bar/Eric Cive, Principles Definitions and Model Rules of European Private Law - Draft Common Frame of Reference, Volume I, OXFORD, 2010, pp. 94-95).

공표되었다. 이러한 유럽연합의 소비자관련 입법지침[34] 및 공통참조기준 초안에서는 소비자에 대한 법적 정의를 규정하고 있으며, 그 내용은 다음과 같다.

먼저, 소비자권리지침상 소비자는 자신의 거래, 영업 또는 직업 외의 목적으로 거래하는 자연인이다(지침 제2조 (1)). 이러한 지침상 소비자의 정의상 특징은 첫째, 자연인에 한정된다는 점이며[35], 둘째 목적에 있어서 적극적 방식이 아닌 소극적 방식을 취하고 있다는 점이다. 따라서 법인인 경우 그 목적 여하에 불문하고 소비자로 인정되지 않는다. 또한 자연인인 소비자의 경우 그 목적에 있어서 적극적으로 소비생활로 국한하는 것이 아닌 영업 등의 목적이 아닌 이상 소비자생활에 포함되는지와 관계없이 소비자로 인정하고 있다.[36] 특히, 양자의 목적이 결합된 경우 이를 소비자로 인정할 것인가에 대하여 지침의 해설에서는 계약 전반에 있어서 영업 등의

---

34) 유럽연합의 소비자관련 입법지침은 매우 다양하지만, 여기에서는 가장 최근에 제정된 소비자권리지침을 대상으로 한다.

35) 유럽사법재판소는 Cape Snc. v. Idealservice Srl 사건과 Idealservice MN RE Sas. v. OMAI Srl 사건(ECJ 22 November 2001, C541/99 and C542/99. ECR 2001, I-9049, para 16)에서 소비자계약에 있어서 불공정약관에 관한 지침(Council Directive 93/13/EEC of 5 April 1993 on unfair terms in consumer contracts)상 소비자의 개념에 대한 확장해석은 불가능하다고 판시하였다. 즉, 매도인과 계약을 체결한 자가 자연인이 아닌 법인인 경우 동 지침상 소비자로 인정될 수 없음은 지침 제2조의 규정상 명확하다고 판시하였다(von Bar/Eric Clive, Ibid, p. 98).

36) 법인에 대하여 소비자로 인정할 것인가의 문제에 대하여 유럽 국가들간에는 통일되지 않고 있다. 즉, 자연인에 국한하여 소비자로 인정하는 국가와 법인까지 소비자로 인정하는 국가로 구분된다. 전자에 해당하는 국가로는 Cyprus, Germany, Estonia, Finland, Ireland, Italy, Latvia, Lithuania, Luxembourg, Malta, Netherlands, Poland, Slovenia 및 Sweden이다. 후자에 해당하는 국가로는 Austria, Belgium, Czech, Denmark, France, Greece, Hungary, Slovakia이며, 사적 이용을 목적으로 재화를 구입한 경우 소비자로 인정된다. 다만, Hungary의 경우 소비자를 자연인으로 제한할 예정이다. Portugal의 경우 법인이 소비자에 해당하는지에 대하여 불명확하지만, 소비자법전 초안에서는 일정한 경우 법인 역시 소비자로 인정하고 있다(von Bar/Eric Clive, Ibid, p. 99).

목적이 주가 아닌 이상 소비자로 인정하고 있다(지침 (17)).

유럽사법공통참조기준 초안상 소비자의 정의 역시 소비자권리지침과 동일하다. 특히, 구입한 재화를 추후 재판매하여 이익을 얻기 위하여 거래한 자를 소비자로 인정할 것인가의 문제에 대하여 공통참조기준초안에서는 이를 정규적으로 하지 않은 이상 소비자로 인정하고 있다. 물론, 이를 영업행위와 구별함에 있어서 기준은 거래의 빈도 및 정도이다. 예를 들어, 매수인이 인터넷으로 도서를 구입하여 읽은 후 이를 재판매하였을 경우 매수인을 소비자로 인정할 것인가의 문제에 있어서 이러한 거래의 빈도와 정도가 낮다고 한다면 매수인은 소비자로 인정된다.[37] 그럼 소비자가 사업자로서 거래하는 것처럼 사업자를 기망한 경우에도 소비자로서 보호를 받을 수 있는가? 이에 대하여 이러한 자는 신의성실의 원칙을 위반하였기 때문에 소비자로서 보호를 받을 수 없다. 물론 이는 소비자가 고의로 사업자를 기망한 경우이다. 그럼 소비자가 사업자로서 거래하는 것과 같은 인상을 사업자에게 부여하였지만, 고의가 아닌 과실에 의한 경우이다. 이에 대하여 유럽연합의 법에서는 이 경우에 소비자로 인정할 것인지 여부가 명확하지 않다. 다만, 유럽사법재판소는 이와 관련된 사건[38]에서 부주의하게 이러한 인상을 상대방에게 부여하였다면 Brussels 협약 제13조 내지 제15조의 보호를 받지 못한다고 판시하였다. 그러나 이러한 판단은 소비자보호법의 적용범위에 있어서 법의 입법목적을 침식할 우려가 있다는 비판이 제기된다.[39]

---

37) von Bar/Eric Clive, Ibid, p. 92.

38) Johann Gruber v. Bay Wa AG, ECJ 20 January 2005, C-464/01, ECR 2005, I-439.

39) von Bar/Eric Clive, Ibid, p. 93.

3) 일본

일본에 있어서 소비자에 대한 법적 정의는 통일된 방식이 아닌 개별법에서 독자적으로 규정하고 있다. 물론 소비자에 대한 법적 정의가 등장한 시기는 비교적 최근이며, 2000년에 제정된 소비자계약법(消費者契約法)에서부터 시작되었다.[40] 먼저, 소비자계약법상 소비자에 대한 정의는 사업으로써 또는 사업을 위하여 계약의 당사자가 되는 경우를 제외한 개인으로 정의하고 있으며(동법 제2조 제1항), 전자소비자계약법(電子消費者契約及び電子承諾通知に關する民法の特例に關する法律)에서도 동일하게 규정하고 있다(동법 제2조 제2항). 소비자안전법에서는 상기의 소비자에 대한 정의와 조금 다르게 상업, 공업, 금융업 기타 사업을 행하는 경우를 제외한 개인으로 정의하고 있다(동법 제2조 제1항).[41] 그럼 소비자계약법상 소비자의 특징은 무엇인가? 첫째, 소비자는 개인이기 때문에 법인 또는 단체는 소비자에 해당하지 않는다. 둘째, 개인이라고 할지라도 사업으로써 또는 사업을 위하여 계약의 당사자가 되는 경우에는 소비자로 인정되지 않는다. 특히, 동법에서는 소비자를 판단함에 있어서 '영업'이 아닌 '사업'이라는 용어를 사용하고 있으며, 이는 영리행위 뿐만 아니라 비영리 행위까지 포함하기 위함이다.[42]

이와 같이 소비자계약법에서는 소비자에 대한 정의를 두고 있지만, 이는 동법의 적용범위내에서의 소비자이다. 물론 이러한 정의규정이 소비자에

---

40) 우리의 소비자기본법에 해당하는 일본 소비자기본법(消費者基本法)에서는 소비자에 대한 법적 정의규정을 두고 있지 않다.

41) 소비자안전법상 소비자에 대하여 사업을 행하는 개인을 배제한 이유로 소비자기본법상 소비자이익의 옹호, 증진을 도모하기 위한 전제로서 소비자와 사업자간 정보의 질 및 양 내지 교섭력의 격차를 감안하여 개인이라고 하더라도 사업자로서 다른 사업자와의 관계는 소비자와 사업자라는 관계에서의 격차를 고려할 필요가 없기 때문이다(消費者廳政策調整課/企劃課/消費者情報課/地方協力課/消費者安全課, 「逐條解說消費者安全法」, 商事法務, 2010, 18頁).

42) 大村敦志, 「消費者法」, 有斐閣, 2007, 25-26頁.

대한 일반개념이 될 수 있지만, 모든 소비자계약에 대하여 일률적으로 적용될 수 없다. 특히, 동법에서는 청약철회권을 규정하고 있지 않으며, 이를 규정하고 있는 법은 할부판매법과 특정상거래법이다. 그러나 양법에서는 소비자라는 용어를 사용하지 않고, 매수인(購入者)이라는 용어를 사용하고 있다. 다만, 매수인에 대한 법적 정의를 존재하지 않는다. 그럼 매수인은 단지 민법상 매수인, 즉 모든 거래의 상대방에 해당하는가의 문제가 제기된다. 이를 판매함에 있어서는 할부판매법(割賦販賣法)과 특정상거래법(特定商取引に關する法律)의 적용배제사유에 대한 검토가 필요하다. 먼저, 할부판매법의 적용배제 사유 중 하나는 지정상품 내지 지정권리를 판매하는 계약 또는 지정역무를 제공하는 계약에 있어서 당해 계약의 청약을 한 자가 영업을 위하여 또는 영업으로써 체결하는 계약 또는 매수인 또는 서비스를 제공받는 자가 영업을 위하여 또는 영업으로써 체결하는 계약과 관련된 할부판매이다(동법 제8조 제1호). 둘째, 특정상거래법상 적용배제사유(방문판매, 통신판매, 전화권유판매) 중 하나가 매매계약 또는 서비스제공계약으로서 청약자가 영업을 위하여 또는 영업으로써 체결하는 계약 또는 구매자 또는 서비스를 제공받은 자가 영업을 위하여 또는 영업으로써 체결하는 계약과 관련된 판매 또는 서비스의 제공이다(동법 제26조 제1항 제1호). 즉, 양법 모두 보호대상을 소비자라고 명시하고 있지 않지만, 적용배제 대상에서 영업으로써 또는 영업을 위하여 행하는 경우를 배제하고 있기 때문에 사실상 소비자에 국한된다. 다만, 소비자계약법과 달리 사업이 아닌 영업으로 표현하고 있다. 이는 상행위에 국한하지 않으며, 일반적으로 사업 또는 직업을 위한 거래 역시 포함하는 것으로 해석하고 있다.[43]

---

43) 消費者廳取引・物價對策課/經濟産業省商務情報政策局消費經濟政策課 編, 「特定商取引に關する法律の解說」, 商事法務, 2010, 168-169頁. 반면에 영업에는 비영리사업을 포함하지 않기 때문에 학술사업 등을 목적으로 재

(4) 소결

소비자계약이 성립하기 위한 가장 기본적이자 필수적인 요건은 거래당사자 중 매수인이 소비자에 해당하여야 한다. 그럼 소비자는 누구를 의미하는가? 우리 소비자보호법에서는 소비자의 범주에 대하여 2원적인 체계를 규정하고 있다. 즉, 본질적 의미의 소비자와 정책적 의미의 소비자이다. 그럼 본질적 의미의 소비자에 대한 개념정의의 타당성에서부터 시작하여 2원적 체계에 대한 타당성 여부에 대한 검토가 필요하다.

1) 본질적 의미의 소비자에 대한 개념정의의 타당성

① 소비생활의 목적물

본질적 의미의 소비자에 대한 법적 정의는 개별 소비자보호법에서 동일하게 규정하고 있다. 그러나 소비자보호에 관한 기본이라고 할 수 있는 소비자기본법상 정의와는 조금 상이하다. 즉, 소비자기본법상 본질적 의미의 소비자는 사업자가 제공하는 물품 또는 용역(시설물을 포함한다. 이하 같다)을 소비생활을 위하여 사용(이용을 포함한다. 이하 같다)하는 자이다(동법 제2조 제1호). 물론 사용 또는 이용의 목적에 있어서 소비생활이라는 점은 양자 모두 동일하다. 그러나 차이점은 객체이다. 즉, 소비생활의 목적물에 대하여 소비자기본법에서는 물품 또는 용역(시설물을 포함한다)으로 정의하고 있지만, 개별 소비자보호법에서는 재화나 용역(일정한 시설을 이용하거나 용역을 제공받을 수 있는 권리를 포함한다)으로 정의하고 있다. 그럼 양자의 차이점은 무엇인가? 이는 물품과 재화, 권리에 있다. 이러한

화를 구입한 것은 영업으로써 또는 영업을 위하여 행하는 거래에 해당하지 않는다고 해석하는 견해도 있다(中崎 隆,「解說改正割賦販賣法」, 金融財政事情研究會, 2011, 130頁).

차이점은 단지 용어의 차이에 불과하며, 실질적인 차이는 없는가 아니면 실질적인 차이가 있는가의 문제이다. 그러나 소비자기본법 역시 소비자안전조치, 시정조치, 벌칙 등을 규정하고 있으며, 이는 공법적 제재규정이기 때문에 죄형법정주의 원칙이 적용된다. 따라서 그 요건이 명확하여야 하며, 이에 규정되지 않은 사항에 대하여 사업자가 위반행위를 하였다고 하더라도 제재를 부과할 수 없다. 따라서 실질적인 차이가 있다고 할 것이다. 그럼 구체적으로 양자는 어떠한 차이가 있는가? 먼저, 물품과 재화의 의미이며, 소비자보호법에서는 이에 대한 법적 정의를 규정하고 있지 않다. 이에 대하여는 양자가 동일한 의미로 파악하는 입장과 재화가 물품보다 광범위한 개념이라는 입장[44]으로 구분된다. 종전 전자의 입장에서 물품과 재화의 의미에 대하여 동일하다고 판단하였지만[45], 엄격해석의 측면에서 볼 때 물품은 민법상 물건에 해당한다고 할 수 있다. 따라서 이에 해당하지 않은 디지털콘텐츠 등은 재화에 해당하지만, 물품에는 해당하지 않는다. 그 결과 물품의 범주와 재화의 범주에 차이가 있다. 그럼 물품에 해당하지 않은 재화에 대한 거래에 있어서 소비자를 보호할 필요가 없는가? 그러나 이러한 재화에 대한 거래에서도 소비자를 보호할 필요가 존재하며, 소비자기본법의 적용을 통한 보호가 필요하다. 따라서 물품이 가지고 있는 의미의 한계에서 발생하는 문제점을 해결하여야 한다. 둘째, 물품과 시설물과의 관계이다. 물론 시설물은 부동산에 부착된 동산을 의미하기도 하고, 부동산 자체(건축물)를 의미하기도 한다. 그럼 시설물은 물품에 포함되지 않는가? 물품을 민법상 물건이라고 한다면 이에는 동산과 부동산이 모두 포함된다(민법 제98조). 따라서 시설물은 이미 물품에 포함되었기 때문에 이를 별도로 규정할 필요가 없다. 셋째, 권리이다. 물론 물품은 민법상 물건에 국

44) 류창호, "전자상거래소비자법에 관한 연구", 「외법논집」 제12집, 2002 · 8, 289면.

45) 拙著, 「소비자보호법」, 세창출판사, 2008, 9면.

한되기 때문에 권리는 포함되지 않는다. 그럼 재화에는 포함되지 않는가? 재화에 대한 법적 정의는 존재하지 않지만, 일반적으로 재산적 가치가 있는 총체를 말한다고 할 수 있다. 이는 단지 물건에 국한되는 것이 아닌 재산적 가치가 있는 것이라면 무엇이든지 가능하다. 따라서 권리 역시 재산적 가치가 있기 때문에 재화에 해당한다고 할 것이다. 그 결과 할부거래법 등에서 이를 별도로 규정하고 있지만, 재화 그 자체에 권리가 포함되기 때문에 이를 별도로 규정할 필요는 없다. 다만, 수범자에게 그 내용을 명확하게 고지하기 위하여 권리를 별도로 부기할 수 있지만, 이 경우에는 용역에 부기하는 것이 아닌 재화에 부기하여야 할 것이다. 또한 권리에는 단지 시설물을 이용할 수 있는 권리 및 용역을 제공받을 수 있는 권리만이 있는 것이 아닌 일정한 재화를 공급받을 수 있는 권리 역시 존재한다. 따라서 이를 모두 포섭할 수 있도록 규정하여야 할 것이며, 이를 위하여 '권리'로 명시하는 방안과 '재화를 공급받거나 일정한 시설을 이용하거나 용역을 제공받을 수 있는 권리'로 명시하는 방안 중 하나를 채택하여야 할 것이다.

② 거래의 목적에 대한 적극적 방식과 소극적 방식

소비자를 정의함에 있어서 재화등을 구매하는 목적에 대하여 우리 소비자보호법과 주요국의 소비자보호법은 차이가 있다. 우리의 경우 적극적인 방식으로 거래목적을 정의하고 있다. 즉, 소비생활을 위하여 재화등을 사용 또는 이용하는 자로 정의하고 있다. 반면에 주요국에서는 소극적 방식으로 구매의 목적을 규정하고 있으며, 이에 따르면 영업 또는 사업 이외의 목적으로 재화등을 구입하는 자로 정의하고 있다. 물론 소비생활과 영업 또는 사업 이외의 목적을 개인 또는 가정 등에서의 사용 또는 이용으로 해석할 경우 양자간 차이는 없다고 할 수 있지만, 개인 또는 가정 등에서의 사용 또는 이용과 영업 또는 사업 이외의 목적이 반드시 일치하는 것은 아니다. 즉, 개인 또는 가정 등에서의 사용은 아니지만, 영업 등을 목적으로 하지 않은 경우가 존재한다. 예를 들어, 개인투자자가 금융투자상품을 구입한 경우 수익을 목적으로 구입하는 것이기 때문에 개인 또는 가정 등에서의 사용을 목적으로 구입한 것은 아니지만, 영업 등의 목적으로 구입한 것은 아니다. 그 결과 우리 소비자보호법에 따르면 이러한 자는 소비자에 해당하지 않지만, 주요국의 소비자보호법제에 따르면 소비자에 해당하게 된다. 또한 이러한 경우 이외에 다양한 경우가 발생할 수 있다. 그럼 어떠한 방식으로 소비자를 정의하여야 하는가? 적극적 방식과 소극적 방식 모두가 동일한 소비자범주를 규정한다면 문제가 없지만, 앞에서 살펴본 바와 같이 사실상 차이가 있다. 또한 소비자를 보호하는 취지가 영업적 활동이 아닌 비영업적 활동분야에 있어서 전문가인 사업자와 비교하여 약자인기 때문에 보호한다는 점을 감안할 때 적극적 방식 보다는 소극적 방식을 취하는 것이 소비자보호의 취지에 적합할 뿐만 아니라 보다 광범위하게 소비자를 보호할 수 있다고 할 것이다. 따라서 우리의 소비자에 대한 개념 역시 주요국과 같이 소극적 방식을 취할 필요가 있다.[46][47]

③ 사용・이용 중심 또는 계약중심

소비자의 개념을 정의함에 있어서 중요한 지표 중 하나가 재화등의 사용 또는 이용을 중심으로 구성할 것인가 아니면 계약을 중심으로 구성할

---

46) 국제사법에서는 소비자계약에 대하여 소비자가 직업 또는 영업활동 외의 목적으로 체결하는 계약으로 정의하고 있다(동법 제27조 제1항). 물론 본문에서 제안한 바와 같이 소극적 방식으로 소비자계약을 정의하고 있다. 그러나 소비자에 대한 정의를 규정하지 않음으로 인하여 소비자는 소비자기본법상의 소비자를 전제로 한 것이다. 그 결과 소비자라는 용어상의 개념과 소비자계약상의 개념이 상이하다. 즉, 소비자의 개념은 적극적으로 규정하고 있는 반면에 소비자계약은 소극적 소비자개념을 전제로 하고 있기 때문이다. 따라서 양자의 개념을 일치시켜야 할 것이며, 이는 소비자의 개념을 소극적 방식으로 정의하면 자연스럽게 해결될 문제이다.

47) 동지 : 서희석, "DCFR상 소비자・사업자의 정의", 「외법논집」 제36권 제2호, 2012・5, 20면.

것인가의 문제이다. 물론 이는 단편적으로 검토할 것이 아닌 소비자의 특성을 감안하여야 함은 당연하다고 할 것이다. 그럼 소비자의 특성은 무엇인가? 즉, 소비자는 기본적으로 사업자가 제작하여 판매하는 재화등을 구입하여 사용 또는 이용하는 자이다. 또한 소비자에서 핵심인 소비는 사업자의 생산에서 비롯된다. 이러한 차원에서 우리의 소비자보호법제에서는 생산의 대립개념인 소비를 중심으로 그 개념을 정의하였다. 문제는 모든 소비자가 사용하는 자인가의 문제가 발생한다. 즉, 자신이 직접 사용하기 위하여 재화를 구입하였다면 사용하는 자에 해당하기 때문에 소비자의 개념에 있어서 문제점을 제기되지 않는다. 그러나 이를 제3자에게 선물하기 위하여 재화를 구입하였다면 누가 소비자인가의 문제가 제기된다. 즉, 이를 구입한 자가 소비자인가 아니면 이를 사용하는 자가 소비자인가의 문제이다. 그러나 소비자문제는 단지 사용 그 자체에서만 발생하거나 계약 자체에서만 발생하는 것이 아닌 양자 모두에서 발생한다. 즉, 계약을 체결한 자는 기본적으로 소비자이지만, 이를 사용하는 자 역시 그 하자 또는 결함으로 인하여 피해를 입을 수 있기 때문에 소비자에 해당하게 된다. 문제는 현행 소비자보호법상 소비자의 개념에 양자를 포함하고 있는가의 문제이다. 그러나 현행 소비자의 개념정의에 있어서는 양자를 다 포함하고 있는 것이 아닌 사용 또는 이용하는 자에 국한된다. 그럼 이러한 소비자의 개념은 어디에서 도출되었는가? 소비자라는 용어가 처음 등장한 것은 재화의 대량생산이 가능하게 된 산업혁명 이후이며, 이 당시는 사업자의 생산에 대한 대립개념으로 소비가 인정되었다. 따라서 사업자가 제공하는 재화를 소비하는 자라는 차원에서 소비자라는 용어를 사용하게 되었다. 그러나 20세기 이후 재화의 생산과 판매가 구분되었다. 즉, 사업자의 역할이 생산과 판매를 겸하던 것이 양자가 분리되어 생산을 담당하는 자와 판매를 담당하는 자로 구분된 것이다. 따라서 소비자는 필요한 재화를 생산자인 사업자에게 구입하는 것이 아닌 판매자인 사업자로부터 구입하게 되었다. 그 결과 소비의 대립 개념은 이제 생산이 아닌 판매가 되었다. 그럼에도 불구하고 소비자에 대한 정의는 기존의 생산을 중심으로 구성되었기 때문에 정확한 정의라고 할 수 없다. 그럼 소비자에 대한 개념정의는 매수를 중심으로 구성하여야 하는가? 물론 거래를 중심으로 한다면 매수를 중심으로 구성하여야 한다고 할 수 있지만, 소비자문제는 단지 거래과정 속에서만 발생하는 것이 아닌 재화의 사용단계에서도 발생한다. 따라서 소비자의 개념은 양자의 요소, 즉 거래와 사용이라는 점을 감안하여 구성하여야 한다. 그러나 이러한 정의방식은 거래분야에서의 소비자보호를 목적으로 하는 소비자보호법상 소비자의 정의로는 적합하지 않다. 즉, 특수거래분야에서의 소비자보호를 목적으로 하는 할부거래법 등은 소비자계약에서의 소비자를 보호하는 것을 목적으로 하기 때문에 재화의 사용에 있어서 소비자보호를 추구하고 있지 않다. 따라서 양자의 요소를 감안하여 소비자에 대한 법적 정의를 하여야 하는 법은 소비자기본법이며, 거래분야에서의 소비자보호를 추구하는 할부거래법 등은 거래를 중심으로 소비자개념을 정의하여야 할 것이다.

④ 소비자개념의 통일화 또는 개별화

현행 소비자보호와 관련된 법에서는 단일의 소비자개념을 사용하는 것이 아닌 개별 법률별로 소비자의 정의규정을 두고 있다. 따라서 소비자의 개념은 각 소비자보호법마다 상이하다. 물론 본질적 의미의 소비자에 대하여 큰 차이가 없다고 하지만, 이 역시도 일부에 있어서 차이가 있다. 그럼 이와 같이 소비자개념을 개별법마다 상이하게 규정하는 것이 타당한 것인가? 물론 개별법의 입법목적이 상이하기 때문에 동일하게 규정할 수 없다면 현행과 같이 개별적으로 규정하여야 할 것이다. 그러나 현행과 같이 개별법마다 소비자개념을 달리 정함으로 인하여 소비자임에도 불구하고 소비자보호법의 적용을 받지 못하는 이상한 결과가 발생한다. 즉, 법에 따라 소비자로 인정하는 범위가 상이하기 때문이다. 그러나 이러한 방식은 소비자보호를 추구함에 있어서 통일적이고, 체계적이지 못하다는 비판에 직면할 수 밖에 없다. 따라서 소비자에 대한 법적 정의 방식은 개별화가 아닌 단일의 체계를 구성하여야 할 것이며, 소비자보호에 관한 기본법인 소비자기본법에서 소비자에 대한 법적 정의를 하고, 개별 소비자보호법에서는 그 규정을 준용하는 방식으로 개정되어야 할 것이다.

2) 정책적 의미의 소비자

정책적 의미의 소비자는 본질적 의미에서의 소비자가 아닌 사업자임에도 불구하고 법정책적인 측면에서 소비자로 인정하여 보호하는 자를 말한다. 그러나 이러한 정책적 의미의 소비자의 범주에 대하여 동일한 것이 아닌 개별 소비자보호법마다 상이하게 규정하고 있음은 앞에서 살펴보았다. 그럼 이러한 정책적 소비자를 인정하는 것이 과연 타당한 것인가? 이에 대하여는 정책적 의미의 소비자를 인정할 필요성에 대한 검토와 더불어 소비자로 인정되는 사업자별로 그 타당성을 검토하고자 한다.

① 정책적 의미의 소비자에 대한 보호의 필요성

정책적 의미의 소비자를 보호할 것인가의 문제는 왜 본질적 의미의 소비자를 보호하여야 하는가에서 출발하여야 한다. 이는 소비자보호의 필요성에 관한 문제이며, 이에 대하여는 소비자의 특성을 살펴보아야 한다.

ⓐ 추상적 인간이 아닌 구체적 인간으로서 소비자

소비자보호법 또는 소비자계약에서의 소비자는 어떠한 인간인가? 즉, 민법에서 전제하고 있는 추상적 인간인 타인과의 법률행위를 함에 있어서 합리적인 사고를 통하여 자신에게 유리한 법률행위를 체결하는 인간인가 아니면, 사업자의 권유 또는 다른 소비자와의 경쟁심리 등을 이유로 계약체결의사를 결정하는 구체적인 인간에 해당하는가의 문제이다. 물론 소비자계약 역시 민법상 계약의 일종이며, 소비자 역시 민법상 자연인에 해당하기 때문에 민법의 인간상(추상적 인간)에 해당한다고 할 수 있다. 그러나 소비자는 자신의 계약체결의사를 합리적으로 판단하여 결정하는 것이 아닌 사업자의 적극적인 권유에 의하여 불필요한 계약을 체결하기도 하고, 다른 소비자와의 경쟁심리에 따라 계약을 체결하기도 한다. 따라서 소비자는 즉흥적으로 계약체결의사를 결정할 수 있으며, 계약체결 후에는 계약체결사실을 후회한다. 물론 비합리적인 계약체결의사를 결정한 소비자가 이로 인하여 발생한 문제를 전적으로 책임져야 한다고 주장할 수 있다. 그러나 근대시민사회의 제반 상황과 현대사회에서의 계약체결환경이 동일한 것인가에 대하여 평가가 이루어져야 할 것이며, 이러한 소비자의 행태를 과연 소비자만의 책임으로 전가할 수 있는가의 문제 역시 제기된다. 이와 같이 민법상 인간상과 소비자보호법상 인간상은 상이하며, 추상적 인간과 달리 구체적인 인간에 해당하는 소비자에 대하여 계약의 일반법인 민법만의 적용으로는 충분한 보호가 이루어지지 않는다.

ⓑ 소비자와 사업자간의 격차

근대시민국가의 성립은 인간불평등에서 인간평등의 전환점이었다. 즉, 인간 불평등의 기원이었던 신분질서가 근대시민국가의 등장과 더불어 폐지되면서 모든 인간은 법 앞에서 평등하게 되었다. 그럼 과연 인간은 평등한 것인가? 인간이라는 점만을 기준으로 한다면 평등하지만, 각 개인이 가지고 있는 제반 요소를 함께 감안한다면 결코 인간은 평등하지 않다. 이를 소비자와 사업자의 관계에서 적용한다면 더우 극명하게 나타난다. 즉, 소비자와 사업자 모두 권리의 일 주체이다. 그러나 소비자는 개인단위로 활동하는 반면에 사업자는 주로 법인(회사)의 모습으로 활동한다. 즉, 가장 기본적으로 개인 대 단체의 모습을 가지고 있다. 또한 사업자는 재화를 생산하고, 판매하는 자이기에 소비자보다 재화를 비롯하여 거래조건에 관한 많은 정보를 가지고 있다. 이러한 점은 구체적으로 소비자계약에 있어서 어떻게 작용하는가? 이는 계약체결의사를 결정함에서부터 시작하여 계약내용의 구성 및 협상력에 있어서 차이로 나타난다. 즉, 계약체결의사는 자신이 가지고 있는 정보에 국한하여 결정될 수 밖에 없으므로 보다 적은 정보를 가지고 있는 소비자는 계약체결여부 및 상대방에 대한 선택의 범주가 그 만큼 축소될 수 밖에 없다. 또한 구체적인 계약내용을 결정함에 있어서는 정보를 가진 자와 가지지 못한 자간의 격차는 극명하게 나타난다. 즉, 정보를 가진 자는 자신에게 유리한 방향으로 계약내용을 결정할 수 있는 여지가 있지만, 이러한 정보를 충분하게 가지지 못한 자는 정보를 가진 자의 의사에 따라 계약내용을 결정할 수 밖에 없다. 따라서 이러한 정보의 격차는 협상력의 차이로 직결하게 된다. 또한 경제력의 차이 역시 존재한다. 즉, 회사의 형태로 운영되는 사업자의 경우 일반 소비자보다 많은 경제력을 보유하고 있으며, 경제적 우위는 계약관계에서부터 시작하여 분쟁발생시 이를 해결함에 있어서 많은 영향력을 발생시킨다. 예를 들어, 분쟁발생시 사업자가 당해 분쟁을 소송을 통하여 해결하고자 한다면 소비자는 소송에 소요되는 많은 비용문제를 고려하게 된다. 물론 경제력이 충분한 소비자의 입장에서는 피해구제를 위하여 소송을 통한 권리구제에 적극적으로 참여할 것이다. 그러나 경제력이 충분하지 못한 소비자의 입장에서는 사업자의 제소에 대하여 적극적인 대응을 주저하게 된다. 즉, 기업의 입장에서는 소송비용을 하나의 비용으로 생각할 수 있지만, 개인인 소비자의 입장에서는 소송비용 역시 자신의 재산의 감소이기 때문에 소송을 제기하는 것이 타당함에도 불구하고 이를 주저하게 된다. 마지막으로 사업자는 당해 재화 및 거래와 관련하여 전문적인 지식을 가지고 있지만, 소비자는 일반적으로 전문적인 지식을 가지고 있지 못하다. 이는 각 당사자의 목적에서 비롯된다. 즉, 사업자는 재화등을 생산하여 판단함으로써 이윤을 추구하는 자이다. 따라서 보다 많은 재화를 소비자 등에게 판매하기 위하여 재화 및 판매방식 등에 대한 연구를 지속하기 때문에 전문적인 지식을 가지고 있다. 그러나 소비자는 단지 소비생활을 목적으로 재화를 구입하는 자이기 때문에 전문적인 지식을 가지고 있지 못하다. 이러한 점은 사업자가 재화 및 거래조건 등에 관한 정보를 정보약자인 소비자에게 제공하여야 함을 제시하기도 하지만, 사업자가 제공한 정보의 신뢰성의 문제를 야기하기도 한다. 즉, 사업자가 재화등에 관한 정보를 제공함에 있어서 당해 정보가 정확한 사실에 기초한 것인지를 전문적인 지식이 없는 소비자가 정확하게 판단한다는 것은 매우 어려운 문제이다. 따라서 정보의 제공뿐만 아니라 정확한 사실에 기초한 정보가 제공될 수 있는 여건의 조성이 필요함은 당연하다고 할 것이다.

이와 같이 사업자와 소비자간의 관계는 결코 동등한 것이 아니며 사업자가 소비자와 비교하여 우월적인 지위에 있다. 따라서 양자 모두 권리의 일 주체라는 점만을 가지고 동등하게 대우하였을 경우에는 평등의 이름으로 불평등을 합법화하는 것이므로 양자의 격차를 감안하여 달리 대우하는 것이 필요하다. 즉, 양자가 같은 것일 경우에는 동등하게 대우하는 것이 평등의 원칙에 합치하지만, 이미 양자가 상이한 경우에는 양자를 달리 대우하고 약자의 지위에 있는 자가 실질적으로 동등한 지위를 가질 수 있도록 법적 방안을 마련하는 것이 실질적 평등을 구현하는 방안이다.

② 정책적 의미의 소비자에 대한 필요성

상기에서 살펴본 바와 같이 본질적 의미의 소비자를 보호하는 가장 근본적인 이유는 민법에서 전제한 추상적 인간상이 소비자에게는 적합하지 않으며, 그 상대방인 사업자와 비교하여 상대적 약자이기 때문에 실질적 평등을 구현하고자 별도의 특별법을 제정하여 소비자는 보호하는 것이다. 그럼 이러한 소비자보호의 필요성이 정책적 의미의 소비자까지 확대될 수 있는가? 물론 보호의 대상자를 어디까지로 정할 것인가는 입법정책적인 문제로 치부하여 입법자의 결단을 통하여 해결할 문제라고 할 수 있다. 그러나 입법정책적인 문제라고 하더라도 소비자보호의 필요성을 무시하고, 합리적 근거없이 소비자로 인정하는 것은 타당하지 않다. 그럼 현행 소비자보호법상 사업자임에도 불구하고 소비자로 인정하여 보호하는 것이 타당한 것인가에 대하여는 이하에서 각 해당 사업자별로 검토한다.

ⓐ 재화등을 최종적으로 사용하는 자

원재료(중간재를 포함한다), 자본재 또는 이에 준하는 용도로 생산활동에 사용하는 경우를 제외하고, 사업자로부터 구입한 재화등을 최종적으로 사용하는 사업자는 소비자로 인정된다. 즉, 소비가 최종사용이라는 점을 감안하여 사용목적과 관계없이 최종적으로 사용하고자 한다면 소비자로 인정하는 것이다. 따라서 대기업이라고 할 지라도 자본재 등으로 사용하지 않고, 최종적으로 사용하기 위하여 재화를 구입하였다면 소비자로 인정된다. 그러나 과연 이러한 자를 소비자로 인정할 필요가 있는가? 먼저, 구입목적에 있어서 소비는 좁게는 개인 또는 가정 등에서의 최종 사용이며, 넓게는 영업 외적인 사용이다. 그럼에도 불구하고 영리활동을 목적으로 구입한 경우까지 보호한다는 것은 적합하지 않다. 둘째, 소비자를 보호하는 이유는 추상적 인간이 아닌 구체적 인간이며, 상대적 약자이기 때문이다. 그러나 이 경우는 이에 해당하지 않을 뿐만 아니라 역으로 상대적 강자(매수인이 대기업인 경우 등)인 경우도 존재한다. 그럼 법이 상대적 강자를 보호하는 점을 과연 수긍할 수 있는가? 자기 스스로 보호를 추구할 수 있는 자에 대하여 법이 약자로 인정하여 보호하는 방식은 궁극적으로 소비자보호법의 존재의의를 몰각시키는 것이다. 따라서 이러한 사업자에 대하여 소비자로 인정하여 보호할 필요성은 없다고 할 것이다.

ⓑ 재화등을 농업(축산업) 및 어업활동을 위하여 사용하는 자

이에 해당하는 자는 1차산업의 종사자이다. 물론 소비자보호는 2차산업을 바탕으로 등장하였다. 따라서 1차산업을 논하는 것은 초기 단계에서는 적합하지 않았지만, 현재에 있어서는 1차산업 역시 소비자보호의 대상이다. 그러나 여기에서의 1차산업의 종사자의 문제는 소비자와의 관계가 아닌 다른 사업자와의 관계에서 이러한 자를 어떻게 보호할 것인가의 문제이다. 물론 생산활동인 영리목적으로 재화를 구입하였기 때문에 소비자로 인정한다는 것은 논리적 모순이라고 할 수 있다. 그러나 우리 1차산업의 현실은 대규모 또는 기업형이 아닌 소규모의 형태로 이루어져왔기 때문에 미국, 유럽 등의 기업형 1차산업 종사자와 동일하게 평가할 수 없다. 따라서 1차산업의 종사자를 보호할 필요가 있으며, 이를 소비자로 인정하는 것은 어느 정도 타당하다고 할 것이다. 그러나 이러한 자를 보호함에 있어서 현행법의 방식은 타당하지 않다. 즉, 1차산업의 형태가 변화하고 있기 때문이다. 앞에서 살펴본 바와 같이 1차산업은 소규모로 이루어져 왔기 때문에 보호의 필요성이 있다고 할 수 있지만, 현재는 기업형 1차산업이 등장 및 발전하고 있다. 그럼 이러한 기업형 1차산업의 종사자(예를 들어, 영농법인 등)까지 보호하여야 하는가? 그러나 1차산업의 종사자를 보호한다는 것은 영세하기 때문에 상대방인 사업자와의 관계에서 상대적 약자에 해당하며, 거의 소비자와 유사한 지위를 가지기 때문이다. 반면에 기업형 1차산업의 종사자는 상대방인 사업자와 비교하여 약자의 지위에 있지 않을 뿐만 아니라 충분한 협상력을 가지고 있다. 따라서 이러한 협상력을 갖추고 있는 자까지 소비자보호 인정하여 보호하는 것은 타당하지 않다. 그러므로 1차산업의 종사자에 대하여 보호의 필요성이 있다고 하더라도 일률적으로 소비자로 인정하여 보호하기 보다는 1차산업의 규모를 정하여 일정 규모 이상을 영위하는 자에 대하여는 배제하는 방식을 취하여야 할 것이다.

ⓒ 본질적 의미의 소비자와 동일한 조건 및 지위에서 재화등을 구매하는 자

사업자가 소비자와 동일한 조건 및 지위에서 재화를 구입한 경우 영리목적 또는 사용목적에 불문하고, 소비자로 인정된다. 즉, 이 경우는 최종 사용이 아니더라도 소비자로 인정되기 때문에 상기의 재화등을 최종적으로 사용하는 자보다 더 광범위하게 소비자로 인정된다. 그럼 이러한 경우가 존재할 수 있는가? 물론 대면거래에 있어서는 사업자가 자신의 구입목적을 명시하지 않고 거래한 경우가 이에 해당한다고 할 수 있지만, 사실상 이에 해당하는 경우는 그리 많지 않을 것이다. 그러나 전화권유판매 또는 전자상거래 등의 비대면거래의 경우 상대방의 지위를 알 수 없기에 사업자 역시 일반 소비자와 동일한 지위 및 조건으로 거래한다. 따라서 이러한 경우에는 영리목적임과 동시에 최종 사용이 아니더라도 소비자로 인정된다. 그럼 이러한 경우 사업자를 소비자로 인정하여야 하는가? 물론 일반 소비자와 동일한 조건 및 지위에서 거래하였기 때문에 소비자로 인정하는 것이 타당하다고 할 수 있다. 그러나 소비자를 보호하는 것은 상대적 약자이기 때문에 보호하는 것이지, 거래형태 등을 기준으로 보호하는 것은 타당하지 않다. 만일 이러한 기준이 타당하다면 행위무능력자와 동일한 지위 및 조건으로 거래한 행위능력자 역시 보호하여야 한다는 논리가 도출될 수 있다. 따라서 소비자보호의 필요성에 비추어볼 때 이러한 자를 소비자로 인정할 필요는 없다고 할 것이다.

ⓓ 다단계판매원 또는 후원방문판매원이 되기 위하여 다단계판매업자 또는 후원방문판매업자로부터 재화등을 최초로 구매하는 자

방문판매법에서는 다단계판매조직 또는 후원방문판매조직에 가입하기 위하여 다단계판매업자 또는 후원방문판매업자로부터 재화등을 최초로 구매하는 자를 소비자로 인정하고 있다.[48] 즉, 구입목적에 불문하고, 소비자로 인정하여 보호하기 위함이다. 물론 다단계판매 또는 후원방문판매의 경우 그 가입에 있어서 후원수당이라는 유인책이 존재하며, 여러 가지 여건상 가입권유를 거부할 수 없기 때문에 이러한 자를 보호하기 위하여 소비자로 인정하는 것이라고 할 수 있다. 따라서 이러한 자에 대한 보호의 필요성은 인정된다. 그러나 과연 이러한 자를 보호함에 있어서 소비자로 인정하여 보호하는 것이 타당한 것인가? 물론 소비자보호라는 점에 대하여는 일반적으로 공감대가 형성되었기 때문에 이러한 자를 소비자로 인정하여 보호할 경우 별다른 논란의 여지없이 해결할 수 있는 장점은 있다. 그러나 소비자를 보호한

48) 방문판매법에서는 다단계판매원에 대하여 최초 가입시에만 소비자로 인정하고 있지만, 전자상거래소비자보호법에서는 이와 관계없이 소비자로 인정하고 있다. 물론 이를 명시적으로 규정하고 있지 않지만, 사업자가 상행위를 목적으로 구입하는 거래에 대하여 동법의 적용을 배제하면서 다단계판매원을 배제하고 있다. 그 결과 전자상거래소비자보호법의 적용에 있어서는 최초 가입을 불문하고 소비자로 인정된다(동법 제3조 제1항). 그러나 전자상거래소비자보호법에서 다단계판매원을 소비자로 인정하는 것이 타당한 것인가에 대하여는 의문이 제기된다.

다는 것은 가장 기본적으로 비영업적 목적으로 재화를 구매한다는 점에서 출발한다. 따라서 이러한 구입목적을 고려하지 않고 보호의 필요성이 있다고 하여 무조건적 소비자로 인정하는 것은 소비자보호라는 근본적인 목적을 훼손할 수 있다. 또한 이러한 자를 소비자로 보호하는 것이 과연 적절한 보호방법인가의 문제가 제기된다. 즉, 소비자로 인정하여 보호할 경우 가까운 자(근친 또는 친구 등)의 권유를 거부할 수 없어서 재화를 구입하고, 판매조직에 가입하였지만, 추후 재화를 반환하고 그 조직에서 탈회하고자 하는 경우 14일이라는 기간내에 청약을 철회하여야 한다. 이는 최초 가입자를 소비자로 인정한 결과 재화의 반품기간이 14일이기 때문이다. 물론 표시광고된 내용과 다르거나 계약내용과 다르게 이행된 경우에는 이를 안날 또는 알 수 있었던 날로부터 30일 또는 재화를 공급받은 날로부터 3개월 이내에 행사할 수 있지만, 일반적인 경우는 14일이다. 그러나 다단계판매원의 청약철회기간은 3개월까지이다.[49] 물론 이 경우 일정한 위약금은 지급하여야 한다. 그럼 양자를 비교할 때, 어느 것이 더 타당한 것인가? 위약금만을 기준으로 한다면 소비자로 인정하는 것이 더 유리하다고 할 수 있지만, 기간면을 본다면 다단계판매원으로 인정하는 것이 더 유리하다. 그럼 어떠한 방식이 이러한 자를 보호함에 있어서 더 적합한 것인가? 이러한 자를 보호함에 있어서는 구입목적에 따라 지위를 결정하여 그에 적합하게 보호하는 것이 바람직할 것이다. 즉, 현행과 같이 무조건 처음 구입하였다고 하여 소비자로 인정하는 것은 보호에 불충분할 수 있다. 따라서 처음 구입하였다고 하더라도 영업외의 목적, 즉 재판매가 아닌 자신 등의 소비를 목적으로 구

49) 방문판매법에서는 다단계판매원이 계약을 해소할 수 있는 권리에 대하여 청약의 철회라고 규정하고 있지만, 과연 이러한 권리를 청약철회권이라고 표현하는 것이 타당한 것인지에 대하여는 의문이 제기된다. 이에 대하여는 후술한다.

입하였다면 소비자로 인정하여 보호하여야 할 것이며, 재판매를 목적으로 구입하였다면 다단계판매원으로 인정하여 보호하는 것이 타당할 것이다. 물론 반품기간에 대하여 현행 3개월로 한정하는 것이 타당한 것인가의 문제에 대하여는 다단계판매원의 청약철회권 분야에서 서술한다.

ⓔ 방문판매업자 또는 전화권유판매업자와 거래하는 경우의 방문판매원 또는 전화권유판매원

방문판매법에서는 방문판매업자 또는 전화권유판매업자로부터 재화를 구입한 방문판매원 또는 전화권유판매원을 소비자로 인정하고 있다. 물론 이러한 자는 고용관계 등의 면을 고려할 때 일반 소비자보다 더 우선적으로 보호하여야 한다. 즉, 일반소비자는 구매권유에 의하여 충동적으로 구매하기 때문에 보호의 필요성이 존재한다고 할 수 있지만, 이러한 자는 고용관계가 연결되어 있기에 구매권유에 대하여 사실상 거부할 수 없다. 물론 동법에서는 사업자에 대하여 방문판매원등이 되기 위한 조건 또는 방문판매원등의 자격을 유지하기 위한 조건으로서 방문판매원등 또는 방문판매원등이 되려는 자에게 가입비, 판매 보조 물품, 개인 할당 판매액, 교육비 등 그 명칭이나 형태와 상관없이 1인당 연간 2만원을 초과한 비용 또는 그 밖의 금품을 징수하거나 재화등을 구매하게 하는 등 의무를 지게 하는 행위를 금지하고 있다(동법 제11조 제1황 제3호, 동 시행령 제17조). 그럼 동법에서 이러한 행위를 금지하고 있기 때문에 방문판매원등이 방문판매업자등으로부터 재화를 구입하는 것은 자발적으로 구입하는 것이기 때문에 보호할 필요성은 없는가? 물론 법 규정 자체로만 본다면 보호의 필요성이 없다고 할 수 있지만, 방문판매원등을 소비자로 인정한다는 것은 이러한 경우가 발생하고 있다는 것을 간접적으로 제시하는 것이다. 따라서 방문판매원등을 보호할 필요가 있지만, 과연 이를 소비자로 인정하여 보호하는 것이 적합한 것인가에 대하여는 의문이다. 즉, 방문판매원 등이 소비생활을 목적으로 방문판매업자등으로부터 재화를 구입하였다면 당연히 소비자로 인정된다. 다만, 그 이외의 목적으로 방문판매업자등으로부터 구입하였을 경우까지 소비자로 인정하여 보호한다면 14일 이내(청약철회기간)에만 반품이 가능하기 때문에 사실상 보호를 받지 못하는 결과가 발생하게 된다. 따라서 이러한 경우 소비자로 인정하는 것이 아닌 별도의 규정을 두어 방문판매원등을 보호할 필요가 있으며, 그 예로 다단계판매원의 청약철회권을 준용하는 방식을 고려할 필요가 있다.

ⓕ 소결

상기에서 살펴본 바와 같이 우리 소비자보호법에서는 본질적 의미의 소비자 이외에 정책적 의미의 소비자를 광범위하게 인정하고 있으며, 이는 사업자에 해당한다. 물론 소비자의 범주를 결정함에 있어서는 법정책적인 측면이 고려될 수 있다. 그러나 소비자보호의 본질을 침해하면서까지 소비자로 인정하여 보호하는 것은 소비자보호법의 입법목적을 훼손하게 되며, 추후 소비자보호법의 존재의의를 몰각하여 소비자보호법의 폐지로 발전할 수 있는 여지를 줄 수 있다. 따라서 소비자보호의 본질에 적합하게 보호대상자를 제한하는 것이 바람직하다. 이러한 측면에서 볼 때, 현행 정책적 의미의 소비자 중 재화등을 최종적으로 사용하는 사업자 및 본질적 의미의 소비자와 동일한 지위 및 조건으로 구입한 사업자에 대하여는 소비자로 인정하여 보호할 필요가 없다. 따라서 이는 삭제하는 것이 바람직하다. 또한 다단계판매원, 후원방문판매원, 방문판매원 및 전화권유판매원은 보호의 필요성이 존재한다. 그러나 이러한 자들을 소비자로 인정하여 보호하는 것은 형식적인 보호이며, 그 관계에 적합한 실질적인 보호라고 할 수 없다. 따라서 이러한 자들을 소비자로 인정하기 보다는 실질적인 면을 감안하여 보호가 실질적으로 이루어질 수 있는 방안의 마련이 필요하다. 마지막으로 1차산업의 종사자이다. 물론 이러한 자 역시 사업을 위하여 재화를 구입하는 자이기 때문에 소비자가 아니지만, 1차산업의 특성상 보호의 필요성은 존재한다. 따라서 이러한 자를 소비자로 인정하여 보호하는 것은 어느 정도 타당성이 있다고 할 것이지만, 현행의 방식은 과도한 보호에 해당한다. 즉, 종전 1차산업은 영세 또는 소규모 형태로 이루어져 왔기 때문에 1차산업의 보호를 위하여 이러한 자를 소비자로 인정하였지만, 현재는 대규모 영농법인 등이 등장하고 있다. 그러나 이러한 영농법인 등까지 보호할 필요성이 있는가에 대하여는 의문이 제기된다. 따라서 1차산업의 종사자라고 하여 무조건적으로 보호할 것이 아니라 영세 또는 소규모 1차산업종사자에 한하여 보호하여야 할 것이며, 그 구체적인 범위를 정하여야 할 것이다.

2. 디지털콘텐츠거래의 개관

가. 정의 및 법적 성질

(1) 디지털콘텐츠거래의 의의

1) 디지털콘텐츠의 의의 및 유형

디지털콘텐츠는 부호·문자·도형·색채·음성·음향·이미지 및 영상 등(이들의 복합체를 포함한다)의 자료 또는 정보로서 그 보존 및 이용의 효용을 높일 수 있도록 디지털 형태로 제작하거나 처리한 것을 말한다(문화산업진흥기본법 제2조 제5호). 이러한 디지털콘텐츠의 유형은 콘텐츠의 내용에 따라 매우 다양하게 구분할 수 있지만, 이용방식에 따라 다운로드형 디지털콘텐츠와 스트리밍형 디지털콘텐츠로 구분할 수 있다. 다운로드형 디지털콘텐츠의 경우 이용자가 콘텐츠사업자의 사이버몰에 접속하여 해당 디지털콘텐츠를 온라인을 통하여 전송받아 정보처리장치(컴퓨터 등)에 저장하여 이용하는 형태를 말하며, 스트리밍형 디지털콘텐츠는 이용자가 정보처리장치를 이용하여 콘텐츠사업자의 사이버몰에 접속하여 디지털콘텐츠를 이용하는 것을 말한다. 물론 양자의 결합형도 존재한다. 양자의 큰 차이점은 후술하는 법적 성질문제도 있지만, 이용에 있어서 반드시 온라인상태를 유지하여야 하는가에 있다. 즉, 다운로드형 디지털콘텐츠는 다운로드에 있어서는 온라인 상태가 이루어져야 하지만, 이용단계에 있어서는 온라인상태일 필요가 없다. 반면에 스트리밍형 디지털콘텐츠의 경우 디지털콘텐츠의 이용에 있어서 반드시 온라인 상태가 유지되어야 하기 때문에 오프라인상태에서는 이용할 수 없다.

2) 디지털콘텐츠거래의 의의

디지털콘텐츠거래에 대한 법적 정의는 존재하지 않지만, 디지털콘텐츠에 대한 거래라고 정의할 수 있다. 즉, 급부의 목적물이 디지털콘텐츠인 거래를 총칭하여 디지털콘텐츠거래라고 할 수 있다. 그럼 거래는 무엇인가? 상법상 상행위를 의미하는가 아니면 유상계약을 의미하는가의 문제이다. 만일 전자로 해석한다면 모든 유상계약이 아닌 쌍방상행위 또는 일방상행위만이 포함되며, 후자로 해석한다면 개인간의 유상계약 역시 포함되게 된다. 양자를 구분하고 있는 법 중 대표적인 법이 할부거래법이다. 즉, 동법에서는 할부계약과 할부거래를 구분하고 있으며, 할부거래를 할부계약에 의한 거래로 정의하여 양자를 구분하고 있다. 또한 전자상거래에 대한 정의 역시 전자거래기본법에 따른 전자거래의 방식으로 행하는 상행위라 하여 거래에 상행위가 포함되지 않음을 전제로 하고 있다. 따라서 법상의 용어를 가지고 거래의 의미를 밝히는 것은 사실상 불가능하다. 그럼 그 의미를 어떻게 해석하여야 하는가? 거래에 대하여는 상행위에 국한하지 않고 모든 유상계약으로 해석하는 것이 어느 정도 합리적이라고 생각한다. 그렇다고 한다면 디지털콘텐츠거래는 다음과 같이 정의할 수 있다. 즉, 온라인을 통하여 전송되는 디지털콘텐츠에 대한 유상계약을 디지털콘텐츠거래라고 할 수 있으며, 이에는 거래당사자에 따라 사업자간의 디지털콘텐츠거래, 사업자와 소비자간 디지털콘텐츠거래, 일반 개인간 디지털콘텐츠거래로 구분할 수 있다.

(2) 법적 성질

1) 디지털콘텐츠의 법적 성질

디지털콘텐츠거래에 있어서 급부의 목적물은 디지털콘텐츠이다. 그럼 디지털콘텐츠가 물건에 해당하는가? 그 문제는 디지털콘텐츠의 사용으로 인하여 피해가 발생하였을 경우 그 책임의 근거에 있어서 불법행위책임으로 추궁하고자 할 경우 민법상 불법행위책임을 추궁하여야 하는가 아니면 제조물책임법상 제조물책임을 추궁할 수 있는가의 문제와 직결한다. 즉, 민법상 불법행위책임에 있어서는 제한이 없지만, 제조물책임법상 제조물책임의 경우 제조물의 결함으로 인하여 확대손해가 발생하여야 한다. 여기에서 제조물은 기본적으로 동산이어야 한다. 따라서 디지털콘텐츠는 토지와 그 위의 정착물이 아니기 때문에 동산에 해당하는가의 여부가 문제된다.

동산은 부동산이 아닌 물건이기 때문에 관리가능한 유체물 또는 무체물에 해당하여야 한다. 물론 여기까지만 본다면 디지털콘텐츠는 관리가능한 무체물이기 때문에 동산이라고 할 수 있다. 그러나 모든 무체물이 동산에 해당하는 것이 아닌 전기 기타 자연력에 해당하여야 한다. 그러나 디지털콘텐츠는 전기 또는 자연력에 해당하지 않기 때문에 동산에 해당하지 않는다. 그럼 유추해석을 통하여 이를 동산으로 인정할 수 있는가? 물론 민법만을 전제로 한다면 동산으로 유추해석할 수 있을 것이다. 그러나 제조물책임법은 민법에 대한 특별법이기 때문에 민법에 대한 해석과 같이 유추해석을 통하여 그 적용범위를 확대하기는 곤란하다. 따라서 제조물책임법을 적용함에 있어서 전제인 동산에 디지털콘텐츠가 포함된다고 말하기에는 곤란하다. 그럼 이를 배제하는 것이 타당한 것인가? 예를 들어, 동일한 디지털콘텐츠를 甲과 乙이 각각 구입하였지만, 이에 치명적인 바이러스가 감염되어 있어서 프로그램의 설치와 더불어 컴퓨터에 고장이 발생하였다면 CD로 구입한 甲과 다운로드받은 乙간에 있어서 책임추궁의 근거에 차이가 발생하게 된다. 즉, 甲은 제조물책임을 주장하여 무과실책임을 추궁할 수 있지만, 乙은 민법상 채무불이행책임 또는 불법행위책임을 주장하여야 하기 때문에 콘텐츠사업자에게 고의 또는 과실이 존재하여야 한다. 물론 입증책임을 누가 부담할 것인가에 대하여는 차이가 있지만, 콘텐츠사업자에게 과실이 없는 경우 책임추궁이 곤란한 반면에 甲은 콘텐츠사업자가 과실없음을 입증하더라도 책임을 지게 된다. 과연 이러한 결론이 타당한 것인가에 대하여는 누구라도 그 부당함을 인정할 것이다.

그럼 이러한 문제를 어떻게 해결하여야 하는가? 이는 물건에 대한 정의를 하고 있는 민법을 개정하여 해결하여야 할 문제이다. 즉, 현행 민법상 물건에 대한 정의는 18-19세기 당시의 과학기술을 전제로 한 정의이기 때문에 디지털콘텐츠와 같은 새로운 형태의 객체를 포함하고 있지 못하다. 따라서 이러한 형태를 포함할 수 있는 형태로 개정하여야 한다. 그럼 어떠한 방식으로 개정하여야 하는가? 권리의 객체라는 점을 고려하여 이를 정의하여야 할 것이며, 그 핵심은 형태가 아닌 권리주체의 관리가능성을 전제로 하여야 할 것이다. 따라서 물건에 대한 정의를 관리가능한 유체물 및 무체물로 정의한다면 기존의 물건을 비롯하여 새로운 형태의 재화 역시 이에 포함될 수 있을 것이다.

2) 디지털콘텐츠거래의 법적 성질

디지털콘텐츠거래의 법적 성질은 그 이용형태에 따라 구분된다. 즉, 다운로드 방식과 스트리밍 방식으로 구분되며, 문제가 되는 것은 전자이다. 즉, 스트리밍 방식의 경우 이용자가 콘텐츠사업자의 사이버몰에 접속하여 디지털콘텐츠를 이용하는 것이므로 이용계약에 해당한다. 그러나 다운로드 방식의 경우 이용자의 정보처리장치에 저장되어 이용하기 때문에 디지털콘텐츠에 대한 매매계약인가 아니면 라이센스계약, 즉 이용허락계약인가의 문제가 제기된다.

그럼 라이센스계약은 무엇인가? 일반적으로 소프트웨어 라이센스 계약에 대하여 일반재산권의 양도와 달리 소프트웨어 판매자가 자신의 지적재산권을 그대로 보유하면서 단지 다른 사람에게 일정한 요건하에 소프트웨어를 이용하게 할 수 있는 채권적 권리로 정의되고 있다.[50] 즉, 라이센스계약은 임대차 또는 사용대차에 해당하지만, 엄밀한 의미에서 반드시 이에 맞는다고 할 수 없다. 그럼 다운로드방식의 디지털콘텐츠거래가 라이센스계약에 해당하는가? 물론 계약의 구체적인 내용을 통하여 해결하여야 할 문제이지만, 사용허락이라는 점이 명시되지 않은 상태에서 이용자가 콘텐츠사업자와 디지털콘텐츠에 대한 계약을 체결하고 이를 다운로드받았을 경우 이를 라이센스계약이라고 할 수 있는가의 문제가 발생한다. 만일, 이러한 계약 역시 라이센스계약이라고 한다면 이용자는 디지털콘텐츠를 이용할 수 있는 단지 채권자에 불과하다.[51]

---

50) 손태우, "소프트웨어 국제라이센스계약상의 지적재산권에 대한 법적 연구", 「법학연구」 제51호, 2002 · 12, 251-252면.

51) 미국 통일상법전(UCC) 개정초안(제2장 B편안)에서는 소프트웨어 계약을 소프트

그럼 그 차이는 구체적으로 무엇인가? 즉, 채권자이기 때문에 이에 대한 권리는 콘텐츠사업자에 대하여만 주장할 수 밖에 없으며, 이를 제3자에게 양도하기 위해서는 사전에 양도금지 특약이 존재하지 않아야 한다. 즉, 지명채권이기 때문에 양도가 가능하지만, 채권의 성질 또는 당사자의 의사에 의하여 양도금지가 가능하기 때문이다(민법 제449조). 또한 이를 채무자 또는 제3자에게 대항하기 위하여 채권양도에 대한 통지 또는 채무자의 승낙이 있어야 하며, 제3자에게 대항하기 위해서는 이러한 통지 또는 승낙은 확정일자있는 증서로 하여야 한다(민법 제450조). 반면에 이용허락계약이 아닌 매매로 인정할 경우 이용자는 디지털콘텐츠에 대한 소유권을 취득하게 된다. 즉, 물권을 취득하기 때문에 콘텐츠사업자뿐만 아니라 제3자에게까지 자신의 권리를 주장할 수 있으며, 이를 제3자에게 양도함에 있어서 제한이 없다. 다만, 이용자가 소유권을 취득한다고 하여 콘텐츠사업자 등이 가지는 지식재산권(저작권 등)까지 취득하는 것은 아니다. 구체적으로 그 차이는 무엇인가? 즉, 제3자에게 양도함에 있어서의 차이이다. 지식재산권을 취득하지 못한 이용자는 단지 디지털콘텐츠에 대한 소유권을 취득하였기 때문에 이 자체를 제3자에게 양도할 수 있지만, 이를 복제하여 복제본(또는 원본)을 양도할 수 없으며, 이는 저자권자 등의 복제권을 침해하는 것이다.

이와 같이 다운로드형 디지털콘텐츠거래의 법적 성질은 라이센스계약과 매매계약으로 구분할 수 있으며, 양자는 매우 큰 차이를 가지고 있다. 물론 이를 파악함에 있어서는 일률적으로 해결할 수 없으며, 계약의 구체적인 내용을 통하여 해결하여야 할 문제이다. 그럼 이러한 점이 명시되지 않은 경우 당해 계약의 성질을 무엇으로 보아야 하는가? 이는 법률행위의 해석에 관한 문제이기 때문에 법률행위 해석방법에 따라 해결하여야 할 것이

웨어 복제본의 판매계약, 소프트웨어 라이센스 계약 또는 소프트웨어에 대한 권리의 양도계약으로 세분하였다(손태우, 앞의 글, 251면).

다. 물론 약관에 디지털콘텐츠거래에 대하여 라이센스계약으로 볼 수 있는 여지와 매매계약으로 볼 수 있는 여지가 동시에 존재할 경우에는 작성자불이익의 원칙에 따라 매매계약으로 보아야 할 것이다. 그러나 이러한 내용조차없는 경우에는 매매계약으로 보아야 할 것이다. 즉, 다운로드한 이용자는 단지 이용계약을 체결한다고 판단하는 것이 아닌 당해 디지털콘텐츠에 대한 소유권을 취득한다고 생각하기 때문이다. 또한 콘텐츠사업자는 약관 등을 통하여 라이센스계약을 명시할 수 있음에도 불구하고 이를 명시하지 않음으로 인하여 이러한 해석의 여지를 남겨 두었다고 한다면 이 역시도 작성자 쪽에 불이익한 방향으로 해석하는 것이 타당하다고 판단된다.

나. 디지털콘텐츠의 특성과 디지털콘텐츠거래의 특성

(1) 디지털콘텐츠의 특성

다른 급부의 목적물과 달리 디지털콘텐츠의 특성은 무엇인가? 모든 재화와 비교하여 이를 판단하는 것은 적합하지 않기 때문에 여기에서는 아날로그 형태의 콘텐츠와 비교하여 그 특징을 살펴본다.

첫째, 존재형식에 있어서 기존 콘텐츠는 아날로그 방식이지만, 디지털콘텐츠는 디지털방식이다. 이러한 존재형식의 차이점은 다른 형태의 콘텐츠로의 전환이 매우 간편하다. 즉, 2차적 저작물을 창작함에 있어서 디지털콘텐츠는 간편한 조작만으로 가능하며, 전문적 기술을 요하지 않는다. 둘째, 복제의 용이성이다. 아날로그형 콘텐츠의 경우 복제를 하기 위하여 복사기 등의 복제기기가 필요하며, 이를 복제하기 위해서는 많은 시간과 노력이 요구된다. 그러나 디지털콘텐츠의 경우 전송받은 그 자체가 복제이며, 다른 정보처리기기로의 복제가 매우 용이하다. 이러한 점은 디지털콘텐츠를 반환하더라도 그대로 존재하기 때문에 사실상 반환이 의미가 없다. 셋째, 원본과 복제본의 구별이 거의 불가능하다. 아날로그형 콘텐츠의 경우 복제하더라도 원본 그대로 복제한다는 것은 사실상 불가능하다. 그러나 디지털콘텐츠의 경우 복제를 한 경우 원본과 동일하며, 양자를 구별하기란 그리 쉽지 않다. 넷째, 시간의 경과 또는 사용에 의하여 가치가 감소하지 않는다. 아날로그형 콘텐츠의 경우 사용 또는 시간의 경과에 따라 그 가치가 감소하며, 장시간 동안의 이용 또는 보관이 불가능하다. 그러나 디지털콘텐츠의 경우 아무리 사용하더라도 그 성능이 그대로 유지되며, 시간이 경과하더라도 가치는 그대로 유지된다. 다섯째, 멸실의 위험이 거의 없다. 아날로그형 콘텐츠의 경우 멸실 또는 훼손이 될 수 있다. 즉, 아날로그형 콘텐츠는 유체물에 내장되어 있기 때문에 유체물이 멸실 또는 훼손된 경우 내장된 콘텐츠를 재생하기가 곤란하다. 그러나 디지털콘텐츠의 경우 정보처리기기가 멸실 또는 훼손되더라도 저장장치가 완전하게 손상되지 않은 한 디지털콘텐츠의 재생이 가능하며, 이를 삭제하였다고 하더라도 거의 대부분 복구가 가능하다. 이러한 점은 디지털콘텐츠에 관한 계약을 해소하였을 경우 원상회복 등이 의미가 없다는 것을 의미하며, 이를 악용하여 당해 계약을 해소한 후 대금을 환급받고 디지털콘텐츠를 계속 사용하는 경우가 발생할 수 있다. 마지막으로 디지털콘텐츠의 복제의 용이성과 복제시 원본과의 구별의 곤란성은 제작에 있어서 많은 투자가 필요하지만, 제작 이후 판매 단계에서는 판매를 위한 제반 시스템 운영비만 소요된다는 점에서 판매를 위한 많은 제작비 등이 소요되는 아날로그형 콘텐츠와 차이가 있다.

(2) 디지털콘텐츠거래의 특성

상기에서 살펴본 내용은 디지털콘텐츠의 특성이다. 그럼 디지털콘텐츠거래의 특성은 무엇인가? 이에 대하여는 다음과 같이 제시할 수 있다.

첫째, 디지털콘텐츠거래는 그 체결에서부터 시작하여 이행까지 온라인을 통하여 이루어진다. 이러한 점은 오프라인에서 이루어지는 일반적인 거래와의 차이점이며, 체결뿐만 아니라 이행까지 온라인을 통하여 이루어진다는 점은 일반 전자상거래와의 차이점이다. 따라서 단시간내에 체결부터 이행까지 완료될 수 있으며, 이행이 오프라인으로 이루어지는 일반전자상거래의 한계인 국제전자상거래가 무제한적으로 이루어질 수 있다. 이러한 점은 디지털콘텐츠시장의 무제한성을 의미하며, 전세계의 이용자를 대상으로 함과 더불어 우리의 이용자 역시 전세계의 콘텐츠사업자와 거래를 체결할 수 있다는 점을 의미한다. 따라서 디지털콘텐츠시장은 경제학에서 말하는 완전경쟁시장에 매우 근접하는 시장이라고 할 수 있다. 둘째, 비대면 및 자동화거래이다. 디지털콘텐츠거래는 가상공간에 개설된 사이버몰에서 이루어지기 때문에 당사자가 직접 대면하지 않고 계약을 체결한다. 또한 체결 및 이행은 콘텐츠사업자가 설치한 자동화된 시스템에 의하여 이루어지기 때문에 사업자가 상주할 필요가 없으며, 단시간 내에 복수의 상대방과 계약을 체결할 수 있다. 물론 이러한 점은 일반 전자상거래와 동일한 특징이다. 그럼 일반전자상거래와 비교하여 디지털콘텐츠거래만의 특징은 무엇인가? 온라인을 통한 이행이 첫 번째라고 할 수 있으나 이는 앞에서 언급하였다. 그 이외에 특징으로는 모바일 전자상거래라는 점이다. 즉, 일반 전자상거래는 PC와 유선 인터넷을 통하여 이루어졌다. 그러나 디지털콘텐츠거래는 모바일 정보통신기기와 무선인터넷을 기반으로 한다. 물론 PC와 유선 인터넷을 통하여 디지털콘텐츠거래가 이루어지고 있지만, 최근에 활성화되고 있는 스마트폰, 태블릿 PC 등의 모바일 정보통신기기의 발전은 모바일 전자상거래의 발전을 가속화시키고 있다. 이러한 모바일 전자상거래의 중심은 디지털콘텐츠거래이다. 그럼 이러한 특징은 일반 전자상거래와 비교하여 어떠한 차이가 있는가? 단편적으로 말하면, 일반 전자상거래에서 존재하였던 시간과 장소적 제약이 해소되었다는 점을 대표적으로 제시할 수 있다. 즉, 일반 전자상거래를 통하여 재화등을 구매하기 위해서는 고정된 장소에서 유선 인터넷이 필요하기 때문에 장소적 시간적 제약이 존재하였다. 그러나 스마트폰 등을 활용한 모바일 전자상거래의 경우 언제 어디에서든지 거래가 이루어질 수 있기 때문에 시간과 장소의 제약이 없다. 셋째, 디지털콘텐츠는 그 형태가 무체물이기 때문에 오프라인에서 그 실물을 확인할 수 없다. 즉, 일반 재화의 경우 계약체결을 온라인으로 하더라도 이와 동일한 또는 유사한 재화를 오프라인에서 확인할 수 있다. 그러나 디지털콘텐츠의 경우 그 내용을 오프라인에서 확인할 수 없다. 또한 디지털콘텐츠는 다음의 두 가지로 구분할 수 있다. 즉, 아바타 등과 같이 화면상 제시된 내용이 전체에 해당하는 디지털콘텐츠와 음악・영화・이러닝 등과 같이 이를 나타내는 표지화면만으로 그 내용을 확인할 수 없는 디지털콘텐츠로 구분된다. 그럼 이러한 구분은 디지털콘텐츠거래에 있어서 어떠한 차이점을 유발하는가? 즉, 이용자가 계약을 체결하기 전에 합리적인 구매의사를 결정하기 위해서는 일정한 정보가 필요하다. 물론 아바타 등의 경우 화면만을 제시하는 것으로 디지털콘텐츠의 내용 정보를 제공하였다고 할 수 있지만, 음악 등의 디지털콘텐츠의 경우 표지화면의 제시만으로 그 내용 정보를 충분하게 제시하였다고 할 수 없다. 따라서 후자의 경우 이에 관한 다양한 정보(그 이용을 위한 정보처리장치의 사양, 분량[시간] 등)가 필요하며, 이용자가 이를 시용할 수 있는 기회의 제공이 필요하다. 이러한 점은 후술하는 청약철회권의 배제사유를 설정함에 있어서도 중요한 차이점을 부여한다. 즉, 청약철회권제도가 합리적인 구매의사를 결정하지 못한 소비자를 보호하기 위함이라는 본연의 취지에 적합하기 위하여 사전정보제공에 있어서 각 디지털콘텐츠거래의 특성을 감안하여야 하기 때문이다. 이에 대한 구체적인 내용에 대하여는 후술한다. 마지막으로 디지털콘텐츠거래는 디지털콘텐츠의 1회적 이용을 목적으로 하는 것이 아닌 계속반복적 이용을 목적으로 한다. 물론 다운로드형 디지털콘텐츠거래에 있어서 이러한 점은 당연하다고 할 것이지만, 스트리밍형 디지털콘텐츠 거래의 경우 1회의 이용만으로 계약목적을 달성하는 것이 아닌 정해진 기간 동안 계속반복적으로 이용할 수 있다는 것이 전제이다. 그럼 이러한 점은 어떻게 고려되어야 하는가? 이는 계약의 해소에 따른 대금환급범위를 결정함에 있어서 고려되어야 할 사항이다. 즉, 단순히 1회 이용하였다고 하여 일반 재화와 동일하게 가치를 평가하여 그 금액을 공제하는 것은 계속반복적 이용이라는 디지털콘텐츠거래의 특성을 감안하지 않은 것이다. 따라서 대금환급범위는 디지털콘텐츠의 이용뿐만 아니라 이용기간을 감안하여 결정하여야 할 것이다.

다. 디지털콘텐츠거래에 있어서 보호대상자로서 이용자

(1) 콘텐츠산업진흥법상 이용자

1) 이용자에 대한 정의

상기에서 살펴본 바와 같이 개별 소비자보호법상 보호대상자는 소비자이다. 그러나 디지털콘텐츠거래를 규율하고 있는 법 중 하나인 콘텐츠산업진흥법에서는 보호대상자를 소비자가 아닌 이용자로 규정하고 있다. 여기에서 이용자는 콘텐츠사업자가 제공하는 콘텐츠를 이용하는 자를 말한다(동법 제2조 제6호). 즉, 이용목적 또는 구매목적에 상관없이 콘텐츠를 이용하기만 한다면 이용자에 해당한다. 따라서 개인적인 목적을 위하여 구입한 자 뿐만 아니라 영리를 목적으로 구입한 자 역시 이용자에 해당하게 된다.

2) 소비자와의 관계

디지털콘텐츠거래에 있어서 이용자는 소비자와 관계에서 어떠한 차이가 있는가? 물론 본질적 의미의 소비자만을 기준으로 양자를 비교한다면 큰 차이가 있다. 즉, 소비자는 모든 이용자가 아닌 소비생활을 목적으로 디지털콘텐츠를 이용하는 자에 국한되기 때문에 영리를 목적으로 또는 직업적인 목적으로 디지털콘텐츠를 이용하는 자는 소비자에 해당하지 않는다. 그러나 우리 소비자보호법상 소비자는 본질적 의미의 소비자 이외에 정책적 의미의 소비자를 인정하고 있으며, 그 범위가 매우 광범위하다. 물론 이에 대한 타당성에 대하여는 전술하였기 때문에 여기에서 반복하지 않는다.

그럼 정책적 의미의 소비자까지 포함하였을 경우 양자의 차이는 어떠한가? 양자를 비교하기 위하여 콘텐츠산업진흥법상 이용자에 대한 정의와 전자상거래소비자보호법상 소비자의 정의를 비교한다. 아래의 표에서 보는 바와 같이 전자상거래소비자보호법에서는 사업자라 하더라도 일정한 경우 소비자로 인정하고 있다. 그럼 이용자와의 차이점은 무엇인가? 이는 소비자가 아닌 이용자의 범주에 대한 문제이며, 이에 해당하는 경우는 다음의 경우로 국한된다. 즉, 이용자가 디지털콘텐츠를 최종적으로 이용하지 않아야 하며, 본질적 의미의 소비자와 다른 지위 또는 조건으로 콘텐츠사업자로부터 구입하여야 한다. 따라서 음식점 등에서 고객에게 제공하기 위하여 디지털콘텐츠(음악 파일 등)를 구입하였다면 디지털콘텐츠를 최종적으로 이용하는 자에 해당하기 때문에 소비자로 인정된다. 또한 다른 재화에 결합하여 판매하기 위하여 디지털콘텐츠를 구입하였다고 하더라도 본질적 의미의 소비자와 동일한 지위 및 조건으로 이를 구입하였다면 소비자로 인정된다. 따라서 음악 파일을 판매하는 사이버몰에서 사업자용이 아닌 일반 소비자가 구매하는 절차에서 디지털콘텐츠를 구입하였다면 그 조건을 충족하였기 때문에 소비자로 인정된다. 그 결과 이용자와 소비자간의 격차는 사실상 그리 크지 않을 뿐만 아니라 사이버몰에서 이루어지는 디지털콘텐츠거래의 경우 양자간의 차이는 거의 없다고 하더라도 과언은 아니다. 즉, 용어의 표현에 있어서 차이가 있을 뿐 실질적인 내용에 있어서는 차이가 없다(소비자=이용자).

〈표-1〉 이용자와 소비자간 정의규정의 비교

콘텐츠산업진흥법상 이용자	전자상거래소비자보호법상 소비자
콘텐츠사업자가 제공하는 콘텐츠를 이용하는 자	1. 사업자가 제공하는 재화등을 소비생활을 위하여 사용(이용을 포함한다. 이하 같다)하는 자 2. 재화등을 최종적으로 사용하거나 이용하는 자. 다만, 재화등을 원재료(중간재를 포함한다) 및 자본재로 사용하는 자는 제외한다. 3. 법 제3조제1항 단서에 해당하는 사업자로서 재화등을 구매하는 자(해당 재화등을 판매한 자에 대한 관계로 한정한다) 4. 재화등을 농업(축산업을 포함한다) 또는 어업 활동을 위하여 구입한 자. 다만, 「원양산업발전법」 제6조제1항에 따라 농림수산식품부장관의 허가를 받은 원양어업자는 제외한다.

(2) 디지털콘텐츠거래에 있어서 보호대상자로 이용자의 타당성

상기에서 살펴본 바와 같이 콘텐츠산업진흥법에서는 콘텐츠거래에 있어서 보호대상자로 소비자가 아닌 이용자로 규정하고 있으며, 이에는 상행위를 목적으로 콘텐츠를 구입하는 자도 포함된다. 물론 디지털콘텐츠는 콘텐츠에 해당하기 때문에 디지털콘텐츠거래 역시 동법의 적용대상이다. 그럼 이와 같이 보호의 대상자를 모든 이용자로 확대하는 것이 바람직한 것인가? 물론 현행 법체계에 따르면 소비자의 범주가 매우 광범위하기 때문에 거의 대부분의 이용자가 소비자에 해당하기 때문에 이를 논할 실질적인 가치는 없다고 할 수 있다. 그러나 소비자의 범주를 앞에서 언급한 바와 같이 축소한다면 이를 논할 필요가 있다. 이러한 전제하에서 이러한 문제를 검토하면 다음과 같다.

먼저, 디지털콘텐츠거래에 있어서 이용자보호의 필요성이다. 물론 디지털콘텐츠거래는 비대면 및 자동화된 거래이기 때문에 당사자가 디지털콘텐츠를 직접 확인하고, 대면하여 체결하는 것이 아니기 때문에 일면 보호의 필요성은 존재한다. 또한 사업자라고 하여 모든 사업자가 디지털콘텐츠거래의 전문가는 아니며, 디지털콘텐츠는 20세기말 이후 등장한 재화이기 때문에 거래의 상대방이 사업자라고 하여 보호의 필요성이 부정되는 것은 아니다. 그러나 이 분야에서의 보호의 필요성이 인정된다고 하여 소비자와 동일하게 보호하는 것이 과연 타당한 것인가에 대하여는 의문이 제기된다. 즉, 사업자이기 때문에 이 분야에 대한 비전문가라고 할지라도 협상력은 존재한다. 이러한 점은 소비자와 사업자간의 불평등관계를 해소하기 위한 소비자보호법과 달리 대등당사자인 사업자까지 소비자에 준하는 보호를 하는 것은 과도한 보호에 해당한다고 할 것이며, 이는 평등관계를 불평등관계로 조장할 우려가 발생한다. 따라서 디지털콘텐츠거래에 있어서 모든 거래의 상대방에 대한 보호의 필요성이 존재하더라도 보호의 필요성이 있는 분야와 그렇지 않은 분야로 세분하여 보호의 필요성이 있는 분야에 한정하여 보호하는 것이 사적자치의 원칙을 존중하는 것임과 더불어 역차별의 문제를 발생시키지 않는 방안일 것이다.

그럼 구체적으로 이를 어떻게 구분하여야 하는가? 이에 대하여는 매우 다양한 기준에 의하여 분류할 수 있지만, 여기에서는 계약의 체결단계를 기준으로 분류하고자 한다. 먼저, 계약체결전단계에서의 보호방안인 정보제공의무에 대하여는 소비자와 동일하게 보호할 필요가 있다. 즉, 상대방이 사업자라고 하여 이에 관한 정보를 가지고 있는 것이 아니며, 비대면 및 자동화된 거래라는 점을 감안할 때 사전정보제공의무는 동일하게 인정되어야 할 것이다. 둘째, 계약체결단계에서의 계약서 교부의무 역시 동일하게 적용되어야 할 것이다. 다만, 계약체결이후 단계에서의 보호 중 대표적인 청약철회권에 대하여는 소비자에 국한하여 인정하는 것이 바람직하다. 즉, 청약철회권은 소비자의 특성을 감안하여 이에 적합한 보호방안을 강구하기 위함이기 때문에 이를 확대적용하는 것은 바람직하지 않다. 셋째, 계약의 이행 및 해소 단계에 있어서 발생하는 채무불이행 및 계약의 해제 등의 문제는 양자 모두 동일하게 적용할 필요가 있다. 다만, 소비자의 책임있는 사유로 계약이 해제된 경우에 있어서 손해배상책임제한에 관한 규정은 사업자인 이용자에게 적용하는 것은 바람직하지 않다. 물론 소비자의 책임있는 사유로 인하여 발생한 손해에 대한 책임을 제한하는 것이 과연 소비자보호에 적합한 것인가에 대한 문제는 별론으로 하더라도 당해 규정이 존재하기 때문에 그 적용 여부에 대하여만 판단하면 소비자가 아닌 이용자에게 확대적용하는 것은 타당하지 않다.

이와 같이 소비자가 아닌 이용자를 보호함에 있어서는 계약의 각 단계별로 보호의 필요성을 검토하여 보호 여부를 결정하여야 할 것이며, 현재와 같이 일률적인 보호방식은 지양하여야 할 것이다.

제2절 청약철회권의 개관

1. 청약철회권의 의의

가. 청약철회권의 정의

청약철회권이 무엇인지에 대하여 현행법에서는 정의규정을 두고 있지 않다. 다만, 학설은 다음과 같이 청약철회권을 정의하고 있다. 즉, 청약철회권이라 함은 계약을 체결한 이후 일정기간 동안 자신의 계약체결의사를 재차 판단하고, 이 기간 내에 계약체결의사가 변경되었을 경우 아무런 이유를 제시할 필요없이 일방적 의사표시에 의하여 당해 계약을 소멸시키는 권리로 정의하고 있다. 즉, 계약은 일방의 청약과 상대방의 승낙에 의하여 성립하며, 양당사자를 기속한다. 따라서 당사자는 계약상의 의무를 이행하여야 하며, 이를 이행하지 않았을 경우 상대방에게 발생한 손해에 대하여 배상하여야 한다. 이와 같이 민사법에서는 계약의 구속력을 기초로 청약이 상대방에게 도달하여 효력을 발생한 시점부터 구속력을 인정하여 상대방의 동의없는 청약자의 임의적 철회를 부정하고 있다(민법 제527조). 그러나 소비자계약과 같은 특수당사자간의 계약에서는 상대적 약자인 소비자 등을 보호하기 위하여 청약의 구속력을 부정하고 일정기간 이내에 임의적으로 청약을 철회할 수 있음을 규정하고 있다. 즉, 소비자계약 등에 있어서 약자인 소비자 등을 보호하기 위한 가장 대표적인 방안으로 청약철회권을 인정한 것이다. 따라서 민법학에서는 청약철회권에 대하여 민법에서는 인정되지 않지만, 소비자 등을 보호하기 위하여 특별법에서 인정되는 권리라고 평가하고 있다. 그럼 이러한 청약철회권은 민법에서는 노출될 수 없으며, 특별법에서만 인정될 수 있는 권리인가의 문제가 제기된다. 또한 청약철회권은 기존의 취소 또는 해제 등의 계약해소권과는 어떠한 관계에 있는가의 문제가 제기된다. 즉, 청약철회권은 독자적인 권리인가 아니면 취소권 또는 해제권의 일종에 불과하기 때문에 별도로 이를 인정할 필요는 없지만, 단지 민법상의 권리와 구별하기 위하여 그 명칭을 청약철회권으로 칭하는 것인가의 문제이다. 그 문제에 대하여는 계약을 해소할 수 있는 민법상 제반권리와의 관계를 규명하여야 해결될 수 있기 때문에 이에 대하여는 후술한다.

나. 청약철회권이라는 명칭의 적합성

현행법상 소비자가 계약을 체결한 이후 간편하게 계약을 해소할 수 있는 권리를 청약철회권이라고 칭하고 있다. 그럼 이러한 권리를 청약철회권이라고 칭하는 것이 타당한 것인가? 이를 살펴보기 위해서는 먼저, 소비자의 의사가 청약에 해당하는가를 분석하여야 한다. 또한 이를 분석하기 위해서는 청약의 본질적인 의미 및 요건에 대한 분석이 필요하다.

(1) 청약의 의미

계약은 양당사자간의 의사의 합치로 법률관계를 형성하는 법률행위이다. 따라서 계약이 성립하기 위해서는 가장 기본적으로 의사의 합치가 존재하여야 하며, 이러한 의사표시를 청약과 승낙이라고 한다. 즉, 청약은 계약이라는 법률행위를 성립시키기 위한 의사표시로서 법률사실에 해당한다. 물론 청약만으로 계약은 성립하지 않으며, 이에 대립하는 의사표시인 승낙이 존재하여야 한다. 다만, 계약이 성립하기 위해서는 가장 먼저 청약이 존재하여야 하기 때문에 계약에 있어서 청약은 승낙과 더불어 중요한 지위를 갖는다.

(2) 승낙적격

계약에 있어서 일방 당사자의 의사표시는 무조건 청약에 해당하는가? 이는 의사표시가 청약에 해당하기 위한 요건을 말하며, 청약으로 인정되기 위해서는 승낙적격을 갖추어야 한다. 즉, 승낙적격이라고 함은 상대방의 승낙에 따라 일정한 계약을 체결할 수 있을 만큼 그 내용에 있어서 구체화되어야 함을 의미한다. 따라서 청약으로 인정되기 위해서는 당사자의 의사표시가 추후 체결하고자 하는 계약의 내용이 무엇인지를 명확하게 파악할 수 있어야 한다. 그럼 이러한 내용을 갖추고 있는 경우와 갖추고 있지 않은 경우의 차이점은 무엇인가? 이는 당사자의 의사표시가 청약에 해당하는가 아니면 상대방의 청약을 유인하기 위한 것인가의 문제이다.

1) 청약과 청약의 유인

청약은 계약이라는 법률행위를 구성하는 법률사실에 해당하지만, 청약의 유인은 이에 해당하지 않는다. 그 구체적인 차이는 무엇인가? 일방의 의사표시가 청약에 해당할 경우 상대방의 의사표시, 즉 승낙에 의하여 계약은 성립하게 된다. 그러나 일방의 의사표시가 청약의 유인에 해당할 경우 상대방의 의사표시는 청약에 해당하기 때문에 그 자체만으로 계약은 성립하지 않고, 다시 일방이 이에 대한 승낙을 하였을 경우 비로소 계약은

성립하게 된다.[52]

그럼 청약과 청약의 유인을 구분하는 기준은 무엇인가? 이는 위에서 언급한 의사표시가 승낙적격의 요건을 갖추었는가에 따라 구분된다. 즉, 승낙적격을 갖춘 의사표시는 청약으로 인정되지만, 이러한 요건을 갖추지 못한 경우에는 청약의 유인으로 인정된다.[53]

2) 표시 · 광고의 법적 성질

사업자는 자신뿐만 아니라 자신이 판매하는 재화등을 상대방에게 알리

---

52) 곽윤직, 「채권각론」, 박영사, 2011, 35-37면; 김증한 · 김학동, 「채권각론」, 박영사, 2006, 32-33면.

53) 청약은 이에 대응하는 상대방의 승낙과 결합하여 일정한 내용의 계약을 성립시킬 것을 목적으로 하는 확정적인 의사표시인 반면 청약의 유인은 이와 달리 합의를 구성하는 의사표시가 되지 못하므로 피유인자가 그에 대응하여 의사표시를 하더라도 계약은 성립하지 않고 다시 유인한 자가 승낙의 의사표시를 함으로써 비로소 계약이 성립하는 것으로서 서로 구분되는 것이다. 그리고 위와 같은 구분기준에 따르자면, 상가나 아파트의 분양광고의 내용은 청약의 유인으로서의 성질을 갖는데 불과한 것이 일반적이라 할 수 있다. 그런데 선분양·후시공의 방식으로 분양되는 대규모 아파트단지의 거래사례에 있어서 분양계약서에는 동·호수·평형·입주예정일·대금지급방법과 시기 정도만이 기재되어 있고 분양계약의 목적물인 아파트 및 그 부대시설(이하 아파트 및 그 부대시설을 포괄하여 '아파트'라고만 한다)의 외형·재질·구조 및 실내장식 등(이하 위 사항들을 포괄하여 '외형·재질 등'이라고만 한다)에 대하여 구체적인 내용이 기재되어 있지 아니한 경우가 있으나, 분양계약의 목적물인 아파트에 관한 외형·재질 등이 제대로 특정되지 아니한 상태에서 체결된 분양계약은 그 자체로서 완결된 것이라고 보기 어렵다 할 것이므로, 비록 분양광고의 내용, 모델하우스의 조건 또는 그 무렵 분양회사가 수분양자에게 행한 설명 등이 비록 청약의 유인에 불과하다 할지라도 그러한 광고 내용이나 조건 또는 설명 중 구체적 거래조건, 즉 아파트의 외형·재질 등에 관한 것으로서 사회통념에 비추어 수분양자가 분양자에게 계약 내용으로서 이행을 청구할 수 있다고 보여지는 사항에 관한 한 수분양자들은 이를 신뢰하고 분양계약을 체결하는 것이고 분양자들도 이를 알고 있었다고 보아야 할 것이므로, 분양계약시에 달리 이의를 유보하였다는 등의 특단의 사정이 없는 한, 분양자와 수분양자 사이에 이를 분양계약의 내용으로 하기로 하는 묵시적 합의가 있었다고 봄이 상당하다(대법원 2007.6.1. 선고 2005다5843 판결).

고, 이에 관한 거래를 하고자 표시 또는 광고를 한다.[54] 문제는 이러한 표시 또는 광고의 법적 성질이 무엇인가이다. 즉, 표시・광고가 청약에 해당할 경우 이를 보고, 상대방이 의사표시를 할 경우 상대방의 의사표시가 효력을 발생하는 시점에 계약은 성립하게 된다. 그러나 청약의 유인에 해당할 경우 상대방의 의사표시가 청약에 해당하기 때문에 이로써 계약은 성립하지 않고, 표시 또는 광고를 한 자가 이에 대한 승낙을 하였을 경우에 계약은 성립하게 된다. 그럼 표시 또는 광고가 청약에 해당하는가 아니면 청약의 유인에 해당하는가? 이에 대한 해결 역시 기본적으로 상기에서 제시한 승낙적격의 유무에 따라 결정된다. 즉, 표시 또는 광고의 내용이 상대방과 체결하고자 하는 계약에 대한 구체적이고 확정적인 내용을 담고 있다면 청약으로 인정되며, 추상적이고 막연한 내용을 담고 있다면 이는 청약의 유인에 해당하게 된다. 따라서 표시 또는 광고의 법적 성질은 일률적으로 제시할 수 없으며, 각 표시 또는 광고에 따라 이를 판단할 수 밖에 없다.

그럼 이와 같이 승낙적격의 충족 여부에 따라 표시 또는 광고의 법적 성질을 정하는 이유는 무엇인가? 표시 또는 광고를 하는 자는 그 내용을 어떻게 구성할 것인가에 대한 자유를 가지고 있다. 즉, 표시 또는 광고를 함에 있어서 그 내용을 구체적으로 제시할 것인가 아니면 추상적으로 제시할 것인가를 선택할 수 있으며, 이를 구체적으로 제시하였을 경우에는 상대방의 의사에 따라 계약을 체결하겠다는 광고자의 의사가 광고를 통하여 표출되었기 때문에 이를 청약으로 인정하는 것이다. 이러한 점은 가장 기본적으로 표시 또는 광고의 내용을 결정함에 있어서 광고자의 자유가 인정

---

54) 표시광고는 하는 자는 단지 사업자에 국한되지 않는다. 즉, 일반 개인 역시 자신의 재화를 판매하고자 표시 또는 광고를 할 수 있다. 다만, 일반적으로 표시광고를 하는 자는 사업자이며, 표시광고를 규율하는 개별 법령에서 규제의 대상으로 사업자에 국한하고 있기 때문에 여기에서는 사업자라고 표현한다.

된다는 것을 전제로 한다. 그럼 표시 또는 광고를 함에 있어서 이러한 자유가 인정되지 않고, 이를 구체적으로 제시할 수 밖에 없는 상황일 경우에도 이를 동일하게 평가하여야 하는가? 즉, 사업자의 표시 또는 광고행위를 규율하고 있는 표시광고의 공정화에 관한 법률(이하 "표시광고공정화법"이라고 함)을 비롯하여 각종 소비자보호법에서는 사업자가 표시 또는 광고행위를 함에 있어서 반드시 포함되어야 할 사항을 규정하고 있다. 먼저, 표시광고공정화법에서는 상품등이나 거래 분야의 성질에 비추어 소비자 보호 또는 공정한 거래질서 유지를 위하여 필요한 사항으로서 표시·광고를 하지 아니하여 소비자 피해가 자주 발생하는 사항, 표시·광고를 하지 아니하면 소비자가 상품등의 중대한 결함이나 기능상의 한계 등을 정확히 알지 못하여 구매 선택을 하는 데에 결정적인 영향을 미치게 되는 경우 · 소비자의 생명·신체 또는 재산에 위해(危害)를 끼칠 가능성이 있는 경우 또는 그 밖에 소비자의 합리적인 선택을 현저히 그르칠 가능성이 있거나 공정한 거래질서를 현저히 해치는 경우가 생길 우려가 있는 사항인 경우에는 사업자등이 표시·광고에 포함하여야 하는 사항(이하 "중요정보"라 한다)과 표시·광고의 방법을 공정거래위원회가 고시(인터넷 게재를 포함한다. 이하 같다)할 수 있도록 규정하고 있다.[55] 만일 공정거래위원회가 중요정보를 고시한 경우 사업자는 표시·광고 행위를 하는 경우에 고시된 중요정보를 표시·광고하여야 한다(동법 제14조 제1항, 제5항). 또한 할부거래법, 방문판매법 및 전자상거래소비자보호법에서는 사업자가 소비자와 계약을 체결하기 전에 반드시 일정한 정보를 제공하도록 규정하고 있으며, 그 정보는 사업자의 신원에 관한 정보, 재화등에 관한 정보 및 거래조건 등에 관한 정보로 구성된다.[56] 그럼 사전정보제공의무를 규정하고 있는 개별법의 내

---

55) 공정거래위원회는 1999년에 중요한 표시·광고사항 고시를 하였으며, 2012년 1월 3일에 이를 개정하였다(공정거래위원회고시 제2012- 1호).

56) 할부거래법상 후불식 할부거래에 있어서 사업자가 제공하여야 할 정보로는 재화

용을 사업자가 위반할 수 있는 가? 즉, 개별법에서 정하고 있는 사전정보

등의 종류 및 내용·현금가격(할부계약에 의하지 아니하고 소비자가 재화등의 공급을 받은 때에 할부거래업자에게 지급하여야 할 대금 전액을 말한다)·할부가격(소비자가 할부거래업자나 신용제공자에게 지급하여야 할 계약금과 할부금의 총 합계액을 말한다)·각 할부금의 금액·지급횟수 및 지급시기·할부수수료의 실제연간요율·계약금(최초지급금·선수금 등 명칭이 무엇이든 할부계약을 체결할 때에 소비자가 할부거래업자에게 지급하는 금액을 말한다)·제12조 제1항에 따른 지연손해금 산정 시 적용하는 비율이며(동법 제5조), 선불식 할부거래의 경우 선불식 할부거래업자의 상호·주소·전화번호·전자우편주소·대표자의 이름·재화등의 종류 및 내용·재화등의 가격과 그 지급의 방법 및 시기·재화등을 공급하는 방법 및 시기·계약금·청약의 철회 및 계약 해제의 기한·행사방법·효과에 관한 사항 및 청약의 철회 및 계약 해제의 권리 행사에 필요한 서식으로서 총리령으로 정하는 것·소비자 피해보상, 재화등에 대한 불만 및 소비자와 사업자 사이의 분쟁 처리에 관한 사항·선불식 할부거래에 관한 약관·그 밖에 소비자의 구매 여부 판단에 영향을 주는 거래조건 또는 소비자의 피해구제에 필요한 사항으로서 대통령령으로 정하는 사항이다(동법 제23조 제1항). 방문판매법상 사업자가 제공하여야 할 정보로 방문판매·전화권유판매·다단계판매 및 후원방문판매의 경우 방문판매업자등의 성명(법인인 경우에는 대표자의 성명을 말한다), 상호, 주소, 전화번호 및 전자우편주소·방문판매원등의 성명, 주소, 전화번호 및 전자우편주소(다만, 방문판매업자등이 소비자와 직접 계약을 체결하는 경우는 제외한다)·재화등의 명칭, 종류 및 내용·재화등의 가격과 그 지급의 방법 및 시기·재화등을 공급하는 방법 및 시기·청약의 철회 및 계약의 해제(이하 "청약철회등"이라 한다)의 기한·행사방법·효과에 관한 사항 및 청약철회등의 권리 행사에 필요한 서식으로서 총리령으로 정하는 것·재화등의 교환·반품·수리보증 및 그 대금 환불의 조건과 절차·전자매체로 공급할 수 있는 재화등의 설치·전송 등과 관련하여 요구되는 기술적 사항·소비자피해 보상, 재화등에 대한 불만 및 소비자와 사업자 사이의 분쟁 처리에 관한 사항·거래에 관한 약관·그 밖에 소비자의 구매 여부 판단에 영향을 주는 거래조건 또는 소비자피해 구제에 필요한 사항으로서 대통령령으로 정하는 사항이며(동법 제7조 제1항, 제16조, 제29조 제3항 제2호), 계속거래 및 사원권유거래의 경우 계속거래업자등의 성명(법인인 경우에는 대표자의 성명을 말한다), 상호, 주소, 전화번호 및 전자우편주소·계속거래를 통하여 판매하는 재화등(계속거래와 관련하여 따로 구입할 필요가 있는 다른 재화등이 있는 경우에는 그 재화등을 포함한다)이나 사업권유거래를 통하여 판매하는 재화등의 명칭, 종류 및 내용·재화등의 대금(가입비, 설치비 등 명칭에 상관없이 재화등의 거래와 관련하여 지급하는 모든 금액을 포함한다. 이하 이 장에서 같다)과 그 지급 시기 및 방법·재화등의 거래방법과 거래 기간 및 시기·사업권유거래의 경우에는 제공되는 사업에 관한 거래조건으로 대통령령으로 정하는 사항·제31조에 따른 계약 해

제공의무가 소비자의 합리적인 선택을 위하여 사업자에게 부과한 권고적 의미의 의무라고 한다면 사업자가 반드시 이를 준수할 필요가 없으며, 그 준수 여부는 사업자가 자율적으로 판단할 수 있다. 그러나 개별법에서 부과한 사전정보제공의무는 사업자가 자율적으로 준수 여부를 판단할 수 있는 의무가 아니다. 즉, 표시광고공정화법상 사업자등이 고시된 중요정보를 표시·광고하지 아니한 경우에는 1억원 이하의 과태료를 부과하고, 법인 또는 사업자단체의 임원이나 종업원 또는 그 밖의 이해관계인이 이를 위반한 경우에는 1천만원 이하의 과태료를 부과한다(동법 제20조 제1항 제1호).

지와 그 행사방법·효과에 관한 사항 및 해지권의 행사에 필요한 서식 · 소비자피해 보상, 재화등에 대한 불만 및 소비자와 사업자 사이의 분쟁 처리에 관한 사항 · 거래에 관한 약관 · 그 밖에 거래 여부 판단에 영향을 주는 거래조건 또는 소비자피해 구제에 필요한 사항으로서 대통령령으로 정하는 사항이다(동법 제30조 제1항). 전자상거래소비자보호법상 사업자가 소비자에게 제공하여야 할 정보로는 재화등의 공급자 및 판매자의 상호, 대표자의 성명·주소 및 전화번호 등 · 재화등의 명칭·종류 및 내용 · 재화등의 정보에 관한 사항(이 경우 제품에 표시된 기재로 계약내용에 관한 서면에의 기재를 갈음할 수 있다) · 재화등의 가격(가격이 결정되어 있지 아니한 경우에는 가격을 결정하는 구체적인 방법)과 그 지급방법 및 지급시기 · 재화등의 공급방법 및 공급시기 · 청약의 철회 및 계약의 해제(이하 "청약철회등"이라 한다)의 기한·행사방법 및 효과에 관한 사항(청약철회등의 권리를 행사하는 데에 필요한 서식을 포함한다) · 재화등의 교환·반품·보증과 그 대금 환불 및 환불의 지연에 따른 배상금 지급의 조건·절차 · 전자매체로 공급할 수 있는 재화등의 전송·설치 등을 할 때 필요한 기술적 사항 · 소비자피해보상의 처리, 재화등에 대한 불만 처리 및 소비자와 사업자 사이의 분쟁 처리에 관한 사항 · 거래에 관한 약관(그 약관의 내용을 확인할 수 있는 방법을 포함한다) · 소비자가 구매의 안전을 위하여 원하는 경우에는 재화등을 공급받을 때까지 대통령령으로 정하는 제3자에게 그 재화등의 결제대금을 예치하는 것(이하 "결제대금예치"라 한다)의 이용을 선택할 수 있다는 사항 또는 통신판매업자의 제24조 제1항에 따른 소비자피해보상보험계약등의 체결을 선택할 수 있다는 사항(제15조 제1항에 따른 선지급식 통신판매의 경우에만 해당하며, 제24조 제3항에 각 호의 어느 하나에 해당하는 거래를 하는 경우는 제외한다) · 그 밖에 소비자의 구매 여부 판단에 영향을 주는 거래조건 또는 소비자피해의 구제에 필요한 사항으로서 대통령령으로 정하는 사항이다(동법 제13조 제2항).

할부거래법상 사업자가 정보제공의무를 이행하지 않은 경우 공정거래위원회 등은 시정권고·시정조치·영업정지·과징금을 부과할 수 있으며(동법 제38조 내지 제40조, 제42조), 500만원 이하의 과태료가 부과된다(동법 제53조 제4항 제1호).[57] 방문판매법상 사업자가 정보제공의무를 이행하지 않은 경우 공정거래위원회 등은 시정권고·시정조치·영업정지·과징금을 부과할 수 있다(동법 제48조, 제49조, 제51조). 전자상거래소비자보호법상 사업자가 정보제공의무를 이행하지 않은 경우 공정거래위원회 등은 시정권고·시정조치·영업정지·과징금을 부과할 수 있으며(동법 제31조, 제32조, 제34조). 500만원 이하의 과태료가 부과된다(동법 제45조 제2항 제4호). 이와 같이 개별법에서 규정하고 있는 내용을 살펴볼 때, 사업자가 표시광고를 함에 있어서 자율적으로 표시 또는 광고의 내용을 결정할 수 있는 것이 아니라 법에서 규정한 내용을 포함하여 표시 또는 광고를 하여야 한다.

57) 할부거래법상 사업자가 정보제공의무를 이행하지 않았을 때 과태료가 부과되는 경우는 후불식 할부거래에 국한되며, 선불식 할부거래에 있어서 정보제공의무를 이행하지 않은 경우에는 과태료 부과규정이 존재하지 않는다. 그럼 이러한 것이 타당한 것인가? 물론 정보제공의무를 사법적으로만 해결한다고 한다면 문제가 없다고 할 것이다. 그러나 할부거래법(후불식 할부거래)을 비롯하여 개별법에서 정보제공의무를 위반한 사업자에게 과태료를 부과하고 있음에도 불구하고 선불식 할부거래에만 이를 배제하는 것은 형평성의 문제가 제기된다. 또한 후불식 할부거래보다 선불식 할부거래에 대한 규제의 필요성이 더 높다는 점을 감안한다면 규제의 필요성이 더 낮은 후불식 할부거래에 있어서 정보제공의무를 위반한 사업자에게 과태료를 부과하고 있음에도 불구하고 선불식 할부거래에 대하여는 그 규정을 두고 있지 않은 점은 규제의 적합성에 있어서 문제가 있다. 따라서 선불식 할부거래에 있어서 사업자가 정보제공의무를 이행하지 않은 경우에 대한 과태료 규정을 두어야 할 것이다. 이러한 점은 사전제공제공의무를 규정하고 있으면서, 위반시 과태료규정을 두고 있지 않은 방문판매에서도 동일한 문제가 제기된다. 만일 사전정보제공의무에 대하여 과태료 규정을 둘 필요가 없다고 한다면 표시광고공정화법을 포함하여 모든 법에서 동일하게 과태료 규정을 삭제하여야 할 것이며, 이를 규정한다면 동일하게 위반시 과태료를 부과할 수 있는 규정을 두어야 할 것이다.

이러한 표시 또는 광고의 사항은 계약의 내용에 대한 구체적인 사항이기 때문에 승낙적격의 요건을 갖추고 있다고 할 수 있다. 그럼 이러한 표시 또는 광고를 청약으로 보아야 하는가? 물론 승낙적격의 요건을 충족하였기 때문에 이를 청약으로 보는 것 역시 가능하다. 또한 소비자의 보호차원에서 이를 청약으로 보아야 할 필요성도 존재한다. 그러나 표시광고의 내용이 구체적으로 제시되었다고 하더라도 이는 사업자가 자율적으로 정한 것이 아닌 법에서 사업자의 의무를 규정한 것이다. 따라서 법상 의무를 이행하기 위하여 구체적으로 제시한 것을 기준으로 하여 청약 여부를 판단하는 것은 적합하지 않다. 또한 사업자가 표시 또는 광고를 하는 이유는 자신의 재화를 구매하고자 하는 소비자를 유인하기 위함이며, 이를 기초로 구체적인 계약체결 여부를 판단하기 위함이다. 그럼에도 불구하고 표시광고를 청약으로 인정할 경우 사업자의 계약체결 여부에 대한 판단은 인정되지 않게 된다. 따라서 사업자가 행하는 표시 또는 광고의 법적 성질은 청약이 아닌 청약의 유인으로 보아야 할 것이다. 이러한 점은 개별 소비자보호법의 입장과 동일하다. 즉, 할부판매법 등의 소비자보호법에서는 사업자의 사전정보제공의무를 규정하고 있으며, 이에 기초한 소비자의 의사표시를 청약으로 인정하고 있다. 이는 사업자의 표시 또는 광고를 청약이 아닌 청약의 유인으로 인정하고 있기 때문이라고 할 수 있다. 물론 이러한 표시광고를 청약이 아닌 청약의 유인으로 인정하는 것은 이에 대하여 법에서 규정하고 있는 경우로 한정되며, 법에서 표시 또는 광고에 일정한 기준을 제시하고 있는 않은 경우까지 포함하는 것은 아니다. 따라서 이러한 기준을 규정하고 있지 않은 경우에는 상기의 승낙적격의 요건을 충족하였는가에 따라 청약 또는 청약의 유인에 해당하는지를 판단하여야 할 것이다.

(3) 외국의 입법례

소비자가 간편하게 계약을 해소할 수 있는 권리에 대하여 미국 등 주요국에서도 이를 인정하고 있지만, 그 용어에 대하여는 통일적으로 규정하고 있지 않다. 미국 방문판매에 있어서 청약철회에 관한 규칙(RULE CONCERNING COOLING-OFF PERIOD FOR SALES MADE AT HOMES OR AT CERTAIN OTHER LOCATIONS)에서는 cooling-off 라고 표현하면서 구체적인 조문에서는 cancellation라고 규정하고 있다(규칙 § 429.1). 유럽연합 소비자권리지침(DIRECTIVE 2011/83/EU OF THE EUROPEAN PARLIAMENT AND OF THE COUNCIL of 25 October 2011 on consumer rights)에서는 right of withdrawal이라는 용어를 사용하고 있으며, 공통참조기준초안(DCFR : Draft Common Frame of Reference) 역시 동일한 용어로 사용하고 있다. 일본 특정상거래법(特定商取引に關する法律)에서는 申込みの撤回라는 용어를 사용하고 있다(동법 제9조). 이와 같이 청약철회권에 대하여 각국의 입법례에서는 동일한 용어를 사용하고 있는 것이 아닌 상이한 용어를 사용하고 있지만, 그 의미는 동일하다.

(4) 용어의 적합성

상기에서 살펴본 바와 같이, 소비자계약에 있어서 소비자의 의사표시를 청약으로 인정하였다. 그러나 이를 근거로 하여 소비자가 간편하게 계약관계를 해소할 수 있는 권리를 청약철회권으로 칭하는 것이 전면적으로 타당하다고 할 수는 없다. 물론 소비자의 의사가 청약이기 때문에 이를 철회하여 당해 계약을 해소한다는 측면에서 청약철회권이라고 칭하는 것이라고 할 수 있다. 반면에 소비자의 의사가 반드시 청약에 해당하는 것이 아니기 때문에 이를 전제로 한 청약철회권이라는 용어는 부적절하기 때문에 중립적인 입장에서 철회권이라고 표현할 수도 있다. 또한 소비자의 권리행사에 따라 계약이 해소되기 때문에 계약철회권이라고 칭하는 견해도 존재한다. 이와 더불어 그 권리행사가 소비자에게만 인정된다는 점에서 소비자철회권이라고 칭하는 견해 역시 존재한다.[58)]

그럼 청약철회권이라는 용어를 그대로 사용하는 것이 적합한 것인가 아니면 다른 용어를 사용하는 것이 타당한 것인가? 이를 판단하기 위해서는 이러한 용어의 사용이 적합하지 않은가를 분석하여야 하며, 권리의 내용을 제대로 반영하고 있는가를 살펴보아야 할 것이다. 먼저, 청약철회권이라는 용어는 영미법상 인정되어온 Cooling-off 제도를 우리법제에서 수용함에 있어서 청약철회권으로 표현한 것이다. 물론 Cooling-off 제도는 소비자가 계약을 체결한 후 일정기간 동안 계약체결의사를 재고할 수 있는 기회를 부여하고, 계약체결의사가 변경되었을 경우 간편하게 계약관계를 해소할 수 있는 권리를 부여하기 위함이다. 따라서 동 제도 그 자체가 청약철회권이라고 단정할 수 없다. 그러나 계약의 해소권인 민법상 취소권 및 해제권 등과는 그 내용이 상이하기 때문에 이와는 구별되는 다른 용어를 사용할 필요가 있다. 또한 민법에서는 청약의 구속력을 인정하여 청약이 효력을 발생한 이후 청약자의 임의적인 철회를 부정하고 있다. 반면에 Cooling-off는 청약자인 소비자가 청약의 효력이 발생한 이후에 자신의 의사표시를 철회할 수 있음을 인정하는 제도이다. 즉, 민법 제527조에 대한 예외규정인 것이다. 그렇다고 한다면 소비자의 권리를 청약철회권으로 칭하는 것은 문제가 없다고 할 것이다. 이와 더불어 청약철회권은 이미 우리의 법제에 도

---

58) "소비자철회권"이라는 용어를 사용하고 있는 견해로는 김성천・송민수, 「소비자계약법 제정방안 연구」, 한국소비자원, 2011, 154면; 김성천, 「소비자철회권 비교법 연구」, 한국소비자원, 2010, 21면. "소비자보호철회권"이라고 칭하는 견해로는 김도년, "소비자보호철회권의 민사법상 지위", 「박사학위논문」, 부산대학교, 2009, 2면.

입된 지 벌써 20여년 이상이 경과하였으며, 일반 소비자에게 널리 알려진 용어이다. 물론 그 용어가 전면적으로 적합하지 않다고 한다면 이를 수정하는 것이 타당할 것이지만, 그러하지 않음은 이미 앞에서 살펴보았다. 따라서 용어 그 자체가 모든 상황에 적합하지 않은 점이 존재한다고 하더라도 전면적으로 부적합하지 않다는 점과 소비자의 인식 등을 감안할 때 그 용어를 그대로 사용하는 것이 소비자의 혼란을 야기시키지 않은 방안이라고 할 수 있다.

2. 청약철회권의 필요성

가. 계약의 구속력의 필요성

중세국가의 붕괴와 시민국가의 등장은 새로운 사회질서의 정립을 요구하게 되었다. 즉, 종래 신분질서에 의하여 모든 문제가 해결되었지만, 중세의 붕괴로 인하여 더 이상 신분질서는 유지될 수 없게 되었다. 따라서 그 질서를 대체할 수 있는 새로운 질서가 요청되었으며, 이로 인하여 등장한 것이 바로 사적자치의 원칙이다. 즉, 합리적인 이성을 가진 자가 평등한 지위속에서 상대방과 합의를 통하여 형성한 사법질서로서 사회문제를 해결하는 것이 가장 바람직하다는 것이다. 따라서 계약이 근대시민국가에 있어서 사법적 질서를 형성하고 유지함에 있어서 가장 기본적인 요소가 되었다. 또한 계약이 사법질서를 구축하는 중요한 요소로 자리잡기 위해서는 계약의 준수, 즉 계약의 구속력이 인정되어야 하며, 특별한 사정이 없는 한 이를 파기하는 것은 사회질서를 파괴하는 행위가 되며, 이로 인하여 상대방에게 발생한 손해에 대하여는 배상하여야 한다.

이러한 사적자치의 원칙은 근대시민국가에서 처음 도출된 것은 아니며,

이미 로마법에서부터 인정되었다. 즉, '계약은 지켜져야 한다(pacta sunt servanda)'라는 로마법상 법언은 로마시대 사법질서의 기초를 구성하였으며, 이를 근대시민국가에서 재천명한 것이다. 그럼 왜 계약의 구속력을 인정하여야 하는가? 물론 합리적인 의사를 가진 자가 계약에 구속되겠다는 표시를 하였기에 이에 따라 당해 계약에 기속됨은 당연하다고 할 것이다. 또한 계약은 단지 일방에게만 영향을 미치는 것이 아닌 상대방까지 기속한다. 따라서 일방의 의사표시인 청약을 접수한 상대방은 계약체결 여부를 결정하게 되며, 계약체결시 당해 계약에 따른 의무를 부담하게 된다. 즉, 상대방은 계약상 의무를 이행할 준비를 하게 되며, 당해 계약을 통하여 얻게 될 이익을 판단한다. 그러나 일방이 이를 언제든지 파괴할 수 있다고 한다면 상대방은 예기치 못한 손해를 입게 되며, 사회질서를 유지하는 기초가 유지될 수 없게 된다. 따라서 계약의 구속력을 인정하게 되었다. 그러나 계약의 구속력과 청약의 구속력은 구별하여야 한다. 즉, 계약의 구속력은 양 당사자 모두를 구속하지만, 청약의 구속력은 양 당사자 모두가 아닌 청약자만을 구속한다. 따라서 승낙자는 승낙을 하기 전까지 기속되지 않으며, 청약자만이 기속되므로 승낙자의 동의없이 임의적으로 철회할 수 없다. 물론 청약의 구속력이 무제한적으로 인정되는 것은 아니다. 즉, 청약자가 승낙기간을 설정한 경우 당해 기간 동안만 기속되며, 그 기간내에 승낙이 없을 경우 청약은 그 즉시 효력을 상실한다. 만일 청약자가 승낙기간을 설정하지 않은 경우 승낙기간은 합리적인 기간내로 인정되며, 이 기간내에 승낙이 없을 경우 청약의 효력은 소멸한다.

그럼 청약의 구속력 또는 계약의 구속력은 사법상 절대적인 원칙인가? 만일 청약의 구속력 등이 신의성실의 원칙 등과 같이 사법상의 절대적인 원칙이라고 한다면 이에 대한 반대의 합의는 그 효력이 인정되지 않는다. 그러나 이는 다음과 같은 점에서 사법상의 절대적 원칙이 아닌 일반원칙 중의 하나에 불과하다. 첫째, 청약의 구속력 등은 모든 국가에 있어서 동일하게 인정되고 있는 것이 아닌 이를 부정하고 있는 국가 역시 존재한다. 예를 들어, 영미의 보통법(Common Law)에서는 청약의 구속력을 인정하지 않고 있기 때문에 청약자는 계약이 성립하기 전에 이미 효력을 발생한 청약을 철회할 수 있다. 물론 우리나라를 비롯한 독일 등의 경우 청약의 철회를 인정하고 있지 않다. 그러나 우리나라를 비롯한 청약의 구속력을 인정하는 국가들 역시 그 예외를 인정하고 있다. 예를 들어, 국제물품매매계약에 관한 국제연합협약【CISG : UNITED NATIONS CONVENTION ON CONTRACTS FOR THE INTERNATIONAL SALE OF GOODS (1980)】[59]에서는 청약의 철회(revocation)를 인정하고 있다. 즉, 청약은 계약이 체결되기까지 철회될 수 있지만, 상대방이 승낙의 통지를 발송하기 전에 철회의 의사표시가 상대방에게 도달되어야 한다. 다만, 승낙기간의 지정 그 밖의 방법으로 청약이 철회될 수 없음이 청약에 표시되어 있는 경우 또는 상대방이 청약이 철회될 수 없음을 신뢰하는 것이 합리적이고, 상대방이 그 청약을 신뢰하여 행동한 경우에는 청약은 철회될 수 없다(동 협약 제16조). 또한 유럽사법공통참조기준초안(DCFR : Draft Common Frame of Reference)에서도 이와 동일하게 청약의 철회(revocation)를 규정하고 있다. 즉, 청약은 승낙자가 승낙을 발하기 전, 승낙에 해당하는 행위가 있기 전 또는 계약이 체결되기 전까지 철회의 의사표시가 상대방에게 도달한 경우 당해 청약은 철회된다(동 참조기준 II.-4:202). 이탈리아 민법전에서도 이와 같이 청약은 계약체결전까지 철회될 수 있음을 규정하고 있으며(동법 제1328조), 슬로바키아 민법전 역시 승낙자가 승낙의 의사표시를 발하기 전에 청약을 철회할 수 있음을 규정하고 있다(동법 제43조). 체

59) 국제물품매매계약에 관한 국제연합협약(일명 '비엔나 협약')은 1980년 04월 11일 비엔나에서 채택되었으며, 1988년 1월 1일부터 발효되었다. 우리나라의 경우 2004년 2월 9일 제245회 국회 제4차 본회의에서 비준동의안이 통과되어 2005년 3월 1일부터 적용을 받고 있다.

코 민법전 역시 승낙자가 승낙의 의사표시를 발하기 전에 청약을 철회할 수 있음을 규정하고 있다(동법 제43a조).[60] 둘째, 청약의 구속력 등이 절대원칙이라고 한다면 이에 대한 반대의 합의는 강행법규에 위반된 합의이기 때문에 효력이 없다. 그럼 청약의 구속력을 규정하고 있는 민법 제527조가 강행법규인가의 문제가 제기된다. 그러나 학설은 동규정의 법정 성질에 대하여 강행법규가 아닌 임의법규로 인정하고 있다. 따라서 이에 대한 반대의 합의는 가능하며, 이 경우 민법 제527조가 아닌 당사자간의 합의에 따라 청약자는 철회할 수 있다.

이와 같이 청약의 구속력은 사법상의 일반원칙 중 하나 일뿐 그 예외가 인정되지 않는 절대원칙은 아니다. 물론 입법권자가 이를 일반원칙으로 채택하였기 때문에 그 예외를 인정함에 있어서는 일반원칙인 청약의 구속력 등을 인정한 기본 취지에 비추어 그 예외를 인정할 만한 정당한 근거가 제시되어야 할 것임은 당연하다고 할 것이다. 그럼 입법권자가 청약의 구속력에 대한 반대의 입법을 민법에서 할 수 있는가? 즉, 민법에서는 청약의 구속력을 인정하고 있다. 그럼 입법권자가 민법 개정을 통하여 청약의 구속력을 부정하고 다른 입법례와 같이 승낙이 있기 전까지 언제든지 철회할 수 있음으로 개정할 수 있는가의 문제이다. 물론 청약의 구속력의 문제는 사법에 있어서 절대원칙이 아니기 때문에 반대의 입법 역시 가능하다고 할 것이지만, 그 문제는 민법에 있어서 가장 기본이 되는 문제이기 때문에 매우 신중하고도 정밀한 연구가 선행되어야 할 것이다.

---

60) Christian von Bar/Eric Cive, Ibid, pp.300-304.

나. 청약철회권의 필요성

계약의 일반법인 민법에서는 청약의 구속력을 인정하여 상대방의 동의가 없는 한 청약의 철회를 부정하고 있다. 그러나 그 원칙을 모든 계약에 대하여 일률적으로 적용하는 것이 과연 타당한 것인가의 문제가 제기된다. 즉, 원칙에 대한 예외를 인정할 필요성이 있다면 그 예외를 인정하여 철회할 수 있도록 하는 것은 민법의 기본질서에 반하는 것이 아닌 사적자치라고 하는 민법의 기본질서에 적합한 것이 된다. 그럼 청약 또는 계약의 구속력을 배제할 필요성은 과연 무엇인가? 매우 어려운 문제이며, 매우 다양한 계약분야에 걸쳐 다루어져야 할 문제이지만, 여기에서는 소비자계약에 국한하여 그 문제를 다루고자 한다.61)

(1) 거래방식의 특수화

재화등의 거래방식은 일반 거래방식과 특수 거래방식으로 구분할 수 있다. 일반 거래방식이라고 함은 사업자가 일정한 장소에 영업점을 개설하고, 소비자가 영업점에 방문하여 재화등을 살펴본 후 사업자와 계약을 체결하고, 그 대금을 지급하는 방식을 말한다. 물론 이러한 방식은 전통적인 방식임과 더불어 현대에 들어오면서도 소비자가 재화를 구매하는 일반적인 방식이다. 그러나 이러한 판매방식으로는 대량생산된 재화를 판매할 수 없다는 한계가 발생하게 되었다. 즉, 수공업 방식의 경우 사업자가 생산할 수 있는 재화의 양이 한정되어 있기에 별다른 판매방식을 개발하지 않더라도 이를 판매할 수 있었다. 그러나 산업혁명 이후 생산기술의 발전은 대량

---

61) 소비자계약에 있어서 청약철회권의 필요성은 소비자보호의 필요성에서 출발하며, 이에 대하여는 앞에서 언급하였기 때문에 여기에서는 이러한 사항을 제외한 나머지 사항에 대하여만 서술한다.

생산을 가능하게 하였으며, 이는 사업자에게 또 다른 문제를 야기시켰다. 즉, 대량생산에 따라 생산단가를 낮춤과 더불어 동일한 시간내에 많은 재화를 생산할 수 있게 되었지만, 생산한 재화를 모두 판매할 수 없었기에 이를 판매할 수 있는 방안을 모색하여야 했다. 이러한 점은 사업자의 역할의 분화를 야기하였다. 즉, 수공업시대에 있어서 사업자는 생산과 판매의 역할을 동시에 수행하였기에 자신이 생산한 재화를 직접 소비자에게 판매하였다. 그러나 대량생산의 시대에 있어서 생산자인 사업자가 그 판매까지 전담할 수 없으므로 재화의 생산을 담당하는 사업자와 그 판매를 담당하는 사업자로 구분되었다.

이와 같이 사업자의 역할분화와 재화의 대량생산으로 인하여 일반적인 판매방식 이외의 새로운 형태의 판매방식이 등장하였으며, 이는 상기의 일반적인 판매방식과 비교하여 다음과 같은 점에서 차이가 있다. 첫째, 계약체결장소의 차이점으로 일반 판매방식의 경우에는 사업자의 고정된 영업장소에서 계약이 체결되었다. 그러나 그 방식은 사업자의 영업장소를 알지 못하는 소비자를 비롯하여 영업장소를 알고 있더라도 여러 가지 여건상 사업장을 방문하지 못하는 소비자에게 재화등을 판매할 수 없었다. 따라서 이러한 소비자에게 재화등을 판매하기 위하여 사업자가 소비자를 찾아가 계약을 체결하는 판매방식이 등장하게 되었으며, 이를 방문판매라 한다. 둘째, 단순 소비에서 나아가 판매 및 소득창출의 기회제공방식이다. 즉, 종전 판매방식에 따르면 소비자는 단순히 재화등을 구매하는 자에 국한된다. 그러나 이러한 소비자를 판매조직망으로 흡수하게 된다면 사업자의 입장에서는 별도의 영업망을 구축하지 않더라도 판매망을 확대할 수 있을 뿐만 아니라 소비자 역시 소득을 창출할 수 있는 계기가 된다. 이러한 판매방식이 바로 다단계판매이다. 셋째, 다수 계약체결의 단순화이다. 급부가 일회로 종료되는 계약과 달리 계속적으로 이루어지는 계약의 경우 기간단위로 계약을 체결하여야 한다. 그러나 이를 일정기간 단위로 계약을 체결할 경우 일회의 계약으로 수 개의 계약을 체결할 수 있으며, 그 결과 각 계약기간의 종료에 따라 상대방을 찾아야 하는 번거로움을 감소시킴과 더불어 장기간 동안 해당 소비자를 계약에 기속시킬 수 있다는 장점이 있다. 이에 해당하는 판매방식이 계속거래이다. 넷째, 통신수단을 활용한 계약체결방식이다. 즉, 종전의 계약체결방식은 대면에 의한 계약체결이었으며, 이러한 방식은 일정한 영업시간과 공간의 제약이 존재하였다. 또한 이를 위한 피용자의 고용 등이 필요하였다. 그러나 국민적으로 보급된 전화, 휴대전화를 활용하여 판촉활동을 할 경우 시간과 공간의 제약은 감소되며, 특히 방문판매원의 방문을 통한 판매효과가 감소됨에 따라 그 대체수단으로 전화를 활용한 판매방식이 급증하게 되었다. 이에 해당하는 판매방식이 전화권유판매이다. 다섯째, 전화권유판매는 비대면계약체결방식이지만, 실시간 계약이기 때문에 전화권유판매원의 고용, 시간적 제약 등은 존재하였다. 따라서 장소 및 시간적 제약을 해소할 수 있는 방안이 모색되었으며, 자동화된 계약체결방식이 결합된 판매방식이 개발되었다. 이에 해당하는 판매방식이 통신판매 또는 전자상거래이다. 즉, 당사자가 비대면으로 자동화된 계약체결시스템에 따라 소비자가 원하는 장소에서 언제든지 계약을 체결할 수 있는 판매방식이 등장하였으며, 이에 따라 사업자는 다수의 소비자와 동시에 계약을 체결할 수 있게 되었다. 마지막으로 대금지급방식의 차이이다. 즉, 일반적인 판매방식에서 소비자는 재화를 수령함과 더불어 대금을 일시불로 지급하였다. 그 결과 대금지급능력이 없는 소비자는 구매의사가 있다고 하더라도 계약을 체결할 수 없었다. 따라서 사업자는 이러한 소비자에게 재화등을 판매할 수 있는 판매방식을 개발하게 되었으며, 이로 인하여 등장한 판매방식이 바로 할부거래이다. 물론 할부거래는 소비자가 먼저 재화등을 공급받고, 그 대금을 추후 분할하여 지급하는 방식인 후불식 할부거래를 전제로 하였다. 그러나 1980년대 이후 소비자가 먼저 대금을 분할하여 지급한 후 재화등을 공급받는 방식인 선불식 할부거래 역시 등장하고 있으며, 상조업이 그 대표적인 분야이다.

이와 같이 사업자는 재화를 보다 많은 소비자에게 판매하기 위하여 다양한 판매방식을 개발하여 마케팅 수단으로 활용하고 있다. 물론 이는 단순히 사업자에게만 이점을 부여하는 것은 아니며, 소비자에게도 일정한 이익을 부여하고 있다. 즉, 소비자가 사업자의 영업장을 찾아가야 하는 번거로움을 해소할 뿐만 아니라 언제 어디에서든지 간편하게 계약을 체결할 수 있으며, 현재 대금지급능력이 없다고 하더라도 재화를 구매할 수 있다는 점은 소비자에게 다양한 이점을 부여한다. 그러나 이러한 판매방식은 기본적으로 사업자가 많은 재화를 판매하기 위하여 등장하였다는 점에 주목할 필요가 있다. 즉, 소비자가 보다 편리한 방법으로 재화를 구매할 수 있도록 사업자가 판매방식을 개발한 것이 아닌 소비자에게 많은 재화를 판매하기 위하여 개발된 것이다. 그 결과 이러한 판매방식은 소비자피해의 원인으로 작용하고 있다. 즉, 소비자가 재화를 구매함에 있어서 합리적으로 구매의사를 결정한 후에 사업자와 계약을 체결하는 것이 아닌 사업자의 적극적인 권유(방문판매, 전화권유판매)에 의하여 구매의사를 결정하게 되었으며, 판매 또는 후원수당의 유혹(다단계판매)은 단지 소비에 국한되는 것이 아닌 필요이상으로 구매하게 되는 원인으로 작용하게 되었다. 또한 비대면 자동화된 계약체결방식(전자상거래 또는 통신판매)은 사업자의 신원 및 재화등을 확인할 수 없는 상태에서 사업자가 제시한 정보만으로 구매의사를 결정하게 되었으며, 대금의 분할지급방식(할부거래)은 지불능력에 대한 판단을 저해하여 충동적인 소비를 야기하게 되었다. 물론 이러한 점은 소비자가 부담하여야 할 책임으로 전가할 수 있지만, 이러한 충동적인 구매의사를 결정하게 된 원인이 사업자의 다양한 판매방식에서 기인한 것이기 때문에 그 책임을 전적으로 소비자에게 전가하는 것은 타당하지 않다.

(2) 기존 권리의 행사를 통한 보호의 한계

상기와 같이 소비자는 일반적인 판매방식뿐만 아니라 사업자가 개발한 특수한 판매방식에 따라 재화를 구매하지만, 합리적인 구매의사에 기초하는 것이 아닌 충동적으로 구매의사를 결정하여 재화를 구매한다. 그 결과 소비자는 불필요한 재화를 구매하게 되며, 자신의 구매에 대하여 후회를 하게 된다. 그럼 이러한 계약에서 소비자는 벗어날 수 있는가? 즉, 당해 계약을 해소하고, 재화를 반환함에 더불어 지급한 대금을 환급받을 수 있는가의 문제이다.

계약의 일반법인 민법에서는 계약을 해소할 수 있는 권리로 취소권 및 해제권 등을 규정하고 있다. 그러나 이러한 권리를 행사하기 위해서는 각 권리의 발생요건을 충족하여야 한다. 먼저, 취소권을 행사하기 위해서는 소비자가 행위무능력자에 해당하거나 계약체결에 필요한 의사표시(청약 또는 승낙)를 함에 있어서 사기, 강박 또는 착오에 기하여야 한다. 또한 해제권을 행사하기 위해서는 약정 또는 법정 사유가 발생하여야 하며, 그 대표적인 사유가 바로 사업자의 채무불이행이다. 물론 사업자의 채무불이행이 존재한다고 하여 해제권이 바로 발생하지 않으며, 이행이 가능한 경우 상당한 기간을 정하여 이행을 최고하여야 한다. 이와 같이 민법에서는 계약의 해소권으로 취소권과 해제권 등을 규정하고 있으며, 소비자계약 역시 그 요건을 충족한 경우 소비자는 당해 계약을 취소하거나 해제할 수 있다. 문제는 이러한 요건에 해당하지 않지만, 사업자의 특수한 판매방식에 따라 충동적으로 구매의사를 결정한 경우 당해 계약을 해소할 수 있는가의 문제이다. 그러나 민법에서는 소비자가 단순히 충동적으로 구매의사를 결정하였다고 하여 당해 계약을 해소할 수 있는 방안을 마련하고 있지 않다. 이는 민법상 인간상이 추상적 인간을 전제로 하고 있기 때문에 충동적으로 구매의사를 결정하였을 경우 그 결과에 대하여는 이러한 의사를 결정한 자, 즉 소비자가 부담하여야 할 책임으로 인정하고 있기 때문이다. 그러나 앞에서 언급한 바와 같이, 이를 소비자의 책임으로 전가하는 것은 타당하지 않지만, 그 해결방안에 대하여 민법에서는 규정하고 있지 않기 때문에 계약법적인 구제에 있어서는 한계가 존재한다.

(3) 소비자보호를 위한 방안으로써 청약철회권

소비자가 소비생활을 영위하여 위하여 다양한 재화를 사업자로부터 구입하지만, 일반적인 거래방식이 아닌 소비자의 충동적인 구매의사를 야기하는 특수한 거래방식을 통하여 구입하고 있다. 그러나 이러한 거래방식을 통하여 재화를 구매한 소비자를 보호하기 위한 방안은 민법에서 부여하고 있지 않다. 그 결과 소비자는 사업자가 제공한 방식에 따라 충동적으로 체결한 계약에 기속될 수 밖에 없지만, 이를 전적으로 소비자만의 책임으로 전가하기에는 곤란하다. 따라서 이러한 거래방식에 따라 계약을 체결한 소비자를 구제할 수 있는 방안에 대한 모색이 필요하게 되며, 이로 인하여 등장한 것이 바로 청약철회권이다. 이러한 청약철회권은 청약의 구속력 또는 계약의 구속력을 인정하고 있는 민법에 대한 예외이며, 소비자보호를 위하여 인정된 소비자의 권리라고 하는 것이 일반적이다.

그럼 이러한 청약철회권을 모든 소비자계약에 대하여 적용하여야 하는가? 그 문제는 계약의 기초이론으로써 청약의 구속력 또는 계약의 구속력에 관한 문제이지만, 계약의 일반법인 민법에서 이를 인정하고 있기 때문에 이를 도외시할 수는 없다. 따라서 소비자계약에 국한하여 그 문제를 살펴본다. 물론 소비자계약은 민법에서 전제하는 계약과는 많은 점에서 차이가 있다. 즉, 소비자라는 인간상과 사업자와의 관계에서 상대적 약자라는 점을 고려한다면 구체적인 계약에서의 소비자를 보호할 필요가 있다. 그러나 소비자보호의 필요성이 있다고 하여 반드시 모든 계약에 있어서 청약철회권이 인정되어야 한다는 것은 아니다. 즉, 계약의 구속력을 인정하고 있는 현행 계약법제하에서 단순히 소비자라는 이유만으로 이를 전적으로 부정하기에는 한계가 존재한다. 그럼 어떠한 요소가 더 추가적으로 고려되어야 하는가? 이는 소비자가 충동적으로 구매의사를 결정하게 된 원인을 사업자가 제공하였는가에 따라 그 인정범위를 결정하여야 할 것이다. 즉, 사업자가 일반적인 판매방식을 통하여 재화등을 판매한 경우와 그 이외 소비자가 충동적으로 구매의사를 결정할 수 있는 여지를 제공한 경우로 구분하고, 후자의 경우에는 그 원인을 제공하였기에 추후 소비자가 자신의 구매의사를 재차 판단할 수 있는 기회인 청약철회권을 부여하는 것이 바람직할 것이다. 물론 일반적인 거래방식의 경우에도 사업자가 임의적으로 청약철회권을 부여할 수 있다. 이는 사적자치의 원칙에 합치한 것이며, 민법에서도 이를 부정하고 있지 않다. 다만, 여기에서 언급하는 청약철회권은 법상 강제적으로 소비자에게 부여하는 경우에 한정한다. 따라서 법상 강제적으로 소비자에게 청약철회권을 부여하기 위해서는 크게 두 가지 요건을 충족하여야 할 것이다. 첫째는 소비자계약에 국한되어야 할 것이다. 즉, 모든 계약이 아닌 양 당사자의 지위가 대등하지 않은 경우로써 구체적인 인간에 해당하는 사업자와 소비자간의 계약에 국한하여야 할 것이다. 둘째는 모든 소비자계약이 아닌 소비자가 충동적으로 구매의사를 결정할 수 있는 여건을 사업자가 제공한 경우, 즉 특수한 거래방식에 의하여 소비자계약이 체결된 경우로 국한하여야 할 것이다. 물론 특수한 거래방식의 범주를 어디까지로 정할 것인가의 문제는 입법정책적인 문제라고 할 수 있지만, 그 기준은 앞에서 언급한 바와 같이 소비자가 충동적으로 구매의사를 결정할 수 여건을 사업자가 조성하였는가의 여부에 따라 결정하여야 할 것이다. 현재까지는 방문판매, 전화권유판매, 다단계판매, 후원방문판매, 전자상거래, 통신판매 또는 할부거래로 인정하고 있지만, 반드시 이에 국한되지는 않는다. 즉, 사업자의 판매방식은 고정된 것이 아닌 계속적으로 개발되는 것이기 때문에 새로운 판매방식은 언제든지 개발될 수 있다. 따라서 새롭게 개발된 판매방식이 소비자의 충동적인 구매의사결정에 영향을 줄 수 있다면 추후 청약철회의 대상으로 포함시킬 수 있기 때문이다.

그럼 이러한 거래방식에 따른 소비자계약에 대하여 일률적으로 청약철회권이 인정되어야 하는가? 물론 가장 기본적으로는 이에 해당하는 소비자계약에 대하여는 일률적으로 청약철회권이 부여되어야 할 것이다. 그러나 재화 또는 거래방식의 특수성에서 발생하는 문제 역시 청약철회권을 인정함에 있어서는 고려할 문제이다. 즉, 이는 청약철회권의 제한문제이며, 어디까지 청약철회권을 인정하여야 하는가의 문제이다. 과도하게 사업자를 희생시키면서 소비자에게 청약철회권을 부여할 경우 이는 역차별의 문제를 야기할 수 있기 때문에 적절한 제한기준 역시 설정되어야 한다. 물론 그 기준을 설정함에 있어서는 개별 재화 또는 거래방식에 따라 차이가 있을 수 있지만, 가장 기본적인 기준으로는 재화의 반환 가능성 및 반환된 재화의 재판매가능성이 고려되어야 할 것이다. 또한 이러한 제한 기준을 설정함에 있어서는 소비자가 그 사실을 인식할 수 있는 여지 또는 청약철회권을 배제하는 것이 타당할 수 있는 여지가 조성되어야 함은 당연하다고 할 것이다. 이러한 제반 문제에 대하여는 청약철회권에 관한 각 분야에서 구체적으로 다루고자 한다.

3. 청약철회권의 법적 성질

가. 청약철회권의 법적 성질

청약철회권의 법적 성질에 관한 문제는 그 권리자가 권리를 행사하였을 경우 그 법적 효과가 어떻게 발생하는가의 문제와 직결한다. 즉, 청약철회권자가 철회의 의사를 표시하였을 경우 그 효과, 즉 계약의 효력이 소멸하는 것이 상대방의 동의 또는 허락을 요하는가 아니면 이와 무관하게 청약철회권자의 일방적 의사표시에 의하여 계약의 효력이 소멸하는가의 문제이다. 만일 그 효과의 발생이 상대방(사업자)의 동의 또는 허락을 요한다고 한다면 이는 청구권의 일종에 해당할 것이지만, 상대방의 동의 없이 철회라는 의사표시만으로 효력이 발생한다고 한다면 이는 형성권이 해당할 것이다. 그럼 소비자가 청약철회권을 행사하였을 경우 당해 효력은 어떻게 발생하는가? 청약철회권을 규정하고 있는 현행 소비자보호법에서는 그 효과발생에 대하여 명문의 규정을 두고 있지 않다. 다만, 청약의 철회에 대한 효력발생시기 및 그 효과만을 규정하고 있을 뿐 직접적으로 당해 계약의 소멸에 대하여 규정하고 있지 않다. 즉, 소비자가 청약을 철회하였을 경우 그 효과는 철회의 의사표시가 기재된 서면을 발송한 때에 발생하며, 이에 따라 소비자는 재화등을 반환하여야 하고, 사업자 등은 대금을 반환하여야 한다고 규정하고 있다. 이와 달리 유럽연합의 소비자권리지침에서는 소비자가 청약을 철회하였을 경우 기본적 효과로 철회권의 행사는 격지계약 또는 방문판매계약상 채무를 이행할 당사자의 의무를 소멸시키거나 소비자의 청약에 따라 격지계약 또는 방문판매계약을 체결할 의무를 소멸시킨다고 규정하고 있다(동 지침 제12조). 물론 개별 소비자보호법에서 직접적으로 계약의 소멸을 규정하고 있지 않지만, 그 구체적인 효과는 계약의 소멸을 전제로 하고 있다. 그럼 그 효과는 어떻게 발생하는가? 소비자가 청약을 철회한 경우 그 효과는 서면을 발송한 시점에 발생하며, 이에 따라 각 당사자에게 반환의무가 발생하기 때문에 상대방인 사업자의 동의 또는 허락이 요구되지 않는다. 따라서 소비자의 청약철회권은 청구권이 아닌 소비자의 일방적 의사표시에 따른 그 효과가 발생하는 형성권에 해당한다.

나. 취소권 등과의 관계

당사자가 유효하게 체결된 계약을 일방적으로 해소할 수 있는 권리로는 청약철회권을 비롯하여 민법에서는 취소권, 해제권, 해지권 및 철회권을 규정하고 있다. 그럼 이러한 제반 권리는 청약철회권과 비교하여 어떠한 차이점이 있는가? 즉, 청약철회권은 상기의 제반 권리와 비교하여 그 내용면에 있어서는 실질적으로 동일하지만, 민법상 제 권리와 구별하기 위하여 그 표현을 달리한 것인가의 문제이다. 이는 청약철회권의 독자성에 관한 문제이기도 한다. 구체적으로 청약철회권은 기존 취소권 또는 해제권과 동일하지만, 소비자계약에 국한된다는 점에서 이를 달리 표현한 것이라고 한다면 청약철회권의 독자성은 인정될 여지가 없다. 따라서 청약철회권에 대하여 개별 소비자보호법에서 정하고 있는 사항뿐만 아니라 민법상 취소권 또는 해제권에 관한 규정이 그대로 적용된다. 반면에 청약철회권은 민법상 취소권 또는 해제권과 구별되는 권리라고 한다면 청약철회권에 대하여는 개별 소비자보호법에서만 규정하고 있는 사항만 적용될 뿐 민법에서 규정하고 있는 취소권 또는 해제권 등에 관한 규정은 적용되는 것이 매우 제한된다. 따라서 이하에서는 민법상 취소권, 해제권 등의 제반 권리의 내용을 분석하고, 청약철회권과의 관계에 대하여 살펴본다.

(1) 취소권

취소권이라 함은 취소권자의 일방적 의사표시(취소)에 의하여 유효하게 성립한 법률행위를 소급하여 무효화시킬 수 있는 권리를 말한다(민법 제140조, 제141조). 취소권의 개괄적인 내용은 다음과 같다. 첫째, 법적 성질로서, 취소권은 형성권의 일종이기 때문에 취소권자의 일방적 의사표시에 의하여 그 법적 효과(소급 무효)가 발생한다. 따라서 상대방의 동의 여부는 그 효과발생과 무관하다. 둘째, 발생원인으로서, 취소권은 당사자의 약정에 의하여 발생할 수 있는 것이 아닌 법률의 규정에서 취소권을 인정한 경우에 한하여 인정된다. 따라서 약정취소권은 존재할 수 없으며, 법정취소권만이 존재한다. 그럼 어떠한 경우에 취소권이 인정되는가? 물론 민법에서는 취소라는 용어를 매우 다양하게 사용하고 있지만[62], 취소권은 행위무능력자의 법률행위와 하자있는 의사표시(착오, 사기 또는 강박에 의한 의사표시)에 한하여 인정된다. 셋째, 적용범위로서, 취소의 대상인 법률행위는 단지 계약에 국한되는 것이 아닌 모든 법률행위 또는 의사표시이다. 따라서 단독행위, 계약 및 합동행위 역시 취소의 대상이며, 아직 체결되지 않은 계약에 있어서 청약 역시 취소할 수 있다. 넷째, 권리행사자로서, 취소권을 행사할 수 있는 자는 이러한 의사표시 또는 법률행위만을 한 자에 국한되는 것이 아닌 대리인 또는 승계인 역시 행사할 수 있다(민법 제140조). 그러나 취소권만의 승계는 불가능하기 때문에 취소할 수 있는 법률행위에 있어서 당사자의 지위를 승계한 특정승계인만이 취소권을 행사할 수 있다.[63] 다섯째, 효과로서, 취소권의 행사시 당해 법률행위는 무효이며, 그 효과는 소급하여 발생한다. 따라서 아직 이행하기 전이라면 이행할 필요가 없지만, 이미 이행하였다면 상대방으로부터 받은 것은 반환하여야 한다. 이 경우 반환의 법리는 부당이득반환이다. 따라서 선의인 경우 현존이익의 범주내에서 반환하며, 악의인 경우 원본에 이자를 더하고 손해가 있을 경우 배상까지 하여야 한다(민법 제748조). 그러나 행위무능력자의 법률행위에 대한 취소의 경우 선악을 불문하고 행위무능력자는 현존이익의 범주내에서 반환하면 된다(민법 제141조). 마지막으로 제3자와의 관계에서 취소

62) 그 대표적인 예가 친족상속편(민법 제4편과 제5편)에서의 취소이다. 예를 들어, 사기 또는 강박에 의한 혼인 등에 있어서 취소할 수 있지만, 이러한 취소는 소급효가 없다. 따라서 민법총칙상의 취소는 이러한 취소가 아닌 본문에서 언급한 경우의 취소만을 의미한다.

63) 곽윤직 · 김재형, 「민법총칙」, 박영사, 2012, 383면.

할 수 있는 법률행위에 기초하여 새로운 이행관계를 설정한 제3자가 존재할 경우 취소의 효과는 선의의 제3자에게만 미치지 않는다. 따라서 악의의 제3자는 보호받지 못한다. 다만, 이러한 선의의 제3자보호는 하자있는 의사표시의 취소에만 국한되며, 행위무능력자의 법률행위에 대한 취소의 경우 선의 또는 악의를 불문하고 모든 제3자에게 주장할 수 있다. 따라서 선의의 제3자라 하더라도 취소에 따라 반환을 청구하였을 경우 이를 거부할 수 없다.

(2) 해제권

해제권이라 함은 계약이 효력을 발생한 이후 약정 또는 법정 사유가 발생하여 해제권자의 일방적인 의사표시로써 당해 계약의 효력을 소멸시키는 권리를 말한다. 해제권의 개괄적인 내용은 다음과 같다. 첫째, 법적 성질로서, 해제권 역시 취소권과 동일하게 형성권의 일종이기 때문에 해제권자의 일방적인 의사표시에 의하여 해제의 효과가 발생한다. 둘째, 발생원인으로, 해제권은 당사자간의 약정뿐만 아니라 법률의 규정에 의하여도 발생한다. 이러한 점은 법률의 규정에 의한 경우만 인정되는 취소권과 차이가 있다. 물론 그 구체적인 요건에 대하여 약정해제권은 당사자간의 합의를 통하여 정하여지기 때문에 이를 일률적으로 제시할 수 없다. 반면에 법정해제권은 채무자의 채무불이행을 요건으로 하며, 이행지체 · 이행불능 · 불완전이행 · 하자담보 및 사정변경이 있다. 물론 사정변경에 따른 해제권의 경우 명문의 규정은 없으며, 판례 역시 이를 명확하게 인정하고 있다고 할 수 없다. 그러나 민법개정안에서는 사정변경에 기한 해제권을 명시하고 있다. 해제권의 발생요건과 관련하여 제기되는 문제는 이행지체에 있어서 채무자의 주관적 요소인 고의 또는 과실이 요건인가이다. 이에 대하여 학설은 고의 또는 과실 요구설과 불요구설로 구분된다. 또한 상기의 해제권

발생요건을 충족하였다고 하더라도 해제권자의 책임있는 사유에 의하여 계약의 목적물이 현저하게 훼손되거나 이를 반환할 수 없게 된 때 또는 가공이나 개조로 인하여 다른 종류의 물건으로 변경된 때에는 해제권은 소멸한다(민법 제553조). 셋째, 적용범위로서, 해제권은 모든 법률행위 또는 의사표시에 대하여 적용되는 것이 아닌 계약에 국한된다. 따라서 단독행위 또는 법률행위가 아닌 의사표시에 대한 해제는 불가능하다. 넷째, 권리행사자로서, 채권자 · 대리인 및 승계인 모두 가능하지만, 해제권만의 승계는 불가능하다는 점은 취소권과 동일하다. 다섯째, 효과로서, 계약이 해제된 경우 당사자는 원상회복의무를 부담한다. 문제는 해제의 효과발생시기이다. 즉, 소급효가 인정되는가의 문제이며, 이를 긍정하는 입장(직접효과설)과 부정하는 입장(청산관계설)으로 대별하고 있다. 또한 전자의 경우는 채권행위에 대한 해제로 인하여 물권행위까지 소멸하는가 아니면 물권행위에 대하여 영향을 미치지 않는가에 따라 채권적 효과설과 물권적 효과설로 구분된다. 마지막으로 제3자와의 관계에서 해제의 효과는 선의 또는 악의를 불문하고 제3자에게 영향을 지치지 않는다. 이러한 점은 선의의 제3자에게만 영향을 미치지 않는 취소권과의 차이점이라고 할 수 있다.

(3) 해지권

해지권의 개괄적인 내용은 다음과 같다. 첫째, 법적 성질로서, 해지권 역시 해지권자의 일방적 의사표시로 당해 계약이 소멸하기 때문에 형성권의 일종이다. 둘째, 발생원인으로, 해제권 역시 해제권과 동일하게 약정 및 법정 해지권 모두 인정된다. 셋째, 적용범위로서, 해지권은 모든 법률행위에 대하여 적용되는 것이 아닌 계약에 국한된다. 이러한 점은 취소권과의 차이이며, 해제권과의 공통점이다. 그러나 모든 계약에 대하여 해지할 수 있는 것이 아닌 계속적 계약에 국한된다는 점에서 해제권과 차이가 있다.

따라서 1회적 급부로 종료하는 계약에 대하여는 해지권이 적용되지 않는다. 넷째, 권리행사자로서, 해지권자는 채권자 · 대리인 및 승계인이다. 다섯째, 효과로서, 해지권자가 당해 계약을 해지하였을 경우 장래에 향하여 소멸한다. 즉, 소급효가 인정되지 않는다. 또한 장래에 향하여 소멸하기 때문에 해지할 때까지 계약의 효력은 그대로 유지된다. 그 결과 해지시까지 수령한 것은 법률상 원인이 있는 것이므로 반환할 필요가 없으며, 원상회복의무 역시 발생하지 않는다. 마지막으로 제3자와의 관계는 해제권과 동일하게 제3자는 보호를 받는다. 물론 해제권의 경우 제3자 보호규정에 의하여 보호를 받지만(직접효과설 중 물권적 효과설의 입장), 해지의 경우 장래효만 발생하기 때문에 이에 관한 규정이 없더라도 당연히 보호를 받는다.

(4) 철회권

철회권이라 함은 법률행위 또는 의사표시의 효력이 발생하기 전에 일방적 의사표시로서 이를 소멸시키는 권리를 말한다. 그러나 철회가 반드시 효력발생 이전의 법률행위 등을 대상으로 하는 것은 아니다. 즉, 민법에서는 이미 효력을 발생한 법률행위에 대하여도 철회를 인정하고 있기 때문이다. 철회권의 개괄적인 내용은 다음과 같다. 첫째, 법적 성질로서, 철회권 역시 일방적 의사표시로 그 효력이 발생하기 때문에 형성권에 해당한다. 둘째, 발생원인으로서, 철회권은 법률의 규정뿐만 아니라 약정에 의하여도 발생한다. 즉, 청약의 철회를 부정하고 있는 민법 제527조는 임의규정이기 때문에 반대의 합의가 가능하며, 이러한 반대의 합의에 의하여 인정되는 청약철회권은 약정철회권에 해당한다. 셋째, 적용범위로서, 철회권은 반드시 법률행위에 국한되는 것은 아니며, 의사표시에도 적용된다. 또한 계약에 국한되는 것이 아닌 모든 법률행위에도 인정된다. 넷째, 권리행사자로서, 의사표시 또는 법률행위를 한 자·대리인 및 승계인 모두 철회권을 행사할 수 있다. 다섯째, 효과로서, 철회권의 행사에 따라 당해 법률행위 또는 의사표시는 효력을 상실한다. 다만, 그 효과에 대하여는 명확하지 않다. 즉, 소급효의 인정문제에 대하여 이를 인정하고 있는 경우와 부정하고 있는 경우로 구분되고 있다. 또한 반환법리에 있어서 부당이득반환에 근거하는 것인지 아니면 원상회복에 근거한 것인지 명확하지 않다. 마지막으로 제3자와의 관계에서 제3자의 보호문제 역시 민법에서는 규정을 두고 있지 않다. 물론 그 문제는 소급효의 문제와 연결하여 해결할 문제이다. 즉, 소급효가 인정될 경우 물권행위의 유인성 또는 무인성에 따라 해결되어야 하지만, 소급효가 부정될 경우 제3자는 선의 또는 악의를 불문하고 보호를 받게 된다.

(5) 전자문서 및 전자거래기본법상 철회권

1) 수신확인통지

전자문서 및 전자거래기본법에서는 전자문서를 통하여 당사자간에 의사표시를 하였을 경우 상대방의 수신여부를 확인하기 위하여 수신확인통지에 관한 규정을 두고 있다. 즉, 작성자가 수신 확인을 조건으로 전자문서를 송신한 경우 작성자가 수신 확인 통지를 받기 전까지는 그 전자문서는 송신되지 아니한 것으로 본다. 이 경우 민법 제534조는 적용하지 아니한다. 반면에 작성자가 수신 확인을 조건으로 명시하지 아니하고 수신 확인 통지를 요구한 경우에 상당한 기간(작성자가 지정한 기간 또는 작성자와 수신자 간에 약정한 기간이 있는 경우에는 그 기간을 말한다) 내에 작성자가 수신 확인 통지를 받지 못하였을 때에는 작성자는 그 전자문서의 송신을 철회할 수 있다(동법 제9조).

이와 같이 동법에서 수신확인통지에 관한 규정을 둔 이유는 전자문서로서 의사표시를 할 경우 상대방이 이를 수신하였는가의 여부를 작성자가 확인하기 곤란하다는 점에서 그 불확실성을 배제하고자 두었다. 물론 이 규정은 UNCITRAL 전자상거래 모델법에 근거하고 있다. 동법상 수신확인통지에 관한 내용은 크게 두 가지로 구분된다. 첫째는 작성자가 수신확인통지를 조건으로 한 경우이며, 둘째는 수신확인통지를 요구하였지만, 이를 조건으로 하지 않은 경우이다. 전자의 경우 작성자가 수신확인통지를 받기 전까지 그 전자문서는 송신되지 않은 것으로 본다. 즉, 작성자가 전자문서를 수신자에게 송신하여 수신자가 수신하였다고 하더라도 작성자가 수신확인통지를 받기 전까지는 송신되지 않은 것이다.

2) 수신확인통지라는 조건이 부과된 전자문서의 철회

상기와 같이 수신확인통지가 조건으로 부과된 경우 수신확인통지가 있기 전까지는 전자문서의 효력이 발생하지 않는다. 그럼 작성자는 전자문서의 송신 후 수신확인통지가 있기 전까지 철회할 수 있는가? 물론 동 규정에 따르면 송신 그 자체가 인정되지 않기 때문에 철회할 수 없다. 즉, 철회는 전자문서의 송신 이후의 문제이기 때문에 아직 수신확인통지를 받기 전까지는 송신한 것으로 인정되지 않기 때문이다. 그러나 수신확인통지가 있게 되면 송신된 것으로 인정되기 때문에 철회의 문제가 발생하게 된다. 그럼 전자문서의 철회를 인정할 것인가? 이 경우 수신자에게 전자문서가 수신되었지만, 송신으로 인정되지 않기 때문에 의사표시의 효력은 발생하지 않았다. 따라서 작성자는 수신확인통지를 받기 전까지 철회할 수 있다고 할 것이다. 이러한 철회는 민법상 철회와 일치한다.

3) 수신확인통지가 조건으로 부과되지 않은 전자문서의 철회

작성자가 전자문서를 송신하면서 수신확인을 요구하였지만, 이를 조건으로 부과하지 않은 경우에도 작성자는 약정기간 또는 상당한 기간내에 수신확인통지를 받지 못한 경우 송신한 전자문서를 철회할 수 있다. 과연 이러한 전자문서의 철회가 타당한 것인가? 물론 동 규정은 UNCITRAL 전자상거래 모델법의 내용을 수용하고 있다. 그러나 동 규정은 단순히 전자문서로서 의사표시를 하였다는 점만으로 계약의 일반원칙을 무력화시키는 결과를 유발하고 있다. 즉, 민법에서는 청약의 구속력을 인정하여 임의적 철회를 부정하고 있다. 그렇다고 한다면 청약에 대립하는 의사표시인 승낙은 더더욱 철회가 부정되어야 함은 당연하다. 그러나 승낙자가 승낙의 의사표시를 전자문서로 하고 단지 수신확인통지를 요구하였을 경우 승낙에 의하여 계약이 성립되었음에도 불구하고 수신확인통지를 받지 못한 경우 언제든지 이를 철회할 수 있게 된다. 물론 전자의 경우는 이를 조건으로 부과하였기 때문에 큰 문제가 없다고 할 수 있지만, 이 경우는 조건으로 부과하지 않았음에도 단지 수신확인통지를 받지 않았다는 이유만으로 철회를 인정하는 것은 계약의 일반원칙에 위배된다. 따라서 동 규정은 삭제되어야 할 것이다.[64)]

(6) 청약철회권과의 관계

법률행위의 효력을 소멸시킬 수 있는 상기의 제 권리와 비교하여 청약철회권은 어떠한 공통점과 차이점이 있는가? 즉, 그 문제는 청약철회권이 독자적인 권리인가 아니면 단지 명칭에서만 차이가 있을 뿐 실질적으로는 상기의 제 권리 중 어느 하나과 동일한 권리인가이다. 이하에서는 상기의 권리에 대한 내용을 기준으로 청약철회권의 내용을 비교분석한다.

첫째, 법적 성질에 있어서 청약철회권 역시 소비자의 일방적 의사표시에 의하여 당해 계약의 효력이 소멸하기 때문에 상기의 제 권리와 동일하게

64) 拙稿, "전자적 의사표시의 효력발생시기에 관한 연구", 「재산법연구」 제28권 제3호, 2011 · 11, 112-118면.

형성권에 해당한다. 둘째, 발생원인에 있어서 소비자보호법상 청약철회권은 법률의 규정에 의하여 발생한다. 그럼 약정에 의한 청약철회권은 발생할 수 없는가? 청약의 구속력을 인정하고 있는 민법 제527조가 강행규정이라고 한다면 약정청약철회권은 인정되지 않으며, 개별 소비자보호법에서 규정하고 있는 경우만 인정된다고 할 것이다. 그러나 민법 제527조는 강행규정이 아닌 임의규정이기 때문에 양당사자의 합의에 의하여 청약철회권은 인정된다. 따라서 청약철회권의 발생원인은 법정 뿐만 아니라 약정 역시도 인정된다.[65] 이러한 점은 취소권과의 차이점이며, 해제권 등과의 공통점이다. 다만, 해제권과의 차이점은 발생요건에 있어서 채무자의 채무불이행 등을 요구하지 않는다는 점이다. 즉, 법정해제권에 있어서 기본적인 요건은 채무불이행이지만, 청약철회권의 경우 그 이유를 불문으로 하기 때문에 반드시 사업자의 채무불이행이 존재할 필요가 없다. 물론 사업자의 의무위반에 따른 청약철회권 역시 존재하지만, 그 요건은 해제권발생요건인 채무불이행과 차이가 있다. 즉, 불완전이행에 있어서 해제권은 계약목적의 달성이 곤란한 중대한 불완전이행을 요건으로 하지만, 청약철회의 경우 불완전이행만을 요구하지 불완전이행의 정도를 요구하지 않는다. 또한 해제권의 발생에 있어서 주관적 요건을 요구하는 입장에서 본다면 양자간에는 큰 차이가 있다. 즉, 해제권의 발생에 있어서는 채무자의 고의 또는 과실이 필요하지만, 청약철회권의 경우 채무자의 고의 또는 과실은 요건이 아니다. 셋째, 적용범위에 있어서 청약철회권은 그 본질상 계약에 국한된다. 즉, 청약을 철회하는 것이므로 청약이 존재하는 법률행위는 계약에 국한되기 때문이다. 이러한 점은 취소권 및 철회권과의 차이점이며, 해제권

---

65) 백화점 또는 대형마트점 등에서 일시불로 구입하였을 경우 청약철회권은 인정되지 않는다. 그러나 구입 후 일정기간 내에 사용하지 않았을 경우에 그 반품과 환급을 인정하고 있다. 이는 법률에서 규정하지 않은 사항이며, 사업자가 관행적으로 인정하고 있는 것이다. 이 역시 청약철회이다.

과의 공통점이다. 넷째, 청약철회권을 행사할 수 있는 자는 계약의 당사자가 아닌 소비자에 국한된다. 물론 소비자뿐만 아니라 대리인 및 이를 승계한 자 역시 행사할 수 있지만, 계약의 일방당사자가 아닌 소비자에 국한된다는 점은 해제권 등과의 차이점이라고 할 수 있다. 다섯째, 행사기간에 있어서 매우 단기간이라는 점과 단일의 행사기간이 아닌 다양한 행사기간을 정하고 있다는 점은 해제권 등과의 차이점이다. 즉, 청약철회권은 개별법마다 7일, 14일, 30일 또는 3개월로 정하고 있다. 그러나 취소권의 경우 추인할 수 있는 날로부터 3년, 당해 법률행위를 한 날로부터 10년 이내에 행사하여야 한다(민법 제146조). 또한 해제권의 경우 별도의 행사기간을 정하고 있지 않기 때문에 10년의 제척기간이 적용된다. 다만, 하자담보책임에 따른 해제권은 6개월 또는 1년 이내에 행사하여야 하며(민법 제573조, 제582조), 상대방이 상당한 기간을 정하여 행사여부에 대하여 최고하였을 경우 이 기간내에 행사하지 않으면 해제권은 소멸한다(민법 제552조).[66] 철회권의 경우 의사표시 또는 법률행위의 효력이 발생하기 전까지 행사할 수 있으며, 상대방의 추인이 있기 전까지 행사할 수 있다(민법 제16조 제1항, 제134조). 여섯째, 청약철회권을 행사한 경우 그 효력발생에 있어서 소급효가 인정되는지에 대하여는 불분명하다. 즉, 청약철회권을 규정하고 있는 개별 소비자보호법상 청약철회의 효과에 관한 내용은 재화의 반환과 대금의 환급만을 규정하고 있을 뿐 당해 계약의 소멸이 장래에 향하여 소멸하는지 소급하여 계약을 체결하였던 시점부터 소멸하는지에 대하여 규정을 하고 있지 않기 때문이다. 마지막으로 제3자와의 관계이다. 이에 대하여는 청약을 철회하였을 경우 제3자와의 관계가 발생할 수 있는

---

66) 해제권의 경우 유효하게 성립한 계약을 전제로 하기 때문에 계약체결전 이를 해제한다는 것은 불가능하다. 그러나 청약철회권은 계약이 성립하기 전에도 행사할 수 있다. 즉, 청약이 상대방에게 도달하기 이전 또는 도달하여 효력을 발생한 이후부터 청약을 철회할 수 있기 때문이다. 이러한 점 역시 해제권과의 차이점이다.

가에 대한 검토가 필요하다. 즉, 제3자와의 관계가 문제가 되는 경우는 소비자가 재산권을 이전하였을 때이다. 그러나 청약철회권이 인정되는 소비자계약에서 소비자가 사업자에게 지급하는 것은 금전이다. 금전의 경우 점유가 있는 곳에 소유가 인정된다. 따라서 소비자가 지급한 대금을 사업자가 제3자에게 이전하였다고 하더라도 제3자와의 관계는 발생하지 않는다. 다만, 교환계약의 경우에 있어서는 제3자와의 관계가 문제될 수 있지만, 이러한 경우는 사실상 거의 발생하지 않기 때문에 이를 논할 실익이 그리 크지 않다.

이와 같이 청약철회권은 민법상 취소권 또는 해제권과 비교하여 유사한 점이 있지만, 차이점 역시 존재한다. 따라서 청약철회권은 취소권 또는 해제권과는 구별되는 권리라고 할 수 있다. 물론 이는 현행법상의 내용을 기준으로 한 것이며, 개별 소비자보호법상 청약철회권에 관한 규정을 취소권 또는 해제권에 준하여 개정을 한다면 그 문제는 다시 검토하여야 할 것이다. 문제는 민법상 철회권과의 관계이다. 즉, 청약철회권은 민법상 철회권과 별개의 권리인가 아니면 그 일종인가의 문제이다. 양자가 별개라고 한다면 청약철회권은 개별 소비자보호법내에서만 검토하여야 하며, 민법상 철회권에 관한 내용을 적용하기 곤란하다. 반면에 청약철회권이 민법상 철회권의 일종이라고 한다면 민법상 철회권에 관한 규정이 적용될 수 있다. 이를 검토하면 다음과 같다. 청약철회권은 민법상 청약의 구속력에 대한 예외이다. 즉, 민법에서 청약의 구속력을 인정하고 있기에 개별 소비자보호법에서는 소비자보호를 위한 특칙으로 청약철회권을 인정하고 있다. 여기까지만 본다면 청약철회권은 민법에서 인정되지 않는 제도이기 때문에 민법과의 연계는 고려될 수 없다. 그러나 민법 제527조는 임의규정이기 때문에 반대의 합의를 할 수 있으며, 이에 따라 청약자는 청약을 철회할 수 있다. 또한 현재 일반적이라고 할 수 없지만, 일부의 거래관행에서 인정되고 있는 반품 및 환급은 무엇으로 설명하여야 하는가? 물론 이 역시도 민법 제527조에 대한 반대합의에서 도출할 것이다. 그럼 그 문제는 결국 민법 제527조에 대한 반대합의가 무엇인가로 귀결된다. 당사자간의 합의에 따른 청약의 철회는 개별 소비자보호법에서 인정하고 있는 청약철회권과 전혀 무관한 것인가? 그러나 이 역시 개별 소비자보호법에서 인정하고 있는 청약철회권과 동일한 권리이다. 물론 차이점으로 개별소비자보호법에서 규정하고 있는 청약철회권은 법상 인정되는 권리이며, 당사자간의 합의를 통하여 그 포기 내지는 축소할 수 없다. 반면에 민법상 청약철회권은 당사자간의 합의에 의하여 발생한다는 점에서 차이가 있으며, 개별 소비자보호법과 달리 그 요건 및 효과를 전혀 규정하고 있지 않다는 점에서 차이가 있을 뿐이다. 그러므로 개별 소비자보호법에서 인정하고 있는 청약철회권은 민법상 철회권과 전혀 무관한 것이 아닌 그 일종이라고 할 수 있으며, 이를 개별 소비자보호법에서 규정하고 있을 뿐이다.[67] 그렇다고 하여 청약철회권과 관련하여 발생하는 다양한 문제점이 민법상 철회권을 통하여 해결할 수 있는가에 대하여는 부정적이다. 즉, 취소권, 해제권 등에 대하여는 많은 연구와 입법이 진행되어 왔지만, 철회권에 대한 논의는 매우 미진하였을 뿐만 아니라 입법 역시 미흡한 상태이다. 따라서 이러한 민법분야의 한계로 인하여 개별 소비자보호법상 청약철회권에 대한 문제를 민법상 철회권으로 해결하기에는 한계가 존재한다. 또한 개별 소비자보호법은 당해 거래분야에서의 소비자보호를 목적으로 하기 때문에 이러한 입법목적에 따라 청약철회권의 법리를 계발하여 발전시키는 것이 현실적으로 적합하다고 할 수 있다.

---

67) 해제권 역시 약정 해제권과 법정 해제권으로 구별된다. 즉, 발생원인에 따라 당사자의 합의에 의하여 발생하는 경우와 법률의 규정에 의하여 발생하는 경우로 구분된다. 그러나 이는 발생원인에 있어서 차이점일 뿐 양자 모두 해제권이다. 이러한 점은 청약철회권에도 동일하다. 즉, 당사자간 합의(민법 제527조의 적용배제)에 의하여 발생하는 청약철회권과 개별 소비자보호법에서 발생하는 청약철회권은 그 발생요건에 있어서 차이가 있을 뿐 그 근본은 동일하다.

제3장

주요국에서의 청약철회제도

제1절 미국

1. 미국에서의 소비자보호와 청약철회권

청약철회권(Cooling-off)은 영미법에서 유래한 제도이지만, 미국에서는 우리와 달리 많은 법에서 이를 규정하고 있지 않다. 즉, 거래관행으로 정착되어 있는 제도이다. 다만, 연방차원에서 소비자보호와 관련하여 이를 규정하고 있는 대표적인 법으로는 방문판매에 있어서 청약철회기간에 관한 규칙(Rule concerning Cooling-off Period for Sales made at Homes or at certain other Locations)[68]이 있다.[69]

2. 방문판매규칙상 청약철회제도

방문판매규칙에서는 청약철회권의 제반내용에 대하여 우리의 법제와 달

---

68) 미국의 방문판매규칙에서는 소비자의 권리에 대하여 법명에서 Cooling-off라고 규정하면서, 관련 조문에서는 cancellation으로 표현하고 있다.

69) 방문판매규칙 이외에 청약철회권을 인정하고 있는 법으로는 연방소비자신용보호법(Federal Consumer Credit Protection Act)과 토지매매정보공개법(Interstate Land Sales Full Disclosure Act) 등이 있으며, 전자의 경우 3일, 후자의 경우 7일의 행사기간을 부여하고 있다(Richard A Mann · Barry S. Roberts, Business Law, South-Western Cengage Learning, 2009, pp.893-894).

리 각 요건별로 구체적으로 규정하고 있는 것이 아닌 사업자의 기만적이고 불공정한 거래행위를 제시하고 있다. 즉, 청약철회권의 발생요건 및 배제사유, 행사기간 및 효과 등을 각 조문별로 규정한 것이 아닌 청약의 철회와 관련하여 사업자의 불공정한 거래행위를 제시하여 이에 해당하는 행위를 금지하고 있다.

가. 청약철회에 관한 정보제공

사업자는 이행시점에 계약을 체결할 때 사용한 언어와 동일한 언어로 작성된 계약서를 교부하여야 하며, 이에는 거래일자 및 사업자의 성명 및 주소가 기재되어야 한다. 또한 소비자가 서명하는 란 또는 계약서의 첫 면에 최소한 10포인트 이상의 크기로 『당신(매수인)은 계약일로부터 3영업일의 자정 이전까지 청약을 철회할 수 있습니다. 이러한 권리의 자세한 내용에 대하여 첨부된 철회서를 보십시오.(You, the buyer, may cancel this transaction at any time prior to midnight of the third business day after the date of this transaction. See the attached notice of cancellation form for an explanation of this right.)』라는 표현이 기재되어야 한다.

나. 계약체결시 청약철회서의 교부

소비자가 방문판매계약을 체결할 때 복제할 수 있는 청약철회서를 교부하여야 하며, 이러한 청약철회서의 표제에는 철회권에 관한 고지(NOTICE OF RIGHT OF CANCEL) 또는 철회에 관한 고지(NOTICE OF CANCELLATION)라고 표시되어야 하며, 그 내용은 계약을 체결할 때와 동일한 언어로 10 포인트 이상의 글자 크기로 표시되어야 한다. 또한 청약철회서를 교부하기 전에 사업자의 성명, 영업소의 주소, 거래일자 및 거래일의 다음 날로부터 3영업일 보다 빠르지 않으면서 소비자가 청약을 철회할 수 있는 일자가 기재된 서면을 교부하여야 한다. 그리고 이 조항 등에서 부여하는 청약철회권을 포기하게 하거나 판단에 혼란을 주는 행위를 하여서는 아니 된다. 마지막으로 계약을 체결할 때 구두로 소비자의 청약철회권에 관한 정보를 제공하여야 한다.

다. 청약철회의 효과 등

소비자가 청약을 철회하였을 경우 사업자는 이를 거절하여서는 아니 된다. 또한 청약철회의 의사표시를 수령한 날로부터 10영업일 이내에 대금을 환급하지 않거나 소비자에게 공급한 물품등을 회수하지 않거나, 당해 계약으로 발생한 담보를 종료시키기 위하여 필요하거나 적절한 조치를 취하지 않는 행위는 불공정한 거래행위로 인정된다. 마지막으로 소비자의 청약철회의 의사를 수령한 날로부터 10영업일 이내에 공급한 물품을 회수하거나 포기한다는 의사를 소비자에게 표시하지 않은 행위 역시 불공정한 행위로 인정된다.

라. 재화의 반환 등

재화의 반환관계에 대하여 방문판매규칙에서 규정하고 있는 청약철회서의 내용에서 이를 자세하게 규정하고 있다. 먼저, 소비자가 청약을 철회한 경우, 공급된 재화는 사업자가 청약철회의 의사표시를 수령한 날로부터 10

영업일 이내에 반환될 수 있으며, 당해 계약과 관련한 담보계약은 소멸한다. 둘째, 청약을 철회하였다면 소비자는 사업자가 소비자의 주소에서 재화를 수거할 수 있도록 하여야 하거나 소비자가 원하는 경우 사업자의 비용과 위험부담으로 사업자에게 반환할 수 있다. 다만, 사업자가 재화를 수거할 수 있도록 하였지만, 청약철회의 의사표시를 수령한 날로부터 20일 이내에 사업자가 수거하지 않은 경우 소비자는 재화를 사용하거나 처분할 수 있다. 그러나 사업자가 수거할 수 있도록 조치를 취하지 않은 경우 또는 사업자에게 반환하기로 합의하였음에도 불구하고 반환하지 않은 경우 당해 계약상의 모든 의무를 이행할 책임을 부담한다.

제2절 유럽연합

1. 소비자보호지침과 청약철회

유럽연합의 경우 다양한 입법지침을 통하여 소비자의 청약철회권을 인정하고 있다. 그러나 그 내용이 통일적이지 않고, 지침별로 상이하다.[70] 따라서 각 지침의 내용을 전부 검토하여야 하겠지만, 가장 최근에 제정된

70) 유럽연합의 소비자보호관련 다양한 입법지침상 청약철회권의 내용에 대하여는 송민수, "유럽소비자계약법에 있어서 철회권에 관한 고찰", 「법학논총」, 제29집 제1호, 2008・9, 256-257면 참조.

소비자권리지침[71]과 공통참조기준초안(DCFR : Draft Common Frame of Reference, 이하 "DCFR")[72]에서의 청약철회권의 행사기간, 기산일 및 그 효과에 대하여 살펴본다.[73]

---

71) 소비자권리지침의 제정작업은 2004년부터 시작되었으며, 2007년 녹서(Green Paper on the Review of the Consumer Acquis)에서도 이에 관한 사항이 제시되었다. 이러한 지침의 제정목적은 소비자보호에 있어서 법적 기준을 보다 높은 수준으로 통일화시키는 것이다. 즉, 종전 소비자보호관련 지침에서는 소비자보호에 관한 최소한의 기준을 제시함으로써 회원국내에서의 법적 기준을 정비하는 것이었지만, 여기에서 벗어나 더 높은 수준의 소비자보호를 달성하기 위한 방안으로 추진되었다. 이는 유럽연합 소비자정책전략(EU Consumer Policy Strategy 2007-2013)에서 소비자정책의 목표 중 하나로 효과적인 소비자보호를 채택하였다는 점에서 나타난다(THE EUROPEAN PARLIAMENT AND THE EUROPEAN ECONOMIC AND SOCIAL COMMITTEE, EU Consumer Policy strategy 2007-2013-Empowering consumers, enhancing their welfare, effectively protecting them, COMMISSION OF THE EUROPEAN COMMUNITIES, 2007, pp.5-6.). 따라서 그 목적을 달성하기 위하여 초기에는 8개의 소비자관련 지침을 대상으로 하였지만, 제정된 지침에서는 4개의 지침(Directive 93/13/EEC, Directive 1999/44/EC, Directive 85/577/EEC, Directive 97/7/EC)만을 대상으로 하고 있다(European Union Committee, EU Consumer Rights Directive: getting it right(Published by the Authority of the House of Lords HL Paper 126-I), The Stationery Office Limited, 2009, p.7).

72) 유럽연합에서는 통일적 유럽사법을 창출하기 위하여 지속적인 노력을 경주하고 있으며, 그 성과의 일환으로 2008년 2월 유럽사법을 위한 공통참조기준(DCFR) 초안의 잠정개요판이 출간되었으며, 2009년 2월에 이를 수정한 개요판이 출간되었다. 물론 DCFR은 소비자권리지침과 달리 법은 아니기 때문에 법적 구속력을 갖지 않는다. 그러나 추후 제정될 유럽사법전의 기초로 활용될 수 있기 때문에 그 의미를 축소하기에는 곤란하다. 특히, DCFR은 기존 국제계약법인 UN 통일매매법(CISG : United Nations Convention on Contracts for the International Sale of Goods) 또는 국제상사계약원칙(PICC : Principles of International Commercial Contracts)과 달리 소비자계약에 관한 사항을 직접적으로 규정하고 있다는 점에서 차이가 있다(김진우, "DCFR과 유럽소비자계약법", 『외법논집』, 제33권 제4호, 2009, 36-39면).

73) 소비자권리지침 및 DCFR 모두 소비자의 권리에 대하여 철회권(right of withdrawal)이라고 규정하고 있다. 다만, 우리 법제에서는 이를 청약철회권이라고 규정하고 있기 때문에 이하에서는 이를 청약철회권이라고 통일하여 칭한다.

2. 소비자권리지침[74]상 청약철회권

가. 청약철회권자로서 소비자

소비자권리지침상 청약철회권자는 소비자이다. 그럼 소비자는 누구를 의미하는가? 소비자권리지침상 소비자는 자신의 거래, 영업 또는 직업 이외의 목적으로 거래하는 자연인에 국한된다(지침 제2조 (1)). 따라서 자연인이 아닌 법인에 대하여는 소비자로 인정하고 있지 않으며, 소비자에 대한 정의방식 역시 적극적으로 재화등에 대한 구입목적을 제시하는 것이 아닌 소극적인 방식, 즉 특정 목적(영업 등)을 제외한 모든 목적을 포함하는 방식으로 규정하고 있다.

나. 청약철회권의 배제사유

방문판매 또는 격지계약의 방식으로 계약을 체결하더라도 아동보육・가정 및 개인에 대한 지원 등과 같은 공공서비스, 국경을 초월한 건강관리에 있어서 환자의 권리에 관한 지침[75]상 건강관리, 복권・카지노 게임 및 베팅 등과 같은 도박, 금융서비스, 부동산 또는 부동산에 관한 권리의 취득

74) DIRECTIVE 2011/83/EU OF THE EUROPEAN PARLIAMENT AND OF THE COUNCIL of 25 October 2011 on consumer rights, amending Council Directive 93/13/EEC and Directive 1999/44/EC of the European Parliament and of the Council and repealing Council Directive 85/577/EEC and Directive 97/7/EC of the European Parliament and of the Council.

75) DIRECTIVE 2011/24/EU OF THE EUROPEAN PARLIAMENT AND OF THE COUNCIL of 9 March 2011 on the application of patients' rights in cross-border healthcare.

또는 이전, 건물의 신축・리모델링・주택임대차, 기획여행상품, 콘도회원권 등에 있어서 소비자보호에 관한 지침[76]의 적용대상, 회원국의 법에 따라 의무를 부담하는 공공기관과의 계약, 가정내에서 현재의 소비를 목적으로 하는 음식료 등 및 소비자의 집・거주지 또는 직장에 규칙적으로 사업자에 의하여 물리적으로 공급하는 음식료 등, 여객운송계약(지침 제8조 (2)・제19조 및 제22조는 적용한다), 자동판매기에 의한 거래, 공중전화의 사용을 목적으로 공중전화를 이용하여 전화사업자와 체결하는 계약 등에 대하여는 소비자권리지침이 적용되지 않는다(지침 제3조 제3항). 또한 방문판매에 한하여 회원국은 50 유로 이하의 거래에 대하여 적용을 배제할 수 있으며, 그 기준을 인하할 수 있다(동조 제4항).[77]

이러한 계약은 동 지침이 적용되지 않은 경우이며, 동 지침이 적용되는 경우라 하더라도 일정한 경우에는 청약철회권의 행사가 배제된다. 이러한 경우로는 다음과 같다. ① 서비스계약에 있어서 그 이행이 소비자의 명시적인 동의와 계약의 이행이 완전하게 이루어진 경우에 청약철회권을 행사할 수 없다는 사실에 대한 인식에 따라 서비스가 완전하게 이행된 경우이다. ② 재화등의 가격이 사업자가 지배하지 아니한 금융시장에서 결정되고, 청약철회기간내에 이러한 가격변동이 발생할 수 있는 물품 등에 대한 계약이다. ③ 소비자의 개별적 주문에 의하여 제작되는 물품에 대한 계약이다. ④ 급속하게 멸실 또는 훼손될 수 있는 재화에 대한 계약이다. ⑤ 공급이후 개봉되면 보건 또는 위생상의 이유로 반환하는 것이 적합하지 않은 밀봉된 재화에 대한 계약이다. ⑥ 공급이후 재화의 성질에 따라 다른 재화와 분리할 수 없는 혼합이 이루어진 경우이다. ⑦ 가격이 계약체결시

---

76) DIRECTIVE 2008/122/EC OF THE EUROPEAN PARLIAMENT AND OF THE COUNCIL of 14 January 2009 on the protection of consumers in respect of certain aspects of timeshare, long-term holiday product, resale and exchange contracts.

77) 구 방문판매지침에서는 그 금액을 60 유로로 정하였다(지침 제3조 제1항).

점에 합의되고, 그 공급이 계약체결일로부터 30일 이후에 이루어질 수 있으며, 실질가격이 사업자가 지배하지 아니하는 시장에서 결정되는 주류공급계약이다. ⑧ 소비자가 수선 또는 보수를 위하여 사업자에게 방문을 요청하여 체결된 계약이다. 다만, 이러한 방문을 통하여 체결되었다고 하더라도 수선 또는 보수 이외의 목적으로 체결된 계약에 대하여는 청약철회권이 배제되지 않는다. ⑨ 포장이 개봉된 오디오, 비디오 또는 컴퓨터 소프트웨어이다. ⑩ 신문, 정기간행물 또는 잡지에 대한 계약이다. ⑪ 경매절차를 통하여 체결된 계약이다. ⑫ 이행일자가 정해진 숙박시설공급, 물품의 운송, 차량렌트, 여가활동과 관련된 음식 등이 관한 계약이다. ⑬ 소비자의 사전 동의 및 청약철회권을 행사할 수 없다는 인식하에 이행이 개시되고, 온라인으로 공급된 디지털콘텐츠[78]에 관한 계약이다(지침 제16조).

다. 청약철회권의 행사기간

소비자권리지침에서는 청약철회권의 행사기간을 방문판매와 격지매매를 구분하지 아니하고 통일적으로 14일(14 days)로 정하고 있다(동 지침 제9조 제1항). 이는 구 방문판매지침상의 7일 이상(not less than 7 days), 격지매매지침상 7 영업일 이상(at least 7 working days)이었던 것을 연장한 것이다. 다만, 소비자금융서비스지침[79]상 격지계약의 방식으로 체결된 소

78) 소비자권리지침의 제정과정 속에서 지침의 규율대상에 디지털콘텐츠를 포함시킬 것인가에 대하여는 격론이 이루어졌다. 즉, 디지털콘텐츠가 재화(goods)에 포함되는가에서부터 시작하여 이를 포함시킬 경우 많은 문제점이 발생할 것으로 예상하였다. 또한 Kuneva 위원은 이를 포함하기 위해서는 더 많은 조사와 정보 등이 필요하다고 주장하였다(European Union Committee of the House of Lords, EU Consumer Rights Directive: getting it right (Volume I: Report) (HL Paper 126-I), London : The Stationery Office Limited, 2009, pp.25-26).

비자금융계약의 경우 14일(14 calendar days)이며, 생명보험지침[80]의 적용을 받는 생명보험에 관한 격지매매의 경우 30일(30 calendar days)이다(지침 제6조 제1항). 이와 같이 지침별로 상이한 청약철회기간에 대하여 소비자권리지침에서는 14일로 통일시켰다. 그럼 행사기간의 기산점은 언제인가? 이에 대하여는 급부의 목적물에 따라 달리 정하고 있다. 첫째, 서비스계약의 경우 계약체결일이다. 둘째, 매매계약의 경우 소비자 또는 운송인이 아닌 소비자가 지정한 제3자가 현실적 점유를 취득한 날이다.[81] 다만, 소비자가 한 번의 주문으로 다수의 재화를 구입하고, 배송이 개별적으로 이루어지는 경우 소비자 또는 제3자가 최종 재화를 수령한 날이다. 또한 다수의 구성물로 구성된 재화의 경우 소비자 또는 제3자가 최종 부분을 수령한 날이며, 지정된 기간 동안 정규적으로 배송되는 재화의 경우 소비자가 첫 번째 재화를 수령한 날이다. 셋째, 일정한 용기에 담겨진 형태가 아닌 물・가스 또는 전기의 공급계약, 난방공급계약 또는 온라인으로 전송되는 디지털콘텐츠의 경우에는 계약체결일이다(지침 제9조 제2항). 마지막으로 사업자가 동 지침 제6조 제1항 제h호에서 규정하고 있는 청약철회권에 관한 정보[82]를 제공하지 않았을 경우 그 행사기간은 12개월 이

79) DIRECTIVE 2002/65/EC OF THE EUROPEAN PARLIAMENT AND OF THE COUNCIL of 23 September 2002 concerning the distance marketing of consumer financial services and amending Council Directive 90/619/EEC and Directives 97/7/EC and 98/27/EC.

80) Council Directive 90/619/EEC of 8 November 1990 on the coordination of laws, regulations and administrative provisions relating to direct life assurance, laying down provisions to facilitate the effective exercise of freedom to provide services and amending Directive 79/267/EEC.

81) 제3자가 현실적 점유를 취득한 경우는 제3자를 위한 계약에 있어서 제3자 또는 소비자가 운송업자로부터 재화를 수령할 수 없어서 이웃집 또는 경비실에 수령을 부탁하였을 경우 이웃집 사람 또는 경비원이 인도받은 것을 말한다.

82) 소비자권리지침상 사업자가 계약체결시 소비자에게 제공하여야 할 정보 중 청약철회권에 관한 사항은 소비자가 청약철회권을 가지는 경우 권리행사의 조건, 행사기간 및 부록 I(B)에서 정하고 있는 모범서식을 포함하여 지침 제11조 제1항

내로 연장된다.[83] 다만, 사업자가 12개월 이내에 그 정보를 제공하였을 경우 행사기간은 소비자가 정보를 제공받은 날로부터 14일 이내이다(지침 제10조).[84]

이러한 행사기간에 관한 규정은 강행규정인가? 즉, 당사자가 합의를 통하여 그 기간을 단축하거나 연장할 수 없는가의 문제이다. 그러나 동 규정은 편면적 강행규정이기 때문에 소비자에게 유리한 합의는 유효하지만, 불리한 합의는 무효이다. 즉, 동 지침의 적용범위에서 사업자는 소비자와의 합의를 통하여 지침에서 부여하는 소비자보호 이상의 보호를 부여할 수 있다고 규정하고 있기 때문에 청약철회기간의 연장은 가능하지만, 단축은 불가능하다(지침 제3조 제6항).

에 따른 권리행사를 위한 절차이다(지침 제6조 제1항 제h호).

83) 소비자권리지침에서 청약철회권의 최장 행사기간을 정한 이유는 무엇인가? 물론 격지매매지침 및 콘도회원구지침(Directive 94/47/EC of the European Parliament and the Council of 26 October 1994 on the protection of purchasers in respect of certain aspects of contracts relating to the purchase of the right to use immovable properties on a timeshare basis)에서는 계약서가 교부되지 않은 경우에 있어서 청약철회권의 최장 행사기간을 3개월로 정하고 있었지만, 다른 지침들(Directive 85/577/EEC, Directive 2002/65/EC, Directive 2002/83/EC)에서는 최장기간을 규정하지 않았다. 그 결과 이론적으로 무한의 청약철회권이 인정될 수 있으며, 단지 일반시효의 원칙・신의칙 또는 공정거래원칙에 의하여만 제한될 수 있게 되었다(von Bar, Ibid, p. 357). 따라서 이러한 문제점을 해결하고자 소비자권리지침에서는 최장기간을 설정하였다.

84) 소비자권리지침 제정초안에서는 사업자가 청약철회권에 관한 정보를 제공하지 않았을 경우 그 행사기간을 구 격지매매지침과 같이 최장기간을 3개월로 제시하였지만, 초안에 대한 검토보고서에서는 1년으로 연장할 것을 제안하였으며, 이러한 제안이 수용되어 최장기간은 1년으로 결정되었다(Andreas Schwab, REPORT on the proposal for a directive of the European Parliament and of the Council on consumer rights(COM(2008)0614 – C7-0349/2008 – 2008/0196(COD))(A7-0038/2011), EUROPEAN PARLIAMENT, 2011, p.66).

라. 청약철회권을 행사하기 전 계약의 효력

소비자와 사업자간에 소비자계약이 체결되었지만, 아직 청약철회권의 행사기간이 도과하지 않은 경우 당해 소비자계약의 효력을 무엇으로 인정할 것인가의 문제가 제기된다. 이는 유동적 무효모델과 유동적 유효모델로 구분할 수 있으며, 전자의 경우 당해 계약은 무효이기 때문에 당사자는 상대방에 대하여 계약상 채무이행을 청구할 수 없다. 그러나 후자의 경우 당해 계약은 유효이기 때문에 계약상 채무의 이행을 청구할 수 있다.[85] 소비자권리지침은 이 중 후자의 모델을 취하고 있다. 따라서 청약철회권의 행사기간이라고 할 지라도 당해 소비자계약은 유효하기 때문에 각자는 상대방에 대하여 이행을 청구할 수 있다. 다만, 회원국은 개별적으로 유동적 무효모델을 취할 수 있도록 개방하고 있지만, 그 모델을 취할 수 있는 경우는 소비자의 의무이행(대금지급)에 국한한다. 즉, 지침에서는 계약체결 이후 청약철회기간 동안 소비자에게 대금을 청구하는 것을 금지하는 법을 제정할 수 있는 권한을 회원국에게 부여하고 있다(지침 제9조 제3항). 이러한 점은 후술하는 청약철회의 효과에서도 나타난다. 즉, 유동적 무효라고 한다면 아직 계약의 효력이 발생하지 않았기 때문에 당사자에게 채무가 발생하지 않는다. 따라서 청약철회의 효과로서 채무의 소멸을 규정할 필요가 없다. 반면에 유동적 유효의 경우 계약의 효력은 발생하였으므로 당사자는 채무를 부담한다. 다만, 청약철회에 따라 당해 계약은 소멸하고, 채무 역시 소멸하게 된다. 이에 소비자권리지침에서는 청약철회의 효과로 당사자의 이행의무의 소멸을 규정하고 있다(지침 제12조 제a호).

---

85) 유동적 유효모델에 해당하는 예가 구 격지매매지침이며, 유동적 무효모델에 해당하는 예가 벨기에 방문판매관련 불공정거래관행법(Unfair Trade Practices Act with regard to doorstep selling)이다(von Bar, Ibid, p.373).

마. 행사의 방법

소비자권리지침상 소비자가 청약을 철회하는 방법은 두 가지이다. 첫째는 사업자가 계약체결전에 제공한 청약철회양식(부록 I(B))으로 행사하는 것이며, 둘째는 명확한 의사표시로 청약을 철회하는 것이다. 따라서 소비자가 청약을 철회함에 있어서 반드시 일정한 양식으로 행사할 필요는 없다. 또한 사업자는 상기의 방식이외에 사업자의 웹사이트에 청약철회양식(부록 I(B)) 또는 기타 청약을 철회할 수 있는 방법을 게시하여 소비자가 온라인으로 청약을 철회할 수 있는 방법을 제공할 수 있다. 이 경우 사업자는 보존이 가능한 형태로 소비자에게 청약철회의 의사표시를 접수하였음을 지체없이 고지하여야 한다. 마지막으로 청약의 철회에 대한 입증책임은 소비자가 부담한다. 즉, 사업자와 소비자간에 청약철회권의 행사와 관련하여 분쟁이 발생하였을 경우 소비자가 그 행사기간내에 행사하였음을 입증하여야 한다(지침 제11조 제1항, 제3항, 제4항).[86]

바. 행사의 효과

(1) 효력 및 효력발생시기

소비자권리지침에서는 청약철회의 효력에 대하여 두 가지로 규정하고

---

86) 소비자권리지침에 대한 해설에서 소비자는 명확하게 청약철회의 의사를 표시할 수 있다면 형식에 제한없이 자유롭게 청약을 철회할 수 있다고 한다. 따라서 편지, 전화 또는 명확한 의사표시와 함께 재화의 반환으로 이를 행사할 수 있지만, 이에 대한 입증은 소비자가 부담한다. 이러한 입증책임의 문제로 인하여 영속성있는 매체를 통하여 행사하는 것이 소비자에게 유리한다고 한다.

있다. 즉, 계약이 체결된 경우와 체결되지 않은 경우이다. 전자의 경우 청약의 철회로 인하여 양당사자는 계약에 따라 이행할 의무가 소멸하며, 후자의 경우 소비자의 청약에 대하여 사업자는 계약을 체결할 의무가 소멸한다(지침 제12조). 그럼 그 효력은 언제 발생하는가? 이에 대하여 소비자권리지침에서는 명문으로 규정하고 있지 않다. 그러나 소비자는 행사기간내에 청약을 철회하여야 하며, 청약철회권의 행사는 계약상의 의무를 소멸시킨다고 규정하고 있기 때문에 그 효력발생시기에 대하여 발신주의를 취하고 있다고 볼 수 있다.[87]

(2) 청약철회에 따른 사업자 등의 의무

소비자가 청약을 철회한 경우 사업자는 소비자로부터 지급받은 대금을 환급하여야 하며, 소비자가 배송비용을 부담한 경우에는 이를 포함하여 환급하여야 한다. 그럼 사업자는 언제까지 환급하여야 하며, 어떠한 방법으로 환급하여야 하는가? 또한 사업자가 제시한 일반적인 배송이 아닌 특별한 배송방법을 소비자가 선택하여 더 많은 비용을 지급한 경우에 있어서 환급할 배송비용의 범주 역시 문제로 제기된다. 먼저, 사업자는 소비자로부터 청약을 철회한다는 의사표시를 받은 날로부터 지체없이 환급하여야 하며, 환급시기는 14일을 초과할 수 없다. 다만, 재화에 대한 계약의 경우 사업자가 직접 재화를 수령한다는 의사를 표시하지 않은 경우 사업자는 재화를 반환받은 날 또는 소비자로부터 재화를 반환하였다는 사실을 증명하는 서류를 받은 날 중 더 빠른 날까지 대금의 환급을 거부할 수 있다. 둘째, 환급의 방식에 있어서는 소비자가 지급한 방식과 동일한 방식으로 환급하여야 한다. 그러나 소비자가 다른 환급방법을 표시하고, 이에 따라 추

87) 구 방문판매지침에서는 청약철회의 효과에 대하여 지침에서 규정한 것이 아닌 회원국의 법에 위임하는 방식을 취하고 있었다(동 지침 제7조).

가적인 비용이 발생하지 않은 경우에는 그 방법으로 환급할 수 있다. 따라서 사업자는 소비자에게 대금을 환급함에 있어서 상품권으로 환급할 수 없다. 다만, 소비자가 대금을 상품권으로 지급한 경우 또는 상품권을 수령하겠다는 의사를 명시적으로 표시한 경우에는 그러하지 아니한다. 마지막으로 소비자의 요청에 따라 발생한 추가적인 배송비용(특급배송)은 사업자가 부담하지 않기 때문에 일반적인 배송비용을 초과한 금액은 소비자가 부담한다.

(3) 청약철회에 따른 소비자의 의무

1) 재화의 반환 및 반환비용의 부담

청약을 철회한 소비자는 사업자로부터 공급받은 재화를 반환하여야 한다. 그럼 재화의 반환에 있어서 소비자의 의무는 무엇인가? 즉, 소비자가 직접 재화를 반환하여야 하는가 아니면 사업자가 재화를 수거함에 대하여 수인할 의무를 부담하는가의 문제이다. 지침에는 기본적으로 소비자에게 반환의무를 부과하여 적극적 의무를 부과하고 있다. 다만, 사업자가 수거할 의사를 표시한 경우에는 그러하지 않는다. 둘째, 소비자가 반환할 경우 언제까지 반환하여야 하는가? 지침에서는 소비자가 청약철회의 의사를 표시한 날로부터 14일 이내에 사업자에게 재화를 반환하도록 규정하고 있으며, 이는 도달시점이 아닌 송부시점이다. 문제는 소비자가 이 기간 이내에 재화를 반환하지 않았을 경우의 책임이며, 이에 대하여 지침에서는 규정을 두고 있지 않다. 다만, 지침의 해설에서는 그 문제에 대하여 회원국이 국내법으로 정할 수 있다고 설명하고 있다. 셋째, 소비자가 재화를 반환할 경우에 있어서 이에 소요되는 비용은 누가 부담하는가? 기본적으로 반환비용은 소비자가 부담하지만, 이는 반환비용부담에 관하여 사업자와 반대의 합의가 없거나 계약체결시 소비자가 반환비용을 부담한다는 정보를 제공한 경우에 한한다. 따라서 사업자가 반환비용을 부담한다고 약정하거나 이에 관한 정보를 제공하지 않은 경우 반환비용은 사업자가 부담한다. 다만, 방문판매의 경우 사업자가 계약체결시 소비자에게 재화를 공급하였고, 당해 재화의 성질상 일반적인 우편으로 반환할 수 없는 경우 사업자가 자신의 비용으로 당해 재화를 수거하여야 한다.

2) 가치감소 등에 대한 책임

소비자가 청약을 철회하기 전에 재화를 사용하여 그 가치가 감소한 경우 또는 공급되어 반환이 불가능한 경우 등에 있어서 사업자가 가치감소분을 소비자에게 청구할 수 있는가에 대하여는 이를 청구할 수 있는 경우와 이를 청구할 수 없는 경우로 구분된다. 먼저, 가치감소분을 청구할 수 있는 경우는 재화의 성질・특성 및 기능을 확인하기 위하여 사용 이외의 사용으로 인하여 발생한 경우이다. 또한 소비자의 명시적인 요청에 따라 개별포장된 형태가 아닌 물, 가스 또는 전기의 공급계약의 경우 소비자가 사업자에게 청약철회의 의사를 표시한 때까지 공급된 부분에 대하여는 대금을 지급하여야 한다. 이 경우 소비자가 지급하여야 할 금액의 산정은 계약에서 합의된 총 대금을 기준으로 결정된다. 따라서 사업자는 그 금액을 청구함에 있어 단위별 가격으로 대금을 결정하는 것이 아닌 총 대금에서 그 공급비율을 곱하여 산정한 금액만을 청구하여야 한다. 이러한 점은 구체적으로 어떠한 차이점이 있는가? 예를 들어, 물 1톤당 가격이 1,000원이지만, 1개월 동안 100톤을 공급하기로 하고, 그 금액을 90,000원으로 하는 계약을 체결하였다. 이후 소비자가 청약철회기간내에 10톤의 물을 사용하고 청약을 철회하였을 경우 사업자가 청구할 수 있는 금액은 1톤당 가격인 1,000원을 적용하여 10,000원을 청구하는 것이 아닌 90,000원을 기준으로 1/10을 사용하였기에 9,000원을 청구하여야 한다. 물론 그 금액은 적정하였을 경우이며, 만일 시장가격에 비추어 과도할 경우 공급 당시의 시장가격에 기초하여 산정된다. 반면에 가치감소 등에 대하여 청구할 수 없는 경우로 재화의 성질, 특성 및 기능을 확인하기 위하여 사용함으로 인하여 발생한 가치감소에 대하여 소비자는 책임을 지지 않는다. 또한 용역의 이행 또는 물 등의 공급에 있어서 청약철회권에 관한 정보 및 물 등의 공급에 있어서 공급된 부분에 대하여 비용을 청구할 수 있다는 정보를 제공하지 않은 경우 또는 청약철회기간 내에 소비자가 명시적으로 이행을 요청하지 않은 경우에는 그 비용을 부담하지 않는다. 마지막으로 온라인으로 전송된 디지털콘텐츠의 경우 청약철회기간의 종료시점 이전에 이행의 개시에 대하여 소비자가 명시적으로 요청하지 않거나 이에 따라 소비자가 청약철회권을 행사할 수 없다는 사실을 알지 못하거나 사업자가 동 지침에 따른 계약서를 교부하지 않은 경우에는 그 비용을 청구할 수 없다.

(4) 결합계약의 효력

결합계약이라 함은 사업자 또는 사업자와 제3자간의 합의에 따라 제3자가 공급하여 소비자가 취득하며, 격지계약 또는 방문판매와 관련된 재화 또는 서비스에 관한 계약을 말한다(지침 제2조 제15호). 다만, 개별 여신계약[88]은 소비자신용지침의 적용에 따라 매매계약의 실효에 따라 자동적으로 실효되므로 소비자권리지침상 결합계약에서 배제된다. 그러나 결합계약의 목적물이 소비자의 사용에 따라 가치감소된 경우 상기의 예에 따라 그 금액을 청구할 수 있다(지침 제15조 제1항).

---

88) 소비자가 격지계약을 체결하면서 신용카드로 대금을 결제하였을 경우 여신계약이 바로 결합계약에 해당한다.

3. DCFR상 청약철회

가. 청약철회에 관한 규율방식

DCFR에서 청약철회에 관한 사항은 제2권 제5장에서 규정하고 있다. 다만, 다른 입법례와 달리 청약철회권이 인정되는 거래형태를 규정하고, 각 거래유형별 발생요건 등을 규정한 것이 아니다. 즉, 제5장에서 청약철회권의 발생요건을 정하는 것이 아닌 제2권부터 제4권에서 규정하고 있는 청약철회권에 관한 공통규정을 제5장에서 규정하고 있을 뿐이다. 다만, 제5장 제2절에서는 특수한 거래분야에서의 청약철회권에 관한 사항을 규정하고 있으며, 이는 청약철회권의 발생요건 및 배제사유에 해당한다.[89)]

나. 적용범위 및 사적자치의 배제

DCFR 제2권 제5장 제1절에서 규정하고 있는 청약철회권은 DCFR 제2권에서 제4권까지 규정하고 있는 청약철회권에 관한 일반내용을 규정하고 있다. 따라서 제5장 제1절에서 별도로 청약철회권의 발생요건을 규정하고 있지 않다. 또한 제5장 제1절에서 규정하고 있는 내용은 편면적 강행규정이기 때문에 청약철회권자의 이익에 반하여 이 장의 규정을 배제하거나 그 효력을 변경 또는 약화시키는 합의는 효력이 없다(II.-5:101). 이와 같이 동조에서는 청약철회권의 일반원칙을 규정하고 있으며, 특히 청약철회권자

---

89) DCFR상 청약철회의 요건과 효과에 대한 자세한 내용은 이병준, “DCFR상 철회권의 행사와 그 법률효과에 관한 고찰”, 「외법논집」, 제36권 제2호, 2012, 25-36면 참조.

에 대하여 소비자에 국한하지 않고 DCFR에 따른 청약철회권이 인정되는 자로 포괄적으로 규정하고 있다.

다. 청약철회권의 행사

청약철회권은 상대방에 대하여 통지함으로써 행사할 수 있지만, 그 이유를 제시할 필요가 없다. 또한 청약철회라는 의사표시만으로 행사할 수 있는 것이 아닌 목적물의 반환을 통하여도 행사할 수 있다. 다만, 이에 대한 반대의 합의는 없어야 한다(II.-5:102).

라. 행사기간

DCFR상 청약을 철회할 수 있는 기간은 계약의 체결일로부터 시작하여 청약철회기간의 종료일 이전까지이다. 그럼 구체적인 기간은 얼마인가? DCFR에서는 14일로 정하고 있지만, 그 기산일에 대하여 일률적으로 정하고 있는 것이 아닌 재화(goods)에 대한 계약과 그 이외의 계약으로 구분하여 정하고 있다. 후자의 경우, 청약철회권의 행사기간의 기산일은 계약을 체결한 시점이다. 다만, 이는 청약철회권자가 상대방으로부터 청약철회권에 관한 정보를 적절하게 제공받은 경우를 전제로 하고 있다. 반면에 급부의 목적물이 재화인 경우 그 기산일은 재화를 공급받은 날이다. 그럼 청약철회권자가 이에 관한 정보를 제공받지 못한 경우는 어떠한가? 이 경우 청약철회권의 행사기간은 계약의 체결일로부터 1년 이내로 연장된다(II.-5:103). 또한 청약철회의 의사표시는 상기의 행사기간 내에 상대방에게 도달하여야 하는 것이 아닌 그 기간내에 발송되면 충분하다.

마. 청약철회권에 관한 적절한 고지

상기와 같이 DCFR에서는 청약철회권의 행사기간에 대한 기산일을 정하고 있지만, 이는 청약철회에 관한 정보가 적절하게 제공되었다는 것을 전제로 한다. 따라서 그 정보가 제공되지 않은 경우 그 행사기간은 최장 1년으로 연장된다. 그럼 여기에서 말하는 청약철회권에 관한 정보는 무엇이며, 그 제공은 어떠한 방식으로 이루어져야 하는가? DCFR에서는 이에 관한 정보로 권리행사의 방법, 행사기간, 상대방의 성명 및 주소로 규정하고 있다. 또한 정보제공의 방법에 대하여 영속성있는 매체에 문자형태로 제공되어야 하며, 명확하고 이해할 수 있는 언어로 표기될 것을 요구하고 있다(II.-5:104).[90)]

바. 청약철회의 효과

청약을 철회한 경우 양당사자의 계약관계 및 의무는 소멸한다. 이러한 계약관계의 소멸에 따른 반환의 효과는 계약에서 청약철회권자의 이익에 적합하게 달리 규정하지 않은 이상 제3권 제3장 제5절 제4분과(반환)에 따라 규율된다. 만일 철회권자가 이미 대금을 지급하였다면 사업자는 지체없이 청약철회의 효과가 발생한 날로부터 30일 이내에 반환하여야 한다. 청약을 철회한 자는 조사 또는 시험으로 인하여 발생한 가치의 감소에 대하여 책임을 지지 않으며, 합리적인 주의를 다하였음에도 발생한 재화의 멸실 또는 훼손에 대하여도 책임을 지지 않는다. 다만, 청약철회권에 관한 적절한 고지를 받았음에도 불구하고 일반적인 사용에 의하여 발생한 가치

90) Christian von Bar · Eric Clive, Ibid, pp. 353-372.

의 감소에 대하여는 책임을 진다. 이러한 책임 이외에 청약을 철회한 자는 청약철회권의 행사에 대하여 어떠한 책임을 지지 않는다(II.-5:105).

사. 결합계약

소비자가 재화등에 관한 계약에 대하여 청약을 철회한 경우 그 효력은 결합계약(linked contracts)에도 영향을 미친다. 당해 계약이 여신계약에 의하여 일부 또는 전부 신용을 받은 경우 양자는 결합계약이다. 특히, 사업자가 소비자의 이행에 대하여 여신을 제공한 경우, 소비자의 이행에 대하여 여신을 제공한 제3자가 여신계약의 준비 또는 체결을 위하여 사업자의 서비스를 이용한 경우, 여신계약이 신용이 제공된 특별한 재화등에 관한 것이거나 양 계약간의 연계가 사업자 또는 여신제공자에 의하여 제공된 경우 또는 양자간 유사한 경제적 연계가 있는 경우에는 결합계약에 해당한다. 이러한 결합계약에는 청약철회의 효과에 관한 규정(II.-5:105)이 적용된다. 다만, II.-5:201 (2) (f)에서 규정하는 계약에 신용을 제공하는 여신계약에 대하여는 상기의 결합계약의 효력규정((II.-5:106 (1))이 적용되지 않는다(II.-5:106).

아. 특수한 청약철회권

(1) 방문판매

소비자가 사업자의 영업장소 이외의 장소에서 청약을 하거나 승낙을 한 경우 소비자는 여신서비스를 포함하여 재화등의 계약에 대하여 청약을 철회할 수 있다(II.-5:201 (1)). 그러나 다음의 계약에 대하여는 청약을 철회할 수 없다. 첫째, 자동화 기계 또는 자동화된 영업장소에서 체결된 계약, 둘째 공중전화를 이용하여 통신운영자와 체결한 계약, 셋째 임대차를 제외하고 부동산에 관한 매매·건설 또는 그 이외의 권리에 관한 계약, 넷째 정규적으로 소비자의 집, 거주지 또는 직장에 공급되어 매일 소비를 목적으로 하는 음식물·음료 기타 물품에 관한 계약, 다섯째 격지통신수단을 통하여 체결된 계약, 여섯째 철회기간 동안 사업자의 지배영역 외의 금융시장에서 가격이 결정되는 재화등에 관한 계약, 일곱째 경매, 여덟째 여행과 화물 보험 또는 이와 유사한 1개월 미만의 단기보험이다(II.-5:201 (2)).

(2) 격지매매

사업자가 계약을 체결함에 있어서 전적으로 격지통신수단을 사용한 경우 다음의 계약에 대하여는 청약을 철회할 수 없다. 첫째, 계약체결시 특정일 또는 특정기간에 제공되기로 한 숙박시설·운송·여가서비스에 관한 계약, 둘째 청약철회기간이 종료하기 전 소비자의 명시적이고 고지받은 요청에 따라 이행이 개시된 금융서비스 이외의 용역 계약, 셋째 소비자의 주문에 의하여 제작되거나 명확하게 개인적이거나 그 성질상 반환될 수 없거나 급속하게 가치가 감소하는 재화에 관한 계약, 넷째 소비자가 개봉한 오디오·비디오 또는 컴퓨터 소프트웨어에 관한 계약 또는 전자적 수단에 의한 공급의 경우 영구적 이용을 위한 다운로드 또는 복제할 수 있게 된 경우, 다섯째 신문·정기간행물 및 잡지에 관한 계약, 여섯째 도박 및 복권에 관한 계약이다(II.-5:201 (3)).

(3) 금융서비스

소비자가 청약철회권을 행사하기 전 소비자의 명시적인 요청에 따라 양 당사자에 의하여 완전하게 이행된 금융서비스에 대하여는 방문판매에 있어서 청약철회에 관한 규정(II.-5:201 (1))이 적용되지 않는다(II.-5:201 (4)).

(4) 시분할계약

시분할계약(timeshare contracts)에 따라 부동산을 이용할 수 있는 권리를 취득한 소비자는 청약을 철회할 수 있다. 이러한 청약을 철회한 소비자는 다음의 비용을 지급하여야 한다. 첫째, 계약의 체결 및 청약철회로 인하여 발생한 비용, 둘째 청약철회기간의 종료일 이전에 완료되어야 할 법적 절차에 따른 비용이다. 이러한 비용은 합리적이고 적절하여야 하며, 계약상 명시적으로 언급되어야 하고, 이러한 비용에 대한 관련법과 일치하여야 한다. 다만, 정보제공의무위반에 따른 피해구제에 관한 규정((II.-3:109 (1))의 적용을 받는 경우에 해당하여 소비자가 청약을 철회한 경우 어떠한 비용을 부담하지 않는다. 사업자는 소비자가 청약을 철회할 수 있는 기간 이내에 선금을 요구하거나 수령하여서는 아니되며, 지급받은 금액을 반환하여야 한다(II.-5:202).

제3절 독일

1. 민법전으로의 통합

사법의 일반법인 민법과 소비자계약에 있어서 소비자보호를 목적으로 하는 소비자보호법이라는 2원적 구조를 취하고 있는 우리와 달리 독일은 민법전에서 소비자계약에 있어서 소비자보호에 관한 사법적 규정을 통합하여 규율하고 있다. 이러한 통합은 2단계로 이루어졌다. 즉, 2000년 6월 27일 통신판매법의 제정과 함께 소비자보호법의 다른 문제와 유럽입법지침에 따른 규율문제를 해결하고자 소비자보호법의 핵심개념인 소비자와 사업자에 대한 정의규정이 민법전으로 편입되었다(1단계 통합). 이후 2002년 1월 1일부터 시행되었던 개정민법전에서는 종래 방문판매 및 유사한 거래에서의 철회에 관한 법률(Haustürwiderrufsgesetz), 통신판매법(Fernabsatzgesetz) 및 보통거래약관법(AGBG)의 내용을 민법전으로 통합하였다(2단계 통합).[91] 따라서 특수소비자계약에 있어서 청약철회권에 관한 내용은 개별 소비자보호법이 아닌 민법전에서 규율하고 있다. 그러나 소비자보호법이 민법전으로 편입되었다고 하더라도 모든 계약에 대하여 청약철회권(Widerrufsrecht)이 인정되는 것은 아니며, 소비자계약 중 특수거래형태에

---

91) 하경효, "소비자보호법의 통합수용", 「독일 채권법의 현대화」, 법문사, 2003, 135-137면.

대하여만 인정된다. 그 대표적인 예가 방문판매, 통신판매 및 전자거래이다.[92)]

2. 청약철회권의 발생요건

가. 방문판매

방문판매(Haustürgeschäften)라 함은 소비자계약이 유상이며, 소비자의 직장 또는 거주 영역에서 구두 교섭에 의하여 체결되거나 사업자에 의해 실시된 여가행사 또는 제3자에 의하여 적어도 사업자의 이익 역시 도모하면서 실시된 여가행사를 통하여 체결되거나 교통수단 안에서 또는 공중이 통행할 수 있는 영역에서 예기치 못한 상태에서의 권유에 의하여 체결된 계약을 말한다. 이러한 방문판매를 통하여 계약을 체결한 소비자는 청약철회권을 행사할 수 있다. 다만, 보험계약, 상기의 방문판매계약이 소비자의 사전 요청에 의하여 이루어진 경우, 교섭의 종료 후 즉시 급부가 이루어지고, 그 대가가 40유로를 넘지 않은 경우 또는 소비자의 의사표시가 공증인에 의하여 증서로 작성된 경우에는 청약철회권이 인정되지 않는다(동법 제312조). 또한 소비자가 다른 규정에 의하여 청약철회권 또는 반환권을 갖는 경우에는 방문판매계약에 따른 청약철회권은 배제된다(동법 제312조의 a).

---

92) 독일 민법상 청약철회권에 관한 내용은 양창수, 「독일민법전」, 박영사, 2008, 157-167/189-197면 참조.

나. 통신판매

통신판매계약(Fernabsatzverträge)이라 함은 사업자와 소비자간에 원격통신수단을 사용하여 체결된 물품, 용역 또는 금융서비스에 관한 계약을 말한다. 여기에서 원격통신수단이라 함은 소비자와 사업자간에 직접 대면하지 아니하고 계약을 유인하거나 계약을 체결하기 이하여 사용되는 의사소통수단(편지, 전화, 모사전송, 전자우편주소 및 전파방송)과 원격매체서비스를 말한다. 그러나 통신판매의 방식으로 계약이 체결되었다고 하더라도 통신교육, 주거용 건물의 일시 사용, 모험 및 중개, 부동산·부동산물권의 변동 및 건축물의 건축, 사업자가 빈번하고 정기적인 차량운행의 범위 내에서 소비자의 주소·거소 또는 직장에서 행하는 식품·음료 또는 기타의 일상 가사용품, 사업자가 일정한 시기 또는 정확한 기간 내에 그 급부를 이행할 의무를 계약체결시 부담하는 경우·숙박·운송·요리품 및 음료의 제공·여가생활의 영역에서의 노무제공의 실행, 자동판매기 또는 자동화된 영업공간을 이용하여 체결된 계약 또는 공중전화를 이용하여 원격통신수단의 운영자와 체결한 계약으로서 그 전화이용을 내용으로 하는 것은 통신판매계약에 관한 규정이 적용되지 않는다(동법 제312조의b). 또한 통신판매에 관한 규정의 적용을 받는다고 하더라도 다음의 계약에는 청약철회권이 인정되지 않는다. 첫째, 고객의 요청에 따라 제작되거나 명백히 개인적 필요에 해당하는 물품, 그 성질상 반환이 적합하지 아니하거나 쉽게 부패할 수 있는 물품 또는 유통기한이 경과될 수 있는 물품이다. 둘째, 오디오, 비디오 또는 소프트웨어의 경우 소비자가 개봉한 경우이다. 셋째, 신문, 잡지 또는 화보잡지이다. 넷째, 도박 또는 복권이다. 다섯째, 경매방식으로 이루어진 통신판매이다. 여섯째, 물품 또는 금융서비스 중 사업자가 지배하지 않은 금융시장에서 가격이 결정되는 경우이며, 특히 자본투자회사에 의하여 발행된 주식, 지분증권 및 유가증권, 외국환, 파생상품 또는 단기금융시장증권과 관련된 서비스의 제공을 내용으로 하는 통신판매이다(동법 제312조의d 제4항).

다. 전자거래

전자거래(Geschäftsverkehr)라 함은 사업자가 원격매체서비스를 이용하여 체결한 물품 등에 관한 계약을 말한다(동법 제312조의e 제1항). 이러한 전자거래는 상기의 방문판매 또는 통신판매와 달리 소비자계약에 한정되는 것이 아닌 사업자간의 계약에도 적용된다는 점에서 특색이 있다.[93] 그럼 사업자간의 전자거래에 대하여도 청약철회권이 인정되는가? 그러나 모든 전자거래에 대하여 청약철회권이 인정되는 것이 아니다. 즉, 전자거래에 있어서 청약철회권은 동법 제355조에서 규정하고 있는 경우에만 인정되며, 동법 제355조는 소비자계약에 한정하고 있기 때문에 사업자간의 전자거래에 대하여는 동법 제312조의e에 따라 청약철회권이 인정되지 않는다(동법 제312조의e 제3항).

3. 청약철회권의 행사

청약철회권의 행사방법 및 기간에 대하여는 청약철회권이 인정되는 소비자계약에 대하여 일반적으로 적용되는 규정과 개별 소비자계약에 따라 적용되는 규정으로 구분된다. 후자에 해당하는 거래형태가 바로 통신판매와 전자거래이다.

---

93) 하경효, 앞의 글, 142면.

가. 청약철회권의 행사 일반

(1) 청약철회권

소비자가 청약철회권을 갖는 경우 적절한 시기에 철회할 수 있으며, 그 이유에 대하여는 표시할 필요가 없다. 따라서 소비자는 2주일 이내에 서면 또는 물건의 반환으로 철회할 수 있다. 다만, 이러한 2주일의 행사기간은 사업자의 성명과 주소, 행사기간의 기산일, 행사의 방법 및 청약철회권에 관한 정보가 서면으로 제공된 시점에 기산한다. 반면에 이러한 정보제공이 계약체결이후에 이루어진 경우에는 그 행사기간은 2주일이 아닌 1개월로 연장된다. 또한 이러한 정보가 기재된 서면이 공정증서로 적성되지 않은 경우 소비자가 별도의 서명을 하거나 적격의 전자서명을 하여야 한다. 이와 더불어 계약이 서면에 의하여 체결된 경우 계약서 등이 소비자에게 교부되기 전까지 행사기간은 개시되지 않는다. 이러한 행사기간의 개시와 관련하여 다툼이 있는 경우 이에 대한 입증책임은 사업자가 부담한다. 청약철회권은 계약의 체결일로부터 6개월이 경과하면 소멸하며, 물건에 대한 계약의 경우 그 기산일은 물건의 인도를 받은 시점이다. 그러나 소비자가 청약철회권에 관한 정보를 제공받지 못하거나 금융서비스에 대한 통신판매에 있어서 사업자가 제312조의c 제2항 제1호에 의한 고지의무를 이행하지 않은 경우에는 6개월이 경과하더라도 청약철회권은 소멸하지 않는다(동법 제355조).

(2) 반환권

상기의 청약철회권은 법률에서 규정하고 있거나 판매안내책자에 의하여 당해 계약이 체결된 경우에는 반환권(Rückgaberecht)으로 대체될 수 있다.

즉, 의사표시로 청약을 철회할 수 있을 뿐만 아니라 공급받은 물건을 반환함으로써 이를 행사할 수 있다. 판매안내책자에 의한 계약에 있어서 반환권은 그 책자에 반환권에 관한 명확한 고지가 기재되어 있으며, 소비자가 그 책자의 내용을 사업자가 없는 자리에서 세부적으로 인지할 수 있었으며, 반환권이 소비자에게 서면방식으로 부여된 경우에 한한다. 반환권은 청약철회기간 내에만 행사할 수 있지만, 그 기간은 물건의 수령전에는 개시되지 않는다. 또한 소포로 물건을 반환할 수 없는 경우에는 환취요구에 의하여 행사될 수 있다(동법 제356조).

나. 특수거래방식에서의 청약철회권의 행사

통신판매에 있어서 소비자는 청약철회권과 동시에 반환권을 갖으며, 어떠한 권리를 행사할 것인가는 소비자의 자유이다. 청약철회기간은 제312조의c 제2항에서 정한 정보가 제공된 때, 물건이 소비자에게 인도된 때, 물건의 반복적 인도에 관한 계약에 있어서 첫 번째의 물건이 인도된 때 또는 용역계약의 경우 계약체결일에 기산한다. 그러나 용역계약 중 금융서비스의 경우 소비자가 청약철회권을 행사하기 전에 소비자의 명시적 요구에 의하여 양 당사자가 완전히 이행한 경우 또는 기타의 용역계약에 있어서 사업자가 소비자의 명시적인 동의에 따라 청약철회기간의 종료 전에 이행을 개시된 경우에 소비자의 청약철회권은 소멸한다(동법 제312조의d 제1항 내지 제3항).

전자거래에 있어서 청약철회기간은 고객이 주문을 완료하기 전 입력의 오류를 인식하고, 정정할 수 있도록 적절하고 유효하며, 이용가능한 기술수단을 제공하였을 경우에만 기산한다. 따라서 사업자가 이러한 조치를 강구하지 않은 경우 청약철회권의 행사기간은 기산되지 않는다(동법 제312

조의e 제3항). 그러나 과연 이러한 절차를 마련하지 않았다고 하여 청약철회권의 행사기간이 시작되지 않았다고 규정하는 것이 타당한 것인가에 대하여는 의문이 제기된다. 즉, 이러한 절차의 마련의무를 부과한 것은 비대면 자동화 계약체결이기 때문에 소비자의 입력 실수 등에 의한 착오가 용이하게 발생할 수 있기 때문에 이를 방지하고자 사업자에게 그 절차마련의무를 부과한 것이다. 만일 사업자가 이러한 의무를 이행하지 않아 소비자가 실수로 주문한 경우에는 착오의 문제이다. 물론 청약철회의 문제가 발생할 수 있지만, 이는 이러한 절차를 마련하지 않았다고 하여 발생하는 것이 아닌 이러한 거래형태로 계약을 체결하였기 때문에 발생하는 것이다. 그럼에도 불구하고 그 절차마련을 청약철회권의 기산점과 연계시키는 것은 타당하지 않으며, 이를 규정함으로 인하여 이상한 결과가 발생하게 된다. 즉, 이러한 조치를 마련하지 않은 경우 청약철회권의 행사기간이 기산되지 않기 때문에 청약철회권의 행사기간을 개시하기 위하여 사업자는 이러한 절차를 제공하여야 한다. 물론 문언상으로 본다면 의무를 이행하지 않았기 때문에 의무이행시점을 기산일로 하는 것이기 때문에 문제가 없다고 할 수 있다. 그러나 이를 현실적으로 적용하게 되며, 청약철회권의 행사기간이 기산되기 위하여 사업자는 소비자에게 그 절차를 제공하여야 하며, 소비자는 이러한 절차에 따라 이미 체결된 계약을 다시 체결하여야 한다. 물론 소비자를 보호하고, 의무를 위반한 사업자에게 불이익을 부과한다는 측면에서는 어느 정도 타당성이 있다고 할 것이지만, 그 효과를 청약철회기간의 미개시로 규정하는 것은 타당하지 않다.

그럼 그 문제를 어떻게 해결하여야 하는가? 물론 우리 전자상거래소비자보호법에서는 이에 관한 규정을 두고 있다. 즉, 사업자는 전자상거래에서 소비자의 조작 실수 등으로 인한 의사표시의 착오 등으로 발생하는 피해를 예방할 수 있도록 거래 대금이 부과되는 시점이나 청약 전에 그 내용을 확인하거나 바로잡는 데에 필요한 절차를 마련하여야 한다(동법 제7

조). 사업자와 전자결제업자등은 전자적 대금지급이 이루어지는 경우 소비자의 청약의사가 진정한 의사 표시에 의한 것인지를 확인하기 위하여 재화등의 내용 및 종류, 재화등의 가격, 용역의 제공기간에 대하여 명확히 고지하고, 고지한 사항에 대한 소비자의 확인절차를 대통령령으로 정하는 바에 따라 마련하여야 한다(동법 제8조 제2항). 통신판매업자는 계약체결 전에 소비자가 청약내용을 확인하고, 정정하거나 취소할 수 있도록 적절한 절차를 갖추어야 한다(동법 제14조 제2항). 이와 같이 동법에서는 소비자의 착오방지를 위한 절차마련의무를 사업자에게 부과하고 있지만, 이를 이행하지 않았을 경우에 대한 사법적 효과를 규정하고 있지 않다. 또한 이와 유사한 규정을 두고 있는 법제가 바로 일본의 전자소비자계약 및 전자승낙통지에 관한 민법특례법(電子消費者契約及び電子承諾通知に關する民法の特例に關する法律)이다. 즉, 소비자가 전자소비자계약[94]의 청약 또는 승낙의 의사표시에 있어서 전자소비자계약의 내용에 착오가 있고, 그 착오가 다음의 어느 하나에 해당할 경우 일본 민법 제95조 단서를 적용하지 아니한다. 첫째, 소비자가 전자계산기를 사용하여 송신할 때 당해 사업자에게 전자소비자계약의 청약 또는 승낙의 의사표시를 행할 의사가 없는 때이다. 둘째, 소비자가 전자계산기를 사용하여 송신할 때 당해 사업자에게 전자소비자계약의 청약 또는 승낙의 의사표시와 상이한 내용의 의사표시를 행할 의사가 있는 때이다(동법 제3조 본문). 다만, 사업자가 청약 또는 승낙의 의사표시를 할 때 전자적 방법에 따라 그 영상면을 통하여 소비자의 청약 또는 승낙의 의사표시를 행할 의사의 유무에 관하여 확인할 수 있는 조치를 강구하거나 소비자로부터 사업자에 대하여 해당 조치의 강구

94) 전자소비자계약이라 함은 소비자와 사업자간에 전자적 방법에 따라 전자계산기의 영상면을 통하여 체결되는 계약으로서, 사업자 또는 이러한 자로부터 위탁을 받은 자가 해당 영상면에 표시한 절차에 따라 소비자가 전자계산기를 사용하여 송신함으로써 청약 또는 승낙의 의사표시를 하는 것을 말한다(동법 제2조 제1항).

가 필요없다는 의사를 표명한 경우에는 그러하지 않는다(동조 단서). 즉, 일본 민법상 표의자가 착오에 의한 의사표시를 한 경우 그 효력은 무효이다. 그러나 표의자에게 중대한 과실이 있는 경우에는 그러하지 않는다(동법 제95조). 따라서 소비자가 전자소비자계약을 체결하면서 중대한 과실로 인하여 착오가 발생하였지만, 사업자가 이를 방지하기 위한 절차를 강구하지 않은 경우 전자소비자계약 및 전자승낙통지에 관한 민법특례법에 따라 무효를 주장할 수 있다.

그러므로 사업자가 소비자의 입력실수를 방지하기 위한 조치를 강구하지 않을 경우 독일 민법과 같이 청약철회권의 행사기간이 기산되지 않는 것으로 규정할 것이 아니라 일본과 같이 착오를 주장할 수 있도록 하는 것이 더 바람직할 것이다.

4. 청약철회의 효과

가. 재화의 반환 및 대금의 환급

청약의 철회 또는 반환에 따른 법률효과는 법률에서 달리 정하지 않은 한 법정해제에 관한 규정이 준용된다. 또한 금전반환의무에 대하여는 제286조 제3항이 준용되며, 그 기간은 소비자가 철회 또는 반환의 의사를 표시한 때 개시된다. 또한 이러한 의무의 개시시점은 소비자의 경우 철회 또는 반환의 의사를 표시한 때이며, 사업자의 경우 소비자의 의사표시가 도달한 때이다. 물품의 반환의무는 소비자가 부담하지만, 이로 인한 위험과 비용은 사업자가 부담한다. 다만, 통신판매에 있어서 그 가격이 40 유로 이하인 경우 또는 그 가격이 40 유로 이상이면서 소비자가 아직 대금지급의무를 이행하지 않은 경우 합의를 통하여 소비자에게 통상의 반환비용을 부담하게 할 수 있다. 이 경우에 해당할지라도 인도된 물건이 주문한 것과 일치하지 않은 경우에는 사업자가 부담하여야 한다. 또한 소비자가 인도받은 물건을 사용한 경우 이로 인하여 발생한 가치감소분에 대하여 책임을 부담하여야 하지만, 그 사용이 물건의 검사에 해당하는 경우에는 그러하지 않는다. 또한 소비자가 반환하여야 할 물건에 대한 보관에 있어서 자기 물건에 대한 보관과 동일한 주의를 다하였음에도 불구하고 발생한 훼손 또는 멸실에 대하여 책임을 지지 않는다. 이와 더불어 사업자는 소비자에게 위약금 등을 청구할 수 없다(동법 제357조).

나. 결합계약

물건 등에 대한 계약과 소비자소비대차계약간의 결합성은 그 대차금의 전부 또는 일부가 물건의 계약에 있어서 대금으로 이용되고, 두 계약이 경제적으로 일체성을 갖는 경우에 인정된다. 또한 사업자가 직접 소비자에게 자금을 대여한 경우, 제3자에 의한 대여에 있어서 소비자소비대차계약의 준비 또는 체결에서 제3자가 사업자의 협력을 이용한 때에는 결합성이 인정된다. 다만, 토지 또는 이에 관한 권리를 취득함에 있어서 자금대여는 대주가 직접 토지 등을 제공하거나 대주가 사업자의 양도이익의 전부 또는 일부를 자신의 것으로 하거나 계획의 수립・선전 또는 실행에 있어서 양도인의 역할을 담당하거나 양도인을 일방적으로 유리하게 함으로써 대여금의 제공 이상으로 사업자와의 협력 하에 토지 등의 취득에 지원한 때에는 경제적 일체성이 인정된다.

이와 같이 물건에 대한 계약과 소비자소비대차계약이 결합관계에 있는 경우, 물건 등에 관한 계약에 대한 청약을 철회한 때 소비자는 이 계약과 결합된 소비자소비대차계약의 체결을 내용으로 하는 의사표시에도 더 이상 기속되지 않는다. 역으로 소비자소비대차계약에 있어서 청약을 철회한 경우 소비자는 그 계약과 결합된 물건 등의 계약에 대하여 더 이상 기속되지 않는다. 그 효과에 대하여는 청약철회의 효과규정(제357조)이 준용된다(동법 제358조). 또한 소비자가 결합계약의 상대방인 사업자에 대하여 결합계약상의 대항사유에 기하여 자신의 급부이행을 거절할 수 있는 경우 대차금의 반환을 거절할 수 있다. 다만, 융자액이 200유로 이하이거나 그 대항사유가 소비자소비대차계약의 체결 후에 합의된 계약변경에 기한 것인 경우에는 그러하지 않는다. 마지막으로 소비자가 추완을 청구할 수 있는 경우 그 추완이 이루어지지 않은 때에는 대차금의 반환을 거절할 수 있다(동법 제359조).

제4절 일본

1. 할부판매법상 청약철회권

일본 할부판매법(割賦販賣法)상 할부판매 그 자체에 대하여 청약철회권은 인정되지 않는다. 다만, 동법상 청약철회권이 인정되는 경우는 개별신용구매계약(個別信用購入あつせん關係受領契約)[95] 등이다. 먼저,

95) 개별신용구매(個別信用購入あつせん)는 소비자가 판매업자로부터 상품을 구입할 때 신용회사가 그 대금을 대신 지급하는 거래형태를 말한다(中崎 隆,

개별신용구매계약에서의 청약철회권의 행사기간은 8일 이내이다(동법 제35조의3의10).[96] 그러나 그 기산일은 다양하며, 그 내용은 다음과 같다. 동법 제35조의3의9 제3항에서 정한 서면을 교부받은 날로부터 8일 이내이다. 다만, 그 서면을 교부받기 전에 동법 제35조의3의9 제1항에서 정한 서면을 받은 경우에 기산일은 제3항에 따른 서면이 아닌 제1항에 따른 서면을 교부받은 시점이다. 그러나 판매업자 또는 신용업자가 청약의 철회를 방해하기 위하여 이에 관한 정보를 부실하게 고지하여 소비자가 이를 사실인 것으로 오인하거나 협박 또는 위력을 행사하여 상기의 기간내에 청약을 철회할 수 없었던 경우에는 판매업자 등이 청약을 철회할 수 있다는 내용이 기재된 서면을 교부받은 날로부터 8일 이내이다(동법 제35조의3의10 제1항). 둘째, 특정연쇄판매계약(特定連鎖販賣個人契約), 특정계속적역무제공계약(特定継續的役務提供等契約), 업무제공유인판매계약(業務提供誘引販賣個人契約)에 관한 개별신용구매계약의 경우 20일 이내에 청약을 철회할 수 있다. 그 기산일은 개별신용구매계약에서의 청약철회권의 행사기간의 기산일과 동일하다(동법 제35조의3의11 제1항). 셋째, 현저히 과다한 상품의 매매계약과 관련된 개별신용구매계약의 경우 1년 이내에 행사할 수 있으며, 그 기산일은 계약체결일이다(동법 제35조의3의12 제1항, 제2항).

이와 같이 할부판매법에서는 청약철회권을 규정하고 있다. 다만, 그 기산일과 관련하여 초일이 산입되는가의 문제가 제기되며, 이에 대하여 초일 산입을 인정하고 있다.[97] 즉, 행사기간이 20일인 경우 4월 1일에 법정서

「改正割賦販賣法」, 金融財政事情硏究會, 2010, 282면).

96) 모든 개별신용구매계약에 대하여 청약철회권이 인정되는 것은 아니다. 즉, 영업소 이외의 장소에서 청약을 하거나 계약을 체결한 경우 또는 영업소 이외의 장소에서 유인하여 영업소에서 계약을 체결한 경우에 국한된다.

97) 할부판매법에서는 초입 산입여부에 대하여 명확하게 규정하고 있다. 즉, 초일을 산입하지 않은 경우, 즉 익일부터 적용하는 경우에는 기준일의 다음날부터 기산

면을 교부받았다면 4월 20일까지 청약을 철회할 수 있다.[98] 문제가 되는 경우는 서면에 그 정보가 기재되어 있지 않았거나 사업자가 청약철회를 방해하기 위하여 허위의 사실을 고지하거나 위력을 행사하여 그 기간 내에 행사하지 못하였지만, 이에 관한 정보를 서면으로 제공하지 않은 경우이다. 이 경우에 있어서 행사기간에 대하여 제한이 있는지, 즉 최장기간에 대한 제한이 있는지의 문제가 제기된다. 이에 대하여 학설은 최장기간의 제한을 부정하고 있다. 즉, 행사기간의 기산일은 이에 관한 정보를 제공받은 시점이기 때문에 이에 관한 정보가 제공되지 않은 경우 행사기간은 기산되지 않기 때문에 기간에 관계없이 청약을 철회할 수 있다고 한다.[99]

2. 특정상거래법상 청약철회권[100]

가. 청약철회권의 행사기간

특정상거래법(特定商取引に關する法律)상 청약철회권이 인정되는 경우는 방문판매, 통신판매, 전화권유판매, 연쇄판매거래 및 계속거래이다.

하다(基準日の翌日から起算して)고 명시하고 있다(동법 제18조의3).

98) 中崎 隆, 앞의 책, 386면; 消費者廳取引・物價對策課/經濟産業省商務情報政策局消費經濟政策課, 「特定商取引に關する法律の解說」, 商事法務, 2010, 83면.

99) 日本辯護士連合會 編, 「消費者法講義」, 日本評論社, 2009, 199면.

100) 일본에서의 청약철회권은 1972년 할부판매법 개정으로 도입되어 특정상거래법, 택지건물거래업법(宅地建物取引業法), 특정상품등의 예탁등 거래계약에 관한 법률(特定商品等の預託等取引契約に關する法律), 유가증권에 관한 투자자문업의 규제 등에 관한 법률(有價證券に係る投資顧問業の規制等に關する法律) 등으로 확대되었다(大村敦志, 「消費者法」, 有斐閣, 2007, 82-83면).

각각의 거래유형별 청약철회권의 행사기간은 다음과 같다.

먼저, 방문판매에 있어서 청약철회는 일반적인 방문판매에서의 청약철회와 현저히 과다한 상품에 관한 방문판매에서의 청약철회로 구분된다. 일반적인 방문판매로 상품을 구입한 소비자는 동법 제5조의 서면을 받은 날로부터 8일 이내에 서면으로 청약을 철회할 수 있다.[101] 다만, 그 서면을 받기 전에 제4조의 서면을 교부받은 경우에는 그 시점을 기산일로 한다. 그러나 사업자가 청약의 철회를 방해하기 위하여 이에 관한 정보를 부실하게 고지하여 소비자가 이를 사실인 것으로 오인하거나 협박 또는 위력을 행사하여 상기의 기간내에 청약을 철회할 수 없었던 경우에는 사업자가 청약을 철회할 수 있다는 내용이 기재된 서면을 소비자에게 교부한 날로부터 8일 이내이다(동법 제9조 제1항). 또한 현저히 과다한 상품에 관한 방문판매의 경우 청약철회기간은 1년 이내이며, 그 기산일은 계약체결시점이다. 그러나 소비자에게 당해 계약을 체결할 필요성이 있는 특별한 사정이 있는 경우에는 그러하지 않는다(동법 제9조의2 제1항, 제2항).

둘째, 통신판매의 경우 청약철회권의 행사기간은 상품 또는 권리를 이전받은 날로부터 8일 이내이다. 다만, 방문판매와의 차이점은 반드시 청약철

101) 청약철회의 방식에 대하여 구두가 아닌 서면을 요구한 것은 당사자간의 권리의무관계를 명확하기 위함임과 동시에 추후 분쟁의 발생을 예방하기 위함이라고 한다. 그러나 서면이 아닌 구두로 청약을 철회하였으며, 사업자가 이의를 제기하지 아니하고 수령한 경우 청약철회와 동일한 취지의 합의해제가 성립한 것으로 볼 수 있다고 한다(消費者廳取引・物價對策課/經濟産業省商務情報政策局消費經濟政策課, 앞의 책, 81면). 따라서 이러한 견해에 따르면 청약의 철회는 서면으로 행사하여야 한다. 반면에 구두에 의한 청약철회는 사업자에게 부당한 불이익을 부과하지 않기 때문에 서면 이외에 구두에 의한 청약철회 역시 인정된다고 주장하는 견해(東京都消費者被害救濟委員會의 斡旋)도 존재한다(이에 대한 자세한 내용은 圓山 茂夫, 「特定商取引法の理論と實務」, 民事法研究會, 2010, 218-219면 참조). 일본 판례는 초기 전자의 입장에서 구두에 의한 청약철회를 부정하였지만, 1994년 그 견해를 변경하여 후자의 입장에서 판시하였다(福岡高判平成6・8・31(判872号289頁)).

회권이 인정되는 것이 아니라는 점이다. 즉, 통신판매의 경우 청약철회권이 인정되지만, 사업자가 광고에서 청약철회에 관한 특약(부정 또는 행사기간의 단축 등)을 표시한 경우 특약이 적용된다(동법 제15조의2 제1항).

셋째, 연쇄판매거래(連鎖販賣取引)에서 가입자의 해제권[102]은 2 종류로 구분된다. 먼저, 가입자는 동법 제37조 제2항의 서면을 받은 날로부터 20일 이내에 해제권을 행사할 수 있다. 그러나 당해 계약에 따라 상품을 최초로 공급받은 날이 그 이전인 경우에는 상품의 공급일을 기준으로 한다. 또한 총괄자 또는 권유자가 제34조 제1항을 위반하거나 일반연쇄판매업자가 동조 제2항을 위반하여 해제에 관한 사항을 부실하게 고지하여 그 내용을 사실로 오인하거나 총괄자 등이 동조 제3항을 위반하여 강박함으로써 가입자가 그 기간내에 행사하지 못한 경우에는 총괄자 등이 당해 계약을 해제할 수 있다는 내용이 기재된 서면을 소비자에게 교부한 날로부터 20일 이내에 해제권을 행사할 수 있다. 둘째, 가입자는 상기의 20일이 경과한 후에는 장래에 향하여 당해 계약을 해제할 수 있다(동법 제40조의2 제1항). 그럼 언제까지 해제권을 행사할 수 있는가? 이에 대하여 동조 제2항 본문에서는 그 행사권자로 당해 계약을 체결한 날로부터 1년이 경과하지 않은 자로 한정하고 있기 때문에 그 권리는 계약체결일로부터 1년 이내라고 할 수 있다. 그러나 그 제한 사유 중 하나가 당해 상품을 인도받은

102) 연쇄판매거래(우리의 다단계판매)에서 가입자의 권리는 청약철회권이 아닌 해제권이다. 그러나 20일 이내에 행사하는 해제권은 사실상 청약철회권에 해당하지만, 20일 이후에 행사하는 해제권은 민법상 해제권과 동일하다고 볼 수 있다. 다만, 일본 특정상거래법에서는 양자의 차이점에 대하여 전자의 경우 소급효를 인정한 반면에 후자의 경우 소급효를 부정하고 장래효만 인정하고 있다(동법 제40조의2 제1항). 우리 방문판매법에서는 소비자의 청약철회권과 다단계판매원의 청약철회권으로 구분하여 규정하고 있다. 물론 전적으로 일치하는 것은 아니지만, 소비자의 청약철회권은 일본 연쇄판매거래에 있어서 20일 이내의 해제권에 해당하며, 다단계판매원의 청약철회권은 일본 연쇄판매거래에 있어서 20일 이상의 해제권에 해당한다고 할 수 있다.

날로부터 90일이 경과한 경우이기 때문에 그 행사기간은 계약체결일로부터 1년 이내이지만, 상품을 수령한 경우에는 90일 이내에 행사할 수 있다(동조 제2항 제1호).

넷째, 특정계속적역무제공계약(特定継續的役務提供等契約)의 경우 역무수령자는 동법 제42조 제2항 또는 제3항의 서면을 교부받은 날로부터 8일 이내에 해제권을 행사할 수 있다. 물론 부실고지 또는 강박이 있는 경우에는 방문판매와 동일하다(동법 제48조 제1항).[103)]

나. 청약철회의 효과

소비자가 서면으로 청약을 철회한 경우 그 효력은 서면을 발송한 때에 발생한다. 사업자는 소비자가 청약을 철회하였다고 하여 손해배상 또는 위약금을 청구할 수 없다. 또한 청약을 철회하기 이전에 이미 재화등의 공급이 이루어진 경우에는 반환에 따른 비용은 사업자가 부담한다. 만일, 소비자가 재화를 사용하거나 권리를 행사함에 따라 시설을 이용하거나 용역이 제공되거나 그 계약에 따라 용역이 제공된 경우에도 소비자에게 재화의 사용에 따라 얻은 이익 등에 상당한 금액을 청구할 수 없다. 용역을 제공한 사업자는 소비자의 청약철회에 따라 지급받은 대금을 신속하게 반환하여야 한다. 특히, 용역제공계약 또는 권리의 매매계약에 있어서 소비자가 청약을 철회한 경우 용역의 제공에 따라 소비자의 토지 또는 건물 기타 다른 공작물의 현상이 변경된 때에 용역사업자는 그 원상회복에 필요한 조치를

---

103) 특정상거래법상 특정계속적역무제공계약에 대하여는 본문에서의 해제권 이외에 8일이 경과한 후에 행사하는 해제권을 규정하고 있으며, 이에 대하여는 소급효를 부정하고 있다(동법 제49조 제1항). 즉, 이는 우리 방문판매법상 계속거래에서의 해지권에 해당한다.

무료로 행하여야 한다. 이러한 청약철회의 효과와 관련한 합의 중 소비자에게 불리한 합의는 효력이 없다(동법 제8조 제2항 내지 제8항). 또한 방문판매에 있어서 청약철회의 효과는 전화권유판매에 있어서 청약철회의 효과에도 그대로 적용된다(동법 제24조 제2항 내지 제8항). 그러나 통신판매에 있어서 소비자가 청약을 철회한 경우 사업자로부터 공급받은 재화에 대한 반환비용은 소비자가 부담한다(동법 제15조의2 제2항).

제5절 소결

상기에서 살펴본 바와 같이 미국을 비롯한 유럽연합, 독일 및 일본 등에서 소비자를 보호하기 위하여 개별법에서 청약철회권을 규정하고 있다. 다만, 그 내용은 통일적인 것이 아니며, 각국의 입법상황에 따라 매우 상이하게 규정하고 있다. 그럼 이러한 각국의 입법례의 특징은 무엇인가? 그 문제는 단지 외국법의 내용에 대한 분석에 국한하는 것이 아닌 후술하는 우리 법제의 개선방안을 마련함에 있어서 기초가 되기 때문이다. 이에 대하여는 각 항목별로 외국법제의 특성을 분석한다.

1. 직접 규제방식과 간접 규제방식

청약철회권에 관한 주요국의 입법례는 크게 발생요건, 배제사유, 행사기간 및 방법, 행사의 효과 등을 구체적으로 규정하여 청약철회권을 인정하는 직접 규제방식(적극적 규제방식)을 취하는 국가(유럽연합, 독일, 일본 등)와 적극적으로 청약철회에 관한 사항을 규정하는 것이 아닌 소극적인 방식인 소비자에게 청약철회권에 관한 정보를 제공하지 않은 것을 불공정한 거래행위로 인정하는 국가(미국)로 구분된다. 이러한 입법례의 차이는 각국의 법제사적 측면과 거래관행 등에서 발생한다. 즉, 영미법계 국가인 미국에서는 청약의 구속력을 인정하지 않고 있으며, 이미 거래관행으로 청약철회권을 인정하고 있다. 따라서 그 내용을 입법하는 것이 소비자의 이익에 반하게 작용할 수 있다. 그러나 대륙법계 국가의 경우 청약의 구속력을 인정하고 있기에 기존의 법제를 통하여 이를 해결할 수 없으며, 이에 관한 특칙을 규정하여 해결하고 있다. 따라서 구체적인 내용을 입법화하여 그 문제를 해결하고 있는 것이다.

2. 법제의 형식

청약철회권의 인정에 대하여 간접 규제방식(소극적 규제방식)을 취하고 있는 국가는 다시 계약의 일반법인 민법에서 이를 규정하고 있는 국가와 특별법의 제정을 통하여 이를 규정하고 있는 국가(일본 등)로 구분된다. 물론 독일 역시 최초부터 이에 관한 규정을 민법전에서 규정하였던 것은 아니며, 개별 소비자보호법에서 규정하였던 청약철회권을 민법전의 개정을 통하여 통합수용한 것이다. 그럼 어떠한 방식이 더 바람직한 것인가? 이에 대하여는 쉽게 단정할 수 없다. 즉, 통합형태의 입법방식과 개별 입법방식 모두 각각의 장단점을 가지고 있기 때문에 어느 방안이 더 바람직한 방안이라고 말할 수 없다. 따라서 그 문제는 각 국가의 여러 가지 상황을 감안하여 가장 적합한 방안을 선택할 문제이지, 어느 하나의 방안이 다른 방안

보다 더 타당하다고 단정할 수 없다.[104)]

3. 정보제공형 모델

청약철회권은 소비자가 계약을 체결한 이후 일정기간 내에 구매의사를 재차 판단할 수 있는 기회를 부여하기 위한 제도이다. 물론 그 취지로만 본다면 계약의 체결과 재화등의 인도만으로 구매의사를 재차 판단할 수 있는 여지를 부여하고 있다고 볼 수 있다. 그러나 상기 주요국의 입법례에서는 단지 이에 국한하지 않고 청약철회권과 사업자의 신원에 관한 정보를 제공하도록 규정하고 있으며, 그 정보가 제공되지 않은 경우 청약철회권의 행사기간이 기산되지 않음을 규정하고 있다. 즉, 청약철회권의 행사기간에 대하여 정보모델형을 취하고 있다. 물론 후술하는 바와 같이 우리의 법제 역시 이에 기초하고 있지만, 그 방식에 있어서 사업자를 기준으로 하는 것이 아닌 소비자를 기준으로 하고 있다는 점에서 차이가 있다.

4. 행사기간의 기산점에 있어서 다양화

주요국의 입법례에서 특징 중 하나가 급부의 목적물에 따라 행사기간의 기산일을 동일하게 규정하지 않고 상이하게 규정하고 있다는 점이다. 즉,

---

104) 우리 나라에서도 소비자사법에 대한 민법전으로의 통합에 대한 논의가 있었다. 그러나 그 문제에 대하여는 찬성하는 견해와 이를 반대하는 견해 등으로 구분되었다. 이에 관하여는 이은영 편, 「소비자법과 민법」, 세창출판사, 2010에서 자세히 언급되어 있으며, 구체적인 내용에 대하여는 이 책을 참조하기 바란다.

물건의 경우 인도를 받은 시점으로 정함과 더불어 용역의 경우 계약의 체결시점을 행사기간으로 기산일로 정하고 있다. 이러한 점은 용역의 경우 이행이 개시된 경우 재화의 반환과 다르다는 점을 감안한 것이다. 이러한 급부 목적물에 따른 행사기간의 기산일의 다양화는 이를 통일적으로 규정하고 있는 우리 법제의 개선방안을 마련함에 있어서 많은 시사점을 부여한다.

5. 재화등의 사용에 대한 사용이익의 청구

소비자가 공급받은 재화를 사용한 후 청약철회권을 행사하였을 경우 그 사용이익에 대하여 사업자가 청구할 수 있는가에 대하여 유럽연합 등에서는 그 사용이 무엇인가에 따라 사용이익의 청구를 부정하거나 인정하고 있다. 물론 양자를 명확하게 구별하는 것은 매우 어려운 일이지만, 재화등의 시험 또는 조사를 위한 사용에 대하여 사용이익을 청구할 수 없도록 하고, 그 이외의 일반적인 사용에 따른 이익은 청구할 수 있음은 사업자 및 소비자의 이해관계를 조절하고 있다고 볼 수 있다. 물론 일본의 경우 이를 전면적으로 부정하고 있다는 점은 또 다른 시사점을 부여한다.

6. 결합계약의 효력

소비자가 청약철회권을 행사한 경우 당해 계약의 효력은 소멸한다는 점은 동일하다. 다만, 유럽연합 등의 경우 결합계약의 효력에 대하여 청약철회권의 행사로 인하여 자동적으로 소멸함을 규정하고 있다. 즉, 소비자가 신용제공자 등을 통하여 대금을 지급할 경우 청약철회권의 행사로 인하여 당해 여신계약의 효력이 문제되며, 이에 유럽연합의 지침 등에서는 여신계약 역시 효력을 상실함을 규정하고 있다. 이러한 결합계약의 효력문제는 청약철회에 따른 여신계약의 효력을 각 소비자보호법별로 상이하게 정하고 있는 우리 법제에 있어서 통일적인 규율 및 이에 대한 개선방안을 마련함에 있어서 많은 시사점을 부여한다.

7. 디지털콘텐츠거래에 있어서 청약철회권

21세기가 시작된 이후 급속도로 발전하고 있는 디지털콘텐츠거래와 관련하여 가장 큰 과제 중 하나가 바로 그 거래에 대하여 청약철회권을 인정할 것인가의 문제이다. 물론 그 거래방식 역시 청약철회권이 인정되는 통신판매 또는 전자상거래로 이루어지기 때문에 이 점만을 본다면 청약철회권의 인정에는 큰 문제가 없다고 할 수 있다. 그러나 디지털콘텐츠는 일반 재화와 많은 점에서 차이가 있기 때문에 일반 재화에 대한 거래와 동일시할 수 없다는 점을 감안하여야 한다. 이러한 차원에서 유럽연합의 소비자권리지침은 디지털콘텐츠거래 분야에서의 청약철회권을 직접적으로 다루고 있다는 점에서 우리에게 많은 시사점을 부여한다. 즉, 디지털콘텐츠거래에 대하여 기본적으로 청약철회권을 인정하지만, 소비자의 명시적인 요청에 따라 공급이 이루어진 경우에 이를 배제하고 있다는 점은 디지털콘텐츠거래의 특성을 어느 정도 감안한 것이다. 물론 지침의 내용이 전면적으로 타당한 것은 아니지만, 이에 대한 법적 기준을 제시하였다는 점에서 그 문제가 핵심과제로 대두되고 있는 우리에게는 매우 의미있는 시사점을 부여한다.

제4장

현행 법령상 청약철회제도

제1절 청약철회의 대상인 계약의 범주

1. 소비자보호법의 제정 및 청약철회권의 도입

소비자보호를 법에서 처음 명시한 것은 1980년 개정 헌법과 동년 1월에 제정된 구 소비자보호법(현 소비자기본법)이다. 즉, 이전까지의 소비자보호는 소비자단체에 의하여 주로 이루어져 왔으며, 1980년에 들어오면서 이에 관한 법이 제정되었다. 그러나 당시의 소비자보호법은 소비자보호에 관한 일반사항만을 규정하고 있었으며, 특수거래분야에서의 구체적인 소비자보호에 관한 내용을 규정하고 있지 않았다. 이후 1986년에 도소매업진흥법이 제정되었으며, 동법에서는 특수거래형태(할부판매, 방문판매, 통신판매)를 규정하였다. 그러나 1986년 도소매업진흥법상 소비자보호의 내용은 정보제공의무와 계약서 교부의무만을 규정하고 있을 뿐 청약철회권에 관하여는 인정하고 있지 않았다. 이후 1991년 동법 개정에 의하여 방문판매에 한하여 청약철회권이 도입되었다. 즉, 청약철회권이 법상 처음 명시된 시점이 바로 이 시기이며, 3개의 특수거래형태 모두에 인정되는 것이 아닌 방문판매에 국한하여 인정되었다. 이후 1991년 12월 할부거래법과 방문판매법이 제정되었으며, 청약철회권이 할부거래, 방문판매 및 다단계 판매까지로 확대되었다. 다만, 이 시기에 있어서 통신판매에 대하여는 청약철회권이 인정되지 않았으며, 1995년 개정법에서 비로소 통신판매까지 청약철회권을 인정하였다. 이후 2002년에 방문판매법을 개정하여 전화권유판매를 도입하여 청약철회권을 인정하였으며, 동년 전자상거래소비자보호법을 제정하여 통신판매를 동법에서 규율하였다. 또한 방문판매법은 2012년에 개정되어 후원방문판매를 규율대상으로 포함하면서 청약철회권을 인정하고 있다. 마지막으로 2002년 제정된 구 온디콘법(현 콘텐츠산업진흥법)은 2005년 개정을 통하여 소비자의 청약철회권을 인정하였으며, 2010년에 개정된 콘텐츠산업진흥법에서는 소비자를 이용자로 확대하였다.

2. 특수소비자계약

계약의 일반법인 민법에서는 청약의 구속력을 인정하고 있기 때문에 상대방이 이를 인정하지 않은 이상 청약을 철회할 수 없다. 다만, 소비자계약의 경우 소비자의 특성을 비롯하여 계약체결의 방식의 특수성을 감안하여 예외적으로 이를 인정하고 있다. 그렇다고 하여 모든 소비자계약에 대하여 청약철회권이 인정되는 것은 아니며, 계약체결방식의 특수성으로 인하여 소비자의 합리적인 구매의사결정이 이루어지고 곤란한 거래방식에 대하여만 청약철회권을 인정하고 있다. 그럼 특수한 계약체결방식은 무엇인가? 그 유형으로는 할부거래, 방문판매, 전화권유판매, 다단계판매, 후원방문판매, 통신판매가 있다. 즉, 대금의 분할납부, 사업자측의 권유 및 비대면거래라는 점은 일반적인 거래형태와 비교하여 소비자가 합리적인 구매의사를 결정하기 곤란한 상황이 존재하며, 이를 통하여 계약을 체결한 소비자를 보호하는 방안으로 개별 소비자보호법에서는 청약철회권을 규정하고 있다. 물론 이러한 거래방식 이외의 거래라고 하여 당사자간의 합의에 의한 청약철회권은 부정되지 않는다. 그러나 여기에서 의미하는 것은 당사자간 별도의 합의가 없음에도 불구하고 청약철회권이 인정되는 것을 말한다.

3. 디지털콘텐츠거래

상기에서 살펴본 특수거래형태는 소비자계약을 중심으로 하였다. 따라서 상대방이 소비자에 해당한다면 문제가 없지만, 이에 해당하지 않은 자는 특수한 거래방식으로 계약을 체결하였다고 하더라도 청약을 철회할 수 없다. 다만, 콘텐츠산업진흥법에서는 콘텐츠거래에 대하여 청약철회권을 인정하고 있으며, 그 권리자에 대하여 소비자로 한정하지 않고 이용자로 규정하고 있기에 소비자 이외의 자 역시 청약을 철회할 수 있다. 물론 그 타당성 여부에 대하여는 앞에서 언급하였기 때문에 반복하지 않는다. 다만, 동법상 청약철회의 대상계약은 콘텐츠계약이다. 그럼 콘텐츠계약은 무엇인가? 물론 콘텐츠에 관한 계약 총체라고 할 수 있다. 그러나 이와 같이 동법상 청약철회의 대상을 모든 콘텐츠계약으로 인정할 경우 청약철회권이 무제한적으로 확대되어 청약의 구속력을 인정하고 있는 민법 제527조는 유명무실하게 된다. 즉, 콘텐츠는 부호·문자·도형·색채·음성·음향·이미지 및 영상 등(이들의 복합체를 포함한다)의 자료 또는 정보를 말한다(동법 제2조 제1호). 따라서 외부에 표출되었다면 모두 콘텐츠에 해당하게 된다. 또한 청약철회의 대상은 콘텐츠계약이며, 이에는 특수한 거래방식의 결합을 요구하고 있지 않다. 그 결과 특수한 거래방식을 비롯하여 일반적인 거래방식을 통하여 콘텐츠를 구입하였다고 하더라도 청약철회권은 인정된다. 따라서 콘텐츠거래와 관련하여 매수인 또는 거래방식을 불문하고 청약철회권은 인정된다. 그럼 이러한 방식이 타당한 것인가? 물론 청약의 구속력을 인정하고 있는 민법 제527조에 커다란 문제가 있으며, 민법을 개정하는 것이 현실적으로 불가능하여 그 문제를 해결하고자 콘텐츠산업진흥법에서 이를 규정하였다면 타당하다고 할 수 있다. 그럼 과연 이 문제를 이러한 차원에서 접근하였는가? 그러나 이에 대하여는 그렇지 않다고 말할 수 있다. 즉, 민법 제527조의 크나큰 문제가 있었다고 한다면 이를 개정하고자 하는 노력이 먼저 선행되었어야 하며, 이에 대한 논의가 진행되었어야 했다. 그러나 동법의 개정과정에서는 이에 대한 논의가 전혀 없었다. 그럼 이러한 입법이 어떻게 이루어졌는가? 이는 입법과정에서의 실수라고 할 수 있다. 즉, 동법의 전신인 구 온디콘법에서는 디지털콘텐츠에 대하여는 청약철회권을 인정하였다. 물론 이에 대한 논란 역시 존재하였다. 그러나 동법으로의 개정과정 속에서 디지털콘텐츠 또는 온라인디지털콘텐츠를 단순히 콘텐츠로 전환하면서 이를 동법의 모든 조문에 일률적으로 적용하였기 때문에 발생하였기 때문에 발생한 문제이다. 물론 디지털콘텐츠만으로는 일정한 한계가 있기 때문에 이를 확대하고자 콘텐츠로 전환하였다는 점은 어느 정도 타당성이 있다. 그러나 이를 개정함에 있어서는 각 조문의 내용을 검토하고, 그 변경에 따른 법적 문제점 등에 대한 면밀한 검토가 이루어졌어야 했다. 그러나 동법의 개정과정 속에서는 이러한 점에 대한 검토는 미진하였다고 할 수 있으며, 그 결과 현재의 문제점이 발생하였다고 할 수 있다. 그럼 이 문제를 해석론을 통하여 해결할 수 있는가? 물론 학계에서는 이 문제에 대하여 해석론으로 해결하고 있다. 즉, 모든 콘텐츠 거래에 대하여 동법상 청약철회권이 적용되는 것이 아닌 전자상거래소비자보호법상 통신판매 또는 전자상거래를 통하여 이루어지는 콘텐츠거래로 국한하여 적용하는 것이다. 물론 이러한 방식으로 한정하는 것이 바람직하다. 그러나 동법의 내용을 이와 같이 한정할 수 있는가? 이러한 해석은 동법상 청약철회에 관한 내용을 독자적으로 규정하고 있는 것이 아닌 전자상거래소비자보호법의 규정을 준용하고 있기 때문에 이를 기초로 거래방식 역시 전자상거래소비자보호법의 규율대상인 전자상거래 또는 통신판매로 국한하는 것이다. 또한 동법상 청약철회권의 적용범위가 무제한적으로 확장되는 것이 타당하지 않다는 점에서 출발하고 있다. 물론 동법상 청약철회가 무제한적으로 확장되는 것을 방지하기 위한 취지에 대하여는 공감한다. 그러나 취지만으로 법문의 의미를 축소하여 해석할 수 있는가? 물론 법의 해석방법 중 축소해석이 존재하지만, 이 경우에 이러한 해석을 통하여 적용범위를 축소할 수 있는지에 대하여는 의문이 제기된다. 즉, 동법에서 전자상거래소비자보호법의 규정을 준용한 것은 거래방식이 아닌 청약철회의 요건 및 효과와 그 위반에 대한 행정규제 및 벌칙이다. 따라서 준용하지 않은 거래방식에 대하여 해석을 통하여 이를 적용할 수 있는가에 대하여는 부정적이다. 또한 축소해석을 하였을 경우에 발생하는 문제점이다. 즉, 동법에서는 모든 콘텐츠거래를 대상으로 하고 있음에도 불구하고, 이를 특수거래형태의 콘텐츠거래로 한정한다면 일반적인 거래형태로 콘텐츠를 거래한 자는 배제될 것이며, 그 결과 동법의 보호를 받지 못하게 된다. 물론 이러한 자까지 보호하는 것이 타당한 것인가의 문제는 제기될 수 있지만, 법에서 보호하고 있는 것에 대하여 해석을 통하여 제한하는 것이 과연 타당한 것인지에 대하여는 의문이다. 따라서 이 문제는 해석이 아닌 법 개정을 통하여 해결하여야 할 문제이며, 조속한 시일내에 이 문제에 대한 입법적 해결이 이루어져야 할 것이다.[105]

---

105) 동법 제28조에 따라 2012년 3월 제정된 콘텐츠이용자보호지침에서는 그 적용범위를 전자상거래 또는 통신판매에 국한하고 있다. 그럼 지침에서 그 적용범위를 제한할 수 있는가? 지침은 법의 내용을 구체화시키는 역할을 담당하기 때문에 법의 적용범위를 축소할 수 없다. 그러나 지침의 내용은 법의 적용범위를 축소한 것이 아니라 지침이 적용되는 범위를 제한한 것이다. 따라서 지침이 상위법인 동법의 적용범위를 축소한 것은 아니다.

제2절 개별 소비자보호법에서의 청약철회권

1. 할부거래법상 청약철회권

가. 적용범위 및 법 적용배제사유

(1) 적용범위

1991년 제정된 할부거래법은 소비자가 재화등을 구매함에 있어서 대금을 일시불로 지급하는 것이 아닌 분할하여 지급하는 거래방식을 규율대상으로 하였다. 다만, 동법의 적용대상은 대금의 분할지급만이 아닌 이를 완납하기 이전에 재화등을 공급받는 계약만을 대상으로 하였기 때문에 대금 완납 이후에 재화등을 공급받기로 하는 계약은 동법의 적용대상에서 배제되었다. 따라서 할부거래는 일반적으로 대금을 지급하기 전에 재화등을 공급받는 계약을 대상으로 하기 때문에 후불식 할부계약이라고 하였다. 또한 이러한 후불식 할부계약은 다시 소비자의 대금지급수단에 따라 직접할부계약과 간접할부계약으로 구분된다. 전자의 경우 소비자가 직접 사업자에게 할부금을 지급하지만, 후자의 경우 사업자에게 대금을 지급하는 것은 소비자가 아닌 신용제공자(신용카드사 등)이며, 소비자는 신용제공자에게 매월 일정금액을 납부한다. 이와 같이 할부거래법은 후불식 할부계약만을 대상으로 하기 때문에 미리 대금을 분할하여 지급하고, 추후 재화등을 공급받는 계약에 대하여 적용되지 못하기 때문에 이러한 계약에서 발생하는 소비자문제를 해결하지 못하는 문제점이 제기되었다. 따라서 선불식 할부계약(상조업)에서 발생하는 소비자문제를 해결하기 위하여 2010년에 동법을 개정하여 그 적용범위를 후불식 할부계약뿐만 아니라 선불식 할부계약으로 확대하였다.

(2) 적용배제사유

할부거래법은 대금지급방식의 특수성을 감안하여 이 분야의 소비자를 보호하는 것을 목적으로 하는 법이다. 따라서 동법이 적용되기 위해서는 대금지급방식에 있어서 특수성, 즉 분할지급이 이루어져야 한다. 그러나 단순히 대금을 분할하여 지급한다는 점만으로 동법의 적용대상이 되는 것이 아닌 일정한 요건을 충족하여야 하며, 특수한 목적물에 대한 할부거래는 동법의 적용대상에서 배재된다.

1) 대금의 분할방식

동법의 규율대상이 후불식 할부계약은 2개월 이상의 기간을 정하여 3회 이상 분할하여 대금을 지급하기로 하고, 대금을 완납하기 전에 재화등을 공급받기로 하는 계약을 말한다. 따라서 단순히 대금을 분할하였다는 것만으로 동법의 적용대상이 되는 것이 아닌 기간 요건과 횟수 요건 모두를 충족하여야 한다. 즉, 기간 요건으로는 납입기간이 2월 이상이어야 하며, 분할 요건은 3회 이상이 되어야 한다. 따라서 3회 이상 분할하여 지급하더라도 그 기간이 2월 미만인 경우에는 동법의 적용대상에서 배제되며, 2월 이상이라고 하더라도 분할 횟수가 2회 이하이면 동법의 적용대상에서 배제된다. 또한 기간 요건과 횟수 요건을 모두 충족하였다고 하더라도 대금의 완납 이후에 재화등을 공급받기로 하는 계약은 후불식 할부계약에는 해당하지 않는다. 그럼 후술하는 선불식 할부계약에는 해당하는가? 그러나 선불식 할부계약은 후불식 할부계약과 달리 일정한 재화등에 대한 계약에 국한하여 적용되기 때문에 목적물이 무엇인가에 따라 달라진다.

선불식 할부계약은 대금을 2개월 이상의 기간 동안 2회 이상 분할하여 지급함과 동시에 또는 지급한 후에 재화등을 공급받기로 하는 계약을 말한다. 따라서 상기의 후불식 할부계약과 비교하여 기간 요건은 동일하지만, 분할 횟수 요건은 상이하다. 또한 선불식 할부계약은 모든 재화등에 대하여 적용되는 것이 아닌 장례 또는 혼례를 위한 용역(제공시기가 확정된 경우는 제외한다) 및 이에 부수한 재화에 국한되기 때문에 이에 해당하지 않은 재화에 대한 선불식 할부계약에는 동법이 적용되지 않는다. 따라서 일시불 상조계약 또는 1회의 계약금을 지급하고 상조서비스를 제공한 후에 잔여 대금을 지급하기로 하는 상조계약은 동법상 선불식 할부계약에 해당하지 않는다. 그럼 할부금 중 2회를 납입한 후 상이 발생한 경우 상조서비스를 제공하기로 하는 계약은 선불식 할부계약에 해당하는가의 문제와 이러한 계약이 후불식 할부계약에 해당하는지의 문제가 제기된다. 전자의 문제에 대하여 공정거래위원회는 긍정하고 있지만, 동법상 선불식 할부계약은 대금의 완납 후 재화등을 공급받기로 하는 계약을 의미하기 때문에 이러한 계약은 동법상 선불식 할부계약에는 해당하지 않는다. 또한 후자의 문제 역시 대금의 완납이전에 재화등을 공급받기로 하는 계약이며, 후불식 할부계약에 있어서 목적물 중 상조서비스를 배제하고 있지 않기 때문에 당연히 후불식 할부계약에 해당한다. 그 결과 선불식 할부계약에서 발생하는 소비자문제를 해결하기 위하여 2010년 개정된 할부거래법은 규정상 모순으로 인하여 이 분야에서 발생하는 소비자문제를 해결하기 곤란하다. 따라서 조속한 개정이 필요하다.

2) 상대방

동법은 할부거래에 있어서 소비자를 보호하기 위한 법이다. 따라서 거래의 상대방이 소비자가 아닌 사업자인 경우에는 동법이 적용되지 않는다(동법 제3조 제1호 본문). 그러나 상대방이 상행위를 목적으로 구입하였다고 하더라도 무조건적으로 동법의 적용이 배제되는 것이 아닌 소비자에 해당하지 않은 사업자가 상행위를 목적으로 구입하였을 경우에 국한된다. 따라서 사업자라 하더라도 소비자에 해당되는 경우에는 동법이 적용된다.

3) 목적물

할부거래법은 상기의 요건을 갖춘 할부계약에 대하여 적용되지만, 예외적으로 일정한 목적물에 대한 할부계약에는 적용이 배제된다. 첫째, 농산물·수산물·축산물·임산물·광산물로서 통계법 제22조에 따라 작성한 한국표준산업분류표상의 제조업에 의하여 생산되지 아니한 것이다. 둘째, 약사법 제2조 제4호에 따른 의약품이다. 셋째, 보험업법에 따른 보험이다. 넷째, 자본시장과 금융투자업에 관한 법률 제4조에 따른 증권 및 같은 법 제336조 제1항 제1호에 따른 어음이다. 마지막으로 부동산이다(동법 시행령 제4조). 이와 같이 할부거래법에서는 특수한 목적물에 대한 할부계약에 대하여 적용을 배제하고 있다. 그럼 이러한 재화에 대하여 동법의 적용을 배제하는 것이 타당한 것인가? 이에 대하여 구체적으로 살펴보면 다음과 같다.

첫째, 1차산업의 생산물이다. 물론 소비자보호의 문제는 2차산업과 관련하여 등장한 것이다. 그러나 1차산업의 생산물과 관련하여 소비자문제가 발생하지 않은 것은 아니며, 이에 대한 거래 역시 소비자보호법의 적용대상이다. 그럼 왜 1차산업의 생산물에 대하여 동법의 적용을 배제하는 것인가? 이에 대하여는 1차산업을 보호하기 위함이라고 추정할 수 있다. 이러한 점은 소비자의 범주에 1차산업의 종사자를 포함하고 있다는 점에서도 찾을 수 있다. 그러나 1차산업의 생산물을 동법의 적용범위에서 배제하는 것이 1차산업의 보호에 해당하지 않는다. 즉, 1차산업을 보호하기 위함이라면 이러한 재화를 판매하는 자가 1차산업종사자일 경우로 한정하여야 함에도 불구하고, 1차산업의 생산물로 규정한 결과 판매자가 누구인가에 불문하고 무조건적으로 적용이 배제되는 결과가 발생한다. 또한 1차산업의 종사자라 할지라도 대규모 사업자의 경우 과연 보호할 필요성이 있는가에 대하여는 앞의 소비자의 범주에서 언급하였기에 재차 반복하지 않는다. 따라서 동법의 적용배제대상을 무조건적으로 1차산업의 생산물로 할 것이 아니라 소규모 1차산업 종사자(상기의 소비자로 인정되어야 할 1차산업의 종사자)가 직접 생산하여 판매하는 1차산업의 생산물로 제한할 필요가 있다.

둘째, 약사법상 의약품이다. 약사법에서는 의약품과 의약외품으로 구분하고 있으며, 전자는 한약과 양약으로 구분된다. 또는 양약은 일반의약품과 전문의약품으로 구분된다. 따라서 동법의 적용대상에서 배제되는 것은 의약외품을 제외한 모든 의약품이며, 이를 누가 판매하는가는 중요하지 않다. 그러나 동법에서 의약품을 배제하는 것은 의약품의 오남용을 방지하기 하기 위한 약사법의 입법취지를 반영한 것이라고 한다면 그 입법목적에 충실하게 적용범위를 결정하여야 한다. 즉, 의사의 처방전이 필수적인 전문의약품에 대하여만 이를 배제하여야 할 것이며, 이에 해당하지 않은 일반의약품까지 이를 배제하는 것은 타당하지 않다. 또한 한약의 경우 일반 한약상이 판매하는 것까지 동법의 적용을 배제하는 것은 타당하지 않다. 따라서 의약품 중 동법의 적용을 배제하는 것은 전문의약품으로 한정하는 것이 바람직하다.

셋째, 보험업법상 보험이다. 보험상품의 경우 일반 재화와 달리 상품 자체가 매우 복잡하며, 전문성이 매우 높다. 따라서 보험계약자의 권리보호를 위하여 매우 다양한 내용이 포함되어야 한다. 그 결과 일반적인 재화를 대상으로 한 할부거래법에서 보험계약의 특성을 반영한 내용을 전면적으로 규율하기란 쉽지 않기 때문에 동법에서 그 적용을 배제하는 것은 일면 타당하다. 그러나 그 전제는 보험업법 등에서 보험계약자의 보호를 충실하게 규정하고 있을 때이다. 그럼 보험업법 등에서 보험계약자의 권리에 대하여 충실하게 규정하고 있는가? 이 책의 핵심인 청약철회권을 기준으로 살펴보면, 상법에서는 청약철회권 대신에 취소권을 규정하고 있다. 즉, 보험자가 보험계약을 체결할 때에 보험계약자에게 보험약관을 교부하지 않거나 그 약관의 중요한 내용을 알려주지 않았을 경우 보험계약자는 계약성립일로부터 1월내에 보험계약을 취소할 수 있다(상법 제638조의3). 반면에 보험업법에서는 청약철회권을 규정하고 있지만, 그 구체적인 내용을 규정한 것이 아닌 청약철회권의 인정과 그 행사방법만을 규정하고 있다(동법 제96조). 즉, 보험회사 또는 보험의 모집에 종사하는 자는 일반보험계약자에게 보험계약 체결을 권유하는 경우에는 보험료, 보장범위, 보험금 지급제한 사유 등 대통령령으로 정하는 보험계약의 중요 사항[106]을 일반보험계약자가 이해할 수 있도록 설명하여야 한다. 또한 보험회사는 보험계약을 청약한 자가 청약의 내용을 확인·정정 요청하거나 청약을 철회하고자 하는 경우 통신수단을 이용할 수 있도록 하여야 하며, 통신수단을 이용한 청약철회 등을 하는 방법에 관하여 필요한 사항은 대통령령으로 정한다. 따라서 보험회사는 보험계약을 청약한 자가 전화를 이용하여 청약의 내용을 확인·정정 요청하거나 청약을 철회하려는 경우에는 상대방의 동의를 받아

---

106) 보험업법 시행령에서 정하고 있는 중요사항으로는 주계약 및 특약별 보험료, 주계약 및 특약별로 보장하는 사망·질병·상해 등 주요 위험 및 보험금, 보험료 납입기간 및 보험기간, 보험회사의 명칭·보험상품의 종목 및 명칭, 청약의 철회에 관한 사항, 지급한도·면책사항·감액지급 사항 등 보험금 지급제한 조건, 고지의무 위반의 효과, 계약의 취소 및 무효에 관한 사항, 해약환급금에 관한 사항, 분쟁조정절차에 관한 사항, 그 밖에 보험계약자 보호를 위하여 금융위원회가 정하여 고시하는 사항이다(동 시행령 제42조의2 제1항).

청약 내용, 청약자 본인인지를 확인하고 그 내용을 음성녹음하는 등 증거자료를 확보・유지하여야 한다. 보험회사는 보험계약을 청약한 자가 컴퓨터통신을 이용하여 청약의 내용을 확인・정정 요청하거나 청약을 철회하려는 경우에는 「전자서명법」 제2조 제3호에 따른 공인전자서명을 이용하여 청약자 본인인지를 확인하여야 한다. 금융위원회는 사이버몰의 표시사항, 통신수단을 이용한 모집, 청약 내용의 확인, 청약의 철회, 계약 내용의 확인 및 계약의 해지에 필요한 세부 사항을 정하여 고시할 수 있다. 다만, 「전자상거래 등에서의 소비자보호에 관한 법률」 등 소비자 관련 법령에서 규율하고 있는 사항에 대해서는 그러하지 아니하다(동 시행령 제43조 제5항, 제6항, 제10항). 다만, 2014년 개정법에서는 청약철회의 행사기간 및 그 효과에 관한 규정을 신설하였다. 그 내용으로는 다음과 같다. 보험회사는 일반보험계약자로서 보험회사에 대하여 대통령령으로 정하는 보험계약[107]을 청약한 자(이하 이 절에서 "청약자"라 한다)가 보험증권을 받은 날로부터 15일(거래 당사자 사이에 15일보다 긴 기간으로 약정한 경우에는 그 기간) 이내에 대통령령으로 정하는 바[108]에 따라 청약철회의 의사를 표시하는 경우에는 특별한 사정이 없는 한 이를 거부할 수 없다. 다만, 청약을 한 날로부터 30일을 초과한 경우에는 그러하지 아니하다. 만일, 보험증권의 교부에 관하여 다툼이 있으면 보험회사가 이를 증명하여야 한다(보험업법 제102조의4). 보험회사는 청약의 철회를 접수한 날로부터 3일

---

107) 이에 해당하는 보험계약으로는 보험계약을 체결하기 위하여 피보험자가 건강진단을 받아야 하는 보험계약, 보험기간이 1년 미만인 보험계약, 「자동차손해배상 보장법」 제5조에 따라 가입할 의무가 있는 보험계약, 타인을 위한 보증보험계약(일반보험계약자가 청약철회에 관하여 타인의 동의를 얻은 경우는 제외한다), 그 밖에 일반보험계약자의 보호에 지장을 주지 아니하는 경우로서 금융위원회가 정하여 고시하는 보험계약이다(동법 시행령 제48조의2 제1항).

108) 그 방식으로는 청약철회의 의사를 표시하는 서면을 보험회사에 제출하는 방법 또는 법 제96조 제2항에 따라 통신수단을 이용하는 방법이다(동법 시행령 제48조의2 제2항).

이내에 이미 납입 받은 보험료를 반환하여야 하며, 보험료 반환이 늦어진 기간에 대하여는 대통령령으로 정하는 바[109]에 따라 계산한 금액을 더하여 지급하여야 한다. 보험회사는 청약자에 대하여 그 청약의 철회에 따른 손해배상 또는 위약금 등 금전의 지급을 청구할 수 없다. 보험계약 청약의 철회 당시 이미 보험금의 지급사유가 발생한 경우에는 그 청약 철회의 효력은 발생하지 아니한다. 다만, 청약자가 보험금의 지급사유가 발생했음을 알면서 해당 보험계약의 청약을 철회한 경우에는 그러하지 아니한다(동법 제102조의5).

넷째, 자본시장과 금융투자업에 관한 법률 제4조에 따른 증권 및 같은 법 제336조 제1항 제1호에 따른 어음이다. 물론 이러한 금융상품에 대하여 할부거래법을 적용할 수 없는 이유는 그 금액(수익 등)이 사업자에 의하여 결정되는 것이 아닌 금융시장 등에 의하여 결정되기 때문이다. 또한 이를 인정할 경우 소비자보호가 아닌 소비자의 사행심을 조장할 수 있기 때문이다. 따라서 증권 및 어음에 대하여 할부거래법의 적용을 배제하는 것이 타당하지만, 과연 이러한 금융상품으로 제한하는 것이 타당한 것인가의 문제가 발생한다. 즉, 할부거래법에서는 증권과 어음만을 적용배제대상으로 정하고 있기 때문에 이에 해당하지 않은 금융상품은 동법의 적용을 받게 된다. 이에 해당하는 금융상품으로는 자본시장법상 양도성 예금증서, 파생상품이 있으며, 이 외에도 복권 등이 있다. 그럼 이러한 파생상품 등에 대하여 할부거래법을 적용하는 것이 과연 타당한 것인가? 그러나 금융상품의 경우 투자성이 존재하기 때문에 그 적용을 인정할 경우 소비자의 사행심을 조장할 수 있다. 따라서 할부거래법의 적용이 배제되는 금융상품

109) 지연이자를 계산하는 방법으로 보험회사는 보험료 반환이 늦어진 기간에 대해서는 해당 보험약관에서 보험금 지급이 지연되는 경우 지연이자를 계산할 때 적용하도록 정한 이자율을 적용하여 계산한 금액을 더하여 지급하여야 한다. 다만, 보험료가 신용카드를 이용하여 납입된 경우에는 그 계산한 금액을 영(零)으로 한다(동법 시행령 제48조의2 제3항).

의 범주에 대하여는 확대하는 것이 바람직하며, 이는 소비자의 사행심을 야기할 수 있는 금융상품으로 한정할 필요가 있다.

나. 후불식 할부거래와 청약철회권

(1) 청약철회권의 발생요건

상기에서 제시한 재화등을 제외하고, 후불식 할부계약을 체결한 소비자는 아무런 이유를 제시함이 없이 그 계약을 해소할 수 있다. 이러한 점은 일정한 요건을 충족하였을 경우에만 행사할 수 있는 다른 계약해소권(취소권 또는 해제권)과 비교하여 가장 큰 차이점이라고 할 수 있다. 따라서 청약철회권의 발생요건은 제한이 없다(동법 제8조 제1항).

그럼 이러한 청약철회권은 무제한적으로 인정되는가? 청약철회권은 소비자에게 계약체결 이후 구매의사를 재차 판단할 수 있는 기회를 부여하기 위함이라는 점만을 감안한다면 무제한적으로 허용되는 것이 타당하다. 그러나 그 전제조건은 청약철회권의 행사에 따라 소비자가 반환한 재화를 사업자가 재판매할 수 있어야 한다. 따라서 이러한 전제조건(재판매가능성)이 충족되지 않은 경우에는 이를 제한하여야 한다. 즉, 청약철회권을 인정한다고 하여 사업자에게 손실을 부담시키는 것은 법의 보호한계를 초월한 것이라고 할 수 있다. 이를 고려하여 할부거래법에서는 다음의 할부계약에 대하여 청약철회권의 행사를 배제하고 있다(동법 제8조 제2항).

1) 재화의 멸실 또는 훼손

재화등의 내용을 확인하기 위하여 포장 등을 훼손한 경우는 제외하고, 소비자에게 책임있는 사유로 재화등이 멸실되거나 훼손된 경우이다. 그러나 포장된 재화의 내용을 확인 또는 검사하기 위하여 개봉한 경우에는 이에 해당하지 않기 때문에 청약철회권을 행사할 수 있다. 예를 들어, 소비자가 재화를 확인하던 도중 실수로 떨어뜨려 파손한 경우는 소비자의 책임있는 사유로 재화가 멸실된 경우에 해당하기 때문에 청약철회권을 행사할 수 없다. 그럼 소비자의 책임없는 사유로 재화등이 멸실된 경우에는 어떠한가? 즉, 제3자가 재화를 파손한 경우 또는 천재지변 등의 불가항력에 의하여 재화가 파손된 경우이다. DCFR에 대한 해설에서는 이 경우에도 청약철회권을 행사할 수 있다고 한다. 물론 현행법상의 규정(청약철회권의 발생요건)만을 본다면 이 경우에도 소비자는 청약철회권을 행사할 수 있다. 즉, 책임있는 사유에 의한 경우에 국한하기 때문에 당연히 책임없는 경우는 배제사유에 해당하지 않기 때문이다.

이와 유사한 사례가 해제권의 소멸사유이다. 즉, 민법에서는 해제권이 발생하였다고 하더라도 해제권자의 고의 또는 과실에 의하여 계약의 목적물이 현저히 훼손되거나 이를 반환할 수 없게 된 때 또는 가공이나 개조로 인하여 다른 종류의 물건으로 변경된 때에는 해제권은 소멸한다고 규정하고 있다(민법 제553조). 그럼 해제권자의 책임없는 사유로 멸실 또는 훼손된 경우에는 해제권을 행사할 수 있는가? 이에 대하여 학설은 구체적으로 언급하고 있지 않으며, 해제의 효과로서 원상회복의무와 관련하여 목적물이 책임없는 사유로 멸실 또는 훼손되었을 경우 반환의무인정에 대하여 다음과 같이 세분되고 있다. 첫째, 급부물이 반환불능인 경우에는 반환의무자의 책임사유 유무를 불문하고 가액반환의무를 진다고 하는 견해이다.[110] 둘째, 채무자에게 책임없는 사유로 멸실 또는 훼손된 경우에는 가격반환의 책임을 인정하지 않는 것이 공평하다는 견해이다.[111] 셋째, 해제를 하기

110) 김증한 · 김학동, 앞의 책, 165면. 반면에 해제권자의 책임없는 사유로 인한 멸실 등에 대하여 가액반환을 인정하는 견해로는 이병준, 「민법사례연습 IV」, 세창출판사, 2007, 93-94면.

전과의 균형상 위험부담의 법리를 유추적용하여 매수인이 물건의 멸실에 따른 손실을 입을 수 밖에 없다는 견해이다.[112] 이러한 학설은 크게 가액반환을 인정하는 경우(제1설)와 부정하는 경우(제2설과 제3설)로 구분된다. 물론 제1설은 법문에 충실한 견해라고 할 수 있다. 즉, 해제권이 소멸되지 않기 때문에 해제할 수 있으며, 이로 인하여 원상회복의무를 부담하지만, 원물반환이 불가능하기 때문에 가액반환을 하여야 한다. 그러나 이를 인정할 실익이 그리 크지 않다. 즉, 구입한 믹서기를 도둑맞은 경우[113] 매도인은 대금(이자포함)반환의무를 부담하며, 매수인은 가액반환의무(사용하였다면 사용이익포함)를 부담한다. 여기에서의 가액은 해제 당시의 가액이다. 따라서 매수인이 미사용한 믹서기를 도난 당한 후에 해제권을 행사하였고, 그 가격이 매매시점과 해제시점에 있어서 동일하다면 매도인만 이자지급의무를 부담하게 된다. 즉, 매도인이 반환하여야 할 금액은 대금과 이자이며, 매수인이 반환하여야 할 금액은 가액이다. 따라서 양자를 상계처리한다면 남은 금액은 대금의 이자이다. 반면에 믹서기의 가격이 매매 당시와 해제시에 있어서 상이하다면 그 차액을 더 하거나 빼야 할 것이다. 또한 매수인이 믹서기를 사용하였다면 사용에 따라 얻은 이익 역시 공제하여야 한다. 이러한 해결은 앞에서 언급한 바와 같이 법문에 충실한 해석이라고 할 수 있다. 그러나 해제권을 행사하였을 경우 양당사자는 원상회복의무를 부담하며, 양 채무는 상호 견련관계에 있다. 물론 해제의 효과 등에서는 위험부담에 관한 규정을 준용하고 있지 않기 때문에 해제후 일방의 채무(반환의무)가 책임없는 사유로 불능이 된 경우 위험부담의 원칙을 적용할 수 없다. 그러나 위험부담의 원칙은 쌍무계약, 즉 견련관계에 있는 양 채

---

111) 곽윤직, 앞의 책, 105면.

112) 김준호, 「채권법」, 법문사, 2011, 493면; 內田 貴, 「民法 II」, 東京大學出版會, 1999, 97-98면.

113) 이 사례는 이병준 교수의 민법사례연급 IV(92면)에서 제시된 사례이다.

무 중 어느 채무가 책임없는 사유로 이행불능된 경우의 문제를 해결하기 위함이라고 한다면 해제 후 일방의 원상회복의무가 불능하게 된 경우 역시 동일하게 해결하는 것이 위험부담의 기본원칙에 합치하다고 판단된다. 또한 가액반환을 인정하는 견해에 따르면 구입시와 해제시의 가액이 동일한 경우 매도인만 이자를 지급하게 되는 결과가 발생한다. 과연 이러한 것이 공평의 원칙에 합치한다고 할 수 있는가의 문제가 제기된다. 따라서 이 경우에는 위험부담의 원칙을 유추적용하여 가액반환이 아닌 원상회복의무의 소멸로 해결하는 것이 문제의 해결을 간편하게 함과 더불어 공평의 원칙에 합치한다고 할 수 있다.

그럼 이러한 결론이 청약철회에도 적용될 수 있는가? 물론 상기의 제1설과 같이 가액반환을 주장하는 견해에 따르면 청약철회의 경우에도 동일하게 가액반환을 인정할 것이다. 그러나 이러한 해결방안 보다는 양자의 반환의무를 소멸시키는 것이 비교적 합리적일 것이다. 따라서 이 경우 역시 위험부담의 법리를 유추적용하여 소비자의 책임없는 사유로 인하여 재화가 멸실 또는 훼손된 경우에도 청약철회권을 행사할 수 없다고 하는 것이 타당할 것이다.

2) 사용 또는 소비된 재화

사용 또는 소비에 의하여 그 가치가 현저히 낮아질 우려가 있는 것으로서 선박법에 따른 선박 · 항공법에 따른 항공기 · 철도사업법 및 도시철도법에 따른 궤도를 운행하는 차량 · 건설기계관리법에 따른 건설기계 · 자동차관리법에 따른 자동차를 사용 또는 소비한 경우이며, 설치에 전문인력 및 부속자재 등이 요구되는 것으로서 고압가스 안전관리법 제3조 제4호에 따른 냉동기 · 전기 냉방기(난방 겸용인 것을 포함한다) · 보일러를 설치한 경우이다(동법 시행령 제6조 제1항). 이러한 재화는 미사용시 가치와 사용후 가치간의 차이가 현저하기 때문에 청약철회를 인정할 경우 사업자에게 커다란 손해가 발생하기 때문이다. 여기에서 중요한 점은 단지 이러한 재화를 구입하였다는 그 자체만으로 청약철회권이 배제되는 것이 아닌 사용을 하였을 경우로 국한된다. 따라서 단지 계약을 체결하였을 경우 또는 계약을 체결하였다고 하더라도 이를 사용 또는 설치하지 않은 경우에는 청약철회권을 행사할 수 있다.

이와 같이 상기의 재화에 대하여 청약철회권을 배제하고 있지만, 이와 관련하여 두 가지의 문제점이 있다. 첫째는 재화의 범주이다. 즉, 상기의 요건에 따라 청약철회권이 배제되는 경우는 열거하고 있는 재화에만 국한된다. 그럼 이에 해당하지 않은 재화를 사용함으로써 그 가치가 현저히 감소하더라도 청약철회권을 행사할 수 있는가의 문제가 제기된다. 물론 동법에서는 시행령에서 정한 재화에 대하여만 청약철회권을 배제하고 있기 때문에 이에 해당하지 않은 재화에 대하여는 사용에 의하여 그 가치가 감소하더라도 청약철회권을 행사할 수 있다. 그러나 이 경우까지 청약철회권을 인정하는 것은 과도한 소비자보호에 해당한다. 따라서 재화의 종류에 상관없이 소비자가 사용하여 그 가치가 현저히 감소한 경우는 청약철회권을 행사할 수 없도록 개정할 필요가 있다. 둘째는 설치에 따라 청약철회권이 배제되는 경우이다. 물론 이 경우 청약철회권을 배제함에 있어서는 타당하다. 그러나 조문의 위치이다. 즉, 법률에서 위임한 내용은 사용에 의하여 그 가치가 현저히 감소하는 재화이다. 그러나 시행령에서는 이 뿐만 아니라 보일러 등을 설치한 경우까지 확대하여 규정하고 있다. 물론 취지에 대하여는 공감하지만, 법률의 위임을 벗어난 규정이 과연 효력이 있는 것인가의 문제가 제기된다. 이러한 문제를 해결하는 방법으로는 법률에서 청약철회권의 배제사유로 이를 추가하는 방안과 시행령에서 규정하더라도 동 조문에서 규정하는 것이 아닌 동법 제8조 제5호에 따라 시행령 제6조 제2항에서 규정하는 방안이 있다. 물론 법률의 차원에서 이를 정하는 것이 바람직하지만, 신속하게 체계정비를 할 수 있다는 점을 감안한다면 시행령

제6조 제2항에서 규정하는 것이 필요하다.114)

3) 시간의 경과에 따른 가치감소재화

시간이 지남으로써 다시 판매하기 어려울 정도로 재화등의 가치가 현저히 낮아진 경우이다. 즉, 상기의 사용 또는 소비와 달리 사용하지 않더라도 일정한 시간이 경과하면 그 가치가 감소하여 이를 재판매할 수 없는 재화를 말하며, 그 대표적인 예가 바로 음식료 등이라고 할 수 있다. 음식료 등은 소비자가 사용하지 않더라도 일정시간이 지나면 부패하거나 유통기간이 경과하기 때문에 이를 재판매할 수 없다.

4) 복제가능재화

복제할 수 있는 재화등의 포장을 훼손한 경우이다. 이에 해당하는 재화는 콘텐츠가 저장된 CD, DVD 등을 말한다. 이러한 재화는 CD 등의 그 자체가 중요한 것이 아닌 이에 내장된 콘텐츠가 핵심이다. 따라서 그 포장을 개봉하였다면 내장된 콘텐츠를 쉽게 복제할 수 있으며, 복제후 청약철회권을 행사하여 CD 등을 반환한다면 소비자는 계약의 목적을 달성하였

---

114) 현행 할부거래법으로 개정되기 전(2010년 3월 개정이전)에는 청약철회권의 배제사유에 대하여 목적물의 성질이나 계약 체결의 형태에 비추어 철회를 인정하는 것이 적당하지 아니한 경우로서 대통령령으로 정하는 것에 대하여는 그러하지 아니하다고 규정하고 있었다(동법 제5조 제1항 단서). 또한 당시 동 시행령 역시 사용에 의하여 그 가치가 현저히 감소될 우려가 있는 목적물(선박법에 의한 선박 · 항공법에 의한 항공기 · 철도사업법 및 도시철도법에 의하여 궤도를 운행하는 차량 · 건설기계관리법에 의한 건설기계 · 자동차관리법에 의한 자동차 · 냉장고 및 세탁기 · 낱개로 밀봉된 음반 · 비디오물 및 소프트웨어),을 사용한 경우 설치에 전문인력 및 부속자재등이 요구되는 목적물(고압가스안전관리법 제3조제4호의 규정에 의한 냉동기 · 전기 냉방기(난방겸용인 것을 포함한다) · 보일러)을 설치한 경우 또는 할부가격이 10만원이하인 할부계약(여신전문금융업법에 의한 신용카드를 사용하여 할부거래를 하는 경우에는 할부가격이 20만원이하인 할부계약으로 한다)으로 규정하고 있었다(동 시행령 제4조). 따라서 당시에는 이러한 문제가 발생하지 않았다.

음에도 불구하고 대금을 환급받는 부당한 결과가 발생하기 때문에 이를 배제사유로 규정한 것이다. 다만, 그 요건에 따라 청약철회권의 행사가 배제되는 경우는 포장을 훼손함으로써 복제할 수 있는 경우만을 의미하기 때문에 복제방지프로그램(DRM)이 설치되었다고 한다면 포장을 훼손하였다고 하더라도 청약철회권은 배제되지 않는다고 할 것이다. 문제는 CD 등에 내장된 형태가 아닌 온라인으로 다운로드 받거나 스트리밍으로 디지털콘텐츠를 이용한 경우 역시 이에 해당하는가의 문제이다. 이에 대하여는 후술하는 디지털콘텐츠거래에서의 청약철회권 분야에서 서술한다.

5) 가격제한 및 주문제작 재화

할부가격이 10만원 미만인 할부계약(여신전문금융업법에 따른 신용카드를 사용하여 할부거래를 하는 경우에는 할부가격이 20만원 미만인 할부계약) 및 소비자의 주문에 따라 개별적으로 제조되는 재화등의 공급을 목적으로 하는 할부계약이다(동법 시행령 제6조 제2항). 즉, 가격에 따른 제한은 소액할부거래에 대하여 청약철회권을 배제하기 위함이며, 개별 주문에 의하여 제작된 재화의 경우 주문한 소비자 이외 다른 소비자에게 이를 재판매하기가 곤란하다는 점은 감안한 것이다. 물론 이러한 점은 어느 정도 타당성을 가지고 있지만, 청약철회권을 인정하고 있는 다른 소비자보호법과의 관계를 고려한다면 그 타당성에 대하여 의문이 제기된다.

먼저, 특수거래분야에서의 소비자계약에 국한하여 청약철회권을 인정하는 것은 계약체결의 특수성을 감안한 것이다. 그럼 특수한 상황이 단지 가격에 의하여 상쇄될 수 있는가? 만일 이를 긍정한다면 다른 거래형태 역시 일정한 가격이하의 재화에 대한 거래에서도 청약철회권이 배제되어야 한다. 물론 할부계약은 대금의 분할지급이라는 특성을 감안한 것이며, 다른 거래형태는 대금이 아닌 계약체결의 방식에 기인하기 때문에 이를 동일시 취급할 수 없다고 할 수 있다. 그러나 할부거래법에서 청약철회권을 인정하는 취지가 대금의 분할지급이라고 한다면 이를 기준으로 결정할 문제이지 대금의 다소(多少)를 기준으로 하는 것은 타당하지 않다. 따라서 금액을 기준으로 한 배제사유에 대하여는 근본적인 측면에서 재검토가 필요하다고 할 것이다. 만일, 그 기준을 그대로 유지한다고 하더라도 직접할부계약과 간접할부계약에 있어서 청약철회권의 배제기준을 현행과 같이 상이하게 규정하는 것은 타당하지 않다. 신용제공자가 포함되어 있다는 점에서 양자를 달리 정할 수 있지만, 이러한 점만으로 간접할부계약에 있어서 청약철회권이 배제되는 기준을 직접할부계약에서의 금액의 2배로 설정하는 것은 부당하며, 여신전문금융업법에서 규정하고 있는 차별금지원칙에도 반한다. 따라서 근본적으로는 금액제한을 폐지하는 것이 바람직하지만, 이를 그대로 유지할 경우에도 양자의 기준을 달리하는 것이 아닌 통일하는 것이 필요하다.[115] 둘째, 소비자의 개별 주문에 의한 재화이다. 물론 그 취지에는 공감한다. 그러나 주문제작 재화라고 하여 무조건적으로 청약철회권을 배제하는 것은 할부거래라는 특성을 전혀 고려하지 않은 것이다. 또한 다른 소비자보호법에서도 역시 이를 배제사유로 정하고 있지만, 단지 이러한 재화라는 이유로만 배제하는 것이 아닌 이러한 재화이기 때문에 청약철회

---

115) 할부거래법상 대금지급방법에 따라 소비자를 차별하고 있는 또 다른 경우로는 항변권분야이다. 즉, 할부계약이 불성립·무효인 경우, 할부계약이 취소·해제 또는 해지된 경우, 재화등의 전부 또는 일부가 제6조 제1항 제2호에 따른 재화등의 공급 시기까지 소비자에게 공급되지 아니한 경우, 할부거래업자가 하자담보책임을 이행하지 아니한 경우, 그 밖에 할부거래업자의 채무불이행으로 인하여 할부계약의 목적을 달성할 수 없는 경우 또는 다른 법률에 따라 정당하게 청약을 철회한 경우 소비자는 신용제공자에게 할부금의 지급을 거절하는 의사를 통지한 후 할부금의 지급을 거절할 수 있다(동법 제16조 제2항). 그러나 항변권을 행사할 수 있는 소비자는 할부금액이 10만원 이상이어야 하며, 신용카드를 사용하여 할부거래를 하는 경우에는 20만원 이상이어야 한다(동 시행령 제11조). 그러나 계약의 불성립, 사업자의 채무불이행 등으로 인하여 대금결제를 거절함에 있어서 반드시 일정금액 이상이어야 한다는 것은 청약철회권의 배제사유보다도 더 부당하다. 따라서 조속한 시일내에 이를 삭제할 필요가 있다.

권이 배제된다는 사실에 대한 사전 고지와 소비자의 동의를 얻도록 하고 있다. 물론 이러한 요건 모두가 타당한 것인가에 대하여는 의문이 제기되지만, 소비자가 충분히 판단할 수 있는 여지를 부여한 후 이를 배제하고 있다는 점은 고려할 필요가 있다. 따라서 개별주문재화의 경우에 있어서 무조건적으로 청약철회권을 배제하기 보다는 일정한 요건을 추가할 필요가 있으며, 이에 대하여는 후술한다.

6) 청약철회권을 배제하기 위한 조치의무

상기의 요건 중 어느 하나에 해당한 경우 소비자는 청약철회권을 행사할 수 없다. 다만, 이러한 경우에 해당한다고 하더라도 사업자가 청약철회권을 인정한 경우에는 그러하지 않는다. 즉, 편면적 강행규정이기 때문에 소비자에게 유리한 반대합의는 가능하다. 그러나 합의를 통하여 그 요건을 강화하거나 이에 해당하지 않은 사유를 추가하는 것은 불가능하며, 이를 약정하였다고 하더라도 당해 약정은 무효이다. 또한 상기의 사유 중 둘째부터 넷째까지의 사유로 소비자의 청약철회권을 배제하기 위해서는 청약철회권의 행사가 불가능하다는 사실을 재화등의 포장이나 그 밖에 소비자가 쉽게 알 수 있는 곳에 분명하게 표시하거나 시용(試用) 상품을 제공하는 등의 방법으로 소비자가 청약을 철회하는 것이 방해받지 아니하도록 조치하여야 한다(동법 제8조 제2항, 제6항). 따라서 사업자가 이러한 조치를 취하지 않은 경우 상기의 요건(둘째부터 넷째까지에 한함) 중 어느 하나에 해당하더라도 소비자는 청약철회권을 행사할 수 있다. 즉, 소비자의 청약철회권을 배제하기 위해서는 실질적 요건과 절차적 요건을 모두 갖추어야 하며, 이 중 어느 하나라도 충족하지 못한 경우 소비자의 청약철회권은 배제되지 않는다.

(2) 청약철회권의 행사기간과 행사방법

1) 행사기간

할부거래법상 소비자가 청약철회권을 행사할 수 있는 기간은 두 가지로 구분된다. 즉, 사업자가 표시하여야 할 정보를 모두 기재한 계약서[116)]를 교부하고, 소비자의 청약철회권의 행사를 방해하지 않은 경우(일반적인 행사기간)와 이에 해당하지 않은 경우(특수한 행사기간)이다.

① 일반적인 행사기간

할부계약을 체결한 소비자는 계약서를 받은 날부터 7일이내에 청약을 철회할 수 있다. 다만, 그 계약서를 받은 날보다 재화등의 공급이 늦게 이루어진 경우에는 재화등을 공급받은 날부터 7일 이내에 청약을 철회할 수 있다. 그럼 사업자와 소비자간의 합의를 통하여 그 기간을 단축하거나 연

---

116) 할부거래법상 사업자는 계약을 체결하기 전에 일정한 정보를 소비자에게 제공하여야 하며, 계약체결시 계약서를 교부하여야 한다. 먼저, 제공하여야 할 정보로는 재화등의 종류 및 내용, 현금가격(할부계약에 의하지 아니하고 소비자가 재화등의 공급을 받은 때에 할부거래업자에게 지급하여야 할 대금 전액을 말한다), 할부가격(소비자가 할부거래업자나 신용제공자에게 지급하여야 할 계약금과 할부금의 총 합계액을 말한다), 각 할부금의 금액·지급횟수 및 지급시기, 할부수수료의 실제연간요율, 계약금(최초지급금·선수금 등 명칭이 무엇이든 할부계약을 체결할 때에 소비자가 할부거래업자에게 지급하는 금액을 말한다), 제12조 제1항에 따른 지연손해금 산정 시 적용하는 비율이다(동법 제5조). 또한 계약체결시 교부하여야 할 계약서에 기재하여야 할 사항으로는 할부거래업자·소비자 및 신용제공자의 성명 및 주소, 재화등의 종류·내용 및 재화등의 공급 시기, 현금가격, 할부가격, 각 할부금의 금액·지급횟수·지급기간 및 지급시기, 할부수수료의 실제연간요율, 계약금, 재화의 소유권 유보에 관한 사항, 제8조에 따른 청약철회의 기한·행사방법·효과에 관한 사항, 제11조 제1항에 따른 할부거래업자의 할부계약의 해제에 관한 사항, 제12조 제1항에 따른 지연손해금 산정 시 적용하는 비율, 제13조에 따른 소비자의 기한의 이익 상실에 관한 사항, 제16조에 따른 소비자의 항변권과 행사방법에 관한 사항이다(동법 제6조).

장할 수 있는가? 그러나 이는 소비자보호에 있어서 핵심적인 내용이기 때문에 소비자에게 불리한 합의는 효력이 없다. 따라서 그 기간을 연장하는 합의의 효력은 인정되지만, 이를 단축하거나 부정하는 합의는 효력이 없다(동법 제43조). 그 결과 이 조항은 편면적 강행규정에 해당한다. 이와 더불어 소비자는 계약서를 받거나 재화를 공급받은 이후에만 청약을 철회할 수 있는가 아니면 그 이전, 즉 청약이 효력을 발생한 시점 이후부터 행사할 수 있는가의 문제가 제기된다. 물론 법문에서는 계약서를 받은 날 또는 재화를 공급받은 날이라고 규정하고 있기에 그 이전에 행사할 수 있는지에 대하여 의문이 제기될 수 있다. 그러나 할부거래법 등에서의 청약철회권은 민법 제527조에 대한 예외규정이기 때문에 청약이 효력을 발생한 시점 이후부터 언제든지 소비자는 청약을 철회할 수 있다고 할 것이다. 그럼 계약서의 교부시점 또는 재화의 공급시점의 의미는 무엇인가? 이는 통일적인 청약철회권의 행사기간을 정하기 위하여 설정한 기점이다. 물론 소비자가 언제까지 청약철회권을 행사할 수 있는가를 정하는 방법은 청약이 효력을 발생한 시점부터 정할 수 있지만, 그 시기는 불명확하다. 즉, 소비자가 어떠한 방법으로 청약을 하였는가 또는 소비자와 사업자간의 거리 등에 따라 차이가 있기 때문이다. 따라서 청약의 방법 등을 불문하고, 모든 소비자에게 통일적인 청약철회기간을 부여하기 위하여 그 시점을 기준으로 정한 것이다. 또한 이는 소비자가 구매의사를 재차 판단하기 위해서는 재화를 공급받아야 한다는 점을 감안한 것이다. 즉, 1991년에 제정된 할부거래법에서는 그 행사기간에 대하여 계약서를 교부받은 날 또는 계약서를 교부받지 아니한 경우에는 목적물의 인도등을 받은 날부터 7일 이내로 정하였다(동법 제5조). 이는 2008년 3월 동법이 개정되기까지 유지되었으며, 2008년 개정 이후 현행과 같은 행사기간의 기산점을 정하게 되었다. 개정전까지 소비자가 재화를 공급받지 않았더라도 계약서를 교부받았을 경우 행사기간의 기산점은 계약서의 교부시점이었다. 그러나 재화를 공급받지 않은 상태에서 구매의사를 정확히 판단한다는 것이 곤란하다. 따라서 2008년 개정법에서는 행사기간의 기산점을 현행과 같이 변경한 것이다.

그럼 계약체결시점에 재화를 공급하고, 계약서를 교부하였지만, 계약서에 기재되어야 할 사항이 모두 기재되지 않은 경우에는 어떠한가? 이에 대하여는 후술한다.

② 특수한 행사기간

첫째, 계약서를 받지 아니한 경우, 할부거래업자의 주소 등이 적혀 있지 아니한 계약서를 받은 경우 또는 할부거래업자의 주소 변경 등의 사유로 일반적인 행사기간 이내에 청약을 철회할 수 없는 경우에 소비자는 그 주소를 안 날 또는 알 수 있었던 날 등 청약을 철회할 수 있는 날부터 7일이내에 청약을 철회할 수 있다. 즉, 사업자가 계약서를 교부하지 않은 경우 등에 있어서는 소비자가 청약을 철회함에 있어서 기초되는 정보가 존재하지 않기 때문에 행사기간의 기산점을 사업자의 주소를 안 날 또는 알 수 있었던 날로 정하여 그 행사기간을 연장하고 있다. 그럼 입법목적에 따라 사업자가 이러한 의무를 위반하였을 경우 행사기간이 사실상 연장되는가? 그러나 행사기간의 연장은 발생하지 않는다. 즉, 입법자의 의도는 사업자가 계약서를 교부하지 않거나 계약사를 교부하더라도 주소가 기재되지 않은 계약서를 교부받은 경우 행사기간의 기산점을 재화를 공급받은 날보다 그 이후로 정하여 행사기간을 연장하기 위함이다. 물론 이러한 입법취지에 대하여는 공감하며, 이는 유럽연합 등의 입법례와 동일하다고 할 수 있다. 그러나 이러한 입법목적을 구체적인 법조문으로 표출함에 있어서 그대로 반영한 것이 아닌 다르게 법제화함으로 인하여 그 목적은 사실상 달성하기 곤란하게 되었다. 그럼 이러한 오류는 어디에서부터 시작하는가? 이는 사업자의 의무위반시 연장된 행사기간의 기산점을 사업자의 의무위반시점이 아닌 소비자의 인식가능성을 기준으로 설정하였기 때문이다. 즉, 유럽연합

등의 경우 사업자가 청약철회에 관한 정보를 제공하지 않은 경우 그 기산점은 사업자가 이에 관한 정보를 제공한 시점으로 정하여 청약철회에 관한 정보를 제공하지 않은 사업자에게 불이익을 부과하고 있다. 그러나 할부거래법(후술하는 방문판매법 및 전자상거래소비자보호법 역시 동일)에서는 그 기준을 소비자가 사업자의 주소를 안 날 또는 알 수 있었던 날로 정하고 있기 때문에 사업자의 추후 정보제공과 무관하게 소비자의 인식가능성을 기준으로 하고 있다. 이는 사업자의 정보제공의무 위반에 대하여 추후 의무이행을 촉구하기 위함이라는 입법목적과는 무관하게 되었다. 또한 이러한 규정상의 문제점에도 불구하고 그 기산점을 소비자가 안 날로만 정하였다면 그 문제는 최소화될 수 있었다. 즉, 소비자가 안 날이 과연 언제인가의 문제에 대하여 사실상 사업자가 입증하여야 하기 때문에 이에 관한 정보를 추후 제공하여야 한다. 그러나 그 기산점은 단지 소비자가 안 날만이 아닌 알 수 있었던 날까지 포함한다. 그 결과 행사기간의 기산점은 계약을 체결한 날 또는 재화등을 공급받은 날이 된다.[117] 즉, 할부거래는 일반 거래와 달리 대금지급방식에 있어서 특수성이 인정되는 거래이다. 따라서 방문판매법 또는 전자상거래소비자보호법과 달리 비대면 거래 또는 사업자의 영업소 이외의 장소에서 계약을 체결하는 것이 아닌 사업자의 영업소에서 대면하여 계약을 체결하지만, 대금의 지급은 일시불이 아닌 분할지급이다.[118] 그럼 이러한 할부거래의 특성은 행사기간의 연장을 규정하고

---

117) 계약서의 미교부 등의 경우 행사기간의 기산점이 언제인가(계약체결시점 또는 재화등의 공급시점)의 문제는 일반적인 행사기간과 특수한 행사기간에 대한 규정 상호간의 관계에 관한 문제가 해결되어야 하며, 이에 대하여는 후술한다.

118) 물론 할부계약이 다른 특수거래법에서 규정하고 있는 특수거래형태와 결합할 수 있다. 예를 들어, 방문판매 또는 전화권유, 통신판매 등을 통하여 재화를 구입하고, 대금을 분할하여 지급하는 경우이다. 이러한 경우는 할부거래법뿐만 아니라 방문판매법 또는 전자상거래소비자보호법 역시 적용되며, 이러한 법들에 따라 해결하면 된다. 따라서 할부거래법에서 이러한 거래형태까지 결합된 경우까지 예정하여 규정하는 것은 적합하지 않다.

있는 할부거래법과 어떠한 관계가 있는가? 소비자는 사업자의 영업장에서 할부계약을 체결하기 때문에 계약체결 당시 사업자의 주소를 알고 있었다. 물론 정확한 주소를 알지 못하였다고 하더라도 알 수 있는 상태이다. 즉, 사업자가 계약서를 교부하지 않거나 주소가 미기재된 계약서를 교부하였다고 하더라도 사업자의 영업장소에서 계약을 체결하였기 때문에 그 주소를 쉽게 알 수 있는 상태이다. 따라서 이를 알지 못하였다고 하더라도 이는 소비자의 과실에 의하여 알지 못한 것이 되며, 사업자의 주소를 알 수 있었던 때에 해당하게 된다. 그 결과 사업자가 계약서를 교부하지 않거나 주소가 기재되지 않은 계약서를 교부한 경우 행사기간의 연장은 발생하지 않게 된다. 그럼 이러한 결론이 과연 타당한 것인가? 동 규정의 입법취지는 기본적으로 사업자에게 계약서 교부의무를 이행하도록 요구하기 위함이다. 물론 이를 이행하지 않은 경우 시정조치 등을 부과받음과 더불어 500만원 이하의 과태료가 부과된다(동법 제53조 제4항 제2호). 이는 공법상 제재이며, 그 실효성을 확보하기 위하여 사법적 효과, 즉 행사기간의 연장을 규정한 것이다. 그러나 그 위반에 대한 사법상의 효과(행사기간의 연장)는 앞에서 살펴본 바와 같이 발생하지 않는다.

그럼 이러한 동법의 규정은 어떻게 개정되어야 하는가? 물론 소비자가 알 수 있었던 날을 포함하고 있기 때문에 발생한 문제라고 판단하여 이를 삭제함으로써 해결할 수 있다. 그러나 그 방식은 근본적인 해결방안이라고 할 수 없다. 그 입법취지는 사업자에게 계약서교부의무를 정확하게 이행하도록 요구하기 위함이기 때문에 그 위반에 대하여는 이를 이행하도록 요구하는 방안으로 해결하여야 한다. 즉, 단순히 소비자가 안 날로 정할 경우 추후 사업자의 의무이행에 의한 것이 아닌 소비자의 지(知) 또는 부지(不知)에 의하여 해결되기 때문에 사업자의 의무이행요구와 별개로 운용될 수 있다. 따라서 원래의 입법목적에 충실하기 위해서는 사업자가 이에 관한 정보를 제공한 시점을 행사기간의 기산점으로 정하여야 할 것이다.

둘째, 계약서에 청약의 철회에 관한 사항이 적혀 있지 아니한 경우에는 청약을 철회할 수 있음을 안 날 또는 알 수 있었던 날부터 7일 이내에 청약을 철회할 수 있다. 사업자는 할부계약을 체결한 후 즉시 계약서를 교부하여야 하며, 이에는 청약철회권에 관한 사항이 기재되어 있어야 한다. 따라서 계약서를 교부하였지만, 청약철회에 관한 사항이 기재되어 있지 않은 경우 행사기간은 계약서 교부시점이 아닌 청약철회에 관하여 소비자가 안 날 또는 알 수 있었던 날로부터 7일 이내에 행사할 수 있다. 그럼 동 규정에서 의미하는 행사기간의 연장효과가 발생하는가? 이에 대하여는 다음의 두 가지의 예시를 통하여 살펴본다. 첫째는 사업자가 계약체결 시점 또는 그 이전에 청약철회에 대하여 설명하였지만, 계약서에 이에 관한 사항이 기재되지 않은 경우이다. 둘째, 사업자가 청약철회에 관한 정보를 제공하지 않았고, 계약서에도 이에 관한 사항이 기재되어 있지 않은 경우이다. 먼저, 첫 번째 사례의 경우 계약서에 청약철회에 관한 사항이 기재되어 있지 않더라도 정보제공의무를 통하여 이에 관한 정보를 제공하였기 때문에 소비자가 청약철회에 대하여 알고 있는 경우에 해당한다. 따라서 계약서의 기재여부와 관계없이 행사기간은 연장되지 않는다. 두 번째 사례의 경우 정보제공의무의 미이행 및 계약서의 미기재에 해당한다. 그럼 소비자가 이를 알지 못하였고, 이에 대하여 과실이 없다고 할 수 있는가? 만일, 당해 사업자 또는 다른 사업자와 다른 할부거래를 체결하였고, 이에 따라 청약철회권을 알고 있었다면 소비자는 청약철회권을 알고 있었거나 알 수 있는 상태에 있다고 할 수 있다. 물론 이러한 점은 단지 종전 거래뿐만 아니라 다양한 방식을 통하여 알 수 있다. 그렇다고 한다면 사업자가 청약철회에 관한 정보를 계약서에 기재하지 않았을 경우 행사기간이 연장되는 경우는 소비자가 이에 관하여 전혀 알지 못해야 하며, 이에 대한 과실이 없어야 한다. 그럼 이러한 경우가 과연 어느 정도 있을까? 이러한 문제가 발생하는 근본적 이유는 사업자의 의무위반에 대한 구제방식에 있어서 사업자의 의무이행을 요구하는 것이 아닌 역으로 소비자를 기준으로 정하고 있기 때문이다. 따라서 전술한 바와 같이 그 문제는 사업자의 의무이행을 통하여 해결하여야 하기 때문에 사업자가 이에 관한 정보를 서면으로 제공한 시점을 행사기간의 기산점으로 정하여야 할 것이다.

셋째, 할부거래업자가 청약의 철회를 방해한 경우에는 그 방해 행위가 종료한 날부터 7일이내에 청약을 철회할 수 있다. 청약철회권은 형성권이기 때문에 사업자의 의사와 무관하게 효력을 발생한다. 그러나 사업자가 소비자의 청약철회권의 행사를 방해한 경우, 즉 소비자가 청약철회권을 행사할 수 없도록 한 경우에 행사기간을 연장하기 위하여 동 규정을 두었다. 그럼 사업자의 방해행위는 구체적으로 어떠한 행위를 말하는가? 매우 다양하게 제시될 수 있지만, 여기에서는 대표적인 행위를 제시한다. 먼저, 사업자가 소비자에게 청약철회권을 행사할 수 없도록 위력을 행사하거나 협박한 경우이다. 즉, 소비자가 청약을 할 수 없도록 폭력을 행사하거나 청약철회권을 행사할 경우 추후 재화를 판매하지 않겠다고 고지하는 것을 예로 제시할 수 있다. 둘째, 청약철회권의 행사를 인정하면서 행사시 과도한 위약금을 부과하겠다고 고지한 경우이다. 즉, 청약철회권의 행사에 대하여 위약금 등을 부과할 수 없음에도 불구하고 소비자에게 청약철회권을 행사할 경우 위약금이 부과된다고 고지하여 사실상 청약철회권의 행사를 방해하는 것이다. 셋째, 청약철회가 가능함에도 불구하고 허위로 청약철회가 불가능하다고 고지 또는 표시한 경우이다. 즉, 자동차의 경우 계약을 체결한 것만으로 청약철회권이 배제되지 않음에도 불구하고, 체결 이후에는 청약철회가 불가능하다고 표시하여 소비자가 청약을 철회할 수 없게 한 경우이다. 넷째, 사업자의 주소(전자우편주소) 등을 허위로 제공하여 소비자가 그 주소로 청약철회서를 송부하도록 하였지만, 반송되도록 한 경우이다. 예를 들어, 사업자가 전자우편주소를 제시하였지만, 해당 주소는 허위의 주소이기 때문에 소비자가 전자문서로 청약을 철회하더라도 반송되도록 하는 경우이다. 마지막으로 소비자가 청약을 철회함에 있어서 반드시 일정한 철회서(사업자가 제공한 서식)만으로 행사하도록 하면서 이에 관한 서식을 제공하지 않거나 내용증명우편으로 행사하였을 경우에만 인정하는 경우이다. 즉, 할부거래법에서는 청약의 철회를 서면으로 하도록 규정하고 있을 뿐 그 형식에 대하여는 제한을 두고 있지 않다.[119) 물론 사업자는 계약체결시 철회서를 제공할 수 있지만, 반드시 이를 통하여 행사하여야 하는 것은 아니다. 따라서 소비자는 다양한 방식으로 청약을 철회할 수 있음에도 불구하고, 의사표시의 방법에 제한을 두는 경우이다. 이와 같이 사업자의 방해행위가 존재할 경우 그 기산점은 방해행위가 종료한 시점이다.[120)]

③ 양자간의 관계

할부거래법에서는 청약철회의 행사기간에 대하여 단일의 기준이 아닌 복수의 기준으로 규정하고 있다. 즉, 청약철회권은 재화를 공급받은 날로 정하고 있으면서, 계약서를 교부받지 않거나 일정한 정보가 미기재된 계약서를 교부받은 날 또는 방해행위가 있는 경우 그 행사기간을 연장하는 방

---

119) 할부거래법에서는 청약철회권을 서면으로 행사하도록 규정하고 있다. 그럼 소비자가 구두로 청약을 철회하였을 경우 그 효과는 발생하지 않는가의 문제가 제기되며, 이에 대하여는 후술한다.

120) 이외의 방해행위로 기산점을 달리 정하거나 그 기간을 단축하는 행위도 제시할 수 있다. 그럼 이 경우 방해행위가 종료한 시점, 기산점을 정확하게 고지하거나 최소 법상의 행사기간을 고지한 시점부터 행사기간이 다시 기산하는가의 문제가 제기된다. 물론 이러한 행위 역시 방해행위의 일종으로 인정하는 견해도 있지만, 이 경우는 청약철회에 대한 방해행위로 볼 것이 아닌 기간의 재설정으로 해결하는 것이 바람직할 것이다. 즉, 기산일을 잘못 고지하였다면 사업자가 제시한 날부터가 아닌 법에서 정한 기산일부터 7일 이내에 청약을 철회할 수 있으며, 기간을 단축한 경우에도 법상 기산일로부터 7일 이내에 청약을 철회할 수 있다고 해석하여야 할 것이다. 따라서 이 경우에는 행사기간에 대하여 다시 고지한 시점이 아닌 법에서 정한 기간내에 행사할 수 있다고 할 것이다.

식을 취하고 있다. 그럼 양자간의 관계는 어떠한가? 즉, 일반적인 행사기간을 기본으로 하고, 상기의 특수한 상황이 존재할 경우에 그 이후의 시점을 기산일로 정하는 것인가 아니면 각기 별도로 기산일을 정해야 하는가의 문제이다. 이러한 문제가 발생하는 근본적인 이유는 특수한 행사기간에 대하여 유럽연합의 소비자권리지침 등과 달리 소비자를 중심으로 규정하고 있기 때문이다. 물론 이에 대한 근본적인 해결은 사업자의 의무위반시 그 의무를 이행한 시점으로 개정하는 방안이다. 이는 법 개정을 통하여 해결하여야 한다. 그럼 법 개정이전까지 그 문제는 어떻게 해결하여야 하는가? 이에 대하여는 입법취지를 감안하여 청약철회권의 행사기간의 기산점은 기본적으로 재화를 공급받은 시점으로 정하고, 계약서의 미교부 또는 미기재된 계약서의 교부 등에 있어서는 재화를 공급받은 시점 이후로 정하여야 할 것이다. 즉, 소비자가 계약서를 교부받지 못하였다고 하더라도 계약체결 당시 사업자의 주소를 알았거나 알 수 있었을 경우 그 기산점은 계약체결시점이 아닌 재화를 공급받은 시점이라고 하여야 한다. 만일, 양자를 별도로 파악하여 소비자가 사업자의 주소를 안 날 또는 알 수 있었던 날로 정한다면 사업자의 의무위반에 대하여 행사기간의 연장이라는 불이익을 가하기 위함이라는 입법목적은 달성할 수 없게 된다. 따라서 소비자가 계약체결 당시에 사업자의 주소를 알았거나 알 수 있었다고 하더라도 그 시점부터 청약을 철회할 수 있는 것이 아닌 재화를 공급받은 날로부터 청약을 철회할 수 있다고 할 것이다. 그 결과 양자(동법 제8조 제1항 제1호와 제2호 내지 제4호)의 관계는 기본적으로 제1호에 의하여 행사기간이 결정되지만, 제2호 내지 제4호의 사유가 있는 경우에는 재화를 공급받은 날 이후 소비자가 이를 안 날 또는 알 수 있었던 날(방해행위가 종료한 날)에만 적용될 뿐 그 이전에 알았거나 알 수 있었던 경우 또는 방해행위가 종료된 경우에는 재화를 공급받은 날이 기산일이라고 해석하여야 할 것이다.

④ 최장기간

할부거래법상 청약철회권은 상기의 행사기간내에 행사하여야 한다. 물론 일반적인 행사기간이라고 한다면 문제가 없지만, 특수한 행사기간의 경우 무제한적으로 행사할 수 있는가? 즉, 사업자가 계약서를 교부하지 않아 소비자가 그 주소를 과실없이 알지 못한 경우 그 기간에 상관없이 이를 알 수 있었던 날부터 7일이내에 행사할 수 있는가의 문제이다. 물론 그 기간내에 재화가 멸실 또는 훼손되거나 그 가치가 현저히 감소한 경우 등에는 행사할 수 없다. 그럼 이에 해당하지 않은 경우 10년 이내에는 언제든지 행사할 수 있는가? 즉, 청약철회권은 형성권의 일종이기 때문에 소멸시효의 대상이 아닌 제척기간의 적용을 받는다. 따라서 주소 등을 알지 못한 경우에 있어서 최장기간을 정하고 있지 않기 때문에 일반 원칙인 10년의 제척기간이 적용되거나 신의칙상 실효의 법리에 따라 소멸될 수 밖에 없다. 그러나 사업자가 영업활동을 지속하고 있는 상황이라고 한다면 10년의 제척기간에 의하여 소멸하는 경우는 거의 없을 것이다. 즉, 할부거래법상 행사기간의 기산점은 단지 안 날뿐만 아니라 알 수 있었던 날도 존재하기 때문에 과실없이 이를 알지 못한 경우는 거의 없을 것이기 때문이다. 물론 이러한 문제점에 대하여는 앞에서 언급하였다. 그럼 이러한 문제점을 해소하기 위하여 법을 개정할 경우 최장기간에 대한 설정이 불필요한 것인가의 문제이다. 물론 사업자가 청약철회권에 관한 정보를 제공하지 않았기 때문에 행사기간은 진행되지 않으므로 10년의 제척기간이 적용되어야 한다고 할 수 있다. 그러나 청약철회권은 계약체결 이후 소비자에게 구매의사를 재차 판단할 수 있는 기회를 부여하기 위함이라는 취지를 감안할 때 그 행사기간을 장기간으로 정하는 것은 바람직하지 않다. 이러한 측면에서 볼 때, 유럽연합의 소비자권리지침상 1년이라는 최장기간은 어느 정도 타당성이 있다. 그러나 이는 가장 기본적인 전제를 감안하고 있지 않다. 즉, 청약철회권은 소비자에게 구매의사를 재차 판단할 수 있는 기회를 부여하기 위함이기 때문에 구매의사가 변경된 경우 이를 행사할 수 있는 여건이 마련되어야 한다. 따라서 청약철회권을 알지 못한 경우 이외에 소비자가 청약철회권을 행사하려고 하였지만, 사업자의 주소 등을 알지 못하여 이를 행사하지 못한 경우까지 최장기간을 적용하는 것은 청약철회권의 근본적인 취지를 감안한 것이라고 볼 수 없다. 그러므로 이러한 경우에는 소비자가 청약철회권을 행사할 수 있는 방안을 마련하고, 그럼에도 불구하고 최장기간내에 행사하지 않았을 경우 이를 소멸하도록 하여야 할 것이다. 그럼 그 구체적인 실행방안은 무엇인가? 가장 기본적으로 공시송달의 방식이다(민법 제113조).[121] 그러나 그 방법을 통한 해결은 곤란하다고 할 수 있다. 즉, 공시송달의 경우 절차, 시간 및 비용이 소요되기 때문에 간편하게 계약관계를 해소하고자 하는 방안으로는 적합하지 않다. 이러한 이유에서 공탁의 방안 역시 동일하다. 그럼 어떠한 방안으로 이를 해결하여야 하는가? 매우 어려운 문제이며, 이에 대하여는 다각적인 측면에서의 검토가 필요하다. 필자가 생각하는 방안으로는 소비자보호를 추진하는 기관(국가기관, 공공기관, 소비자단체 또는 해당 분야의 사업자단체)을 통하여 그 문제를 해결하는 것이다. 즉, 소비자가 중대한 과실없이 사업자의 주소를 알지

121) 표의자가 과실없이 상대방을 알지 못하거나 상대방의 소재를 알지 못하는 경우 의사표시는 민사소송법 공시송달의 규정에 따라 송달할 수 있다(민법 제113조). 공시송달의 구체적인 내용에 대하여는 민사소송법에서 규정하고 있다. 먼저, 공시송달의 요건으로 당사자의 주소등 또는 근무장소를 알 수 없는 경우 또는 외국에서 하여야 할 송달에 관하여 제191조의 규정에 따를 수 없거나 이에 따라도 효력이 없을 것으로 인정되는 경우이며, 재판장의 직권 또는 당사자의 신청이 있어야 한다(동법 제194조). 둘째, 공시송달의 방법으로 공시송달은 법원사무관등이 송달할 서류를 보관하고 그 사유를 법원게시판에 게시하거나, 그 밖에 대법원규칙이 정하는 방법에 따라서 하여야 한다(동법 제195조). 셋째, 공시송달의 효과로서 첫 공시송달은 제195조의 규정에 따라 실시한 날부터 2주(외국에서 할 송달에 대한 공시송달의 경우에는 2월)가 지나야 효력이 생긴다. 다만, 같은 당사자에게 하는 그 뒤의 공시송달은 실시한 다음 날부터 효력이 생긴다(동법 제196조).

못하여 청약철회권을 행사하지 못한 경우 소비자보호기관에 청약철회에 관한 의사를 표시함으로써 사업자에 대한 청약철회로 인정하는 것이다. 물론 소비자가 중대한 과실없이 사업자의 주소를 알지 못하였다고 하더라도 국가기관 등은 사업자의 주소를 간편하게 파악할 수 있기 때문에 사업자에게 이를 대신 전달함으로 인하여 이 문제를 해결할 수 있을 것이다. 그럼 국가 기관 역시 사업자의 주소를 알 수 없는 경우에는 어떠한가? 물론 사업자의 주소를 알 수 없기에 전달할 수 없다. 그러나 소비자는 사업자의 주소를 알 수 없더라도 청약철회권을 행사하였다는 사실을 객관화할 수 있다는 장점이 있다. 즉, 주소를 알지 못하였기 때문에 행사할 수 없다고 한다면 이를 악용한 사업자만이 보호를 받게 되는 결과가 발생하기 때문이다. 따라서 이러한 사업자를 보호하지 않기 위해서는 소비자가 직접 사업자에 대하여 청약을 철회하지 않더라도 이를 행사한 것으로 인정할 수 있는 방안의 모색이 필요하다. 물론 국가기관 등에 대하여 의사표시를 하였다는 것만으로는 충분하지 않으며, 이를 수령한 국가기관 등이 공시송달하여야 할 것이다. 그러나 민사소송법 또는 행정절차법[122]상의 공시송달방법으로 하는 것은 바람직하지 않으며, 인터넷으로의 공고만을 요구하여야 할

122) 행정절차법상 송달은 우편·교부 또는 정보통신망 이용 등의 방법에 의하되 송달받을 자(대표자 또는 대리인을 포함한다. 이하 같다)의 주소·거소·영업소·사무소 또는 전자우편주소(이하 "주소등"이라 한다)로 한다. 다만, 송달받을 자가 동의하는 경우에는 그를 만나는 장소에서 송달할 수 있다. 교부에 의한 송달은 수령확인서를 받고 문서를 교부함으로써 행하며, 송달하는 장소에서 송달받을 자를 만나지 못한 때에는 그 사무원·피용자(被用者) 또는 동거자로서 사리를 분별할 지능이 있는 자에게 이를 교부할 수 있다. 정보통신망을 이용한 송달은 송달받을 자가 동의하는 경우에 한하며, 이 경우 송달받을 자는 송달받을 전자우편주소 등을 지정하여야 한다. 또한 송달받을 자의 주소등을 통상의 방법으로 확인할 수 없는 경우 또는 송달이 불가능한 경우에는 송달받을 자가 알기 쉽도록 관보·공보·게시판·일간신문중 하나 이상에 공고하고 인터넷에도 공고하여야 한다. 행정청은 송달하는 문서의 명칭, 송달받는 자의 성명 또는 명칭, 발송방법 및 발송연월일을 확인할 수 있는 기록을 보존하여야 한다(동법 제14조).

것이다. 이를 위해서는 공시송달을 위한 사이트를 개설하여야 할 것이며, 각 기관별로 독자적으로 운영하기 보다는 통합사이트를 운영하는 것이 필요하다.[123)]

이와 같이 청약철회권의 행사기간에 있어서 최상기산을 설성할 필요가 있지만, 그 전제로 소비자가 행사기간 내에 청약철회권을 행사할 수 있는 여건이 먼저 조성되어야 한다. 그 방안 중 하나로 소비자가 중대한 과실없이 사업자의 주소를 알지 못한 경우에 소비자보호기관에 대하여 청약철회의 의사를 표시하는 것을 제안하였으며, 이를 인정하기 위해서는 구체적인 입법이 필요하다. 물론 소비자가 직접 해당 사이트에서 청약철회를 하는 방안 역시 고려할 수 있다. 그러나 소비자가 직접 입력할 경우 간편하게 사업자의 주소를 파악할 수 있음에도 불구하고 사이트에 표시하는 사례가 발생할 수 있기 때문에 이를 중간단계에서 검증하는 절차를 마련할 필요가 있다. 그 역할을 담당하는 것이 공정거래위원회 등이다. 즉, 공정거래위원회 등은 해당 소비자가 사업자의 주소를 알고 있음에도 불구하고 이를 통하여 행사하는 것인지의 여부를 파악하여 이에 해당할 경우 사이트에의 게시를 거부하여 그 행사로 인정하지 않는 것이다.[124)]

2) 행사방법

① 서면에 의한 행사

할부거래법상 소비자가 청약을 철회하는 방법은 후술하는 방문판매법 및 전자상거래소비자보호법과 달리 서면으로 행사하여야 한다.

---

123) 공시송달을 위한 사이트를 개설할 경우, 소비자가 직접 이 사이트에서 청약철회를 하는 것도 하나의 방안이다.

124) 拙稿, "청약철회권의 행사기간 및 기산일에 관한 연구", 「홍익법학」 제13권 제3호, 2012 · 10, 314-315면.

그럼 소비자는 어떠한 서면으로 행사하여야 하는가? 즉, 사업자가 계약서와 더불어 철회서를 교부한 경우 당해 철회서로 행사하여야 하는가의 문제와 철회서의 송부방법을 특정한 경우 반드시 그 방식에 의하여 행사하여야 하는가의 문제이다. 첫 번째의 문제와 관련하여 할부거래법에서는 그 행사방법에 대하여 서면(전자문서 포함)으로 행사할 것을 규정하고 있을 뿐, 반드시 일정한 양식에 따라 작성된 서면으로 행사할 것을 요구하고 있지 않다. 따라서 소비자는 사업자가 교부한 철회서 또는 그 이외의 서면으로 청약을 철회할 수 있다. 두 번째의 문제와 관련하여 서면으로 행사할 경우 반드시 사업자가 요구한 방식으로 행사하여야 하는가? 예를 들어, 사업자가 내용증명우편으로 행사할 것을 요구한 경우이다. 이 문제 역시 할부거래법에서는 서면으로 행사할 것을 요구하고 있으며, 그 방식에 대하여는 제한을 두고 있지 않다(동법 제8조 제3항). 물론 이러한 제한이 소비자에게 유리하다면 상기의 합의는 유효하지만, 이는 소비자에게 유리한 것이 아닌 불리한 것이다. 따라서 그 합의는 무효이므로 소비자는 다양한 방식 중 어느 하나를 선택하여 행사할 수 있다. 다만, 일반적인 방식으로 행사한 경우 추후 행사에 대한 입증의 문제가 발생할 수 있다는 점을 감안한다면 내용증명우편으로 행사하는 것이 바람직하지만, 입증문제는 전자우편으로 행사할 경우 간편하게 해결할 수 있다. 즉, 전자문서로 철회서를 작성하고, 전자우편을 통하여 송신한 경우(보낸 편지함에 저장하기를 선택한 후 전송) 사업자의 수신여부를 확인할 수 있으며, 보낸 편지함에 저장되어 있기 때문에 그 내용 역시 추후 간편하게 입증할 수 있다.

행사방법과 관련하여 제기되는 근본적인 문제는 소비자가 반드시 서면으로 행사하여야 하는가의 문제이다. 물론 사업자가 구두에 의한 청약철회를 인정하였다면 이는 소비자에게 유리한 합의이기 때문에 유효이며, 소비자가 구두에 의하여 청약을 철회할 수 있다. 문제는 사업자가 구두에 의한 청약철회를 인정하지 않았음에도 불구하고 소비자가 구두로 청약을 철회한 경우 이를 청약철회로 인정할 수 있는가의 문제이다. 물론 할부거래법에서는 소비자가 청약을 철회할 경우 행사기간 이내에 할부거래업자에게 청약을 철회하는 의사표시가 적힌 서면을 발송하여야 한다고 규정하고 있기 때문에 문언만을 본다면 서면으로 행사하여야 할 것이다. 그러나 동 규정은 강행규정이 아닌 주의적 규정으로 보아야 할 것이다. 즉, 소비자가 청약철회권을 행사함에 있어서 서면으로 행사하도록 규정한 것은 이를 행사함에 있어서 신중을 기함과 더불어 추후 발생할 수 있는 행사 여부와 관련한 분쟁에 있어서 입증을 용이하게 하기 위함이다. 따라서 소비자가 구두로 청약철회권을 행사하였다고 하더라도 그 효력이 부정되는 것은 아니라고 할 것이다. 다만, 이를 명확하게 하기 위하여 현행 할부거래법의 규정은 청약철회의 방식으로 규정할 것이 아닌 방문판매법 등과 같이 행사의 효과발생시기로 규정하는 것이 바람직할 것이다.

② 재화의 반환을 통한 행사

청약철회는 소비자가 체결한 계약의 효력을 소멸시키는 의사표시이다. 따라서 소비자의 의사가 사업자에게 표시되어야 한다. 그럼 그 표시방법은 무엇인가? 상기에서 언급한 바와 같이 서면으로 통하여 행사하는 것이 가장 일반적이라고 할 수 있다. 물론 이는 명시적이며, 직접적인 의사표시이다. 그럼 이를 묵시적 또는 간접적으로도 할 수 있는가? 물론 의사표시의 방법에 있어서 서면을 통하여 하도록 함과 더불어 그 요건을 충족하지 못한 경우 당해 의사표시의 효력을 부정한 경우라고 한다면 묵시적 또는 간접적인 방법에 의한 의사표시는 인정되지 않을 것이다. 그 대표적인 예가 유언이다. 그럼 청약철회 역시 유언과 동일한 것인가? 앞에서 살펴본 바와 같이 할부거래법에서는 청약철회를 서면으로 하도록 규정하고 있다. 그러나 이는 주의적 규정이기 때문에 반드시 서면으로 행사할 필요는 없다. 그럼 이를 묵시적 또는 간접적으로도 할 수 있는가? 그 대표적인 방식이 청약철회의 의사를 서면 또는 구두로 표시하지 않고, 공급받은 재화를 반환하는 것이다. 물론 독일 등의 경우 이를 인정하고 있다. 그럼 우리의 경우에도 그 방식이 인정되는가? 물론 이를 부정할 이유가 없다. 즉, 명시적으로 적극적으로 소비자가 청약철회의 의사를 표시하지 않았다고 하더라도 공급받은 재화를 반환하였다면 이는 청약철회의 의사를 표시한 것이다. 다만, 이를 명확하게 하기 위하여 소비자는 재화를 반환함으로써 이를 행사할 수 있다고 규정할 필요가 있다.

3) 신용제공자에 대한 통지

① 통지의무의 취지

소비자가 청약철회권을 행사할 경우 누구에게 행사하여야 하는가? 물론 청약의 철회 역시 의사표시이기 때문에 상대방인 사업자(할부거래업자)에게 하여야 함은 당연하다고 할 것이다. 이는 직접 할부계약 및 간접 할부계약 모두에 공통된다.[125] 따라서 소비자는 청약철회의 의사를 사업자에게 표시하여야 한다. 문제는 간접할부계약의 경우 사업자에게만 표시하면 되는 것인가의 문제이다. 물론 전술한 외국의 입법례의 경우 소비자는 사업자에게만 의사를 표시하면 되고, 별도로 신용제공자에게 이를 표시할 필요

---

125) 직접할부계약이라 함은 소비자가 사업자에게 재화의 대금(代金)이나 용역의 대가를 2개월 이상의 기간에 걸쳐 3회 이상 나누어 지급하고, 재화등의 대금을 완납하기 전에 재화의 공급이나 용역의 제공(이하 "재화등의 공급"이라 한다)을 받기로 하는 계약을 말한다. 즉, 소비자가 대금을 사업자에게 직접 지급하는 할부계약을 말하며, 2자간 할부계약이라고도 한다. 간접할부계약이라 함은 소비자가 신용제공자에게 재화등의 대금을 2개월 이상의 기간에 걸쳐 3회 이상 나누어 지급하고, 재화등의 대금을 완납하기 전에 사업자로부터 재화등의 공급을 받기로 하는 계약을 말한다. 즉, 사업자에게 대금을 지급하는 자는 소비자가 아닌 신용제공자이며, 소비자는 신용제공자에게 대금을 지급한다. 따라서 3자간 할부계약이라고도 한다.

가 없다. 즉, 청약철회권의 행사로 인하여 결합계약인 여신계약 역시 효력이 소멸하기 때문이다. 물론 할부거래법상 소비자가 청약을 철회할 경우 그 의사는 사업자에게만 표시하면 되고, 신용제공자에게까지 이를 표시할 필요가 없다. 즉, 할부계약의 당사자는 소비자와 사업자이지, 신용제공자는 아니기 때문이다. 그러나 할부거래법에서는 이에 대한 특칙을 규정하고 있다. 즉, 간접할부계약에 있어서 소비자가 청약을 철회한 경우 상기의 철회기간 내에 그 사실(청약을 철회한 사실)을 신용제공자에게 통지하도록 규정하고 있다. 물론 여기에서 말하는 통지는 청약철회권의 행사가 아닌 청약을 철회한 사실에 대한 통지이다. 그럼 소비자는 반드시 신용제공자에게 그 사실을 통지하여야 하는가? 즉, 간접할부계약에 있어서 청약철회권은 사업자에게 행사하고, 이를 신용제공자에게 통지하여야 만이 청약철회권의 행사로 인정되는가의 문제이다. 그러나 신용제공자에 대한 통지는 청약철회권의 행사요건이 아니다. 즉, 신용제공자에게 통지하여야 청약철회권의 행사로 인정되는 것은 아니다. 그럼 이와 같이 신용제공자에 대하여 통지할 의무를 부과한 이유는 무엇인가? 이는 청약철회권의 행사요건으로 규정하기 위함이 아닌 후술하는 청약철회권의 행사에 따른 효과를 규정하기 위함이다. 즉, 외국의 입법례와 달리 우리의 경우 매매계약과 여신계약에 대한 법적 일체성을 인정하고 있지 않기 때문에 할부계약이 청약철회에 의하여 소멸하더라도 여신계약은 그대로 유효하다. 따라서 신용제공자는 사업자가 대금을 환급하지 않은 경우 소비자에게 대금을 청구할 수 있다. 이 경우 소비자는 신용제공자의 대금결제요청에 대하여 거절할 수 없지만, 청약철회권을 행사하였다는 사실을 신용제공자에게 통지한 경우 대금결제요청에 대하여 거절할 수 있다. 이와 같이 청약철회의 효과를 규정하기 위하여 그 사실에 대한 통지의무를 부과한 것이다. 그렇다고 하여 소비자가 반드시 신용제공자에게 그 사실을 통지하여야 하는 것은 아니다. 즉, 그 효과를 유발하고자 하는 소비자만이 이를 통지하는 것이며, 그 효과를 유발하지 않고자 하는 소비자는 통지할 필요가 없다.

② 통지의 기간 및 방식

소비자는 신용제공자에게 청약철회권의 행사사실에 대하여 언제까지 통지하여야 하며, 통지의 방식은 무엇인가? 통지기간은 소비자가 청약을 철회할 수 있는 기간이내이다. 물론 청약을 철회한 사실을 통지하는 것이기 때문에 그 기산일은 청약을 철회한 날이다. 또한 통지의 방법은 청약을 철회하는 의사표시가 적힌 서면으로 하여야 한다(동법 제9조 제1항). 이와 같이 할부거래법에서는 청약을 철회한 소비자에게 그 사실을 신용제공자에게 통지할 의무를 부과하고 있다. 물론 이는 청약철회의 방법이 아닌 청약철회에 따라 신용제공자의 대금결제요청에 대하여 거절하기 위한 요건이다. 그럼 그 통지기간과 통지방법은 적절한 것인가?

먼저, 통지기간은 앞에서 언급한 바와 같이 청약철회권의 행사기간 이내이다. 그러나 통지기간을 청약철회기간으로 한정하는 것은 역으로 소비자의 청약철회기간을 단축하는 결과를 유발한다. 즉, 소비자는 청약을 철회하고, 신용제공자의 대금결제요청에 대하여 거절하기 위하여 이를 통지하고자 할 것이다. 그러나 그 방법은 서면으로 행사하여야 한다. 그 부적합함에 대하여는 후술한다. 물론 사업자에게 청약을 철회하는 서면을 발송하고, 동시에 신용제공자에게 이를 서면으로 통지할 수 있다. 그러나 소비자는 청약을 철회한 후 신용제공자에게 통지하고자 할 것이며, 사전에 청약을 철회하여야 한다. 그렇다고 한다면 7일이라는 기간 동안 구매의사를 결정하는 것이 아닌 신용제공자에게 통지할 것을 감안하여 그 이전에 사업자에게 통지하여야 한다. 따라서 청약철회기간인 7일 동안 구매의사를 판단하는 것이 아닌 그 이전에 판단하여야 하는 결과가 발생하게 된다. 또한 그 효과는 소비자에게 대금결제요청을 하지 않기 위함이다. 그렇다고 한다면 반드시 철회기간 내에 그 사실을 통지하도록 할 필요는 없다. 즉, 철회기간 동안 충분히 재고한 후 철회할 수 있도록 하고, 철회시 대금을 소비자에게 요청하지 않기 위한 요건으로 통지를 요구한 것이라면 통지기간은 청약철회권을 행사한 날을 기산점으로 정하여 이로부터 7일 이내에 통지하도록 하는 것이 필요하다. 즉, 소비자가 법에서 정한 철회기간 동안 충분히 구매의사를 재차 판단할 수 있도록 하고, 철회한 경우 이 날로부터 일정기간 내에 그 사실을 통지하도록 하는 것이 소비자의 청약철회기간을 단축시키지 않을 뿐만 아니라 소비자에게 통지할 수 있는 시간적 여유를 부여할 수 있기 때문이다. 물론 신용제공자는 사업자에게 대금을 지급하기 전에 그 통지를 받고자 할 것이다. 즉, 대금을 지급하기 전이라고 한다면 간편하게 대금을 지급하지 않음으로써 이로 발생하는 복잡성을 배제할 수 있지만, 만일 대금을 지급하였다면 다시 환급받거나 상계처리하여야 하기 때문에 복잡하다고 항변할 수 있다. 그러나 신용제공자가 사업자에게 대금을 지급하는 시기는 신용카드매출이 이루어진 날로부터 보통 3-5일 후에 지급하기 때문에 적합하지 않을 뿐만 아니라 그 이외의 결제수단의 경우 소비자로부터 대금을 지급받은 후 사업자에게 지급하기 때문에 적합하지 않다. 또한 신용제공자의 불편성을 이유로 그 통지기간을 이와 같이 정하는 것은 소비자의 철회기간의 단축과 비교할 때 보호의 가치가 상대적으로 낮다. 따라서 소비자가 청약철회권을 행사한 후 신용제공자에게 통지할 수 있는 기간은 행사한 날로부터 7일 이내로 정하는 것이 바람직하다. 물론 그 방식은 매매계약과 여신계약의 법적 효력에 있어서 별도로 판단하기 때문에 발생하는 문제점 중 하나를 해결하기 위함이며, 후술하는 바와 같이 그 법적 효력에 있어서 일체성을 인정할 경우 그 문제는 이러한 방식이 아니더라도 자연스럽게 해결될 것이다.

둘째, 행사방법에 있어서 서면성이다. 즉, 소비자는 신용제공자에게 그 사실을 통지함에 있어서 서면으로 통지하여야 한다. 그럼 구두로 행사하였을 경우 통지로 인정되지 않는가? 이를 판단하기 위해서는 서면통지규정의 성질을 살펴보아야 할 것이다. 즉, 동 규정이 효력규정인지 아니면 단순히 주의적 규정인지의 문제이다. 그러나 앞에서 살펴본 바와 같이 행사방법에 있어서 서면요건은 입증책임의 문제 등을 해결하기 위함이기 때문에 동 규정의 성질은 주의적 규정이라고 할 것이다. 따라서 그 통지를 구두로 하였다고 하여 그 효력을 부정할 수 없다고 할 것이다.

셋째, 신용제공자에게 통지를 하기 위해서는 신용제공자의 주소를 알아야 한다. 물론 할부계약의 체결시 교부하여야 할 계약서의 기재사항으로 신용제공자의 성명 및 주소가 포함되어 있다(동법 제6조 제1항 제1호). 문제는 그 주소가 허위이거나 변경되었을 경우 또는 이를 기재하지 않았을 경우이다. 물론 청약철회권의 행사기간을 결정함에 있어서는 소비자가 사업자의 주소 등을 안 날 또는 알 수 있었던 날로 정하여 이를 연장하고 있다. 물론 그 효과가 사실상 발생할 것인가에 대하여는 의문이 제기되지만, 이러한 입법목적은 타당하다. 그러나 신용제공자에 대하여는 이를 적용하고 있지 않다. 따라서 그 문제 역시 동일하게 적용하여야 할 것이다.

(3) 입증책임

할부거래법상 청약철회권의 행사기간, 그 기산일 및 배제사유에 해당하는지와 관련하여 다툼이 있는 경우 이에 대한 입증책임은 사업자에게 있다. 즉, 계약서의 발급사실과 그 시기, 재화등의 공급 사실과 그 시기 및 배제사유 중 어느 하나에 해당하는지 여부에 관하여 다툼이 있는 경우에는 할부거래업자가 이를 입증하여야 한다(동법 제8조 제5항). 그럼 계약서의 미교부, 주소 등이 기재되지 않은 계약서의 교부 등의 경우에 있어서 소비자가 안 날 또는 알 수 있었던 날에 대한 입증책임은 누가 부담하는가? 즉, 동법상 사업자가 입증하여야 할 사유 중에는 그 사유가 포함되어 있지 않기 때문에 이러한 문제가 발생한다. 그럼 그 입증책임은 누가 부담하여야 하는가? 이에 대하여는 권리의 발생요건인가 아니면 소멸요건인가의 문제로 귀결한다고 볼 수 있다. 즉, 권리의 발생요건에 해당할 경우 권리를 주장하는 자가 입증책임을 부담하지만, 권리의 소멸요건에 해당할 경우 권리의 소멸을 주장하는 자가 입증책임을 부담하기 때문이다.[126] 그럼 소비자의 인식 또는 인식가능성은 권리발생요건인가 아니면 권리소멸요건인가? 소비자가 사업자의 주소를 안 날 또는 알 수 있었던 날은 소비자의 청약철회권이 발생하기 위한 요건이 아닌 소비자의 청약철회권이 소멸하기 위한 요건, 즉 행사기간의 기산점이다. 따라서 소비자가 사업자의 주소를 알았는가 또는 과실로 인하여 알지 못했는가에 대한 입증책임은 사업자가 부담한다. 물론 이러한 문제가 발생하는 것은 사업자가 이에 관한 정보를 제공하지 않은 경우 그 기산점 문제를 유럽연합과 달리 소비자를 기준으로 정하였기에 발생하는 문제이며, 이에 대한 근본적인 해결방안은 앞에서 제시한 바와 같이 사업자의 의무이행시점으로 정하는 것이다. 다만, 근본적인 해결이 이루어지지 않을 경우 이에 대한 입증책임의 문제는 사업자가 부담한다고 명시적으로 규정하는 것이 실질적인 거래관계에서 소비자와 사업자간의 분쟁을 해결하는 방안이 될 것이다.

(4) 청약철회의 효과

1) 효력발생시기

① 발신주의

청약철회권은 소비자가 사업자에 대하여 그 의사를 표시함으로써 행사한다. 즉, 상대방있는 의사표시이다. 그러므로 청약철회의 효과는 그 의사

---

126) 송상현/박익환, 「민사소송법」, 박영사, 2011, 535-536면.

표시가 상대방에게 도달하였을 때 발생함이 원칙이다(민법 제111조 제1항). 그러나 이러한 의사표시의 효력발생시기에 관한 일반원칙이 청약철회에 그대로 적용되는 것은 적합하지 않다. 즉, 취소권 등과 달리 청약철회권은 그 행사기간이 매우 단기간이다. 이는 소비자가 계약체결 즉후 구매의사를 판단할 수 있는 기회를 부여하기 위함이기 때문에 다른 권리의 행사기간보다 매우 단기간으로 정한 것이다. 그러나 그 효력발생시기를 다른 권리와 동일하게 도달주의를 취할 경우 소비자는 당해 기간 동안 구매의사를 재차 판단할 수 있는 것이 아닌 도달기간을 감안하여 그 기간을 제외하고 나머지 기간에만 구매의사를 결정하여야 한다. 즉, 철회기간이 7일이라면 소비자가 철회서를 발송하고, 그 도달에 소요되는 기간인 2-3일 정도를 제외한 나머지 기간인 4-5일 이내에 구매의사를 재차 결정하여야 한다. 그 결과 7일이라는 시간 동안 구매의사를 재차 판단할 수 있는 기회를 부여하기 위함이라는 입법취지와 무관하여 행사기간이 결정된다. 이러한 측면에서 효력발생시기를 도달주의가 아닌 발신주의를 취하였다. 따라서 소비자는 그 기간내에 청약철회를 발송하면 되고, 그 서면이 사업자에게 반드시 동 기간내에 도달할 필요는 없다.

② 사업자에게의 미도달

소비자가 청약철회권을 서면으로 행사할 경우 당해 기간내에 발송하면 된다. 물론 이는 그 기간 내 또는 그 이후에 사업자에게 도달하여야 함은 당연하다. 문제는 소비자가 발송한 철회서가 사업자에게 도달하지 않은 경우이다. 물론 사업자가 주소를 잘못 고지하거나 추후 변경하여 철회서를 받지 못한 경우는 행사기간의 기산점 문제이기 때문에 현행법에 따르면 소비자가 이를 안 날 또는 알 수 있었던 날로부터 7일 이내에 다시 행사하면 된다. 따라서 이 경우에는 문제가 없다. 그러나 사업자가 정확한 주소를 고지하였지만, 소비자가 주소를 잘못 기재하여 철회서가 사업자에게 도달하지 않은 경우이다. 물론 이 경우에 있어서 아직 철회기간내라고 한다면 정확한 주소를 기재하여 철회서를 송부하였다면 문제가 발생하지 않는다. 그러나 소비자가 행사기간이 도과한 후에 이를 인식하였고, 그 즉시 철회서를 송부하였다면 이를 철회권의 행사로 인정할 수 있는가의 문제가 발생한다. 그러나 청약철회권의 행사기간이 제척기간이며, 청약철회 역시 상대방있는 의사표시이다. 따라서 상대방에게 도달하여야 한다는 점을 기준으로 그 이전에 행사하였다고 하더라도 사업자에게 도달하지 않았기 때문에 청약철회권의 행사로 인정될 수 없다. 다만, 소비자가 과실로 주소를 잘못 기재하여 청약철회서가 사업자에게 도달하지 않은 경우에도 이를 청약철회권의 불행사로 인정하기 보다는 청약철회기간내에 청약철회서를 발송하였다는 사실을 증명한 경우 합리적인 기간내에 이를 인정할 필요가 있으며, 이에 대한 입법적 보완이 필요하다.

2) 재화의 반환

소비자가 청약을 철회한 경우 당해 소비자계약은 소멸한다. 따라서 소비자는 사업자로부터 공급받은 재화를 반환하여야 한다.[127] 물론 재화를 공급받기 전이라고 한다면 반환의무는 발생하지 않는다. 이러한 재화등의 반환과 관련하여 발생하는 문제점은 반환에 따른 비용부담의 주체, 사용 후 반환시 반환의 범위이다. 물론 이에 관하여는 할부거래법에서 규정하고 있다. 그러나 할부거래법에서 규정하고 있지 않은 문제점으로는 소비자가 반환하여야 하는가 아니면 사업자가 이를 수거하여야 하는가의 문제에서부

---

127) 용역계약의 경우 동일한 용역의 반환은 불가능하다. 따라서 이를 요구하는 경우에는 사실상 소비자의 청약철회권을 행사하지 못하게 하는 것이다. 이러한 측면에서 할부거래법에서는 용역(일정한 시설을 이용하거나 용역을 제공받을 권리는 제외한다)이 제공된 때에는 이미 제공된 용역과 동일한 용역의 반환을 청구할 수 없다고 규정하고 있다(동법 제10조 제3항). 따라서 사업자는 소비자가 얻은 이익 등의 반환을 청구할 수 밖에 없다.

터 시작하여 언제까지 반환하여야 하며, 공급받은 재화로 인하여 과실이 발생한 경우 과실의 반환문제 및 재화의 보존 등을 위하여 비용이 지출된 경우 비용상환의 문제가 발생한다.[128]

① 반환의무의 내용

소비자가 청약을 철회한 경우 이미 공급한 재화는 소비자가 사업자에게 반환하여야 하는가 아니면 사업자가 이를 수거하고 소비자는 이를 수인할 의무를 부담하는가의 문제가 제기된다. 즉, 재화의 반환에 있어서 소비자는 적극적 의무를 부담하는가 아니면 소극적 의무를 부담하는가의 문제이다. 이에 대하여 할부거래법에서는 전자의 입장에서 소비자에게 재화등의 반환의무를 부과하고 있다. 즉, 소비자는 청약을 철회한 경우 이미 공급받은 재화등을 반환하여야 한다(동법 제10조 제1항). 물론 이에 대한 반대의 합의 역시 가능하며, 사업자가 이를 수거하기로 하고, 소비자가 이를 수인할 것을 합의할 수 있다. 이러한 합의는 소비자에게 유리하기 때문에 유효하다.

② 반환비용의 부담

청약철회권의 행사에 따라 소비자는 사업자로부터 공급받은 재화를 반환하여야 한다. 그럼 반환에 소요되는 비용은 누가 부담하는가? 이에 대하여 할부거래법에서는 사업자의 부담으로 규정하고 있다. 따라서 소비자가 재화를 반환하더라도 이에 소요되는 비용은 사업자가 부담하여야 한다. 그럼 그 범주는 어디까지인가? 일반 재화와 같이 단순히 배송업체를 통하여 반환할 경우 사업자의 부담방식(착불)으로 한다면 배송비용만이 문제될 것이다. 그러나 이를 분리하여 반환하기 위하여 비용이 소요된 경우 그 비용

128) 소비자가 공급받은 재화가 멸실 또는 훼손된 경우의 문제는 청약철회권의 배제사유에서 검토하였기 때문에 이에 대하여는 검토하지 않는다.

역시 반환비용에 포함되는가? 즉 할부거래법상 할부거래업자는 소비자가 청약을 철회한 경우 공급받은 재화등의 반환에 필요한 비용을 부담하며, 소비자에게 청약의 철회를 이유로 위약금 또는 손해배상을 청구할 수 없다고 규정하고 있다(동법 제10조 제10항). 따라서 여기에서의 반환에 필요한 비용에 대한 해석의 문제가 발생한다. 즉, 이를 좁게 해석할 경우 배송업체를 통한 반환비용만을 의미한다고 할 것이지만, 이를 넓게 해석할 경우 배송업체의 배송비용뿐만 아니라 반환을 위하여 소요된 전 비용, 즉 재화의 분리비용 역시 포함된다고 할 수 있다. 그럼 여기에서의 비용은 어떻게 해석하여야 하는가? 이에 대하여는 넓게 해석하여 반환에 소요되는 비용 전체를 의미한다고 할 것이다. 따라서 반송비용뿐만 아니라 반송을 위하여 소요된 비용, 즉 분리비용 등도 이에 포함된다고 할 것이다. 다만, 분리비용 등은 당해 재화의 일반적인 특성에 따라 소요되는 비용에 국한된다고 할 것이다. 즉, 벽걸이 TV를 구입하여 설치하였을 경우에 그 해체비용은 반환비용에 포함된다고 할 것이지만, 일반 TV를 구입하여 이를 벽에 설치하였을 경우 그 해체비용은 반환비용에 포함된다고 할 수 없다.

③ 사용에 따른 청구범위

소비자가 청약철회권을 행사하는 시기는 상기의 행사기간 이내이다. 문제는 그 기간내에 공급받은 재화를 사용한 경우에 있어서 반환범위, 즉 사업자가 재화의 반환이외에 얼마의 금액을 청구할 수 있는가의 문제이다. 이 경우 할부거래법에서는 재화등을 사용하거나 일부 소비하여 소비자가 얻은 이익 또는 그 재화등의 공급에 든 비용에 상당하는 금액으로서 재화등의 사용으로 소모성 부품을 재판매하기 곤란하거나 재판매가격이 현저히 하락하는 경우에는 해당 소모성 부품을 공급하는 데에 든 금액 또는 여러 개의 가분물(可分物)로 구성된 재화등의 경우에는 소비자의 일부소비로 소비된 부분을 공급하는 데에 든 금액을 초과하여 소비자에게 청구할 수 없다고 규정하고 있다(동법 제10조 제9항, 동 시행령 제8조). 따라서 소비자가 사용하였을 경우 사업자는 일정금액을 청구할 수 있다. 물론 소모성 부품 또는 가분물의 경우 그 비용을 청구하는 것은 타당하다고 할 것이다. 문제는 사용이익이다. 즉, 재화의 내용을 확인하기 위하여 사용하는 경우와 그 이외의 사용을 구분하지 않고, 일률적으로 사용이익을 청구하는 것은 청약철회권의 취지에 적합하지 않다. 만일 이 금액을 청구할 수 있다고 한다면 소비자로부터 지급받은 대금에 대한 사용이익, 즉 이자에 대하여 지급하지 않은 것은 타당하지 않다. 따라서 일률적으로 사용이익 전부를 청구할 수 있도록 규정하기 보다는 재화의 내용을 확인하기 위한 사용과 그 이외의 사용으로 구분하여 전자의 사용이익은 청구할 수 없도록 하고, 그 이외의 사용에 대하여는 대금의 이자와 상계한 후 초과된 부분만을 청구할 수 있도록 개정하여야 할 것이다. 또한 소모성 부품 또는 가분물의 소비에 있어서 사업자가 청구할 수 있는 금액은 소모성 부품 또는 가분물을 공급하는 데에 든 금액이다. 그럼 구체적으로 그 금액은 얼마인가? 즉, 사업자가 이윤을 청구할 수 있는가의 문제이며, 법 규정상으로만 본다면 이윤을 청구할 수 없다. 예를 들어, 10개로 구성된 재화(10만원)를 공급하여 2개를 소비한 후 청약을 철회하였을 경우 사업자는 판매대금(10만원)에서 2개에 해당하는 금액(2만원)을 청구할 수 있는가 아니면 2개를 공급함에 있어서 소요된 비용인 1만6천원(제조업자로부터 구입한 금액)만을 청구할 수 있는가이며, 법 규정에 따르면 후자의 비용만을 청구할 수 있다. 그러나 이는 과도한 소비자보호에 해당한다고 할 것이다. 즉, 일부를 소비하였기 때문에 반환할 수 없다면 사실상 이 부분은 소비자가 구입한 것이다. 따라서 그 금액을 정함에 있어서는 사업자가 구입한 금액이 아닌 소비자가 구입한 금액을 기준으로 하여야 한다. 물론 이와 같이 정한 취지가 단위가격을 사업자가 과도하게 정할 경우 사실상 소비자의 청약철회권이 유명무실해질 수 있다는 점을 감안하고 있다고 할 수 있다. 예를 들어, 10개의

가격은 10만원이지만, 1개의 가격은 2만원일 경우 상기의 사례에서 소비자가 지급하여야 금액(사업자가 청구할 수 있는 금액)은 4만원에 해당하기 때문에 소비자는 청약철회권을 행사하고 싶지만, 공제금액이 크기 때문에 이를 포기할 수 있다는 점을 감안하고 있다고 할 수 있다. 그러나 이 문제는 달리 접근하여야 한다. 즉, 이러한 문제는 소비자에게 청구할 수 있는 금액을 계산함에 있어서 단위가격이 아닌 전체가격에서 소비자가 소비한 부분에 대한 비율로 계산하도록 규정한다면 쉽게 해결할 수 있다. 즉, 상기의 예에서 10개의 가격이 10만원이라고 할 때 2개의 가격을 산정함에 있어서는 개당 가격(2만원)이 아닌 10만원의 1/5인 2만원으로 계산하는 것이다. 이와 같이 계산을 한다면 과도한 소비자보호문제를 해결할 수 있으며, 단위가격의 적용을 통한 소비자피해를 예방할 수 있다. 그러나 이 문제는 해석론만으로 해결하기에는 곤란하며, 이에 관한 법규정이 추가되어야 한다.

그럼 소비자는 반드시 그 비용만을 지급하여야 하는가? 즉, 소모성 부품을 소비하거나 가분물 중 일부를 소비하여 반환이 곤란한 경우 이에 상응하는 금액만을 지급하여야 하고, 이에 해당하는 물품을 구입하여 반환할 수 없는가의 문제이다. 물론 종류물인 경우라 한다면 이를 긍정할 수도 있을 것이다. 그러나 종류물이라고 하더라도 무조건적으로 이를 허용할 수 없다. 즉, 소비자가 반환하였을 경우 사업자는 이를 다른 소비자에게 판매하고자 한다. 그러나 동일한 종류의 재화라고 하더라도 다른 재화인 경우 사업자가 이를 재판매하기가 곤란하다. 따라서 소비자가 소비한 재화를 다른 재화로 교환하여 반납할 경우에는 소비자가 공급받은 재화와 동일한 재화에 한하여 인정된다고 할 것이다.

④ 반환시기

소비자가 청약을 철회한 경우 공급받은 재화는 언제까지 반환하여야 하는가? 물론 유럽연합 등에서는 재화의 반환시기에 대하여 규정을 두고 있다. 그러나 그 기간내에 반환하지 않을 경우에 있어서 그 효과에 대하여 규정하고 있지 않음으로 인하여 논란이 제기될 수 있다. 우리의 경우 반환시기에 대한 규정이 존재하지 않는다. 즉, 청약철회권의 행사기간에 대하여만 규정하고 있을 뿐 이를 행사한 후 언제까지 공급받은 재화를 반환하여야 하는 것에 대하여는 규정하고 있지 않다. 물론 대금의 환급시기가 재화를 반환받은 날로부터 3영업일 이내이기 때문에 대금을 조속히 환급받고자 하는 소비자의 경우 신속하게 반환할 것이라는 점 때문에 그 시기에 대하여 규정하고 있지 않았다고 볼 수 있다. 그러나 반환시기에 대하여 규정하지 않음은 이를 악용한 소비자의 등장을 방치하는 것이 되며, 그 결과 청약철회권을 행사한 후 상당기간 동안 재화를 사용한 경우 이를 청약철회권의 행사로 인정할 수 있는가의 문제를 유발한다. 즉, 계약을 체결한 이후 행사기간내에 청약을 철회하고, 자신의 필요에 따라 충분히 재화를 사용한 후 재화를 반환하여 대금을 환급받은 소비자가 발생할 수 있다. 이러한 소비자는 청약철회권이라는 제도를 악용하는 소비자이기 때문에 보호할 필요가 없다. 그러나 현행 소비자보호법에서는 반환시기를 규정하지 않음으로 인하여 이러한 소비자까지도 보호하는 방식을 취하고 있다. 물론 이 경우 금반언의 원칙을 적용하여 청약을 철회하였음에도 불구하고 재화를 계속 사용하였기 때문에 청약철회권의 행사를 부정하기란 쉽지 않으며, 이를 악용하지 않은 소비자까지 이를 적용한다면 예기치 못한 결과를 유발할 수 있다. 그럼 악의적 소비자에게 이를 인정하지 않으면서 선의의 피해자를 발생시키지 않기 위한 방안은 무엇인가? 이를 위해서는 반환시기를 명시적으로 규정할 필요가 있다. 즉, 소비자가 청약을 철회한 경우 3영업 이내에 재화의 반환에 필요한 조치를 취하도록 할 의무를 부과하는 것이다. 여기에서 반환에 필요한 조치는 실질적으로 반환하여야 하는 것이 아닌 사용을 중단하고, 배송업자에게 반환하기 위한 조치(분리 및 포장)를 취한 후 배송업자에게 반송을 의뢰하는 행위를 의미한다. 그럼 이러한 규정의 신설에도 불구하고 소비자가 청약철회권을 행사한 이후에 계속하여 재화를 사용하였다면 그 효과를 무엇으로 보아야 할 것인가? 이에 대하여는 청약철회권의 행사로 인정하는 것이 아닌 부정할 필요가 있다. 즉, 청약철회권이라는 제도를 악용하는 소비자까지 보호할 필요가 없기 때문에 재화를 반환하지 않고 계속적으로 사용하였다면 청약철회권의 행사로 인정하지 않은 것이다. 물론 이를 위해서는 당연히 할부거래법의 개정과 더불어 사업자에게 이에 대한 고치의무를 부과하여야 할 것이다. 즉, 이러한 사실을 알지 못하여 발생하는 선의의 소비자피해를 예방하기 위함이다.

⑤ 과실의 반환

소비자가 청약을 철회할 수 있는 기간은 매우 단기간이기 때문에 당해 재화로부터 과실이 발생하는 경우는 흔하지 않은 일이라고 할 수 있다. 그러나 이러한 경우 역시 발생할 수 있으며, 이때에는 과실의 반환문제가 발생하게 된다. 그럼 이 경우 민법 제201조에 따라 해결하여야 하는가? 즉, 민법 제201조에서는 선의의 점유자와 악의의 점유자로 구분하고, 전자의 경우 과실수취권을 인정하고 있다. 후자의 경우 이를 부정하여 반환의무를 부과함과 더불어 과실(過失)로 인하여 훼손 또는 수취하지 못한 경우 그 과실의 대가를 보상하도록 규정하고 있다. 그러나 청약철회의 효과에 있어서 과실문제는 민법 제201조의 적용을 통하여 해결할 수 없다고 할 것이다. 즉, 소비자를 선의와 악의로 구분하기가 곤란할 뿐만 아니라 선의의 소비자라 할지라도 청약철회권을 행사하였다면 당해 소비자계약에서 발생한 효과 역시 그 이전의 상태로 전환하여야 하기 때문에 재화로부터 발생한 과실을 수취하게 하는 것은 타당하지 않다. 따라서 이 문제는 민법 제201조에 의하여 해결할 것이 아닌 무조건적인 반환을 인정하여야 할 것이며, 그 반환이 불가능할 경우 그 가액을 반환하도록 하여야 할 것이다.

⑥ 비용상환청구

소비자가 재화에 대하여 비용을 지출한 경우, 그 비용을 청구할 수 있는가? 이러한 비용은 그 가치를 유지하기 위하여 지출한 비용(필요비)과 이를 개량하기 위하여 지출한 비용(유익비)으로 구분할 수 있다. 먼저. 필요비이다. 소비자가 공급받은 재화를 사용하던 중 고장이 발생하여 이를 수리한 경우 추후 반환시 수리비를 청구할 수 있는가? 그러나 청약철회권의 행사에 따라 소비자가 반환하여야 하는 것은 사업자로부터 공급받은 재화 그 상태라고 할 것이기 때문에 그 상태로 회복하기 위하여 지출된 비용인 필요비에 대하여는 반환청구를 인정하는 것은 적합하지 않다. 물론 공급받은 재화 그 자체에 하자가 있어서 수리를 하였다면 그 비용은 필요비가 아닌 유익비에 해당한다고 할 것이다. 그럼 유익비 역시 반환청구를 부정하여야 하는가? 그러나 유익비의 경우에는 인정할 필요가 있다. 즉, 개량을 통하여 그 가치가 상승되었으며, 이를 그대로 사업자에게 반환할 경우 그 증액만큼 사업자가 부당이득을 취하는 것이기 때문이다. 따라서 이 경우에는 민법 제203조 제2항과 제3항을 적용하여 그 가액이 현존하는 경우에 한하여 지출한 비용 또는 증가액 중 사업자가 선택한 금액을 지급하도록 하여야 할 것이다.

3) 대금의 반환

소비자가 재화를 반환함에 따라 사업자는 대금을 환급하여야 한다. 그럼 누가 대금을 환급하여야 하며, 언제까지 대금을 환급하여야 하며, 이를 지연할 경우에 그 책임은 무엇인가의 문제가 제기된다.

① 대금환급의무자

할부계약을 체결한 자가 소비자로부터 대금을 지급받은 경우에 대금환급의무자는 할부거래업자이다. 따라서 이 경우에 있어서 대금환급의무자가 누구인가의 문제는 발생하지 않는다. 그럼 양자가 상이할 경우 대금지급의 무자는 누구인가? 이 문제는 할부계약에 있어서 당사자가 누구인가의 문제이다. 물론 소비자와 할부계약을 체결한 자인 할부거래업자가 대금환급의무를 부담하며, 이러한 자를 대신하여 소비자로부터 대금을 수령한 자(결제대행업자)는 수령보조자에 불과하기 때문에 환급의무를 부담하지 않는다. 또한 소비자와 할부계약을 체결한 자가 할부거래업자의 대리인인 경우 역시 계약당사자가 아니기 때문에 이에 대한 책임을 지지 않는다. 그러나 할부거래법에서는 이에 대한 특칙을 정하여 결제대행업자 및 대리인 역시 할부거래업자와 동일하게 청약철회에 따른 대금환급에 있어서 책임을 지도록 규정하고 있다(동법 제10조 제2항 전문). 이와 같이 결제대행업자 및 대리인에게 그 책임을 부과한 이유는 무엇인가? 이는 청약철회에 따른 소비자의 대금환급청구권을 보다 실효성있게 보장하기 위함이다. 즉, 할부거래업자가 타인을 통하여 계약을 체결하거나 타인을 통하여 대금을 지급받았다고 한다면 이로 인하여 발생하는 문제점 중 청약철회에 따른 대금 환급에 있어서 책임을 공동으로 부과시킴으로 인하여 할부거래업자의 책임재산부족으로 인하여 발생하는 미환급의 문제를 해결하기 위함이다. 그럼 이러한 자들의 책임은 무엇인가? 즉, 후술하는 방문판매법 등과 달리 할부거래법에서는 이러한 자 역시 책임을 진다고만 규정하고 있을 뿐 그 책임의 성격에 대하여는 명시하고 있지 않다. 그럼 다수 당사자간의 채무관계에서 기본인 분할채무인가 아니면 연대채무인가의 문제가 제기된다. 그러나 이 문제는 제도의 취지인 소비자의 대금환급청구권의 실효성 확보라는 입법적 취지를 감안하여 연대책임으로 해석하여야 할 것이다. 만일, 분할채무로 해석한다면 그 실효성을 확보하고자 하는 입법취지가 달성될 수 없기 때문이다. 따라서 소비자는 대금을 전액 환급받을 때까지 이러한 자 중 누구에게나 대금 전액을 청구할 수 있다고 할 것이다. 그럼 이러한 자 중 일부가 환급하였을 경우 다른 자에게 구상권을 행사할 수 있는가? 물론 일반적인 연대채무라고 한다면 구상권의 행사가 가능하다. 그러나 이러한 경우의 연대채무는 일반적인 연대채무와 상이하다. 즉, 내부적 부담비율은 할부거래업자가 100%이며, 결제대행업자 또는 대리인은 0%라고 할 것이다. 따라서 할부거래업자가 전액 지급한 경우에는 당연히 다른 지급의무자에게 구상할 수 없으며, 다른 지급의무자가 소비자에게 지급한 경우에도 할부거래업자에게만 구상권을 행사할 수 있을 뿐 다른 지급의무자에게 구상권을 행사할 수 없다고 할 것이다.

이와 같이 할부계약을 체결한 자 등이 복수인 경우에 각자는 대금환급에 있어서 연대책임을 부담한다. 그럼 여기에서의 지급의무자에는 후술하는 신용제공자를 포함하는가? 물론 신용제공자 역시 소비자로부터 대금을 지급받은 자이기 때문에 일면 이에 해당한다고 볼 수 있다. 그러나 여기에서의 지급의무자는 신용제공자가 포함되지 않는다고 할 것이다. 즉, 지급의무자(결제대행업자)는 사업자를 대신하여 소비자로부터 대금을 지급받은 자를 의미하기 때문에 소비자와의 별도의 여신계약이 체결되어 있지 않다. 따라서 소비자와의 관계에서는 단일의 계약만이 존재할 뿐 후술하는 신용제공자와의 계약인 여신계약이 존재하지 않기 때문이다. 또한 신용제공자를 여기에서의 지급의무자와 동일하게 판단할 경우 청약철회에 따른 신용제공자의 책임 규정은 무의미하게 된다. 즉, 신용제공자 역시 지급의무자에 해당한다면 청약철회에 따라 대금환급에 있어서 할부거래업자와 동일한 책임을 부담하기 때문에 별도로 규정할 필요가 없기 때문이다. 따라서 여기에서의 지급의무자에는 후술하는 신용제공자는 포함되지 않는다고 할 것이다.

② 환급시기

사업자가 대금을 환급함에 있어서 언제까지 이를 환급하여야 하는가? 이에 할부거래법에서는 급부의 목적물에 따라 환급시기를 정하고 있다. 먼저, 재화를 공급한 경우에는 재화를 반환받은 날부터 3영업일 이내에 환급하여야 하며, 용역을 제공한 경우에는 청약을 철회하는 서면을 수령한 날부터 3영업일 이내에 환급하여야 한다(동법 제10조 제2항 각호). 그럼 소비자가 재화를 공급받기 전에 청약을 철회한 경우에는 언제까지 대금을 환급하여야 하는가? 즉, 소비자가 청약을 철회함에 있어서 반드시 재화등을 공급받은 후에 행사하여야 하는 것이 아닌 청약을 한 이후부터 언제든지 철회할 수 있기 때문에 재화를 공급받기 전에도 행사할 수 있다. 따라서 이러한 경우에 있어서 대금환급시점을 규정할 필요가 있으며, 환급시기는 재화 또는 용역이 공급 또는 제공되기 전과 제공된 후로 구분하고, 후자는 다시 재화와 용역으로 구분할 필요가 있다. 또한 전자의 경우에는 용역의 경우와 같이 소비자로부터 청약철회의 의사를 수령한 후 3영업일 이내로 정할 필요가 있다.

③ 환급지연에 따른 책임

사업자가 대금환급을 지연한 경우 그 책임은 무엇인가? 할부거래법에서는 이 경우 지연배상금을 함께 지급할 책임을 부과하고 있다. 즉, 사업자가 상기의 3영업일 이내에 할부금의 환급을 지연한 경우 그 지연기간에 따라 20%를 곱하여 산정한 지연배상금을 더하여 환급하여야 한다(동법 제10조 제2항 후문, 동 시행령 제7조).

4) 결합계약에 있어서 대금환급

소비자가 간접할부계약을 체결한 후 청약철회권을 행사하였다면 매매계약에 결합된 여신계약의 효력은 어떻게 되는가? 앞에서 언급한 유럽연합 등과 같이 여신계약 역시 당연히 소멸된다고 한다면 후술하는 문제는 발생하지 않는다. 그럼 여신계약 역시 당연히 소멸하는가? 만일 소멸하지 않는다고 한다면 소비자는 청약철회에 따라 신용제공자의 대금결제요청에 대하여 거절할 수 있는가의 문제를 비롯하여 이미 대금을 지급하였다면 그 반환을 청구할 수 있는가의 문제가 제기된다.

① 청약철회에 따른 결합계약의 효력

매매계약과 여신계약의 효력에 대하여 판례 및 학설은 양자간 경제적 일체성은 인정하지만, 법적 일체성은 인정하지 않고 있다. 즉, 여신계약은 매매계약에 있어서 대금지급의무를 이행하기 위하여 체결하는 계약이기 때문에 경제적 목적은 동일하지만, 각기 다른 계약이기 때문에 법적 효력 차원에서는 각기 별도로 파악하고 있다. 따라서 매매계약이 무효 또는 취소되더라도 여신계약이 당연히 무효 또는 취소된 것은 아니며, 이에 대하여 별도의 무효 또는 취소의 사유가 존재하고, 취소할 경우에는 여신계약의 효력 역시 소멸한다. 이러한 점은 청약철회의 경우에도 동일하다. 또한 할부거래법 등에서도 이를 명시적으로 규정하고 있다. 즉, 청약철회에 따라 여신계약의 효력이 당연히 소멸한다면 그 효과에 대하여 별도로 규정할 필요가 없지만, 할부거래법 등에서는 청약철회에 따른 신용제공자의 책임을 별도로 규정하고 있기 때문에 법적 차원에서 양자간의 관계에 대하여 별도의 계약으로 인정하고 있음은 명확하다.

그럼 이러한 입장이 타당한 것인가의 문제가 제기된다. 즉, 소비자가 여신계약을 체결한 이유는 매매계약에 따른 대금지급의무를 이행하기 위함이다. 물론 이러한 점은 신용제공자 역시 파악하고 있다. 그럼 매매계약이 소멸하였다고 한다면 여신계약을 체결한 목적 역시 소멸하였다고 볼 수 있다. 그럼에도 불구하고 여신계약의 효력을 그대로 인정하는 것은 적합하지 않다. 물론 신용제공자의 입장에서는 매매계약의 소멸에 대하여 파악할 수 없기 때문에 예기치 못한 피해를 입을 수 있다고 주장할 수 있다. 그러나 여신계약은 신용제공자가 직접 체결하는 것이 아닌 사업자를 통하여 체결한다. 즉, 체결에 있어서는 사업자를 통하여 체결하면서 소멸에 있어서는 사업자를 통한 것을 부정하는 것은 타당하지 않다. 따라서 매매계약이 해소된 경우 여신계약 역시 소멸하도록 규정하여야 할 것이다. 그럼 그 입법 방식은 어떻게 해결하여야 하는가? 물론 청약철회문제만을 해결한다면 할부거래법 등 특수 소비자보호법에서 이를 규정하여 해결하는 것이 필요하다고 할 수 있다. 그러나 여신계약의 문제는 단지 청약철회에서만 발생하는 문제가 아닌 다른 계약의 불성립 및 해소에 있어서도 동일하게 발생하는 문제이다. 따라서 이 문제는 모든 소비자계약에 대하여 일괄적으로 적용할 수 있는 법의 제정을 통하여 해결할 문제이다.

② 청약철회에 따른 신용제공자의 책임

현행 매매계약과 여신계약의 효력에 대하여 별개로 파악하고 있기 때문에 소비자가 청약을 철회하였다고 하여 바로 여신계약의 효력이 소멸하지 않는다. 따라서 신용제공자는 소비자에게 대금을 청구할 수 있으며, 소비자는 이에 대하여 거절할 수 없다. 다만, 할부거래법에서는 이에 대한 특칙을 정하여 소비자의 거절권을 규정하고 있다.

소비자가 신용제공자의 대금결제요청에 대하여 거절할 수 있는 방안은 크게 세 가지로 구분할 수 있다. 첫째, 소비자의 적극적인 행위에 의하여 거절하는 방안이다. 즉, 소비자가 할부거래업자에게 간접할부계약에 관한 청약을 철회한 후 청약철회 기간 이내에 신용제공자에게 청약을 철회하는 의사표시가 적힌 서면을 발송한 경우이다(동법 제9조 제1항). 둘째, 사업자의 행위에 의하여 거절하는 방안이다. 즉, 할부거래업자는 간접할부계약의 경우 청약을 철회하는 서면을 수령한 때에는 지체 없이 해당 신용제공자에게 재화등에 대한 할부금의 청구를 중지 또는 취소하도록 요청하여야 한다. 이러한 요청을 받은 신용제공자는 지체 없이 이에 필요한 조치를 취하여야 한다(동법 제10조 제4항, 제5항). 마지막으로 신용제공자의 행위에 의한 거절이다. 즉, 신용제공자가 청약철회기간 이내에 할부거래업자에게 재화등의 대금을 지급한 경우에 소비자는 신용제공자의 대금결제요청에 대하여 거절할 수 있다(동법 제9조 제2항 제1호).

③ 기지급된 대금의 환급

상기의 효과는 소비자가 아직 대금을 신용제공자에게 지급하지 않은 경우이다. 그럼 소비자가 신용제공자에게 대금을 지급한 후 청약철회권을 행사한 경우에는 어떠한가? 물론 할부거래법에서는 다음과 같이 규정하고 있다. 첫째, 할부거래업자가 신용제공자로부터 해당 재화등의 대금을 이미 지급받은 때에는 지체 없이 이를 신용제공자에게 환급하여야 한다. 둘째, 신용제공자는 할부거래업자로부터 할부금의 청구를 중지 또는 취소하도록 요청받은 경우 지체 없이 이에 필요한 조치를 취하여야 하며, 소비자가 이미 지불한 할부금이 있는 때에는 지체 없이 이를 환급하여야 한다. 셋째, 할부거래업자가 상기의 요청을 지연하여 소비자로 하여금 신용제공자에게 할부금을 지불하게 한 경우 소비자가 지불한 금액에 대하여 소비자가 환급받는 날까지의 기간에 대한 지연배상금을 소비자에게 지급하여야 한다. 마지막으로 신용제공자가 환급을 지연한 경우 그 지연기간에 따른 지연배상금을 소비자에게 지급하여야 한다. 다만, 할부거래업자가 요청을 지연하여 신용제공자로 하여금 소비자에 대한 할부금의 환급을 지연하게 한 경우에는 그 할부거래업자가 지연배상금을 지급하여야 한다(동법 제10조 제4항 내지 제7항). 이와 같이 동법에서는 소비자가 대금을 지급한 후 청약철회권을 행사하거나 행사한 후 대금을 지급한 경우에 있어서 대금환급절차를 규정하고 있다. 문제는 소비자가 대금을 지급하였지만, 사업자가 대금을 환급하지 않은 경우 신용제공자가 환급책임을 부담하는가이다. 물론 사업자가 할부금의 청구를 중지 또는 취소하도록 요청한 경우 소비자로부터 지급받은 대금을 지체없이 환급하도록 규정하고 있기 때문에 이 문제에 대하여 어느 정도 해결하고 있다고 할 수 있다. 그러나 사업자가 이를 요청하지 않은 경우에는 어떠한가? 물론 이는 다시 소비자가 청약철회권의 행사 사실을 그 기간내에 통지한 경우와 통지하지 않은 경우로 구분할 수 있다. 그러나 이러한 구분은 사실상 의미가 없다. 즉, 소비자가 통지하였다고 하더라도 그 효과는 신용제공사의 대금청구에 대하여 거절할 수 있을 뿐이지 기지급한 대금에 대한 반환을 규정하고 있는 것은 아니기 때문이다. 따라서 소비자의 통지 여부와 관계없이 사업자가 이를 신용제공자에게 요청하지 않았다면 신용제공자는 이를 소비자에게 반환할 의무가 없으므로 소비자는 사업자에게 대금반환 및 지연배상금을 청구할 뿐이다. 물론 추후 사업자가 이를 신용제공자에게 반환하였다면 신용제공자는 이를 소비자에게 반환하여야 한다. 그러나 기지급한 대금의 반환문제를 사업자의 요청에 따라 결정하는 것은 타당하지 않다. 물론 이 문제는 전술한 바와 같이 매매계약과 여신계약의 효력에 있어서 법적 일체성을 인정한다면 쉽게 해결될 수 있는 문제이지만, 이를 통하여 해결하기란 그리 쉽지 않은 문제이다. 따라서 이러한 해결방안은 장기적인 해결방안이며, 단기적인 해결방안이 강구되어야 한다. 그럼 단기적인 해결방안은 무엇인가? 이에 대하여는 소비자에게 상계요청권을 부여하는 방안을 제시할 수 있다. 즉, 소비자가 기지급한 대금을 환급받지 못할 경우 신용제공자에 대한 사업자의 다른 채무와 당해 소비자에게 지급하여야 할 채무를 상계처리를 요청할 수 있는 권리를 소비자에게 부여하는 것이다. 이를 통하여 신용제공자가 중간에서 상계처리할 경우 사업자의 미반환에 따른 문제를 간편하게 해소할 수 있게 된다. 이와 더불어 상계처리를 정당한 사유없이 지연한 신용제공자의 책임 역시 규정할 필요가 있으며, 이에 대하여는 소비자의 상계요청에도 불구하고 정당한 사유없이 상계처리하지 않은 경우 신용제공자에게 대금환급의무를 부과하고, 대금환급후 사업자에게 구상권을 행사하도록 할 필요가 있다. 이를 위해서는 법 개정이 필요함은 당연하다고 할 것이다.

5) 위약금 등의 청구금지

소비자의 청약철회권 행사에 따라 할부계약은 소멸한다. 그러나 사업자의 입장에서는 채무를 이행하였음에도 불구하고 계약의 해소에 따라 일정한 손실이 발생하게 되며, 이를 청약을 철회한 소비자에게 청구하고자 할 것이다. 그럼 이를 인정할 것인가? 물론 사업자에게 발생한 손실은 소비자의 청약철회권의 행사에 따라 발생한 것이므로 이에 대하여 소비자에게 책임을 부과할 수 있다. 그러나 청약철회권은 특수 소비자계약에 있어서 소비자를 보호하기 위한 대표적인 방안이며, 소비자의 핵심적인 권리이다. 따라서 정당한 권리행사에 따라 발생한 손실에 대하여는 사업자가 부담하여야 하며, 이를 소비자에게 청구할 수 없다고 할 것이다. 이러한 점에서 할부거래법에서는 청약철회권을 행사한 소비자에 대하여 위약금 등을 청구할 수 없다고 규정하고 있다(동법 제10조 제10항). 또한 할부거래업자 또는 신용제공자는 소비자가 청약을 철회함에 따라 소비자와 분쟁이 발생한 경우 분쟁이 해결될 때까지 할부금 지급거절을 이유로 해당 소비자를 약정한 기일 이내에 채무를 변제하지 아니한 자로 처리하는 등 소비자에게 불이익을 주는 행위를 하여서는 아니 된다(동조 제8항).

6) 청약철회에 대한 철회

소비자가 청약을 철회한 이후 이를 다시 철회할 수 있는가? 물론 철회의 의사표시가 사업자에게 도달하기 전에 철회의 의사를 표시하여 동시 또는 후자의 의사표시가 먼저 도달하였다고 한다면 이 역시 가능하다고 할 것이다. 그러나 최초의 철회의 의사표시가 사업자에게 도달한 후 이를 다시 철회할 수 있는가의 문제가 제기된다. 물론 최초의 철회가 사업자에게 도달함으로써 효력을 발생하였기 때문에 이를 철회할 수 없다고 할 것이다. 그럼 후자의 철회를 무엇으로 볼 것인가? 이를 새로운 청약으로 볼 수 있는가의 문제이다. 그럼 청약의 철회를 철회한 소비자의 의도는 무엇인가? 즉, 계약을 체결한 후 청약을 철회하였다면 더 이상 당해 계약을 유지하고 있지 않다는 의사를 표시한 것이며, 이를 다시 철회한 것은 당해 계약에 기속되고자 하는 의사를 표시한 것이다. 따라서 이는 새로운 청약으로 인정할 수 있다. 그럼 이 계약은 후자의 철회만으로 성립하는 것인가? 그러나 계약은 청약만으로 성립하지 않기 때문에 사업자의 의사에 따라 성립여부가 결정된다고 할 것이다. 즉, 사업자가 이를 새로운 청약으로 인정하여 승낙하였다면 계약의 성립으로 인정할 수 있지만, 사업자가 거절한 경우에는 계약의 성립으로 인정되지 않는다. 물론 사업자의 승낙은 명시적으로 할 수 있지만, 묵시적으로도 할 수 있다. 즉, 제2의 철회를 접수한 후 상당기간 동안 반환을 청구하지 않은 경우 또는 대금을 환급하지 않은 경우 승낙한 것으로 간주할 수 있을 것이다. 그럼 이에 따라 체결된 계약에 대하여 소비자는 다시 청약을 철회할 수 있는가의 문제가 발생하게 된다. 물론 다른 특수거래형태라고 한다면 이러한 계약체결방식이 특수 소비자계약에 해당하는지에 대한 검토를 하여야 할 것이지만, 할부계약이기 때문에 소비자가 종전의 대금지급방식으로 대금을 지급하기로 하였다면 동법상 할부계약에 해당하기 때문에 청약철회권이 인정되는 계약이라고 할 수 있다. 따라서 단순한 논리로만 본다면 이 계약에 대한 청약철회 역시 가능하다고 할 수 있다. 그러나 이는 청약철회권의 본질에 비추어 볼 때 허용할 수 없다고 할 것이다. 즉, 청약철회권은 특수거래방식으로 계약을 체결한 소비자에게 재차 구매의사를 판단할 수 있는 기회를 부여하기 위한 제도이다. 따라서 최초의 계약에 따라 구매의사를 결정할 수 있는 기회를 부여하였고, 이에 따라 청약을 철회한 후 다시 이를 철회하여 계약을 체결하였다면 소비자가 구매의사를 재고할 수 있는 충분한 기회를 가졌다고 할 것이다. 그럼에도 불구하고 다시 청약철회권을 인정하는 것은 제도의 본질적 취지에 적합하지 않을 뿐만 아니라 신의칙에 반하는 행위라고 할 수 있다. 따라서 제2의 계약에 대한 청약철회는 인정되지 않는다고 할 것이다.

다. 선불식 할부거래와 청약철회권

(1) 청약철회권의 발생요건

선불식 할부계약의 경우 후불식 할부계약과 동일하게 청약철회권의 방생요건에 대하여 단일의 구조로 규정하고 있다. 물론 선불식 할부계약의 특성, 즉 대금의 지급후 재화등을 공급받기 때문에 계약체결 즉후 사업자의 채무불이행이 존재할 수 없다는 점을 감안한 것이다. 다만, 그 행사기간에 대하여는 동일하게 정하고 있는 것이 아닌 2원적으로 규정하고 있다는 점은 후불식 할부계약과의 차이점이라고 할 수 있다. 따라서 소비자는 그 이유를 불문하고, 아래의 기간 이내에 청약을 철회할 수 있다.

(2) 청약철회권의 행사기간과 행사방법

1) 행사기간

선불식 할부계약을 체결한 소비자는 언제까지 청약을 철회할 수 있는가? 이에 대하여는 크게 세 가지로 구분할 수 있다. 첫째는 계약서를 교부한 경우이며, 둘째는 사업자의 방해행위가 존재한 경우이며, 마지막으로는 사업자가 계약서를 교부하지 않은 경우이다.

먼저, 사업자가 계약서를 교부한 경우는 청약철회에 관한 정보가 모두 기재되고, 추후 변경되지 않은 경우와 미기재 또는 추후 변경된 경우로 구분된다. 즉, 전자의 경우 행사기간은 당해 계약서를 교부받은 날로부터 14일 이내에 행사할 수 있다(동법 제24조 제1항 제1호). 후자의 경우는 그 주소를 안 날 또는 알 수 있었던 날로부터 14일 이내이며, 주소변경의 경우에는 변경된 주소를 안 날 또는 알 수 있었던 날로부터 14일 이내이다. 만일, 계약서에 청약의 철회에 관한 사항이 적혀 있지 아니한 경우에는 청약을 철회할 수 있음을 안 날 또는 알 수 있었던 날부터 14일 이내에 행사할 수 있다(동항 제2호, 제3호). 둘째, 선불식 할부거래업자가 청약의 철회를 방해한 경우에는 그 방해행위가 종료한 날부터 14일 이내에 행사할 수 있다(동항 제4호). 마지막으로 사업자가 계약서를 받지 아니한 경우에는 계약일부터 3개월 이내에 청약을 철회할 수 있다(동항 제5호). 이러한 행사기간을 정함에 있어서 계약서의 발급사실과 그 시기 등에 관하여 다툼이 있는 경우에는 선불식 할부거래업자가 이를 입증하여야 한다(동조 제4항).

이와 같이 동법에서는 선불식 할부계약에서의 소비자의 청약철회권에 대하여 나름대로 각 유형별로 행사기간의 기산점과 행사기간을 정하고 있다. 물론 어느 정도의 타당성은 인정되지만, 앞에서 언급한 바와 같이 정보제공의무에 미이행에 대하여 사업자의 의무이행이 아닌 소비자의 인식가능성을 기준으로 행사기간의 기산일을 정하였다는 점은 근본적인 문제점으로 지적되며, 방해행위 역시 동일하다. 이에 대하여는 앞에서 언급하였기 때문에 반복하지 않는다. 문제는 계약서의 미교부시 행사기간이다. 물론 사업자에게 불이익을 부여하기 위하여 행사기간을 14일에서 3개월로 연장하였다. 그럼 과연 이러한 점이 불이익인가? 이 문제는 정보가 미기재된 계약서를 교부한 경우 등에 있어서 최장기간의 문제와 직결한다. 물론 사업자의 주소 등이 기재되지 않은 계약서를 교부하였을 경우 최장기간이 계약일로부터 3개월 이내라고 한다면 큰 문제는 없다. 그러나 이 경우에 있어서 최장기간에 대한 제한이 없기 때문에 소비자는 계약일로부터 3개월이 경과하였더라도 사업자의 주소를 과실없이 알지 못하였다면 이를 안 날 또는 알 수 있었던 날로부터 14일 이내에 행사할 수 있다. 그러나 계약서를 교부받지 못한 경우 소비자가 주소 등을 알았거나 알 수 있었음과 관계없이 계약일로부터 3개월이 경과하면 더 이상 행사할 수 없다. 그럼 사업자의 의무위반의 정도는 어느 쪽이 더 중대한가? 즉, 계약서를 교부하지 않은 경우와 계약서를 교부하였지만, 주소를 기재하지 않은 경우를 비교한다면 전자가 후자보다 의무위반의 정도가 더 중대함은 쉽게 알 수 있다. 그러나 그 효과는 정반대이다. 즉, 전자의 경우 행사기간은 3개월이지만, 후자의 경우 이러한 제한을 받지 않는다. 또한 소비자가 청약철회권을 행사할 수 없도록 하기 위하여 계약서를 교부하지 않았다면 3개월 이후에는 행사할 수 없게 된다. 즉, 주소를 기재하지 않은 계약서를 교부할 경우 최장기간의 제한을 받지 않기 때문에 과실없이 주소를 알지 못하였다면 3개월 이후에도 행사할 수 있지만, 계약서를 교부받지 않은 경우에는 3개월이 경과한 후에는 행사할 수 없기 때문이다. 따라서 이를 악용한 사업자가 등장할 수 있으며, 계약서 교부의무를 부과한 의미가 상실될 수 있다. 이러한 문제점이 발생하는 근본적인 이유는 사업자의 정보미제공에 대하여 소비자를 중심으로 기산일을 정하였기 때문이다. 따라서 전술한 바와 같이 이러한 정보가 기재된 계약서를 교부한 시점을 기산점으로 정한다면 이 문제는 자연스럽게 해소될 수 있다.

2) 행사의 방법

선불식 할부계약을 체결한 소비자는 상기의 행사기간내에 청약을 철회할 수 있다. 그럼 그 방법은 무엇인가? 동법에서는 후불식 할부계약에 동일하게 서면에 의한 행사를 규정하고 있다(동법 제24조 제2항). 그럼 이를 구두로 행사하였을 경우 그 효력은 인정되지 않는가? 이에 대하여는 전술하였기 때문에 재차 반복하지 않는다. 다만, 이를 명확하게 하기 위하여 이를 행사방법으로 규정하는 것이 아닌 효력발생시기에 관한 규정으로 개정할 필요가 있다.

(3) 청약철회의 효과

1) 효력발생시기

선불식 할부계약에 있어서 청약철회 역시 상대방있는 의사표시이기 때문에 소비자의 의사표시가 상대방인 사업자에게 도달하여야 효력을 발생하는 것이 원칙이다. 다만, 동법에서는 이에 대한 특칙을 정하여 도달주의가 아닌 발신주의를 취하고 있다(동법 제24조 제3항).

2) 행사의 효과

소비자가 청약을 철회한 경우 당해 선불식 할부계약은 소멸한다. 따라서 소비자는 사업자로부터 공급받은 재화를 반환하여야 하며, 사업자는 대금을 환급하여야 한다. 그러나 선불식 할부계약의 경우 후불식 할부계약과 달리 사업자가 소비자에게 재화를 공급하지 않는다는 점을 감안하여 사업자의 대금환급의무만을 규정하고 있다. 즉, 소비자가 청약을 철회한 경우 선불식 할부거래업자는 청약철회의 서면을 접수한 날부터 3영업일 이내에 이미 지급받은 계약금 및 할부금을 환급하여야 한다. 이 경우 선불식 할부거래업자가 환급을 지연한 때에는 그 지연기간에 따라 지연배상금을 함께 환급하여야 한다(동법 제24조 제5항).

물론 일반적인 선불식 할부계약의 경우 사업자는 재화를 공급하지 않는다. 그러나 일부의 재화를 계약체결시 또는 계약체결 후 일정기간 이내에 공급하기도 한다. 그럼 이 경우는 어떻게 해결하여야 하는가? 즉, 2011년 9월 1일에 고시된 선불식 할부계약의 해제에 따른 해약환급금 산정기준 고시(공정거래위원회 고시 제2011-7호)에서는 부가상품을 규정하고 있으며, 계약이 해제된 경우 소비자는 사업자에게 부가상품을 포함하여 반환할 수 있는 재화등(이하 "부가상품등"이라 한다)을 사업자에게 반환하고 그 가치에 상당하는 금액을 청구하거나 위약금에서 감액할 수 있다고 규정하고 있다(동 고시 제5조 제1항). 따라서 선불식 할부계약이라고 하여 반드시 대금의 완납 이전에만 재화등이 공급되는 것은 아니며, 그 이전에 공급될 수 있다. 그럼 이 경우에 소비자의 의무는 무엇이고, 사업자의 대금환급시기는 언제인가? 그러나 동법에서는 이에 관한 규정을 두고 있지 않다. 입법적 미비라고 할 수 있다. 따라서 이 경우에는 후불식 할부계약에서의 청약철회에 관한 효력규정을 적용하여 소비자는 공급받은 재화를 반환하여야 하며, 사업자는 재화는 반환받은 날로부터 3영업일 이내에 환급하도록 규정하여야 할 것이다.

또한 소비자가 청약철회권을 행사하였을 경우 사업자는 이를 이유로 위약금 등을 청구할 수 있는가? 후불식 할부계약에 있어서 청약철회와 달리 선불식 할부계약에 있어서는 이에 관한 규정을 두고 있지 않다. 다만, 2011년 12월 28일에 제정된 선불식 할부거래에서의 소비자보호 지침(공정거래위원회 예규 제126호)에서는 청약철회 또는 사업자 귀책사유로 계약이 해제된 경우 상조사업자가 위약금을 청구할 수 없다고 규정하고 있다. 물론 앞에서 언급한 바와 같이 청약철회권은 소비자의 본질적인 권리이기 때문에 그 행사에 대하여 위약금을 청구할 수 없음은 당연하다고 할 것이다. 그러나 이러한 내용은 법률에서 규정하여야 할 사항이며, 단순히 지침에서 규정할 사항이 아니다. 따라서 이는 법률에서 규정하여야 할 것이다.

마지막으로 현행 선불식 할부계약에서의 청약철회는 직접 선불식 할부계약만을 대상으로 하고 있다. 그럼 간접 선불식 할부계약에서 소비자가 청약을 철회한 경우 그 효과는 무엇인가? 물론 학설과 판례 모두 매매계약과 여신계약의 효력에 대하여 법적 일체성을 인정하고 있다면 동법에서 규정하고 있지 않더라도 큰 문제는 없다. 그러나 학설과 판례 모두 양자의 법적 일체성을 부정하고 있기 때문에 선불식 할부계약에 대하여 청약을 철회하더라도 신용제공자는 소비자에게 대금결제를 요청할 수 있으며, 이에 대한 거절권 등을 규정하고 있지 않기 때문에 소비자는 대금결제요청에 대하여 거절할 수 없다. 과연 이러한 점이 타당한 것인가? 이에 대하여는 앞에서 언급하였기 때문에 반복하지 않는다. 다만, 그 근본적인 해결을 위해서는 이를 규율하는 특별법의 제정이 필요하지만, 이는 장기적인 방안이다. 따라서 단기적인 방안으로 간접 선불식 할부계약을 규정하고, 청약철회에 따른 법적 효과를 최소한 후불식 할부계약과 동일하게 규정하여야 할 것이다.

2. 방문판매법상 청약철회권

가. 적용범위 및 법 적용배제사유

(1) 적용범위

방문판매법은 특수거래방식으로 재화등을 거래하는 소비자를 보호하기 위하여 제정된 법이다. 즉, 할부거래법 및 전자상거래소비자보호법은 특정의 거래방식 분야에서의 소비자보호를 추구한다면 방문판매법은 그 이외의 다양한 형태의 특수거래방식에서의 소비자보호를 추구하는 법이다. 이러한 특수거래형태로는 방문판매, 전화권유판매, 다단계판매, 후원방문판매, 계속거래 및 사업권유거래이다. 그러나 동법이 소비자만의 보호법이라고 할 수 없다. 물론 정책적 의미의 소비자에 있어서 매우 광범위하게 사업자를 포함하고 있다는 점 역시 하나의 근거이지만, 다단계판매 · 후원방문판매원 또는 사업권유거래의 경우 상대방에 있어서 소비자에 한정하지 않기 때문이다(동법 제3조 제1호). 다만, 청약철회와 관련하여서는 사업권유거래 및 계속거래에 대하여 인정하고 있지 않다.

(2) 법 적용배제사유

1) 상대방이 사업자인 경우

동법은 기본적으로 특수거래분야에서의 소비자보호를 목적으로 하는 법이기 때문에 거래의 상대방이 사업자인 경우에는 적용되지 않는다. 다만, 다단계판매원, 후원방문판매원 또는 사업권유거래의 상대방이 사업자인 경우에는 동법이 적용되며, 사업자가 사실상 소비자와 같은 지위에서 다른 소비자와 같은 거래조건으로 거래하는 경우 해당 사업자는 소비자로 인정되기 때문에 동법의 적용을 받는다(동법 제3조 제1호).

2) 보험계약

동법은 보험업법 제2조 제6호에 따른 보험회사와 보험계약을 체결하기 위한 거래에 대하여 적용되지 않는다(동법 제3조 제2호). 이에 대하여는 앞에서 언급하였기 때문에 반복하지 않는다. 문제는 보험 이외의 금융상품이다. 할부거래법에서는 금융기관에서 거래하는 금융상품에 대하여 법 적용대상에서 배제하고 있다. 그러나 방문판매법에서는 이를 배제하지 않고 있기 때문에 동법의 규율대상이 특수거래형태로 금융상품에 대한 계약을 체결하였다면 동법의 적용을 받게 된다. 물론 이러한 금융상품에 대하여 적절하게 규율하고 있는 법이 부존재하거나 존재하더라도 그 내용이 미흡하다면 동법을 적용하는 것이 타당하다고 할 수 있다. 그러나 동법상 가장 핵심적인 내용은 청약철회권이다. 따라서 금융상품(주식, 펀드 등)을 거래하고, 단기간 동안에 손해가 발생한 경우 청약을 철회하여 원금을 보장받는 경우가 발생하게 된다. 이는 소비자를 보호하는 것이 아닌 소비자의 투기심리를 조장하는 것이기 때문에 바람직하지 않다. 또한 금융상품의 경우 매우 복잡하기 때문에 동법상의 설명의무만으로는 충분하지 않다. 이러한 측면에서 자본시장과 금융투자업에 관한 법률에서는 설명의무를 비롯하여 적합성 및 적정성 원칙을 적용하고 있다(동법 제46조, 제46조의2, 제47조). 물론 다단계판매와 후원방문판매의 경우 재화등의 거래없이 금전거래를 하거나 재화등의 거래를 가장하여 사실상 금전거래만을 하는 행위를 금지하고 있지만(동법 제24조 제1항 제1호, 제29조 제3항 제2호), 금융상품의 경우 재화에 해당하기 때문에 이에 해당하지 않는다. 따라서 금융기관에 의한 금융상품 역시 동법의 적용대상에서 배제하는 것이 바람직하다. 이는 특수거래분야에서의 소비자보호를 추구하면서 법 적용배제대상을 달리 정하는 것은 소비자의 혼란을 유발하는 것이기 때문이기도 한다.

3) 특수목적물

방문판매원을 두지 아니하는 방문판매업자가 가공되지 아니한 농산물·수산물·축산물·임산물 또는 방문판매자가 직접 생산한 재화등을 방문판매하는 거래에 대하여는 동법이 적용되지 않는다(동법 제3조 제3호, 동 시행령 제6조). 1차산업의 생산물에 대한 거래 중 영세방문판매업자를 보호하기 위하여 방문판매원을 두지 않은 방문판매업자에 의한 방문판매에 대하여 동법의 적용을 배제한 것으로 추정된다. 문제는 방문판매자가 직접 생산한 재화에 대한 방문판매이다. 여기에서 방문판매자는 방문판매업자와 방문판매원을 포함한 개념이다(동법 제2조 제2호). 즉, 제조자인 방문판매자가 생산한 재화를 방문판매의 방법으로 소비자에게 판매하였다고 하더라도 동법의 적용이 적용되지 않는다. 그러나 이러한 거래를 동법의 적용대상에서 배제하는 것이 타당한 것인가에 대하여는 의문이 제기된다. 즉, 전자의 거래는 영세방문판매업자의 보호와 그 대상 재화가 1차산업의 생산물이라는 점에서 어느 정도 긍정할 수 있지만, 단지 제조자가 판매한다는 것만으로 동법의 적용을 배제하는 것이 타당한 것인가에 대하여는 의문이다. 그렇다고 한다면 재화를 생산하여 판매하는 제조업자는 방문판매의 방식으로 이를 판매하더라도 거의 대부분 동법의 적용을 받지 않게 된다.

즉, 제조과정에 참여한 종사자가 판매원으로서 방문판매할 경우 동법의 적용을 받지 않기 때문이다. 물론 방문판매가 전문적인 판매업자를 규율대상으로 하였다는 점을 전제로 이러한 사업자를 배제하고 있다고 할 수 있지만, 동법의 주된 목적은 방문판매 등에 있어서 소비자를 보호하기 위함이다. 따라서 사업자에 중점을 둘 것이 아닌 소비자에 중점을 두어 이러한 사업자에 의한 거래에 있어서 소비자보호의 필요성이 없는가를 살펴본 후 동법의 적용배제 여부를 결정하였어야 했다. 그러나 이를 판단함에 있어서 사업자가 제조업자인지 아니면 전문판매업자인지에 대한 구별은 중요하지 않다. 즉, 소비자가 일반적인 거래방식이 아닌 특수한 거래방식으로 재화를 구매함에 있어 충분히 숙고할 수 있는 여유가 없다는 점에서 정보제공의무 및 청약철회 등을 규정하고 있는 것이다. 그럼에도 불구하고 단지 사업자가 제조업자라는 이유만으로 동법의 적용을 배제하는 것은 동법의 본질적인 목적인 소비자보호에 반하는 것이므로 이러한 배제사유는 삭제하여야 할 것이다.

4) 계속거래

동법의 적용에 있어서 다른 법과의 관계에 대하여 동법에서는 동법의 우선적용을 인정하되 다른 법률을 적용하는 것이 소비자에게 유리한 경우에 한하여 다른 법의 적용을 긍정하고 있다.[129] 물론 동법이 규율대상분야에 있어서 소비자보호에 가장 적합하다는 전제하에서 다른 법과의 관계를 규정한 것이다. 그러나 동법의 내용이 과도한 소비자보호를 규정하고 있는 경우 동법을 개정하지 않은 이상 다른 법을 통하여 해결할 수 없다는 단점이 발생하게 된다. 즉, 다른 법에서 합리적인 소비자보호를 추구하더라도 동법의 내용보다 소비자에게 불리하기 때문에 다른 법은 적용될 수 없게

129) 이러한 다른 법과의 관계에 대하여는 할부거래법 및 전자상거래소비자보호법 역시 동일하다.

된다. 물론 동법을 신속하게 개정하여 합리적인 방향을 설정한다면 문제가 없지만, 법률의 개정은 그리 쉽지 않다는 점을 감안하여야 한다. 반면에 이러한 점만을 감안하여 기존 일반법과 특별법의 관계로 이 문제를 해결하고자 한다면 동법이 유명무실해질 수 있다. 따라서 이 문제는 쉽지 않은 문제이며, 양자를 모두 해결할 수 있는 방안에 대한 모색이 필요하다.

이러한 측면에서 동법에서는 계속거래의 경우 이에 대한 특칙을 정하고 있다. 즉, 계속거래에 관하여 동법에서 규정하고 있는 사항을 다른 법률에서 따로 정하고 있는 경우에는 그 법률을 적용한다(동법 제4조 제3항). 또한 계속거래에 관한 개별 규정에서도 이를 규정하고 있다. 즉, 계속거래업자등과 계속거래등의 계약을 체결한 소비자는 계약기간 중 언제든지 계약을 해지할 수 있다. 다만, 다른 법률에 별도의 규정이 있거나 거래의 안전 등을 위하여 대통령령으로 정하는 경우에는 그러하지 아니하다(동법 제31조). 그럼 이러한 규정들을 어떻게 해석하여야 하여야 하는가? 물론 동법 제4조 제3항과 제31조 단서의 내용 중 다른 법률에 별도의 규정이 있거나 부분은 상호 중복된다. 즉, 동법 제31조 단서의 내용은 동법 제4조 제3항에서 계속거래에 관하여 동법에서 규정하고 있는 사항을 다른 법률에서 따로 정하고 있는 경우에 속한다. 따라서 이미 제4조 제3항에서 규정하고 있는 내용을 제31조 단서에서 반복하고 있는 것이므로 이를 삭제하는 것이 바람직하다. 문제는 제4조 제1항과 제3항과의 관계이다. 즉, 제1항에서는 계속거래에 관하여 동법의 우선적용을 규정하면서 다른 법의 내용이 소비자에게 유리한 경우에만 다른 법을 적용한다. 그러나 제3항에서는 동법이 규정하고 있는 사항에 대하여 다른 법에서 규정하고 있는 경우 다른 법을 우선 적용함을 규정하고 있다. 물론 제3항에서 정한 내용이 동법의 내용보다 소비자에게 유리한 경우에 국한한다고 하면 제3항은 존재할 필요가 없다. 이미 제1항에서 규정하고 있기 때문이다. 그러나 제3항에서는 다른 법의 내용이 동법의 내용보다 소비자에게 불리하더라도 이를 적용하겠다는 것을 규정하고 있다. 그 결과 제1항과 제3항은 모순이다.[130] 즉, 다른 법의 내용이 동법보다 소비자에게 불리한 경우 제1항에 따라 동법을 우선 적용하여야 하는가 아니면 제3항에 따라 다른 법을 우선 적용하여야 하는가이다. 물론 입법의도는 후자이다. 즉, 계속거래에 있어서 핵심은 소비자의 해지권이며, 이에 따른 위약금 문제이다. 물론 방문판매법에서 이를 규정하고 있지만, 대표적으로 학원의 설립·운영 및 과외교습에 관한 법률에서도 이를 규정하고 있다. 다만, 방문판매법에서는 이를 추상적으로 규정하고 있는 방면에 학원법에서는 매우 구체적으로 규정하고 있다. 따라서 이러한 경우에는 방문판매법이 아닌 학원법을 적용하겠다는 취지이다. 이러한 입법취지에도 불구하고 제1항에서 계속거래를 그대로 유지한 결과 이러한 모순이 발생하게 된 것이다. 따라서 이러한 모순을 배제하기 위해서는 제4조 제1항에서 계속거래를 삭제하여야 할 것이다.

5) 선불식 할부거래

할부거래법에서 규정하는 선불식 할부거래에 대하여는 방문판매법 제8조(청약철회등), 제9조(청약철회등의 효과), 제17조(청약철회등), 제18조(청약철회등의 효과) 및 제37조(소비자피해보상보험계약등)를 적용하지 아니한다(동법 제4조 제4항). 즉, 선불식 할부계약은 주로 방문판매 또는 다단

---

130) 이러한 계속거래에 관한 규정은 동법에서 계속거래를 처음 규정하기 시작한 2002년 개정법에서부터 시작된다. 다만, 조문 구성은 현행법과 차이가 있다. 즉, 2002년 개정법에서는 적용배제 사유 중 하나로 계속거래에 관한 규정은 이 법에서 규정하고 있는 사항을 전기통신사업법 등 다른 법률에서 따로 정하고 있는 경우에는 그 법률을 적용한다고 규정하였다(구 동법 제3조 제4항). 또한 제4조에서는 다른 법과의 관계를 규정하면서 방문판매·전화권유판매·다단계판매·계속거래 및 사업권유거래에서의 소비자보호와 관련하여 이 법과 다른 법률의 적용이 경합하는 경우에는 이 법을 우선 적용하되, 다른 법률을 적용하는 것이 소비자에게 유리한 경우에는 그 법을 적용한다고 규정하였다. 이후 2012년 개정법부터 현행의 단일조문에서 이를 규정하고 있다.

계판매의 방식으로 체결된다는 점을 감안하여 할부거래법 및 방문판매법의 적용을 긍정하면서 청약철회와 소비자피해보상보험등은 이미 할부거래법에서 규정하고 있기 때문에 방문판매법의 적용을 배제하더라도 충분히 입법목적을 달성할 수 있다는 점에 근거하고 있다.

나. 방문판매 및 전화권유판매에서의 청약철회권

(1) 청약철회권과 해제권과의 관계

소비자가 방문판매 또는 전화권유판매(이하 "방문판매등")로 재화를 구입하였을 경우 일방적으로 계약을 해소할 수 있다. 그럼 이와 같이 소비자가 일방적으로 계약을 해소할 수 있는 권리는 무엇인가? 물론 청약철회권이다. 그러나 동법에서는 이러한 소비자의 권리에 대하여 할부거래법과 달리 청약철회권만을 규정하고 있는 것이 아니라 계약해제권도 규정하고 있다. 또한 양자를 부여함에 있어서 선택적으로 부여하였다면 어느 정도 해석을 통하여 해결할 수 있겠지만, 양자를 동시에 부여하고 있다. 그 결과 소비자는 청약철회권과 함께 계약해제권도 가지게 된다. 그럼 양자의 관계는 무엇이며, 이와 같이 두 개의 권리를 부여하는 것이 타당한 것인가의 문제가 제기된다. 이러한 문제는 방문판매법에만 국한하는 문제가 아닌 전자상거래소비자보호법 및 콘텐츠산업진흥법에서도 동일하게 발생한다.

동법에서는 소비자가 계약을 해소할 수 있는 권리로 청약철회권만이 아닌 계약해제권도 부여하고 있다. 그럼 이러한 권리들은 상호 별개의 권리인가? 즉, 양자가 별개라고 한다면 소비자보호를 위하여 독자적인 역할을 하기 때문에 문제가 없다. 그러나 양자가 동일하다고 한다면 규정의 타당성에 대한 문제가 제기될 것이다. 그럼 양자는 별개인가? 그러나 후술하는 바와 같이 청약철회 및 해제 모두 발생요건에서부터 시작하여 그 효과까지 모두 동일하다. 즉, 양자간에 차이가 없다. 그 결과 청약을 철회하면 당해 계약은 소멸하기 때문에 해제할 수 없으며, 청약철회권이 소멸하면 해제권 역시 소멸한다. 따라서 양자를 병렬적으로 규정할 실익이 없다. 그럼 일본의 학설과 같이 청약의 철회는 계약이 성립되지 이전에만 행사할 수 있고, 계약의 해제는 성립이후에 행사하는 것인가? 물론 철회권의 일반적 정의에서 본다면 이러한 입장이 타당하다고 할 수 있다. 그럼 계약의 성립이후에도 청약을 철회할 수 있다는 청약철회권의 본질과 이를 인정하고 있는 할부거래법 및 주요국의 입법례는 모두 오류인가의 문제가 제기된다. 즉, 이러한 해석의 기초에는 계약이 성립한 이후에는 해제만 할 수 있다는 사고에서 출발하며, 이미 계약이 성립한 후에도 청약철회권의 행사를 통하여 계약을 소멸시킬 수 있다는 점을 고려하지 않는 것이다. 따라서 이러한 해석론만으로는 이 문제를 해결할 수 없다. 그럼 이 문제를 어떻게 해결하여야 하는가? 결론은 양자가 별개의 권리인가 아니면 단일의 역할을 하는 권리인가의 문제이다. 그러나 앞에서 살펴본 바와 같이 양자는 별개의 독자적인 역할을 담당하는 것이 아닌 동일한 기능을 한다. 따라서 양자를 별개의 역할을 하는 것처럼 규정하고 있는 동법을 비롯한 전자상거래소비자보호법 등의 규정은 단일의 권리로 개정하여야 할 것이다.

그럼 단일의 권리로 개정할 경우 어느 권리로 통일화하는 것이 바람직한 것인가? 이를 판단함에 있어서는 동법의 목적 및 각 권리의 본질을 규명하여 이에 적합한 권리로 단일화하여야 할 것이다. 먼저, 동법은 특수거래분야에서의 소비자보호를 추구한다. 그럼 특수거래분야는 무엇인가? 즉, 일반 거래와 달리 특수거래는 사업자의 특수한 판매방식으로 인하여 소비자가 합리적인 구매의사를 결정하기 곤란하기 때문에 계약체결 이후 구매의사를 재차 판단할 수 있는 기회를 부여하고 있다. 즉, 계약체결과정의 특수성을 감안한 것이다. 그럼 해제권은 무엇인가? 해제권은 채무자의 채무불이행으로 계약의 목적을 달성할 수 없는 경우 당해 계약에서 벗어날 수 있는 권리이다. 따라서 해제권은 계약이 효력을 발생한 이후 채무자의 채무불이행을 전제로 한다. 그럼 청약철회권은 어떠한가? 청약철회권은 소비자가 계약을 체결한 이후 체결 당시의 혼란상태에서 벗어나 정확히 자신의 구매의사를 재차 판단할 수 있는 기회를 부여하고, 구매의사가 변경된 경우 당해 계약을 해소할 수 있는 권리이다. 물론 이러한 구매의사의 재고는 단지 계약의 성립 이후에 행하여야 하는 것은 아니며, 청약을 표시한 이후 또는 계약이 성립하기 이전에도 행할 수 있다. 이러한 해제권과 청약철회권 중 어느 권리가 동법의 입법목적에 적합한 권리인가? 이에 대하여는 앞에서 언급한 바와 같이 청약철회권이 동법의 입법에 적합하다는 것을 쉽게 알 수 있다. 물론 후술하는 바와 같이 사업자의 일정한 채무불이행의 경우에 대하여도 청약철회권을 인정하고 있다. 그렇다고 본다면 해제권 역시 전혀 무관한 것은 아니라고 할 수 있다. 그러나 사업자의 채무불이행에 따른 경우에 이를 인정하는 것이 타당한 것인가의 문제에서부터 시작하여 이를 별도의 요건으로 규정함으로 인하여 소비자의 청약철회권의 행사를 실질적으로 제한하는 결과를 유발한다. 이에 대한 자세한 내용은 후술한다. 또한 해제권은 계약의 효력단계에서 발생하는 문제를 해결하기 위한 권리이지만, 상기의 내용을 고려할 때 이 문제는 계약체결단계에서 발생하는 문제를 해결하기 위함이다. 또한 이는 계약체결 이전단계에서부터 시작하여 계약체결 이후까지의 전 단계에 걸쳐 요구된다. 따라서 해제권만으로는 이 문제를 총괄적으로 해결하기에는 한계가 있다. 따라서 청약철회권과 계약해제권 중 단일화를 한다면 동법의 입법목적에 적합하며, 제도적 취지와 일치하는 청약철회권으로 단일화하는 것이 바람직할 것이다.

(2) 청약철회권의 발생요건

할부거래법과 달리 방문판매법상 소비자의 청약철회권은 2원적 구조로 구성되어 있다. 즉, 소비자의 임의적 청약철회권과 사업자의 채무불이행에 따른 청약철회권이다. 전자는 소비자가 아무런 이유를 제시하지 않고 행사할 수 있는 청약철회권이며, 후자는 사업자의 채무불이행이 있을 경우에 행사하는 청약철회권이다. 그럼 이와 같이 2원적 구조를 구성한 이유는 무엇인가? 이에 대하여는 청약철회권을 광범위하게 인정하기 위함임과 동시에 그 행사기간을 연장하기 위함이다. 그러나 청약철회권을 이와 같이 2원적으로 구성하는 것이 타당한 것인가에 대하여는 많은 문제점이 제기되고 있다. 이에 대하여는 후술한다.

1) 소비자의 임의적 청약철회권

소비자의 임의적 청약철회권이라 함은 방문판매등을 통하여 재화를 구매한 후 구매의사가 변경하였을 경우 아무런 이유를 제시하지 않고 당해 계약을 해소할 수 있는 권리이다. 물론 청약철회권이라고 한다면 이를 의미한다. 다만, 청약철회권은 다음의 경우에는 행사할 수 없다. 그러나 이러한 사유에 해당함에도 불구하고 사업자가 청약철회권을 인정한 경우에는 그러하지 않는다.

① 청약철회 배제사유

소비자의 임의적 청약철회권은 다음의 사유 중 어느 하나에 해당할 경우 이를 행사할 수 없다. 첫째, 재화등의 내용을 확인하기 위하여 포장 등을 훼손한 경우를 제외하고, 소비자에게 책임이 있는 사유로 재화등이 멸실되거나 훼손된 경우이다. 즉, 소비자가 재화를 사용하던 중 파손한 경우가 대표적이라고 할 수 있다. 둘째, 소비자가 재화등을 사용하거나 일부 소비하여 그 가치가 현저히 낮아진 경우이다. 즉, 소비자가 사업자로부터 자동차를 구매하여 사용한 경우가 대표적인 사유이다. 셋째, 시간이 지남으로써 다시 판매하기 어려울 정도로 재화등의 가치가 현저히 낮아진 경우이다. 즉, 음식료 등을 구입하여 장기간 방치하여 상한 경우가 대표적인 경우이다. 넷째, 복제할 수 있는 재화등의 포장을 훼손한 경우이다. 즉, 음악 또는 영화 등의 콘텐츠가 내장된 CD 또는 DVD 등을 구입하여 포장을 훼손한 경우이다. 다만, CD 등에 복제방지 프로그램이 설치되어 있는 경우에는 복제할 수 없기 때문에 포장을 훼손하였다고 하더라도 청약을 철회할 수 있다. 마지막으로 소비자의 주문에 의하여 개별적으로 생산되는 재화등에 대한 것으로서 청약의 철회 및 계약의 해제(이하 "청약철회등"이라 한다)를 인정하면 방문판매자 또는 전화권유판매자(이하 "방문판매자등"이라 한다)에게 회복할 수 없는 중대한 피해가 예상되는 경우이다(동법 제8조 제2항, 동 시행령 제12조). 즉, 기성복이 아닌 맞춤 정장을 구매한 경우에 이에 해당한다. 이러한 다섯 가지의 사유에 해당할 경우 소비자는 임의적 청약철회권을 행사할 수 없지만, 그 요건의 충족만으로 청약철회권이 배제되지 않는다. 즉, 후술하는 이를 배제하기 위한 조치의무를 강구하여야 한다. 다만, 첫 번째의 사유는 이에 해당하지 않는다.

② 청약철회권을 배제하기 위한 조치의무

상기의 청약철회배제사유에 해당하더라도 사업자가 소비자의 청약철회권을 배제하기 위한 조치를 추가적으로 강구하여야 한다. 그럼 그 조치는 무엇인가? 즉, 방문판매업자등은 상기의 이유(둘째부터 넷째까지)로 소비자의 청약철회권을 배제하기 위하여 청약철회가 불가능하다는 사실을 재화등의 포장이나 그 밖에 소비자가 쉽게 알 수 있는 곳에 분명하게 표시하거나 시용(試用) 상품을 제공하는 등의 방법으로 청약철회등의 권리행사가 방해받지 아니하도록 조치하여야 한다(동법 제8조 제2항, 제5항). 또한 다섯 번째 사유를 이유로 청약철회권을 배제하기 위해서는 사전에 해당 거래에 대하여 별도로 그 사실을 고지하고 소비자의 서면(전자문서를 포함한다) 동의를 받아야 한다(동 시행령 제12조). 따라서 상기의 배제사유에 해당하더라도 이러한 조치의무를 강구하지 않을 경우 소비자의 임의적 청약철회권은 배제되지 않는다.

2) 사업자의 채무불이행에 따른 청약철회권

소비자는 재화등의 내용이 표시·광고의 내용과 다르거나 계약 내용과 다르게 이행된 경우에 상기의 청약철회권과 별도로 청약을 철회할 수 있다(동법 제8조 제2항). 특히, 상기의 배제사유에 해당하고, 그 배제조치를 사업자가 강구하였다면 소비자는 상기의 청약철회권을 행사할 수 없지만, 이러한 사업자의 채무불이행이 존재하는 경우 소비자는 이에 따라 청약을 철회할 수 있다.

3) 소결

① 발생요건의 2원화에 따른 문제점

방문판매법상 청약철회권의 발생요건은 할부거래법과 달리 2원적 구조를 취하고 있다. 물론 앞에서 살펴본 바와 같이 임의적 청약철회권을 행사할 수 없는 경우에도 사업자의 채무불이행에 있다면 이에 따라 청약을 철회할 수 있다는 점에서 이는 소비자에게 매우 유리한 제도라고 할 수 있다. 그러나 이는 청약철회권의 본질과 비교할 때 결코 소비자에게 유리한 것이 아니다. 즉, 청약철회권은 소비자가 계약을 체결한 이후 재차 구매의사를 판단할 수 있는 기회를 부여하기 위함이다. 물론 제도의 초기단계에서는 계약체결시점을 기준으로 하였지만, 소비자가 합리적인 구매의사를 결정하기 위해서는 단지 계약체결뿐만 아니라 재화의 공급까지 이루어진

시점을 기점으로 하였다. 그럼 여기에서 재화의 공급은 무엇인가? 즉, 사업자의 채무이행을 의미한다. 따라서 소비자는 사업자가 채무의 이행을 완료한 시점에서 구매의사를 재차 판단하여야 본연의 구매의사를 판단할 수 있다. 그러나 방문판매법상 청약철회권의 발생요건 중 사업자의 채무불이행에 의한 경우는 채무의 이행상태가 아닌 채무불이행상태에서 소비자에게 구매의사를 재차 판단하라고 강요하는 것이다. 즉, 소비자가 원하지 않은 재화가 공급되었는데 이를 기초로 본인이 원래 구입하고자 한 재화에 대한 구매의사를 결정하라는 것이다. 물론 청약철회권의 배제사유에 해당하는 경우까지 청약철회권을 행사할 수 있으며, 행사기간까지 연장하고 있기에 소비자에게 더 유리하다고 할 수 있다. 그러나 채무불이행이 있는 경우 소비자는 교환 또는 완전이행을 청구할 수 있음은 당연하며, 기간 연장이 아닌 기간의 단축이다. 즉, 소비자가 청약철회권을 행사할 수 있는 시점은 완전이행된 시점을 기점으로 하여야 함에도 불구하고 채무불이행 상태에서 이를 판단하라고 하기 때문에 기간의 연장이 아닌 단축이라고 할 수 있다. 또한 채무불이행 문제를 청약철회권으로 해결한다면 민법상 해제권 또는 손해배상과의 문제를 유발시킨다. 즉, 채무불이행이 중대한 경우 소비자는 안 날로부터 6개월 이내에 해제권을 행사할 수 있으며, 이로 인한 손해에 대한 배상을 청구할 수 있다. 물론 청약철회권과 민법상 해제권은 별개의 권리이기 때문에 각자 행사할 수 있음은 당연하다. 그러나 일반 소비자는 이를 정확하게 알고 양자에 대하여 별도로 행사할 수 있는가? 그러하다고 쉽게 답을 할 수 없다. 또한 청약철회권은 사업자의 채무불이행과는 무관하게 소비자가 구매의사를 재고할 수 있도록 인정된 권리이다. 그럼에도 불구하고 이를 채무불이행과 연결시키는 것은 제도적 취지는 물론이고, 소비자에게 불리한 결과를 유발시킨다.

그럼 이 문제를 어떻게 해결하여야 하는가? 이에 대하여는 청약철회권의 본질에 적합하게 해결하여야 할 것이다. 즉, 청약철회권의 발생요건을

2원화하여 규정하는 것이 아닌 임의적 청약철회권만을 규정하는 것이다. 그렇다고 한다면 소비자에게 불리하게 된다고 주장할 수 있다. 그러나 이러한 방안은 소비자에게 불리한 것이 아닌 더 유리한 것일 뿐만 아니라 그 본질에 적합한 방안이다. 그럼 어떻게 소비자에게 더 유리한 것인가? 여기에서는 발생요건만을 살펴보고, 행사기간에 대하여는 후술한다. 먼저, 소비자의 임의적 청약철회권만을 인정한다고 한다면 상기의 배제사유에 해당하는 경우 청약철회권을 행사할 수 없다고 주장할 수 있다. 그럼 채무불이행에 따른 청약철회권을 행사하였을 경우 소비자에게 유리한 것인가? 먼저, 책임있는 사유로 재화를 훼손하였다고 하더라도 청약철회권을 행사할 수 있지만, 소비자는 원물반환을 할 수 없기 때문에 가액배상을 하여야 한다. 또한 다른 사유 역시 동일하게 가액배상을 하거나 사용이익 또는 공급에 소요되는 비용을 부담하여야 한다. 그럼 실질적으로 청약철회권을 행사하지 않은 경우와 비교하여 큰 차이가 없다. 단지 당해 계약을 유지하였는가 아니면 청약철회에 따라 당해 계약이 해소되었는가에 따른 차이일 뿐이다. 그러나 이 문제를 동법에서 해결하지 아니하고 민법에 따라 해결할 경우 소비자는 표시광고된 재화와 동일한 재화로의 교환을 요구할 수 있으며, 불완전이행에 대하여 추완을 요구할 수 있다. 이와 더불어 이로 인하여 발생한 손해에 대하여 배상까지 청구할 수 있다. 이와 같이 살펴볼 때, 사업자의 채무불이행에 따른 청약철회권을 규정하는 것은 결코 바람직하지 않다. 물론 이를 민법으로 해결하는 것 역시 바람직하지 않다. 즉, 법률전문가의 입장에서는 이 경우 동법보다 민법이 더 유리하기 때문에 민법상 권리를 주장할 것이지만, 잘 알지 못하는 소비자가 이를 주장한다는 것은 그리 쉽지 않다. 그럼 이 문제는 어떻게 해결하여야 하는가? 이에 대하여는 청약철회권의 문제로 접근할 것이 아닌 사업자의 채무불이행에 따른 책임규정을 신설하여 해결하여야 할 것이다. 즉, 개별 소비자보호법에서는 채무불이행에 따른 책임을 규정하고 있지만, 여기에서의 채무불이행은 소비자의 채무불이행이다. 물론 소비자의 채무불이행에 따른 사업자의 손해배상청구가 과도하게 이루어지고 있다는 점에서 이를 제한하는 규정이 필요하다고 할 수 있지만, 사업자의 채무불이행에 따른 책임 규정 역시 개별소비자보호법 차원에서 규정할 필요가 있다. 물론 방문판매법 등에서는 소비자의 권리로 청약철회권 뿐만 아니라 계약해제권도 규정하고 있기에 이 방식으로 해결하면 된다고 주장할 수 있다. 그러나 현행 방식은 양자를 구분하는 것이 아닌 동일하게 취급하고 있기 때문에 이 방안으로 해결할 수 없다. 따라서 계약체결단계에서의 문제는 청약철회권으로 해결하고, 채무불이행으로 인하여 발생하는 문제는 해제권 등으로 해결하는 것이 바람직할 것이다.

② 양자간의 관계

상기에서 살펴본 바와 같이 방문판매법상 청약철회권의 발생요건은 2원적으로 구성하고 있다. 그럼 양자간의 관계는 어떠한가? 즉, 양자가 상호배척관계인가 아니면 보완관계인가이며, 소비자는 둘 중 하나만을 행사할 수 있는가 아니면 양자 중 어느 하나를 선택할 수 있고, 또한 양자를 모두 선택할 수 있는가의 문제이다. 이는 후술하는 행사기간과의 문제이기도 하다. 물론 사업자가 채무이행을 완료하였다면 사업자의 채무불이행에 따른 청약철회권의 문제는 발생하지 않는다. 반면에 사업자가 채무를 이행하지 않았다고 한다면 사업자의 채무불이행에 따른 청약철회권만 행사할 수 있는가 아니면 소비자의 임의적 청약철회권도 행사할 수 있는가의 문제이다. 그러나 양자는 상호 배척관계에 있는 것이 아니기 때문에 소비자는 양자 중 어느 하나를 선택하여 행사할 수 있다. 물론 양자 모두를 행사하는 것은 사실상 불가능하다. 즉, 어느 하나의 권리를 행사하면 그 목적을 달성하기 때문이다. 그럼 그 구체적인 효과는 무엇인가? 이는 행사기간과 관련된 문제이기 때문에 이하에서 서술한다.

(3) 청약철회권의 행사기간과 행사방법

1) 청약철회권의 행사기간

① 방문판매법상 행사기간

청약철회권의 행사기간은 그 발생요건에 따라 상이하다. 임의적 청약철회권의 경우에 있어서 행사기간은 다음과 같다. 첫째, 계약서를 받은 날부터 14일 이내이지만, 그 계약서를 받은 날보다 재화등이 늦게 공급된 경우에는 재화등을 공급받거나 공급이 시작된 날부터 14일 이내에 행사할 수 있다. 둘째, 계약서를 받지 아니한 경우 · 방문판매자등의 주소 등이 적혀 있지 아니한 계약서를 받은 경우 또는 방문판매자등의 주소 변경 등의 사유로 상기의 기간 이내에 청약철회등을 할 수 없는 경우에는 방문판매자등의 주소를 안 날 또는 알 수 있었던 날부터 14일 이내에 행사할 수 있다. 셋째, 계약서에 청약철회등에 관한 사항이 적혀 있지 아니한 경우에는 청약철회등을 할 수 있음을 안 날 또는 알 수 있었던 날부터 14일 이내에 행사할 수 있다. 마지막으로 방문판매업자등이 청약철회등을 방해한 경우에는 그 방해 행위가 종료한 날부터 14일 이내에 행사할 수 있다(동법 제8조 제1항). 다만, 사업자의 상기의 기간보다 더 장기의 행사기간을 소비자에게 인정한 경우에는 그 기간 내에 행사할 수 있다.

채무불이행에 따른 청약철회권의 경우 재화등을 공급받은 날부터 3개월 이내에, 그 사실을 안 날 또는 알 수 있었던 날부터 30일 이내에 청약을 철회할 수 있다(동조 제3항). 이러한 청약철회권은 상기의 임의적 청약철회권과 달리 최장기간을 설정하고 있다. 다만, 3개월이 도과하지 않았다고 하더라도 안 날 또는 알 수 있었던 날로부터 30일이 경과하였다면 청약철회권은 소멸한다. 그럼 이를 안 날 또는 알 수 있었던 날은 언제인가? 문제는 후자인 과실로 알지 못한 경우이다. 이에 대하여는 상인인 소비자와 상인이 아닌 소비자로 구분된다. 즉, 우리 소비자보호법에서는 일정한 상인도 정책적 의미의 소비자로 인정되며, 상인간 매매에 있어서 매수인은 목적물을 수령할 때 지체없이 이를 검사할 의무를 부과하고 있기 때문이다(상법 제69조 제1항). 물론 이러한 점은 상인이 아닌 소비자에게도 유추적용된다고 할 것이다. 즉, 공급된 물건이 계약의 내용과 적합하게 이행되었는가를 확인할 의무가 인정된다. 그러나 사업자의 채무불이행은 다시 표시광고된 내용과 다른 재화가 배송된 경우와 같이 쉽게 발견할 수 있는 경우와 숨은 하자와 같이 쉽게 발견할 수 없는 경우로 구분할 수 있다. 전자의 경우에 있어서 소비자가 이를 즉시 발견하지 못하였다고 하더라도 과실이 있게 되므로 알 수 있었던 상태가 된다. 그러나 후자의 경우에는 발견하지 못함에 대하여 일반적으로 과실이 있다고 할 수 없다. 따라서 후자의 경우에는 그 시점을 사업자가 입증하여야 할 것이다. 물론 사업자가 입증하여야 한다고 하더라도 그 행사기간은 재화를 공급받은 날로부터 3개월을 초과할 수 없다.

② 행사기간의 상이성에 대한 문제점

방문판매법에서는 행사기간을 발생요건에 따라 상이하게 규정하고 있으며, 사업자의 채무불이행에 따른 청약철회권의 경우 30일 또는 3개월로 정하고 있기 때문에 이를 연장하고 있다고 볼 수 있다. 그럼 이 기간이 연장되는 것인가? 그러나 앞에서 언급한 바와 같이 이를 구분하여 달리 정하는 것은 타당하지 않다. 또한 청약철회권 행사기간의 기산일은 사업자의 채무가 이행된 시점이어야 함에도 불구하고 채무불이행 상태에서 구매의사를 재차 판단하도록 요구하는 것은 청약철회권 제도 그 자체의 본질적 목적과 일치하지 않다. 또한 채무불이행에 따른 청약철회권의 행사기간은 30일 또는 3개월이며, 최장기간은 재화를 공급받은 날로부터 3개월이다. 물론 임의적 청약철회권의 행사기간이 14일이라는 점만을 고려한다면 상대적으로 장기라고 할 수 있다. 그러나 최장기간을 감안하여야 한다. 즉, 임의적 청약철회권에 있어서 주소를 알지 못한 경우에는 이를 안 날 또는 알 수 있었던 날로부터 기산하여 14일 이내이다. 즉, 재화를 공급받은 날로부터 3개월이 경과하였더라도 과실없이 사업자의 주소를 알지 못한 경우에는 행사기간이 시작되지도 않는다. 그렇다고 한다면 이 경우에도 재화를 공급받은 날로부터 3개월이라는 최장기간의 적용을 받는가? 그러나 3개월이라는 최장기간의 적용을 받는 경우는 채무불이행에 따른 청약철회권일 뿐 임의적 청약철회권에는 적용되지 않는다. 그 결과 임의적 청약철회권의 행사기간이 채무불이행에 따른 청약철회권의 행사기간보다 더 장기일 수 있다. 그렇다고 한다면 사업자의 채무불이행이 있을 경우 그 기간을 연장함으로써 사업자에게 불이익을 부여하고자 하는 입법목적과 비교하여 일부에 있어서 일치하지 않는다. 물론 채무불이행에 따른 청약철회권에 있어서 사업자의 주소 등을 알지 못한 경우 이를 안 날 또는 알 수 있었던 날로부터 30일 이내에 행사할 수 있음을 추가적으로 규정하여 해결할 수 있다. 그러나 발생요건의 2원화 그 자체가 청약철회권 제도에 적합하지 않기 때문에 이에 대하여는 발생요건을 단일화하여 해결하는 것이 바람직하다.

③ 행사기간에 있어서 발생요건과의 관계

방문판매법에서 발생요건을 2원화하고 있으며, 이에 따라 행사기간 역시 달리 정하고 있다. 그럼 반드시 각 요건에 따른 청약철회권만을 행사하여야 하는가? 문제는 사업자가 채무불이행을 하면서 계약서를 교부하지 않거나 주소 등이 기재되지 않은 계약서를 교부하는 등의 경우가 중복하여 발생한 경우이다. 이 경우 사업자의 채무불이행도 존재하고, 임의적 청약철회권의 발생요건도 충족하였다. 그럼 더 장기간의 행사기간을 부여하고 있는 채무불이행에 따른 청약철회권만을 행사할 수 있는가 아니면 양자 중 어느 하나는 선택하여 행사할 수 있는가의 문제가 발생한다. 그러나 이에 대하여는 소비자가 양자 중 어느 하나를 선택하여 행사할 수 있다고 할 것이다. 즉, 양자의 사유가 동시에 존재하는 경우 소비자는 이 중 더 장기의 행사기간 동안 청약을 철회할 수 있다. 예를 들어, 채무불이행이 존재한다면 소비자는 재화를 공급받은 날로부터 3개월 이내 또는 이를 안 날 또는 알 수 있었던 날로부터 30일 이내에 행사할 수 있지만, 이 기간 내에 주소를 과실없이 알지 못한 경우에는 이를 안 날 또는 알 수 있었던 날로부터 14일 이내에 행사할 수 있다고 할 것이다. 역으로 채무불이행의 사실을 안 날로부터 10일 후에 사업자의 주소를 알았다면 그 시점부터 14일이 아닌 재화를 공급받은 날로부터 3개월이 경과하지 않은 것을 전제로 이를 안 날로부터 30일 이내에 청약을 철회할 수 있다.

2) 청약철회권의 행사방법

방문판매법상 청약철회권의 행사방법에 대하여는 제한을 두고 있지 않다. 물론 동법에서는 서면에 의한 행사를 규정하고 있지만, 할부거래법과 달리 이를 통하여 행사하여야 하는 것이 아닌 서면으로 행사하였을 경우 그 효력발생시기를 규정한 것이다. 따라서 소비자는 다양한 방식으로 청약을 철회할 수 있지만, 서면으로 행사하였을 경우 그 의사표시가 도달한 날이 아닌 발신한 날에 그 효력이 발생한다.

그럼 소비자가 재화의 반환방식으로 청약철회권을 행사하였을 경우에 그 효력발생시기는 언제인가? 이를 서면에 의한 의사표시로 볼 것인가 아니면 구두에 의한 의사표시로 볼 것인가의 문제이다. 그러나 이는 서면에 의한 의사표시로 보아야 할 것이다. 즉, 재화의 반환 그 자체는 단순히 구두로 표시한 것이 아닌 이러한 의사를 객관적으로 표시한 것이기 때문에 서면에 의한 의사표시로 인정하여야 한다. 따라서 재화를 반환한 시점에 청약철회의 효과가 발생한다고 할 것이다. 물론 이러한 해석의 문제를 유발하지 않기 위하여 재화의 반환을 청약철회의 한 방법으로 인정하고, 효력발생시기에 대하여 재화의 반환을 위하여 발송한 시점으로 규정하는 것이 필요하다고 할 것이다.

(4) 청약철회의 효과

1) 재화의 반환

소비자가 청약을 철회한 경우 사업자로부터 공급받은 재화를 반환하여야 한다(동법 제9조 제1항). 그럼 이에 따라 소요되는 비용은 누가 부담하는가? 할부거래법과 같이 발생요건이 단일하다면 문제가 없지만, 방문판매법에서는 발생요건을 2원화하고 있다. 그러나 동법에서는 발생요건과 관계없이 일률적으로 반환에 따른 비용을 사업자에게 부과시키고 있다(동조 제9항).

2) 대금의 환급

사업자는 소비자의 청약철회에 따라 재화를 반환받은 날로부터 3영업일 이내에 대금을 환급하여야 한다. 만일 이를 지연한 경우 연 20%의 지연이자를 더한 금액을 반환하여야 한다. 물론 소비자가 재화를 사용한 후 반환하였을 경우에는 사용이익 또는 소모・소비된 부분의 공급에 소요되는 비용을 공제한 후 나머지 금액을 반환하면 된다. 그러나 소비자가 청약철회권을 행사하였다고 하여 이를 이유로 위약금 등을 청구하여서는 아니된다(동법 제9조 제2항, 제8항, 제9항; 동 시행령 제13조). 또한 방문판매자등, 재화등의 대금을 지급받은 자 또는 소비자와 방문판매등에 관한 계약을 체결한 자가 동일인이 아닌 경우 각자는 청약철회등에 따른 재화등의 대금환급과 관련한 의무의 이행에 있어 연대하여 책임을 진다(동조 제10항).

3) 결제업자와의 관계

방문판매자등은 재화등의 대금을 환급할 때 소비자가 여신전문금융업법 제2조 제3호에 따른 신용카드나 그 밖에 대통령령으로 정하는 결제수단[131]으로 재화등의 대금을 지급한 경우에는 지체 없이 그 신용카드등의 대금 결제수단을 제공한 사업자(이하 "결제업자"라 한다)로 하여금 재화등의 대금 청구를 정지하거나 취소하도록 요청하여야 한다. 다만, 방문판매자등이 결제업자로부터 그 재화등의 대금을 이미 지급받은 경우에는 지체 없이 이를 결제업자에게 환급하고 그 사실을 소비자에게 알려야 한다. 방문판매자등으로부터 재화등의 대금을 환급받은 결제업자는 지체 없이 소비자에게 이를 환급하거나 환급에 필요한 조치를 하여야 한다. 방문판매자등 중 환급을 지연하여 소비자로 하여금 대금을 결제하게 한 방문판매자등은 그 지연기간에 대한 지연배상금을 소비자에게 지급하여야 한다. 소비자는 방문판매자등이 정당한 사유 없이 결제업자에게 대금을 환급하지 아니한 경우에는 환급받을 금액에 대하여 결제업자에게 그 방문판매자등에 대한 다른 채무와 상계(相計)할 것을 요청할 수 있다. 이 경우 결제업자는 다음의 절차에 따라 그 방문판매자등에 대한 다른 채무와 상계할 수 있다. 먼저, 소비자는 환급금액 등을 적은 서면(전자문서를 포함한다)에 의하여 청약철회기간 내에 청약철회등을 한 사실 및 이에 따라 재화등을 반환하였음을 증명하는 자료(소비자가 재화등을 계약서에 명시된 방문판매자등의 주소로 반환하였으나 수취 거절된 경우에는 그 증명자료)를 첨부하여 상계를 요청하여야 한다. 이러한 요청을 받은 결제업자는 즉시 상계하고, 상계한 경우 그 사실 및 상계금액 등을 적은 서면(전자문서를 포함한다)을 방

131) 재화등을 구입한 소비자가 직접 지급하는 현금(계좌이체에 의한 지급을 포함한다) 외의 결제수단으로서 그 결제수단을 제공한 사업자에게 대금 청구를 정지 또는 취소하도록 요청하거나 방문판매자등이 결제업자에게 대금을 환급하는 경우 해당 소비자에게 환급한 것과 같은 효과가 발생하는 결제수단을 말한다(동 시행령 제14조).

문판매자등 및 소비자에게 지체 없이 송부하여야 한다. 만일, 결제업자가 정당한 사유 없이 상계를 게을리한 경우 소비자는 결제업자에 대하여 대금결제를 거부할 수 있다. 이 경우 방문판매자등과 결제업자는 그 결제의 거부를 이유로 해당 소비자를 약정한 날짜 이내에 채무를 변제하지 아니한 자로 처리하는 등 소비자에게 불이익을 주는 행위를 하여서는 아니 된다(동조 제3항 내지 제7항; 동 시행령 제15조).

이와 같이 소비자가 직접 대금을 사업자에게 지급하지 아니하고 결제업자를 통하여 대금을 지급한 경우에 있어서 대금환급절차를 규정하고 있다. 그럼 신용카드사를 제외한 나머지 결제업자는 방문판매업자등이 아니면서 소비자로부터 대금을 받은 자와는 어떠한 관계에 있는가? 즉, 결제업자는 사업자의 정지 또는 취소의 요청이 없는 한 소비자에게 대금을 청구할 수 있으며, 소비자가 이를 거절하기 위해서는 상계요청을 하고, 정당한 사유 없이 상계하지 않아야 한다. 그럼 소비자가 대금을 결제업자에게 지급한 후 청약철회권을 행사하였지만, 사업자가 대금을 환급하지 않은 경우 결제업자는 이에 대한 환급의무를 부담하는가? 이 문제를 해결하기 위해서는 결제업자가 소비자로부터 대금을 받은 자에 해당하는지에 대한 규명이 필요하다. 물론 결제업자는 사업자로부터 대금결제업무를 위탁받아 소비자로부터 대금을 지급받았기에 이에 해당한다고 할 수 있다. 그럼 동법 제9조 제10항에 따라 사업자와 연대하여 환급할 의무를 부담하기 때문에 사업자가 대금을 환급하지 않은 경우 결제업자는 소비자의 대금환급청구에 대하여 거절할 수 없다. 그렇다고 한다면 소비자가 결제업자의 대금결제요청에 대하여 당연히 거절할 수 있어야 한다. 즉, 대금결제요청에 대하여 거절할 수 없지만, 대금을 지급한 후 환급을 요청할 수 있다고 한다면 모순이기 때문이다. 그럼 동법의 규정은 모순이다. 즉, 결제업자의 대금결제요청에 대하여 소비자는 거절할 수 없으며, 거절하기 위해서는 상계요청과 더불어 결제업자가 정당한 사유없이 상계하지 않아야 하기 때문이다. 그러나 제10

항에 따르면 상계요청이 아닌 당연히 거절할 수 있게 된다. 그럼 결제업자의 범주에 대하여 제한적으로 해석하여 소비자와 계약에 따라 대금결제업무를 처리하는 자로 한정하고, 다시 소비자에게 여신을 제공하는 자로 한정할 수 있는가의 문제가 제기된다. 물론 결제업자와의 관계를 규정하고 있기 때문에 소비자와 결제에 관한 계약을 체결한 자만을 의미하지 이러한 관계가 없는 자, 즉 사업자와의 계약에 따라 결제업무를 대행하는 자는 이에 포함된다고 할 수 없다. 따라서 이러한 자는 결제업자가 아닌 소비자로부터 대금을 받은 자에 해당하게 된다. 그럼 소비자와 결제에 관한 계약을 체결한 자 중에는 소비자에게 신용을 제공한 자만이 이에 해당하는가 아니면 신용을 제공하지 아니한 자도 이에 포함되는가의 문제가 제기된다. 물론 동법 제9조 제3항만을 본다면 신용의 제공여부와 관계없다고 볼 수 있다. 그러나 그 이하의 조항까지 본다면 결제업자는 단지 소비자와 결제에 관한 계약을 체결한 자 전체를 의미하는 것이 아닌 소비자에게 신용을 제공하는 자에 국한된다고 할 것이다. 즉, 결제업자와의 관계를 규정하고 있는 동법의 내용은 결제업자가 사업자에게 대금을 지급하였지만, 사업자가 이를 환급하지 않았을 경우 소비자에게 대금을 청구할 수 있음을 규정하고 있다. 따라서 소비자 및 사업자와의 계약에 따라 소비자로부터 대금을 지급받은 후 이를 사업자에게 지급하는 방식인 통신과금서비스[132]의 경우 소비자에 대한 신용제공이 없기 때문에 상기의 결제업자에 해당한다고 볼 수 없다. 물론 통신과금서비스의 경우 소비자가 대금을 즉시 지급하는 것이 아닌 추후 통신요금의 납부시 이를 지급하는 것이기 때문에 여신계약의

132) 통신과금서비스란 정보통신서비스로서 타인이 판매·제공하는 재화 또는 용역(이하 "재화등"이라 한다)의 대가를 자신이 제공하는 전기통신역무의 요금과 함께 청구·징수하는 업무 또는 타인이 판매·제공하는 재화등의 대가가 가목의 업무를 제공하는 자의 전기통신역무의 요금과 함께 청구·징수되도록 거래정보를 전자적으로 송수신하는 것 또는 그 대가의 정산을 대행하거나 매개하는 업무를 말한다(정보통신망 이용촉진 및 정보보호 등에 관한 법률 제2조 제10호).

일종이라고 할 수 있다. 그러나 여신계약은 소비자를 대신하여 지급한 후 소비자에게 그 결제를 요구하거나 소비자가 대금을 지급하지 않았을 경우 신용제공자가 이에 대하여 사업자에게 대금을 지급하고 추후 소비자에게 구상하는 것을 의미한다. 그러나 통신과금서비스의 경우는 소비자에 대하여 여신을 제공하지 않는다. 즉, 소비자로부터 지급받은 대금 중 수수료를 제외하고 나머지 금액을 사업자에게 지급하며, 소비자로부터 대금을 지급받지 않은 경우 사업자에게 대금을 지급하지 않기 때문이다. 따라서 통신과금서비스사업자의 경우 방문판매법상 결제업자가 아닌 소비자로부터 대금을 받은 자에 해당하기 때문에 소비자의 청약철회권의 행사에 따른 대금환급에 있어서 방문판매업자등과 연대하여 책임을 부담한다. 이와 같이 통신과금서비스사업자 등의 경우 결제업자에의 해당문제가 발생하는 이유는 할부거래법과 달리 규정하고 있기 때문이다. 즉, 할부거래법에서는 이에 대한 자로 신용제공자로 규정하고 있으며, 소비자·할부거래업자와의 약정에 따라 재화등의 대금에 충당하기 위하여 신용을 제공하는 자를 신용제공자로 정의하고 있다(동법 제2조 제6호). 또한 청약철회에 따른 문제가 발생하는 것은 매매계약과 여신계약의 관계를 별도로 정하고 있기 때문에 이 문제를 해결하기 위함이다. 그러나 방문판매법을 비롯하여 후술하는 전자상거래소비자보호법에서는 신용제공자가 아닌 결제업자로 규정한 결과 이러한 문제가 발생하고 있다. 따라서 이 문제를 명확하게 해결하기 위하여 '결제업자'라는 용어는 '신용제공자'로 개정하여야 할 것이다.

다. 다단계판매 또는 후원방문판매와 청약철회권

다단계판매 또는 후원방문판매(이하 "다단계판매등")에 있어서 청약철회권은 다른 거래형태와 달리 소비자의 청약철회권과 다단계판매원 또는 후원방문판매원(이하 "다단계판매원등")의 청약철회권으로 구분된다. 물론 후자의 청약철회권이 과연 본질적 의미의 청약철회권과 일치하지 않음은 앞에서 서술하였다. 따라서 이에 대하여는 해제권으로 명명하는 것이 바람직하다. 다만, 방문판매법에서는 양자를 모두 규정하고 있기 때문에 이하에서는 양자 모두에 대하여 서술한다. 그러나 소비자의 청약철회권은 방문판매등에서의 청약철회와 동일하며, 단지 상대방에 대하여만 차이가 있다. 따라서 이하에서는 다단계판매원등의 청약철회권을 중심으로 서술하며, 소비자의 청약철회권에 대하여는 차이가 있는 부분(상대방)에 대하여만 서술한다.

(1) 청약철회권의 발생요건

다단계판매원등의 청약철회권의 발생요건은 제한이 없다. 다만, 재고 보유에 관하여 다단계판매업자에게 거짓으로 보고하는 등의 방법으로 과다하게 재화등의 재고를 보유한 경우, 다시 판매하기 어려울 정도로 재화등을 훼손한 경우, 재화등의 내용을 확인하기 위하여 포장 등을 훼손한 경우를 제외하고 다단계판매원 또는 후원방문판매원에게 책임이 있는 사유로 재화등이 멸실되거나 훼손된 경우, 청약철회등이 불가능하다는 사실을 재화등의 포장이나 그 밖에 쉽게 알 수 있는 곳에 분명하게 표시하거나 시용상품을 제공하는 등의 방법으로 재화등의 일부 사용 등에 의하여 청약철회등의 권리행사가 방해받지 아니하도록 조치한 경우로써 재화등을 일부 사용하거나 소비하여 그 가치가 현저히 낮아진 경우, 복제할 수 있는 재화등의 포장을 훼손한 경우, 소비자 또는 다단계판매원·후원방문판매원의 주문에 의하여 개별적으로 생산되는 재화등에 대한 것으로서 청약철회등을 인정하면 다단계판매업자 또는 후원방문판매업자에게 회복할 수 없는 중대한 피해가 예상되는 경우로서 사전에 해당 거래에 대하여 별도로 그 사실을 고지하고 소비자 또는 다단계판매원 · 후원방문판매원의 서면(전자문서를 포함한다) 동의를 받은 경우에는 청약철회권을 행사할 수 없다(동법 제17조 제2항; 동 시행령 제25조).

이와 같이 다단계판매원의 청약철회권을 행사할 수 없는 경우를 열거하고 있지만, 재화의 훼손의 경우에 있어서는 문제가 제기된다. 즉, 법에서는 이유를 불문하고 다시 판매하기 어려울 정도로 재화등을 훼손한 경우에는 청약철회권의 행사를 부정하고 있지만, 동 시행령에서는 다단계판매원 등에게 책임이 있는 사유로 재화등이 멸실되거나 훼손된 경우로 한정하고 있다. 그럼 다단계판매원 등에게 책임이 없는 사유로 재화등이 멸실되거나 훼손된 경우에는 청약철회권을 행사할 수 있는가? 동법에 따르면 청약철회권을 행사할 수 없지만, 동 시행령에 따르면 청약철회권을 행사할 수 있다. 그럼 양자간 모순이다. 물론 동 시행령은 동법의 하위법이기 때문에 상위법인 동법의 내용에 반하는 내용을 규정할 수 없다. 따라서 동 시행령에서 정하고 있는 내용은 효력이 없으므로 이 경우 동법에 따라 청약철회권을 행사할 수 없다. 물론 이러한 결과가 발생한 것은 동 시행령에서 동법의 내용에 반하는 내용을 규정한 결과이기 때문에 동 시행령의 내용을 개정하여 이를 해결하여야 할 것이다. 또한 청약철회권의 배제사유 중에는 시간의 경과에 따라 재판매가 현저히 곤란할 정도로 가치가 감소한 경우를 규정하고 있지 않다. 물론 시간의 경과에 따라 훼손된 경우라고 한다면 상기의 사유에 해당하기 때문에 청약철회권을 행사할 수 없지만, 시간의 경과에 따라 가치가 현저히 감소한 경우는 반드시 이러한 사유로 한정되지 않는다. 즉, 계절상품의 경우 당해 계절이 경과한 경우 훼손되지 않더라도 그 가치가 현저히 감소한다. 그럼 이러한 경우에도 청약철회권을 행사할 수 있는가? 물론 청약철회배제사유에 해당하지 않기 때문에 당연히 행사할 수 있다고 할 것이다. 그러나 동법에서 다단계판매원등에게 청약철회권을 인정한 것은 구입한 재화를 소비자 등에게 판매하지 못하였을 경우 이를 반환할 수 있도록 하기 위함이다. 그러나 계절상품 등과 같이 시간이 경과할 경우 그 가치가 현저히 감소하는 재화에 대하여 3개월이라는 청약철회기간을 부여하는 것은 다단계판매업자등에게 과도한 손해를 부담시키는 것이다. 따라서 청약철회권의 배제사유에 이를 추가하여야 할 것이다.

마지막으로 동법에서는 청약철회권의 배제사유에 대하여 광범위하게 시행령에 위임하고 있으며, 시행령에서도 다양한 사유를 정하고 있다. 그러나 청약철회권은 법상 인정된 권리이기 때문에 이를 제한할 경우에는 동법 차원에서 규정하여야 하며, 이를 시행령에 위임할 경우 반드시 그 구체적인 범위를 정하여야 한다. 그러나 동법에서는 포괄적으로 시행령에 위임하고 있으며, 이에 시행령에서도 다양한 사유를 규정하고 있다. 이러한 입법방식은 포괄적 위임입법금지의 원칙에 반한다. 따라서 동 시행령에서 정하고 있는 사항은 동법에서 규정하여야 할 것이다.

(2) 청약철회권의 행사기간과 행사방법등

1) 행사의 상대방

청약철회권은 계약의 상대방에게 행사하여야 한다. 따라서 소비자와 계약을 체결한 상대방이 누구인가에 따라 청약철회권의 상대방 역시 결정된다. 즉, 소비자가 다단계판매업자등과 계약을 체결하였다면 상대방은 다단계판매업자등이지만, 다단계판매원등과 계약을 체결하였다면 다단계판매업자등이 아닌 다단계판매원등이 된다. 그러나 후자의 경우 당연히 다단계판매원등이 상대방으로 되는 것은 아니다. 즉, 다단계판매원등이 어떠한 지위로 소비자와 계약을 체결하였는가에 따라 상대방이 달라진다. 구체적으로 살펴보면, 다단계판매원등이 독립된 지위에서 소비자와 계약을 체결하였다면 상대방은 다단계판매원등이 되지만, 다단계판매업자등의 대리상으로 계약을 체결하였다면 상대방은 다단계판매원등이 아닌 다단계판매업자등이 된다. 물론 상대방이 다단계판매원등이라 할지라도 동법에서는 예외적으로 다단계판매업자등에게 청약을 철회할 수 있도록 규정하였다. 즉, 다단계판매원등의 주소・전화번호 또는 전자우편주소 등 연락처의 변경이나 소재 불명 등의 사유로 청약철회등을 할 수 없는 경우 또는 해당 다단계판매원등에게 청약철회등을 하더라도 대금 환급 등의 효과를 기대하기 어려운 경우에는 다단계판매업자등에게 직접 청약을 철회할 수 있다(동법 제17조 제1항, 동 시행령 제24조). 그럼 이와 같은 특칙을 둔 이유는 무엇인가? 첫 번째 사례의 경우 소비자는 다단계판매원 등의 주소 등을 안 날 또는 알 수 있었던 날로부터 14일 이내 청약을 철회할 수 있다. 그러나 기간이 장기화되면 재화등의 부패할 우려가 있으며, 이에 따라 청약철회권의 행사가 불가능하게 될 수 있다. 또한 소비자는 조속히 청약을 철회하여 대금을 환급받고자 하지만, 주소를 알지 못하여 청약을 철회할 수 없다면 대금을 환급받을 수 있게 된다. 그리고 다단계판매원등은 자신의 청약철회권을 행사하여 소비자로부터 반환받은 재화를 다단계판매업자등에게 반환하여 대금을 환급받을 수 있다. 따라서 조속히 재화를 반환하고, 대금을 환급받기 위해서는 다단계판매원등이 아닌 다단계판매업자등에게 청약을 철회할 수 있도록 한 것이다. 특히, 다단계판매원등의 주소 등을 알 수 있어 청약을 철회할 수 있다고 하더라도 대금을 환급받지 못한다면 실효성이 없다. 또한 다단계판매원은 소비자로부터 반환받은 재화를 다단계판매업자등에게 반환할 수 있기 때문에 소비자가 직접 다단계판매업자등에게 청약을 철회하여 대금을 환급받는 것 역시 부당하지 않다. 이러한 차원에서 청약철회권의 상대방을 예외적으로 다단계판매업자등으로 정한 것이다. 물론 이는 소비자가 청약을 철회할 경우에 있어서 상대방이다. 그럼 다단계판매원등의 청약철회권의 행사에 있어서 상대방은 누구인가? 당연히 다단계판매업자이다.

2) 행사기간

① 다단계판매원의 행사기간

다단계판매원이 청약을 철회할 수 있는 기간은 계약을 체결한 날로부터 3개월 이내이다(동법 제17조 제2항). 이러한 기산점은 소비자의 청약철회권과 비교할 때 상이하다. 즉, 소비자의 청약철회권은 재화를 공급받은 날을 기본적인 기산일로 정하고 있다. 그럼 이러한 기산일이 타당한 것인가? 이에 대하여는 다단계판매원에 대하여 청약철회권을 부여한 취지를 검토하여야 한다. 즉, 소비자가 아님에도 불구하고 다단계판매원에게 청약철회권을 부여한 취지는 다음과 같이 추정할 수 있다. 다단계판매원은 후원수당 등을 받기 위하여 재화를 구매하고, 이를 재판매하기 위하여 다단계판매업자등으로부터 구매한다. 그러나 예상과 달리 소비자에게 이를 판매하지 못한 경우 이를 자신이 부담하여야 하며, 이러한 부담을 경감하고자 다단계판매원에게 청약철회권을 부여하였다. 그렇다고 한다면 다단계판매원등이 소비자에게 재화를 판매할 수 있는 시점, 즉 재화를 공급받은 시점을 그 기산일로 정하여 하는 것이 당연하다. 그럼에도 불구하고 동법에서는 그 기산일을 계약체결시로 정하고 있음은 그 취지에 비추어볼 때 타당하지 않다. 또한 다단계판매업자등이 이를 악용할 수 있다. 즉, 청약철회권의 행사를 사실상 제한하기 위하여 계약을 먼저 체결하고, 재화는 한참 후에 공급하는 것이다. 그럼 다단계판매원이 이를 재판매하기까지 많은 시간이 소요될 수 있으며, 그 결과 재화를 판매할 수 없어 이를 반환하고자 하지만, 계약체결일로부터 3개월이 경과하여 이를 반환할 수 없는 결과가 발생할 수 있다. 따라서 상기의 기산점은 제도 본연의 취지에 적합하게 개정하여야 할 것이다. 그럼 어떠한 방향으로 개정하여야 하는가? 물론 미국의 사례와 같이 반환할 수 있는 기간을 1년으로 정할 수 있겠지만, 과도한 기간은 다단계판매업자등의 이해관계에 반할 수 있으며, 재판매를 위하여 구매하였다는 사실을 감안하여야 한다. 이러한 점을 감안할 때 일본의 방식, 즉 계약체결일로부터 1년 이내에 반환할 수 있도록 하지만, 재화등이 공급된 경우에는 공급일로부터 3개월 이내에 반환할 수 있도록 개정하는 것이 바람직할 것이다. 물론 다단계판매원등이 재판매가 아닌 자신이 소비하기 위하여 구입하였다면 다단계판매원등의 지격으로 구입한 것이 아닌 소비자의 지위에서 구입한 것이므로 상기의 규정에 따라 청약을 철회하는 것이 아닌 소비자의 청약철회권의 행사기간에 관한 규정을 적용받는다. 따라서 이 경우에는 기본적으로 재화를 공급받은 시점부터 14일 이내에 청약을 철회할 수 있다.

② 소비자의 행사기간

소비자가 청약을 철회할 수 있는 기간은 방문판매와 동일하다. 문제는 다단계판매원등과 계약을 체결하였지만, 상기의 사유로 인하여 다단계판매업자등에게 청약을 철회할 경우에 있어서 행사기간의 문제이다. 즉, 동법에서는 이 경우에 있어서 행사기간을 정하고 있는 것이 아닌 다단계판매업자등에게 행사할 수 있다고만 규정하고 있기에 이러한 문제가 발생한다. 그럼 그 행사기간 역시 재화를 공급받은 날로부터 14일 이내에만 행사할 수 있는가? 그러나 이와 같이 행사기간을 정한다면 사실상 소비자의 청약철회권은 유명무실하게 된다. 즉, 소비자는 다단계판매원등에게 청약을 철회하고자 하였지만, 그 주소 등을 알지 못한 경우 기본적으로 다단계판매원등의 주소를 안 날 또는 알 수 있었던 날로부터 14일 이내에 행사할 수 있다. 따라서 재화를 공급받은 날로부터 14일 이내에 다단계판매업자등에게 행사하도록 한다면 그 기간내에 주소를 알지 못하였기에 추후 주소를 알고 나서 이를 행사하고자 하는 소비자의 의도와 일치하지 않는다. 그럼 다단계판매원의 주소를 안 날 또는 알 수 있었던 날로부터 14일 이내에 행사하도록 할 것인가? 물론 제도의 취지를 감안한다면 이 기간으로 정하는 것이 타당할 것이다. 그러나 다단계판매원의 주소를 안 날 또는 알 수 있었던 날로부터 14일 이내에 행사하도록 한다면 행사기간이 지나치게 장기간이 되며, 이러한 경우 다단계판매업자등에게 청약철회권을 행사할 수 있도록 한 동 규정의 취지가 몰각된다. 그럼 어떠한 방식으로 이를 규정하여야 할 것인가? 이러한 문제는 할부거래법에서 제시한 정보제공의무의 이행과 결부하여 해결하여야 할 것이다. 즉, 다단계판매원등이 계약서에 청약철회권 및 자신의 주소를 기재하지 않은 경우 그 기산일은 이러한 계약서를 교부받은 시점으로 정하여야 할 것이며, 이에 대한 최장기간을 정하여야 할 것이다. 다만, 계약서에 기재되어야 할 정보는 단지 할부거래법과 같이 청약철회권 및 주소에 관한 사항만을 기재하는 것으로 충분한 것이 아닌 다단계판매원등에게 청약을 철회할 수 없는 경우 다단계판매업자등에게 청약을 철회할 수 있다는 정보를 추가하여야 할 것이다. 이러한 개선방안은 다단계판매원등이 계약서를 교부하지 않거나 정보가 미기재된 계약서를 교부하였을 때의 문제이다. 그럼 이러한 정보가 모두 기재된 계약서를 교부하였지만, 대금의 환급이 곤란하여 다단계판매업자등에게 행사할 경우에 있어서 행사기간은 언제까지인가? 이에 대하여는 상기의 기준에 따라 해결할 수 없으며, 다단계판매원등이 대금의 환급을 거절한 시점부터 14일 이내에 다단계판매업자등에게 행사할 수 있다고 할 것이다. 물론 이는 상기의 정보가 모두 기재된 계약서의 교부를 전제로 한다. 만일 이를 감안하지 않을 경우 소비자는 다단계판매업자등에게는 이를 행사할 수 없음을 알고 이 기간내에 행사하지 않을 수 있기 때문이다.

3) 행사의 방법

다단계판매 등에 있어서 소비자가 청약을 철회하는 방법은 방문판매와 동일하다. 따라서 서면 또는 구두로 행사할 수 있다. 그러나 다단계판매원등이 다단계판매업자등에게 청약을 철회함에 있어서는 서면으로 청약을 철회하여야 한다(동법 제17조 제2항). 그러나 이는 주의적 규정일 뿐 효력규정이라고 할 수 없다. 이에 대하여는 앞에서 언급하였으며, 이러한 개선방안 역시 앞에서 언급한 바와 같이 행사방법으로 규정할 것이 아닌 효력발생시기방식으로 개정하여야 할 것이다.

(3) 청약철회의 효과

1) 재화의 반환

소비자 또는 다단계판매원등이 청약을 철회한 경우 다단계판매자등에게 재화를 반환하여야 한다. 소비자가 재화를 반환할 경우 이에 소요되는 비용은 다단계판매자등이 부담한다(동법 제18조 제8항). 그러나 다단계판매원등이 청약을 철회하여 재화를 반환할 경우에 있어서 비용부담자에 대하여 동법에서는 규정하고 있지 않다. 물론 사업자간의 관계이기 때문에 이에 대하여 합의를 통하여 정할 수 있도록 하기 위함이라고 볼 수 있다. 그러나 양자간의 관계는 대등당사자간의 관계라고 볼 수 없다. 따라서 합의를 통하여 이 문제를 해결할 경우 다단계판매원등이 부담하게 되는 것은 명확하다. 그럼 이를 다단계판매원등이 부담하는 것이 타당한가? 물론 이 자체만 본다면 부당하다고 할 수 없을 것이다. 즉, 다단계판매원등의 청약철회권은 사실상 판매하지 못한 재화에 대한 반환이기 때문에 반환에 따른 비용을 다단계판매원등이 부담하는 것 역시 일응 타당하다고 볼 수 있다. 그러나 후술하는 바와 같이 다단계판매원등은 대금을 전액 환급받는 것이 아닌 기간에 따라 일정금액을 공제하고 환급받는다. 따라서 환급금액까지를 본다면 그 비용을 다단계판매원이 부담하는 것은 타당하지 않다. 물론 이러한 점은 동법에 규정이 없기 때문에 발생하는 문제이므로 이에 대하여는 명문의 규정을 두어야 할 것이다. 다만, 이를 구체적으로 규정함에 있어서는 반환비용을 다단계판매업자등이 부담하는 것으로 규정하여야 할 것이다. 이와 더불어 발생하는 문제점 중 하나가 바로 다단계판매원등에게 청약을 철회하였지만, 대금을 환급받지 못하여 다단계판매업자등에게 청약을 철회한 경우에 있어서 반환 및 그에 따른 비용문제이다. 물론 청약철회권을 행사하고, 아직 재화를 반환하기 전에 다단계판매원등이 대금환급을 거절할 경우에는 바로 다단계판매업자등에게 청약을 철회하고 재화를 반환하였다면 이러한 문제는 발생하지 않는다. 그러나 소비자가 다단계판매원등에게 청약을 철회하고 재화를 반환하였지만, 다단계판매원등이 대금의 환급을 하지 않은 경우에 소비자가 다시 재화를 수거하여 이를 다단계판매업자등에게 반환하여야 하는 문제가 제기된다. 동법에서는 다단계판매원등의 대금환급이 사실상 곤란한 경우 다단계판매업자등에게 청약을 철회할 수 있음을 규정하고 있지 그 세부적인 사항에 대하여 규정하고 있지 않다. 그럼 이 문제를 어떻게 해결하여야 하는가? 이 경우 소비자는 정당하게 자신의 권리를 행사하였다. 그러나 다단계판매원등의 상환에 의하여 대금을 환급받지 못한 것이기 때문에 이로 인한 불이익을 소비자에게 부과하여서는 아니 된다. 따라서 이 경우에는 소비자가 다단계판매원등에게 반환한 재화를 수거하여 다시 다단계판매업자등에게 반환할 의무를 부과하는 것이 아닌 다단계판매원등에게 반환할 의무를 부과하여야 할 것이다. 또한 재화를 다단계판매원등에게 반환한 경우 소비자는 다단계판매업자등에게 청약을 철회하면서 재화를 다단계판매업자에게 반환하였다는 사실을 증명하는 서류를 첨부하였을 경우 재화를 반환한 것으로 인정하여야 할 것이다. 물론 다단계판매원등이 다단계판매업자등에게 재화의 수령사실을 통지한 경우에는 당연히 반환에 관한 서류의 제출의무는 발생하지 않는다고 규정할 필요가 있다.

2) 대금의 환급

다단계판매자등은 재화등을 반환받은 날부터 3영업일 이내에 이미 지급받은 재화등의 대금을 환급하여야 하며, 다단계판매자가 상대방에게 재화등의 대금 환급을 지연하였을 때에는 그 지연기간에 대한 지연배상금을 지급하여야 한다. 만일 다단계판매자, 상대방으로부터 재화등의 대금을 지급받은 자 또는 상대방과 다단계판매에 관한 계약을 체결한 자가 동일인이 아닌 경우 각자는 재화등의 대금 환급과 관련한 의무의 이행에 있어 연대하여 책임을 진다. 그러나 반환된 재화가 이미 사용 또는 소비된 경우 그 재화등을 사용하거나 일부 소비하여 상대방이 얻은 이익 또는 그 재화등의 공급에 든 비용에 상당하는 금액의 지급을 그 상대방에게 청구할 수 있기 때문에 이에 해당하는 금액을 공제한 나머지 금액을 환급하면 된다. 다단계판매자는 청약철회등에 따라 재화등의 대금을 환급한 경우 그 환급한 금액이 자신이 다단계판매원에게 공급한 금액을 초과할 때에는 그 차액을 다단계판매원에게 청구할 수 있다. 그러나 다단계판매자등은 청약철회권의 행사를 이유로 상대방에게 위약금 또는 손해배상을 청구할 수 없다(동법 제18조 제2항, 제6항 내지 제9항).

이와 같이 소비자 또는 다단계판매원등의 청약철회에 따른 대금환급의무를 정하고 있지만, 대금환급의 범위와 관련하여 다단계판매원등이 청약을 철회하였을 경우에 있어서 대금환급범위에 대하여 특칙을 두고 있다. 즉, 다단계판매원등이 재화를 구매한 이유는 이를 재판매하여 수익을 얻고자 함이라는 구매목적을 감안한 것이다. 따라서 다단계판매원의 청약철회권은 소비자의 청약철회권과 동일하게 평가할 수 없기 때문에 재화의 반환시점에 따라 일정한 금액의 공제를 인정하고 있다. 즉, 재화의 공급일로부터 1개월 이내에 반환한 경우에는 비용을 공제할 수 없다. 그러나 공급일로부터 1개월을 경과한 후 2개월 이내에 반환하는 경우에 그 재화등의 대금의 5퍼센트 이내로서 당사자 간에 약정한 금액, 공급일로부터 2개월이 지난 후 3개월 이내에 반환하는 경우에 그 재화등의 대금의 7퍼센트 이내로서 당사자 간에 약정한 금액을 공제하고 나머지 금액을 반환할 수 있다.

다만, 다단계판매업자등의 등록이 취소되어 반환하는 경우에는 상기의 기준에 따른 금액의 2분의 1에 해당하는 금액을 한도로 한다(동법 제18조 제2항 단서; 동 시행령 제26조).

이와 같이 다단계판매원의 반환에 따른 대금의 환급범위에 대하여 일정 금액의 공제를 인정하고 있다. 그러나 이와 관련하여 다음의 두 가지 점에서 문제가 제기된다. 첫째는 기간계산에 있어서 시점의 문제이다. 대금환급범위를 정함에 있어서 기준은 재화의 공급일과 그 반환일이다. 물론 대금의 환급문제만 본다면 이는 문제가 없다. 그러나 문제는 청약철회의 효과이다. 즉, 청약철회의 기산점은 계약체결시이다. 따라서 이로부터 3개월 이내에 행사하여야 하며, 행사할 경우 재화를 반환하여야 한다. 그러나 다단계판매업자등이 계약을 체결한 날로부터 2개월 후에 재화를 공급하였다면 다단계판매원등은 1개월 이내에 청약을 철회하여야 한다. 그러나 대금환급에 있어서 재화의 반환은 재화의 공급일로부터 3개월 이내이다. 즉, 앞의 예에서 다단계판매원은 재화는 공급받은 날로부터 1개월 이내에 청약을 철회하여야 하지만, 재화의 반환은 공급받은 날로부터 3개월 이내에 할 수 있다. 따라서 청약을 철회하였음에도 불구하고 계속적으로 재화를 보유하면서 재판매를 하고, 판매하지 못한 재화를 반환할 수 있다. 그 결과 청약을 철회하면 당해 계약은 소멸하기 때문에 재화를 반환하여야 한다는 기본적인 청약철회의 효과와 일치하지 않는다. 그럼 이러한 문제점이 왜 발생한 것인가? 이는 청약철회권의 기산일과 환급범위의 결정에 있어서 기산일이 상이하기 때문에 발생한 문제이다. 따라서 양자의 기산일을 일치시킬 필요가 있다. 그럼 어느 시점을 기준으로 하여야 하는가? 이에 대하여는 앞에서 언급한 바와 같이 청약철회권의 행사기간의 기산일이 적합하지 않기 때문에 후자의 기준, 즉 재화를 공급받은 날을 양자의 기준일로 정하여야 할 것이다.

둘째는 재화를 공급받은 날로부터 1개월 이내에 있어서 비용공제를 부정하고 있는 점이다. 물론 이를 청약철회권으로 접근하고 있기 때문에 그 타당성은 어느 정도 인정된다고 할 수 있다. 그러나 다단계판매원등에 대하여 이러한 권리를 부여한 것은 소비자의 청약철회권과 달리 재판매하지 못한 재화의 반환이라는 점을 감안한다면 이 권리는 실질적으로 해제권에 해당한다. 또한 재판매하기 위하여 구입한 재화에 대하여 일정한 비용[133]의 공제를 부정하는 것은 타당하지 않다. 따라서 이에 대하여도 위약금의 청구를 인정하여야 할 것이다.

3) 결제업자와의 관계

상대방이 신용카드등으로 대금을 지급한 계약에 대하여 청약철회등을 한 경우에는 다단계판매자는 지체 없이 그 결제업자에게 재화등의 대금 청구를 정지하거나 취소할 것을 요청하여야 한다. 다만, 다단계판매자가 결제업자로부터 해당 재화등의 대금을 이미 지급받은 경우에는 지체 없이 이를 결제업자에게 환급하고 그 사실을 상대방에게 알려야 하며, 환급이 지연되어 상대방이 대금을 결제한 경우에는 결제한 날 이후의 지연기간에 대한 지연배상금을 상대방에게 지급하여야 한다. 다단계판매자로부터 재화등의 대금을 환급받은 결제업자는 지체 없이 상대방에게 이를 환급하거나 환급에 필요한 조치를 하여야 하며, 다단계판매자가 정당한 사유 없이 결제업자에게 대금을 환급하지 아니하는 경우 상대방은 환급받을 금액에 대하여 결제업자에게 그 다단계판매자에 대한 다른 채무와 상계할 것을 요청할 수 있고, 결제업자는 그 다단계판매자에 대한 다른 채무와 상계할 수 있다. 만일, 결제업자가 상계를 정당한 사유 없이 게을리한 경우 상대방은 결제업자에 대하여 대금 결제를 거부할 수 있다. 이 경우 다단계판매자와 결제업자는 그 결제 거부를 이유로 그 상대방을 약정한 날짜 이내에 채무를 변

---

133) 방문판매법에서는 이를 비용으로 규정하고 있지만, 사실적으로 위약금의 성격이다.

제하지 아니한 자로 처리하는 등 상대방에게 불이익을 주는 행위를 하여서는 아니 된다(동법 제18조 제3항 내지 제5항).

3. 전자상거래소비자보호법상 청약철회권

가. 적용범위 및 법 적용배제사유

(1) 전자상거래와 통신판매의 관계

1) 양자의 관계 규명의 필요성

전자상거래소비자보호법은 전자상거래 및 통신판매 등에 의한 재화 또는 용역의 공정한 거래에 관한 사항을 규정함으로써 소비자의 권익을 보호함을 입법목적으로 한다(동법 제1조). 따라서 동법상 규율대상은 전자상거래와 통신판매이다. 그러나 동법의 핵심적인 내용인 정보제공을 비롯하여 청약철회 등에 관하여는 통신판매에 대하여만 적용된다. 그럼 전자상상거래는 통신판매의 일종인가의 문제가 제기된다. 즉, 이에 해당할 경우 통신판매에 관한 규정이 전자상거래에도 적용되기 때문에 큰 문제는 없지만, 이에 해당하지 않을 경우 통신판매에 관한 규정은 일부의 전자상거래에 대하여 적용되지 않기 때문이다.

2) 전자상거래와 통신판매에 대한 정의

먼저, 전자상거래란 전자거래의 방법으로 상행위를 하는 것을 말한다(동법 제2조 제1호). 따라서 전자상거래가 되기 위해서는 기본적으로 상행위에 해당하여야 하며, 그 방식이 전자거래이어야 한다. 여기에서 전자거래는 재화나 용역을 거래할 때 그 전부 또는 일부가 전자문서에 의하여 처리되는 거래를 말한다(전자문서 및 전자거래기본법 제2조 제5호). 그러므로 전자상거래는 재화등에 관한 상행위 중 전자문서에 의하여 이루어지는 거래라고 정의할 수 있다. 물론 전자문서가 체결과정에서 이용될 수 있으며, 이행과정 또는 양자 모두에서 이용될 수 있다. 그럼 전자문서가 체결단계가 아닌 이행단계에서만 이용되는 이행상의 전자상거래 역시 전자상거래에 포함되는가? 물론 동법 및 전자문서 및 전자거래기본법에서 그 전부 또는 일부가 전자문서에 의하여 처리되는 거래라고 정의하고 있기 때문에 이를 배제할 수 없다. 그러나 전자문서 및 전자거래기본법을 제외하고, 동법에 있어서 전자상거래는 체결과정에서 전자문서가 이용되는 거래를 대상으로 하여야 할 것이다. 즉, 동법에서 소비자를 보호하는 이유는 계약체결과정이 전자적 방식에 의하여 이루어지기 때문이지 이행만이 전자적 방식에 의하여 이루어졌기 때문은 아니다. 따라서 동법에서 전자상거래를 정의하면서 단순히 전자문서 및 전자거래기본법상 전자거래에 대한 정의를 그대로 준용할 것이 아니라 체결상의 전자상거래를 중심으로 정의규정을 개정하여야 할 것이다. 또한 동법에서는 전자상거래에 대하여 상행위로 국한하고 있다. 물론 상거래라고 하고 있기에 상행위에 국한하는 것이 타당할 수 있다. 그러나 소비자계약의 대상에 있어서 사업자는 반드시 상인에 국한되는 것은 아니다. 즉, 상인에 해당하지 않은 사업자가 존재하며, 이러한 사업자와의 계약 역시 소비자계약에 해당한다. 그럼 이러한 사업자와의 계약을 전자적 방식으로 체결할 경우 이는 동법상 전자상거래에 해당하는가? 그러나 동법상 전자상거래는 상인과의 계약을 의미하기 때문에 이러한 계약은 동법의 적용대상에서 배제된다. 그럼 이러한 계약을 배제하는 것이 타당한 것인가? 동법은 전자적 방식에 의하여 체결되는 소비자계약에서의 소비자보호를 목적으로 하기 때문에 상인에 해당하지 않는다고 하여 이를 배제하는 것은 타당하지 않다. 물론 전자상거래가 통신판매에 해당한다면 문제가 없지만, 전적으로 이에 해당하는 것은 아니다. 이에 대하여는 후술한다. 그 결과 동법이 추구하는 입법목적과 동법의 적용대상간에는 차이가 존재하게 된다. 그럼 이러한 문제는 어떻게 해결하여야 하는가? 이에 대하여는 상행위로 국한할 것이 아닌 전자적 방식에 의하여 체결되는 소비자계약으로 전자상거래를 정의한다면 쉽게 해결될 것이다.

통신판매란 우편·전기통신, 광고물·광고시설물·전단지·방송·신문 및 잡지 등을 이용하는 방법 또는 판매자와 직접 대면하지 아니하고 우편환·우편대체·지로 및 계좌이체 등을 이용하는 방법으로 재화 또는 용역(일정한 시설을 이용하거나 용역을 제공받을 수 있는 권리를 포함한다. 이하 같다)의 판매에 관한 정보를 제공하고 소비자의 청약을 받아 재화 또는 용역을 판매하는 것을 말한다. 다만, 방문판매법 제2조 제3호에 따른 전화권유판매는 통신판매의 범위에서 제외한다(동조 제2호; 동 시행규칙 제2조). 따라서 통신판매가 성립하기 위해서는 사업자의 사전정보제공, 소비자의 청약 및 이에 의한 판매가 존재하여야 한다.

통신판매에 있어서 사업자의 정보제공방식은 우편 또는 전기통신 등을 통하여 이루어져야 한다. 이와 관련하여 두 가지 점에서 문제가 제기된다. 첫째는 정보제공이 반드시 비대면으로 제공되어야 하는가이며, 둘째는 정보제공이 적극적 방식에 국한하는가 아니면 소극적 방식에 의한 정보제공까지 포함하는가의 문제이다. 전자의 문제에 대하여 동법 및 동 시행규칙에서는 일반적으로 비대면방식의 정보제공을 전제로 하고 있다. 그러나 광고물 또는 전단지에 의한 정보제공이 반드시 비대면방식에 의하여 이루어져야 하는가이다. 즉, 다른 정보제공수단은 비대면방식에 의하여 이루어질 수 밖에 없지만, 광고물 또는 전단지는 비대면 뿐만 아니라 대면방식에 의하여 소비자에게 제공될 수 있다. 그러나 공정거래위원회는 이러한 매체에 의한 정보제공 역시 비대면으로 이루어진 경우만으로 한정하고 있다. 즉, 전자상거래 등에서의 소비자보호 지침(개정 2012년 8월 20일 공정거래위원회고시 제2012-33호)에 따르면 통신판매는 사업자의 판매에 관한 정보제공 및 소비자의 청약이 직접 대면하지 아니하고 이루어진 것을 의미한다고 규정하고 있다. 따라서 통신판매에 해당하기 위해서는 정보제공까지 비대면으로 이루어져야 하기 때문에 대면하여 전단지 등을 배포한 후 소비자가 전화 등을 이용하여 비대면으로 계약을 체결하였더라도 이는 동법상 통신판매에 해당하지 않는다. 그러나 통신판매는 계약체결에 있어서 비대면방식으로 체결된 것을 의미하기 때문에 그 이전에 재화등에 관한 정보가 대면 또는 비대면으로 제공되었는가는 중요하지 않다. 이는 주요국의 입법례와 달리 동법에서만 사전정보제공의무를 부과하고 있기 때문에 발생하는 문제이다. 이에 대하여는 후술한다. 따라서 사전정보제공의무를 그대로 유지할 경우에는 정보제공에 있어서 대면 또는 비대면에 국한하지 않고, 계약의 체결에 있어서 비대면방식을 중심으로 규율하여야 할 것이다. 다만, 이는 여기에서의 개선방안이며, 후술하는 사전정보제공의무의 존재의 필요성을 감안한다면 이를 삭제하는 것이 근본적인 해결방안일 것이다. 후자의 문제는 정보제공에 있어서 적극적으로 사업자가 소비자의 영역으로 들어가서 제공한 경우만을 의미하는 것인지 아니면 사업자의 영역에서 정보를 게시하는 것까지도 정보제공에 해당하는 것으로 볼 것인가의 문제이다. 이러한 문제가 발생하는 분야가 바로 사이버몰에서의 광고 또는 표시이다. 물론 사업자가 광고메일을 전송하거나 다른 사이버몰에 광고를 할 경우에는 적극적 방식에 의한 정보제공이기 때문에 문제가 없다. 그러나 사업자가 자신의 사이버몰에 정보를 게시하였을 경우에 이 역시 통신판매에 있어서 정보제공에 해당하는 것인가의 문제이다. 그러나 가상공간에서의 사이버몰은 현실 공간에서의 사업자의 영업점에 해당한다. 따라서 사이버몰에서 재화에 관한 정보를 게시한 것은 오프라인 영업점에서 재화를 진열하고, 그 정보를 표시한 것과 동일하다. 물론 사이버몰을 운영하는 사업자는 광고메일을 전송하거나 다른 사이버몰 등에 광고를 하게 된다. 따라서 당해 사업자가 통신판매업자에 해당하는가의 문제는 발생하지 않는다.

그러나 개별 소비자가 광고를 보지 않고 직접 사이버몰을 접속하여 계약을 체결한 경우 이를 통신판매로 볼 수 있는가의 문제는 그대로 존재한다. 그 대표적인 방식이 사업자의 사이버몰의 주소를 직접 인터넷 주소창에 입력하여 접속하거나 포털 사이트에서 검색하여 접속한 경우 등을 제시할 수 있다. 물론 소비자가 인터넷으로 접속하였고, 사업자의 사이버몰에 게시된 내용이 표시 또는 광고에 해당하기 때문에 통신판매라고 할 수 있다. 그러나 통신판매는 적극적인 정보제공을 요구하고 있기 때문에 이러한 방식의 정보제공은 포함되지 않는다. 만일 이를 포함할 경우 오프라인에서 사업장에의 표시 또는 광고 역시 이에 해당할 수 있다. 따라서 이러한 경우는 통신판매에 해당하지 않는다고 보아야 할 것이며, 이 문제 역시 통신판매에 있어서 사전정보제공을 요건으로 한 결과이다.

3) 양자간의 관계

상기와 같이 전자상거래소비자보호법상 양자의 정의에 대하여 살펴보았다. 그럼 전자상거래가 통신판매의 일종에 해당하는가? 이러한 문제는 앞에서 언급한 바와 같이 전자상거래소비자보호법상 핵심적인 규정인 정보제공의무, 청약철회, 손해배상책임제한 및 통신판매중개 등에 대하여는 통신판매만을 적용대상으로 하고 있으며, 전자상거래에 대하여는 규정을 두고 있지 않기 때문에 이러한 규정이 전자상거래에도 적용되는가의 문제를 해결하기 위함이다. 즉, 전자상거래가 통신판매의 일종이라고 한다면 통신판매에 관한 제 규정이 전자상거래에도 적용되지만, 만일 전자상거래의 일부가 이에 해당하지 않는다면 이러한 규정들은 이러한 전자상거래에는 적용되지 않는다. 물론 동법이 단지 사법적 규정만으로 구성되어 있다면 확장 또는 유추해석을 통하여 어느 정도 해결할 수 있다고 할 수 있지만, 공법적 규제의 구성요건적 성격을 가지며, 특별법의 성격상 이를 일반사법규정과 같이 유추 또는 확장해석을 통한 해결이 그리 쉽지 않다.

먼저, 통신판매는 사전정보제공과 더불어 통신수단을 활용한 비대면거래이다. 그러나 체결상의 전자상거래는 전자문서의 활용과 상행위가 구성요소이다. 그럼 양자간 가장 큰 차이는 무엇인가? 첫 번째는 사전정보제공의 유무이며, 두 번째는 전자문서의 활용이다. 즉, 통신판매에 있어서 사전정보제공은 필수요소이지만, 전자상거래는 이러한 요소가 불필요하다. 그 결과 사전정보제공없이 전자문서가 활용된 계약은 전자상거래에 해당할 뿐 통신판매에 해당하지 않는다. 두 번째, TV 홈쇼핑 또는 카탈로그 등을 이용한 거래의 경우 전자문서가 활용되지 않는다. 그 결과 통신판매에는 해당하지만, 전자상거래에는 해당하지 않는다. 그럼 사전정보제공이 있고, 전자문서가 활용되었다면 통신판매이자 전자상거래에 해당하는가? 그러나 이 역시 계약체결방식을 살펴보아야 한다. 즉, 당사자가 대면하여 계약을 체결하였다면 이는 전자상거래에만 해당하며, 비대면으로 체결하였다면 양자 모두에 해당한다. 특히, 문제가 되는 경우는 사이버몰에서의 구매이다. 물론 사업자가 광고메일 등을 통하여 소비자에게 정보를 제공한 후 해당 사이버몰에 접속하여 계약을 체결하였다면 양자 모두에 해당한다. 그러나 소비자가 직접 사업자의 사이버몰에 접속하여 계약을 체결하였다면 어떠한가? 이에 대하여는 앞에서 언급한 바와 같이 사업자의 사전정보제공의 방식의 문제이며, 이는 적극적 정보제공만을 의미하는가 아니면 소극적 정보제공까지도 의미하는가이다. 그러나 이에 대하여는 적극적 정보제공만을 의미할 뿐 소극적 정보제공까지 포함하기 곤란하다. 그 결과 통신판매에 해당하는 전자상거래는 사업자가 적극적으로 정보를 제공하고, 소비자가 전자문서를 사용하여 비대면으로 계약을 체결하는 경우만을 의미하기 때문에 모든 전자상거래가 통신판매에 해당한다고 할 수 없다. 특히, 사이버몰에서 체결되는 계약 역시 소비자가 사이버몰에 접속하는 방식에 따라 전자상거래소비자보호법상 핵심적인 권리를 행사할 수 있는가의 문제가 발생하게 된다. 그럼 이러한 문제가 발생하게 된 원인은 어디에 있는가? 이는 전자상거래소비자보호법상 전자상거래와 통신판매에 관한 정의규정에서 발생한다. 즉, 동법상 양자에 대한 정의규정은 거래의 특성을 반영하지 못하고 있으며, 동법의 규율대상과도 일치하지 않기 때문에 상기의 문제가 발생한다. 따라서 이를 해결하기 위하여 정의규정에 대한 개정이 필요하다. 먼저, 전자상거래의 경우 체결을 중심으로 하여야 할 것이며, 체결방식에 있어서 비대면방식을 전제로 하여야 할 것이다. 다만, 이를 상행위로 국한하기 보다는 사업자와의 계약으로 확대하여야 할 것이다. 또한 통신판매의 경우 가장 문제가 되는 요소인 사전정보제공의무를 삭제하여야 할 것이며, 판매라는 사실행위를 중심으로 구성하기 보다는 계약 중심으로 구성하여야 할 것이다. 즉, 통신판매는 재화에 관한 계약 중 그 체결방식이 통신수단을 이용하여 비대면으로 체결되는 방식으로 구성하는 것이 바람직할 것이다. 또한 판매는 유상계약 중 재산권이전형태만을 대상으로 하기 때문에 그 이외의 유상계약을 포괄하기 위해서는 거래 중심으로 구성하여야 할 것이며, 이에 대하여는 용어를 변경하기 보다는 임대차 등을 포함하는 방식으로 개정되어야 할 것이다.

(2) 전자상거래소비자보호법의 적용배제

1) 상대방이 사업자인 경우

전자상거래소비자보호법은 전자상거래 또는 통신판매 분야에서의 소비자보호를 목적으로 하는 법이다. 따라서 거래의 상대방은 소비자이어야 한다. 그 결과 거래의 상대방이 사업자인 경우에는 동법의 적용대상에서 배제된다. 다만, 사업자라 할지라도 정책적 의미의 소비자에 해당하는 경우에는 동법의 적용을 받는다(동법 제3조 제1항). 그러나 사업자를 정책적 의미의 소비자로 인정하여 보호하는 것은 타당하지 않으며, 이에 대하여는 앞에서 언급하였기 때문에 반복하지 않는다. 또한 동법의 적용배제대상에서의 사업자의 요건에 있어서는 문제가 있다. 즉, 사업자의 행위에 대하여 배제하고 있으나, 그 행위는 상행위에 국한한다. 그럼 동법의 적용대상에서 배제되는 거래의 상대방은 사업자인가 아니면 상인인가의 문제가 제기된다. 물론 양자가 동일하다면 이러한 문제가 발생하지 않는다. 그러나 사업자와 상인은 엄연히 구별되는 개념이다. 즉, 상인에 해당하지 않는 사업자가 존재한다. 그럼 이러한 자의 행위는 동법의 적용대상에서 배제되는가? 그러나 사업자가 상행위를 목적으로 구입하는 거래에 대하여 적용을 배제하고 있을 뿐 상행위에 해당하지 않은 사업자의 행위는 배제되지 않기 때문에 동법의 적용을 받게 된다. 그럼 이러한 것이 과연 타당한가? 그러나 동법은 소비자를 보호하기 위한 법이기 때문에 상인이 아닌 사업자라 하여 보호대상으로 포함시키는 것은 타당하지 않다. 따라서 이러한 자의 거래 역시 동법의 적용대상에서 배제하여야 할 것이다. 그럼 이를 어떻게 규정하여야 하는가? 물론 통신판매의 정의에서 소비자의 청약이라고 규정하고 있기 때문에 이를 통하여 해결할 수 있을 것이다. 그러나 통신판매는 거래의 일종이지 반드시 소비자만이 체결할 수 있는 거래형태는 아니다. 따라서 이러한 정의규정을 통하여 해결하는 것은 바람직하지 않을 뿐만 아니라 동법상 통신판매의 정의규정에서 소비자라는 문구는 삭제하는 것이 바람직하다. 그럼 어떠한 방식으로 이를 해결하여야 하는가? 이에 대하여는 적극적 방식이 아닌 소극적 방식으로 해결하여야 할 것이다. 즉, 현행법에서는 동법이 배제되는 사유 중 상대방의 요건에 대하여 적극적으로 규정하고 있으나, 이 방식이 아닌 소비자가 아닌 자의 거래에 대하여 동법을 적용하지 않는다는 방식으로 개정하여야 할 것이다. 즉, 상인과 사업자를 엄연히 구별하고 있기 때문에 이를 모두 배제하기 위해서는 적극적으로 배제요건을 정할 경우 이에 포함되지 않은 경우가 발생할 수 있기 때문에 소극적인 방식으로 소비자가 아닌 자의 거래에 대하여 배제하는 방식을 취한다면 이러한 문제를 유발시키지 않을 것이다.

2) 통신판매중개

통신판매업자가 아닌 자 사이의 통신판매중개를 하는 통신판매업자에 대하여는 동법 제13조부터 제15조까지, 제17조부터 제19조까지의 규정을 적용하지 아니한다(동조 제3항). 즉, 통신판매의 당사자가 아닌 통신판매중개자에 대하여 통신판매업자에 대하여 적용되는 규정 중 일부의 적용을 배제하고 있다. 그러나 동 규정은 통신판매중개자의 의무와 책임을 규정하고 있는 동법 제20조 및 제20조의2와 관련하여 많은 문제를 가지고 있으며, 이에 대하여는 통신판매중개자의 책임 부분에서 언급한다.

3) 특수한 목적물

자본시장과 금융투자업에 관한 법률의 투자매매업자·투자중개업자가 하는 증권거래, 금융위원회의 설치 등에 관한 법률 제38조 제1호부터 제8호까지의 기관・대부업 등의 등록 및 금융이용자 보호에 관한 법률 제3조에 따라 등록한 대부업자 또는 대부중개업자・다른 법령에 따라 설립된 금융회사 또는 중앙행정기관의 인가・허가 등을 받아 설립된 금융회사 등이 하는 금융상품거래 및 일상 생활용품, 음식료 등을 인접지역에 판매하기 위한 거래에 대하여는 동법 제12조부터 제15조까지, 제17조부터 제20조까지 및 제20조의2를 적용하지 아니한다(동조 제4항).

금융상품 등에 대한 전자상거래소비자보호법의 배제는 다른 소비자보호법에서의 금융상품에 대한 배제와 동일하게 때문에 여기에서는 생략한다. 문제는 일상 생활용품, 음식료 등을 인접지역에 판매하기 위한 거래이다. 물론 소비자의 가정 등의 인접지역에서의 거래에 대하여 동법을 적용하기 곤란하다는 점을 감안한 것이다. 그러나 이에 대하여는 두 가지 점에서 문제점이 제기된다. 첫째는 용어의 모호성이다. 즉, 일상생활용품 또는 음식료 등의 개념은 명확한 것이 아니라 매우 포괄적이다. 따라서 구체적으로 어떠한 재화가 일상생활용품 등에 해당하는가에 대하여 정확하게 판단할 수 없으며, 소비생활의 대상인 소비물은 일상생활용품 등에 해당하기 때문에 대다수의 재화가 이에 해당할 수 있다. 물론 두 번째의 문제점인 인접지역에서의 거래가 이를 한정한다고 할 수 있다. 그러나 인접지역에서의 거래 역시 어느 정도의 거리가 이에 해당하는지가 불명확하다. 특히, 전자상거래 또는 통신판매는 거리를 기준으로 하는 것이 아닌 비대면거래를 대상으로 하기 때문에 거리를 기준으로 적용여부를 판단하는 것은 타당하지 않다. 또한 동일한 재화에 대한 거래임에도 불구하고 소비자의 위치에 따라 동법의 적용여부가 달라질 수 있다. 즉, 사업자와 인근지역에 있는 소비자는 통신수단을 이용하여 계약을 체결하였다고 하더라도 동법의 적용을 받지 못하지만, 격지에 있는 소비자는 동법의 적용을 받게 된다. 따라서 동일한 거래형태임에도 불구하고 소비자의 위치에 따라 동법의 적용범위를 결정하는 것은 타당하지 않다. 그럼 이를 삭제하여야 하는가? 물론 이를 삭제하는 것이 바람직하다. 그렇다고 한다면 음식배달을 전문적으로 하는 사업자 역시 동법의 적용을 받게 된다. 따라서 동법 제12조에 따라 사업자는 특별자치도지사·시장·군수·구청장에게 신고하여야 한다. 물론 최근 6개월 동안 통신판매를 수단으로 하여 재화등을 판매한 횟수가 10회 미만인 경우 또는 최근 6개월 동안 통신판매를 수단으로 하여 재화등을 판매한 금액의 합계가 600만원 미만인 경우에 동법상 신고의무가 면제된다(통신판매업 신고 면제 기준에 대한 고시[제정 2012. 8. 13. 공정거래위원회 고시 제2012-48호]). 그러나 대부분의 배달업종의 경우 이에 해당하지 않기 때문에 신고를 하여야 한다. 그럼 이러한 사업자까지 신고의무를 부과하는 것이 타당한 것인가? 그러나 이러한 사업자에게까지 신고의무를 부과하는 것은 타당하지 않다. 그렇다면 이에 대한 해결방안은 두 가지로 제시할 수 있다. 첫째는 신고의무에 관한 규정을 삭제하는 것이며, 둘째는 신고의무의 면제대상에 일상 생활용품, 음식료 등을 인접지역에 판매하기 위한 거래를 업으로 하는 사업자로 규정하는 것이다. 그러나 후자의 방안은 앞에서 제기한 바와 같이 불명확성이 존재하기 때문에 사실상 이를 통하여 해결하기란 쉽지 않다. 그럼 첫 번째 방안에 대하여 검토하여야 한다. 먼저, 신고의무의 존재이유이다. 사업자에 대하여 신고의무를 부과한 이유는 현실공간과 달리 사이버 공간의 경우 사업자의 영업개시가 용이하기 때문에 이를 악용한 사업자의 시장교란행위가 쉽게 발생할 수 있다. 따라서 이를 사전에 방지함과 더불어 사업자의 시장교란행위에 대하여 신속하게 규제하기 위하여 신고의무를 부과한 것이다. 그러므로 사업자의 신고의무는 일정한 시장진입장벽에 해당한다. 그러나 동법상 신고의무는 사실상 시장진입장벽에 해당하지 않는다. 즉, 통신판매업 신고 면제 기준에 대한 고시에 따라 신고의무가 면제되는 사업자와 신고대상인 사업자를 분별하는 기준은 6개월을 기준으로 거래횟수 또는 거래금액이기 때문에 사실상 신고대상 여부에 대한 판단은 영업개시 후 6월 후에 파악할 수 밖에 없다. 그 결과 신고의무가 사업자의 시장진입장벽에 해당한다고 할 수 없게 되었다. 또한 전자상거래는 시장범위에 대하여 제한이 없다. 이는 시장규모면에 있어서 전세계를 대상으로 하기 때문에 어느 국가의 사업자라 하더라도 우리 소비자와 거래할 수 있음을 의미한다. 그럼 다른 국가에 소재한 사업자도 우리의 소비자와 거래하기 위하여 공정거래위원회에 신고하여야 하는가?[134] 물론 법 규정만을 본다면 신고하여야 한다. 그럼 신고를 하지 않은 경우에는 어떠한가? 사업자가 신고를 하지 않은 경우 시정조치 등과 더불어 3천만원 이하의 벌금이 부과된다(동법 제42조 제1호). 그렇다고 한다면 우리의 소비자와 거래하고 있는 전 세계의 사이버몰 운영자는 전자상거래소비자보호법을 위반하고 있다. 따라서 공정거래위원회 등은 시정조치

134) 통신판매업자는 주된 사무소의 위치에 따라 국내에 있는 경우 주된 사무소의 소재지를 관할하는 특별시장·광역시장·도지사·시장·군수·구청장(자치구의 구청장을 말한다. 이하 같다)에게 신고하여야 하며, 주된 사무소의 소재지가 외국인 경우에는 공정거래위원회에 신고하여야 한다(동법 제12조 제1항; 동 시행령 제13조).

등을 부과하여야 하며, 법원은 검찰의 기소에 따라 3천만원 이하의 벌금을 부과하여야 한다. 과연 이러한 것이 가능한 것인가? 물론 불가능하다. 그럼 외국의 사업자는 해당 국가의 법에 따라 통신판매업 또는 전자상거래업 신고를 하고 있는가? 우리와 가장 유사한 형태의 법제를 가지고 있는 일본의 경우 특정상거래법에서 통신판매업자의 신고 또는 등록의무를 부과하고 있지 않다. 그 결과 동법상 신고의무를 부담하는 사업자는 국내 사업자에 불과하게 된다. 이러한 점은 우리 나라의 사업자에 대하여는 규제를 가하게 되는 것이 되며, 외국의 사업자와의 차별에 해당하게 된다. 물론 외국의 사업자 역시 신고의무가 존재하기 때문에 차별이라고 할 수 없다고 할 수 있지만, 이를 위반한 경우에 규제 또는 제재를 부과할 수 없기에 외국의 사업자에 대한 신고의무 규정은 무의미하다. 이러한 점은 최근 헌법재판소에서 본인확인제에 대한 위헌결정의 취지와 유사하다.[135] 즉, 외국

135) 우리나라는 1990년대 후반 인터넷이 본격적으로 보급되기 시작한 이래 이용자가 급속하게 증가하여 현재는 인터넷 보급률이 세계 최고 수준에 이르고 있는데, 그에 따라 인터넷상에서의 언어폭력, 명예훼손, 불법정보의 유통 등 역기능도 증가하였다. 이러한 인터넷의 역기능은 익명성에 의한 이용자의 자기 점검 및 책임의식 결여가 중요한 원인으로 파악되었고, 특히 2005년경 인터넷상에서 개인의 신상정보 공개 및 언어폭력 등으로 인한 피해사례들이 잇달아 발생하자 이를 계기로 본인확인제의 도입이 논의되어, 2007. 1. 26. 법률 제8289호로 정보통신망법이 개정되면서 본인확인제가 도입되었다. 본인확인제는 인터넷게시판을 설치·운영하는 정보통신서비스 제공자에게 게시판 이용자로 하여금 본인확인절차를 거쳐야만 게시판에 정보를 게시할 수 있도록 하는 조치를 마련할 의무를 부과하는 제도이다. 정보통신서비스 제공자가 위 본인확인조치 의무를 이행하지 않으면 방송통신위원회는 본인확인조치를 하도록 명령할 수 있고(정보통신망법 제44조의5 제2항), 위 명령을 이행하지 않으면 3천만 원 이하의 과태료를 부과하도록 함으로써(정보통신망법 제76조 제1항 제6호) 정보통신서비스 제공자에 대하여 본인확인제의 시행을 강제하고 있다. 정보통신망법 시행령 제29조에서 정하고 있는 본인확인조치의 구체적인 내용은 공인인증기관, 그 밖에 본인확인서비스를 제공하는 제3자 또는 행정기관에 의뢰하거나 모사전송·대면확인 등을 통하여 게시판 이용자가 본인임을 확인할 수 있는 수단(제1호) 및 본인확인정보의 유출방지기술(제2호)을 각 마련하고, 6개월간 본인확인의 정보를 보관(제3호)하는 것이다. 그런데 위 법령에서 정하고 있는

의 사업자에 대하여는 규제할 수 없으면서 국내 사업자만을 규제하는 것은

본인확인방법 중 대면확인이나 모사전송, 공인인증기관을 통한 확인은 여러 가지 현실적인 불편 때문에 별루 이용되지 않고 있는바, 현재 주로 쓰이고 있는 본인확인방법은 본인확인서비스를 제공하는 제3자인 신용정보회사를 통하여 이용자의 이름, 주민등록번호, 휴대폰, 신용카드 등의 정보를 이용하여 게시판 이용자가 본인인지 여부를 확인하는 것이다. 위와 같은 본인확인제의 적용범위는 인터넷 사용 환경에 따라 변화되어 왔다. 우선, 본인확인조치의무를 부담하는 대상자에 관하여 보자면, 본인확인제가 처음 도입될 당시에는 정보통신서비스 제공자 중 일일 평균 이용자 수 30만 명 이상의 포털서비스 제공자 및 전문손수제작물매개서비스 제공자, 일일 평균 이용자 수 20만 명 이상의 인터넷언론서비스 제공자가 본인확인조치의무 대상자였으나, 그 후 2009. 1. 28. 정보통신망법 시행령 제30조 제1항의 개정으로 그 대상자는 서비스 유형에 관계없이 일일 평균 이용자 수 10만 명 이상인 정보통신서비스 제공자로 확대되었다. 그에 따라 방송통신위원회가 본인확인제의 적용대상으로 공시한 정보통신서비스 제공자의 웹사이트 수는 2007년 35개, 2008년 37개이던 것이 2009년 153개, 2010년 167개, 2011년 146개로 대폭 늘어났다. 한편, 본인확인제가 실시되는 '게시판'이란 그 명칭과 관계없이 정보통신망을 이용하여 일반에게 공개할 목적으로 부호·문자·음성·음향·화상·동영상 등의 정보를 이용자가 게재할 수 있는 컴퓨터 프로그램이나 기술적 장치를 말한다(정보통신망법 제2조 제1항 제9호). 방송통신위원회는 인터넷상의 블로그, 개인 홈페이지, 카페, 소셜 네트워크 서비스(Social Network Service) 등은 일반인 공개목적이 아닌 사적 의사소통 영역으로 보아 위 게시판에 해당하지 않는다는 이유로 본인확인제 적용대상에서 제외하고 있다. (1) 헌법 제21조 제1항에서 보장하고 있는 표현의 자유는 사상 또는 의견의 자유로운 표명(발표의 자유)과 그것을 전파할 자유(전달의 자유)를 의미하는 것으로서, 그러한 의사의 '자유로운' 표명과 전파의 자유에는 자신의 신원을 누구에게도 밝히지 아니한 채 익명 또는 가명으로 자신의 사상이나 견해를 표명하고 전파할 익명표현의 자유도 포함된다(헌재 2010. 2. 25. 2008헌마324등, 판례집 22-1상, 347, 363). 그리고 표현의 자유에 있어 의사표현 또는 전파의 매개체는 어떠한 형태이건 가능하며 그 제한이 없는바, 인터넷게시판은 인터넷에서 의사를 형성·전파하는 매체로서의 역할을 담당하고 있으므로 의사의 표현·전파 형식의 하나로서 인정된다(헌재 2010. 2. 25. 2008헌마324등, 판례집 22-1상, 347, 362 참조). 그런 측면에서 볼 때, 이 사건 본인확인제는 게시판 이용자가 게시판에 정보를 게시함에 있어 본인 확인을 위하여 자신의 정보를 게시판 운영자에게 밝히지 않을 수 없도록 함으로써 표현의 자유 중 게시판 이용자가 자신의 신원을 누구에게도 밝히지 아니한 채 익명으로 자신의 사상이나 견해를 표명하고 전파할 익명표현의 자유를 제한한다. 동시에, 그러한 게시판 이용자의 표현의 자유에 대한 제한으로 말미암아 게시판 이용자의 자유로운 의사표현을 바탕으로 여론을 형

평등의 원칙에 반한다. 따라서 전자상거래소비자보호법상 사업자의 신고의

성·전파하려는 정보통신서비스 제공자의 언론의 자유 역시 제한되는 결과가 발생한다(헌재 2010. 2. 25. 2008헌마324, 판례집 22-1상, 347, 362 참조). 한편 본인확인제는 정보통신서비스 제공자에게 인터넷게시판을 운영함에 있어서 본인확인조치를 이행할 의무를 부과하여 정보통신서비스 제공자의 직업수행의 자유도 제한하나, 청구인 회사의 주장 취지 및 앞에서 살펴본 본인확인제의 도입배경 등을 고려할 때 이 사건과 가장 밀접한 관계에 있고 또 침해의 정도가 큰 주된 기본권은 언론의 자유라 할 것이고, 게시판 운영자의 언론의 자유의 제한은 게시판 이용자의 표현의 자유의 제한에 수반되는 결과라고 할 수 있으므로, 이하에서는 게시판 이용자의 표현의 자유 침해 여부를 중심으로 하여 게시판 운영자의 언론의 자유 등 침해 여부를 함께 판단하기로 한다. (2) 그 밖에 본인확인제는 정보통신서비스 제공자에게 게시판 이용자의 본인확인정보를 수집하여 보관할 의무를 지우고 있는데, 본인확인정보는 개인의 동일성을 식별할 수 있게 하는 정보로서 개인정보자기결정권의 보호대상이 되는 개인정보에 해당하고, 개인정보를 대상으로 한 조사·수집·보관·처리·이용 등의 행위는 모두 원칙적으로 개인정보자기결정권에 대한 제한에 해당하므로(헌재 2010. 5. 27. 2008헌마663, 판례집 22-1하, 323, 333 참조), 본인확인제는 게시판 이용자가 자신의 개인정보에 대한 이용 및 보관에 관하여 스스로 결정할 권리인 개인정보자기결정권을 제한한다. (3) 그런데 청구인 손○규 등은 본인확인제가 인터넷게시판 이용자에게 이름, 주민등록번호 등의 개인정보를 공개하도록 강제함으로써 게시판 이용자의 사생활의 비밀과 자유 역시 제한한다고 주장하나, 위에서 본 바와 같이 이 사건 본인확인제에 의하여 사생활의 비밀과 자유가 구체화된 것이라고 할 수 있는 개인정보자기결정권이 제한된다고 보아 그 침해 여부를 판단하는 이상, 사생활의 비밀과 자유에 대한 침해 문제에 관하여는 따로 판단하지 아니한다. (4) 청구인 손○규 등은 본인확인제가 인터넷이라는 매체에 글을 쓰고자 하는 자에 대하여만 본인확인절차를 거치도록 함으로써 다른 매체에 글을 쓰는 자와 합리적 이유 없이 차별취급하여 인터넷에 글을 쓰고자 하는 자의 평등권을 침해한다고 주장하나, 청구인 손○규 등이 주장하는 차별취급은 본인확인제가 인터넷상의 익명표현의 자유를 제한함에 따라 부수적으로 발생할 수밖에 없는 결과일 뿐인 것으로서 그에 관한 판단은 익명표현의 자유의 침해 여부에 관한 판단과 동일하다고 할 것이므로 별도로 판단하지 아니한다. (5) 청구인 손○규 등은 본인확인제가 인터넷상에서 자유로운 의견표명을 사전에 제한하는 실질적인 사전검열이라 주장하나, 이 사건 본인확인제는 게시 글의 내용에 따라 규제를 하는 것이 아니고, 정보통신서비스 제공자의 삭제의무를 규정하고 있지도 않은바, 의견발표 전에 국가기관에 의하여 그 내용을 심사, 선별하여 일정한 사상표현을 저지하는 사전적 내용심사로는 볼 수 없으므로 사전검열금지원칙에 위배된다고 할 수 없다. (6) 결국, 이 사건에서는 본인확인제가 과잉금지원칙에 위배하여 표현의 자유인 게시판

무에 관한 규정은 삭제하고, 위법행위에 대한 규제 중심으로 전환하여야

이용자의 익명표현의 자유, 정보통신서비스 제공자의 언론의 자유를 침해하는지 여부 및 게시판 이용자의 개인정보자기결정권을 침해하는지 여부가 문제이므로 이에 대하여 살펴본다. 과잉금지원칙 위배 여부와 관련하여 오늘날 인터넷의 발달 및 이용자의 급속한 증가로 인터넷에서 유통되는 정보의 파급력 및 영향력이 매우 커지게 된 반면, 인터넷의 특성인 익명성 등을 이용한 언어폭력, 명예훼손, 불법정보의 유통 등 역기능도 함께 증가하였다는 점은 앞서 살펴본 바와 같다. 이 사건 법령조항들이 정하고 있는 본인확인제는 이러한 인터넷상의 언어폭력, 명예훼손, 불법정보의 유통 등을 방지하기 위하여 게시판 이용자가 그와 같은 정보를 게시할 경우에는 향후 신원 확인을 통하여 형사처벌 또는 손해배상책임을 부담할 수도 있다는 점을 인식하게 하여 표현내용에 신중을 기하고 불법정보 등의 게시를 자제하도록 함과 아울러, 게시판 이용자의 위와 같은 행위로 실제로 피해가 발생한 경우에는 피해자 구제를 위하여 가해자를 특정할 수 있는 기초자료를 확보함으로써 게시판을 보다 책임 있는 공론의 장이 되도록 유도하여 건전한 인터넷 문화를 조성하기 위한 것이므로 정당한 목적 달성에 기여하는 적합한 수단임이 인정된다. 이 사건 법령조항들이 표방하는 건전한 인터넷 문화의 조성 등 입법목적은 인터넷 이용자의 표현의 자유나 개인정보자기결정권을 제약하지 않는 다른 수단에 의해서도 충분히 달성할 수 있다. 우선, 불법정보의 게시로 타인에게 피해를 입힌 경우에 가해자 특정은 인터넷 주소 등의 추적 및 확인 등을 통하여서도 할 수 있다. 물론 가해자가 타인의 컴퓨터 또는 아이디를 이용하는 경우에는 위와 같은 방법으로 가해자를 찾아내지 못할 수도 있으나, 본인확인제에 의하더라도 가해자가 주민등록번호와 명의를 도용하는 경우에는 가해자를 특정하기 어려움은 마찬가지이고, 위와 같은 가해자의 은폐시도에 따른 특정의 어려움은 통상의 불법행위에서도 발생하는 문제로서 일반적인 수사기법에 의하여 극복될 수 있다. 다음으로, 게시판에 게시된 정보로 인하여 권리가 침해된 자에 대한 구제는 정보통신서비스 제공자에 의한 당해 정보의 삭제 · 임시조치(정보통신망법 제44조의2 제1항, 제2항), 게시판 관리 · 운영자에 대한 불법정보 취급의 거부 · 정지 또는 제한명령(정보통신망법 제44조의7 제2항, 제3항) 등으로 불법정보의 유통 및 확산을 차단하거나 사후적으로 손해배상 또는 형사처벌 등의 방법을 통하여 충분히 달성할 수 있다. 즉 현행 형사법 및 정보통신망법에 의하더라도 불법정보 등 게시에 대한 제재수단이 이미 마련되어 있고, 현재의 기술수준에서 사후적으로 불법정보 등 게시자의 신원을 확인하는 것이 불가능한 것도 아니다. 본인확인제 이외의 여러 규제조항들의 엄정한 집행을 통하여 불법정보 등 게시의 단속 및 처벌이 실질적으로 이루어진다면 본인확인제의 실시 이상의 높은 일반예방 효과를 기대할 수 있을 것으로 여겨진다. 이는 현재 인터넷상의 불법 · 유해정보의 규제에 관한 외국의 입법례들을 살펴보면 더욱 명확해진다. 미국이나 영국의 경우 인터넷상의 유해 정보에 대한 규제를 원칙적으로 업계의 자

할 것이다. 이와 같이 사업자에 대한 신고의무를 삭제한다고 한다면 동법

율에 맡기고 있고, 독일 등 유럽의 많은 국가들 역시 민간 주도의 자율규제를 기초로 하여 인터넷서비스 제공자의 책임제한이나 면책요건을 정하는 방식으로 관계 법령을 수립하고 있으며, 일본의 경우에도 불법·유해정보가 게시되는 때에 민관(民官)이 협조하여 사후적으로 대처하도록 규율하고 있는 등 대부분의 주요 국가들은 본인확인제와 같은 적극적인 게시판 이용규제를 시행하고 있지 않다. 이 사건 법령조항들이 규정하는 본인확인제는 목적 달성에 필요한 범위를 넘어서는 과도한 규제를 그 내용으로 하고 있다. 1) 우선 정보통신망법 제44조의5 제1항은 본인확인조치를 할 대상을 '게시판 이용자'로 정하고 있고, 정보통신망법 제2조 제1항 제4호는 '이용자'란 '정보통신서비스 제공자가 제공하는 정보통신서비스를 이용하는 자'로 규정하고 있다. 따라서 본인확인의 대상인 '게시판 이용자'는 '정보의 게시자' 뿐만 아니라 '정보의 열람자'도 포함한다 할 것이다. 그러나 '정보의 단순 열람자'는 인터넷상에서 정보열람만 하므로 타인의 권리를 침해하는 등의 불법행위를 할 가능성이 없어 본인확인조치를 취할 필요성이 없는 것이다. 그런 점에서 방송통신위원회는 '정보의 게시자'만이 위 '게시판 이용자'에 해당하는 것으로 축소해석하여 '정보의 게시자'에 대하여만 본인확인조치를 하도록 하고 있는바, 이는 이 사건 법령조항의 적용범위가 광범위함을 단적으로 보여 준다. 나아가 방송통신위원회는 매년 3개의 조사기관에 인터넷 이용자 수의 산정을 의뢰하여 본인확인제의 적용 대상인 정보통신서비스 제공자를 선정하여 오고 있다. 그런데 인터넷의 공간적 무제약성으로 인하여 국내의 정보통신서비스 제공자가 제공하는 인터넷을 외국인이나 국외에 소재하는 한국인도 이용할 수 있는바 그들도 위 '이용자 수' 산정의 대상에 포함되는지 여부가 불분명하며, 동일인이 동일한 인터넷 게시판을 하루에 여러 번 이용한 경우에 이용자 수 산정을 어떻게 할 것인지에 대하여도 명확한 기준이 없다. 또한 이용자 수를 정확하게 산정하는 것이 기술적으로 가능한지 여부에 대하여도 의문이 제기되고 있다. 이와 같이 그 정확성과 산정기준이 불분명한 이용자 수 산정 결과에 따라 본인확인제 적용대상인 정보통신서비스 제공자의 범위가 정하여진다는 점은, 이 사건 법령조항들이 인터넷의 특성을 고려하지 아니한 채 본인확인제의 적용범위를 광범위하게 정함으로써 법집행자에게 자의적인 집행의 여지를 부여하고 있음을 보여 준다. 한편 방송통신위원회가 본인확인제의 적용대상으로 공시한 정보통신서비스 제공자의 웹사이트 수는 2011년 기준 146개로 거의 전면적 수준의 본인확인제가 실시되는 것과 유사한 상황에 이르고 있다. 그 밖에 본인확인제에 따라 정보통신서비스 제공자가 본인확인정보를 보관하여야 하는 기간은 게시판에 정보를 게시한 때부터 게시판에서 정보의 게시가 종료된 후 6개월이 경과하는 날까지이다. 그러나 게시판에서 당해 정보가 삭제되지 않는 한 정보의 게시는 종료되지 않으므로 정보의 삭제가 없다면 본인확인정보는 무기한으로 정보통신서비스 제공자에게 보관되는 결과가 발생할 수 있다. 결국 본인확인제는 그 입법목적을 달성

의 적용배제대상을 규정하고 있는 동법 제3조 제4항에서 발생하는 문제

할 다른 수단이 있음에도 불구하고 모든 게시판 이용자의 본인확인정보를 수집하여 장기간 보관하도록 함으로써 본래의 입법목적과 관계없이 개인정보가 유출될 위험에 놓이게 하고 다른 목적에 활용될 수 있도록 하며, 수사편의 등에 치우쳐 모든 국민을 잠재적 범죄자와 같이 취급하는바, 목적달성에 필요한 범위를 넘는 과도한 제한을 하는 것으로서 침해의 최소성이 인정되지 아니한다. 표현의 자유는 민주주의의 근간이 되는 중요한 헌법적 가치이므로 표현의 자유의 사전 제한을 정당화하기 위해서는 그 제한으로 인하여 달성하려는 공익의 효과가 명백하여야 한다. 그런데 이 사건 법령조항들의 경우, 우리 법상의 규제가 규범적으로 또는 현실적으로 적용되지 아니하는 통신망이 존재하고 그에 대한 인터넷 이용자의 자유로운 접근이 가능함에도 외국의 입법례에서 찾아보기 힘든 본인확인제를 규정함으로써 국내 인터넷 이용자들의 해외 사이트로의 도피, 국내 사업자와 해외 사업자 사이의 차별 내지 자의적 법집행의 시비로 인한 집행 곤란의 문제를 발생시키고 있는바, 결과적으로 당초 목적과 같은 공익을 실질적으로 달성하고 있다고 보기 어렵다. 인터넷은 전세계를 망라하는 거대한 컴퓨터 통신망의 집합체로서 개방성을 그 주요한 특징으로 하므로 외국의 보편적 규제와 동떨어진 우리 법상의 규제는 손쉽게 회피될 수 있고, 그 결과 우리 법상의 규제가 의도하는 공익의 달성은 단지 허울 좋은 명분에 그치게 될 수 있음을 간과한 것이다. 나아가 이해관계인인 방송통신위원회가 제시한 자료에 의하더라도 본인확인제 이후에 명예훼손, 모욕, 비방의 정보의 게시가 표현의 자유의 사전 제한을 정당화할 정도로 의미 있게 감소하였다는 증거는 찾아볼 수 없다. 반면 이 사건 법령조항들이 규정하는 본인확인제에 의한 익명표현의 자유의 제한은 매우 중대하다. 표현의 자유는 국민 개인적인 차원에서는 자유로운 인격발현의 수단임과 동시에 합리적이고 건설적인 의사형성 및 진리발견의 수단이 되며, 국가와 사회적인 차원에서는 민주주의 국가와 사회의 존립과 발전에 필수불가결한 기본권이 되는데, 특히 익명이나 가명으로 이루어지는 표현은, 외부의 명시적·묵시적 압력에 굴복하지 아니하고 자신의 생각과 사상을 자유롭게 표출하고 전파하여 국가권력이나 사회의 다수의견에 대한 비판을 가능하게 하며, 이를 통해 정치적·사회적 약자의 의사 역시 국가의 정책결정에 반영될 가능성을 열어 준다는 점에서 표현의 자유의 내용에서 빼놓을 수 없는 것이다. 그리고 인터넷 공간에서 이루어지는 익명표현은 인터넷이 가지는 정보전달의 신속성 및 상호성과 결합하여 현실 공간에서의 경제력이나 권력에 의한 위계구조를 극복하여 계층·지위·나이·성 등으로부터 자유로운 여론을 형성함으로써 다양한 계층의 국민 의사를 평등하게 반영하여 민주주의가 더욱 발전되게 한다. 따라서 비록 인터넷 공간에서의 익명표현이 부작용을 초래할 우려가 있다 하더라도 그것이 갖는 헌법적 가치에 비추어 강하게 보호되어야 한다. 그런데 이 사건 본인확인제는 기간 제한 없이, 표현의 내용을 불문하고 주요 인터넷 사이트의 대부분의 게시판 이용과

역시 쉽게 해결할 수 있다. 즉, 동법 제12조를 삭제할 경우 제3조 제4항의 내용 중 일상생활용품, 음식료 등의 인접지역에서의 거래 역시 삭제하더라고 배달을 업으로 하는 사업자에 대한 문제 역시 자연스럽게 해결될 뿐만

관련하여 본인확인을 요구하고 있다. 이는 정보 등을 게시하고자 하는 자가 무엇이 금지되는 표현인지 확신하기 어려운 상태에서 본인의 이름, 주민등록번호 등의 노출에 따른 규제나 처벌 등 불이익을 염려하여 표현 자체를 포기하게 만들 가능성이 높고, 인터넷을 악용하는 소수의 사람들이 존재하고 있다는 이유로 대다수 시민의 정당한 의사표현을 제한하는 것으로서 익명표현의 자유에 대한 과도한 제한이라 할 것이다. 나아가 현재 주로 이용되고 있는 신용정보회사에 의한 게시판 이용자의 이름, 주민등록번호 일치 여부를 확인하는 방법에 의한 본인확인은, 주민등록번호를 부여받을 수 없는 외국인이나 주민등록번호가 없는 재외국민에 대하여 게시판에의 정보 게시를 봉쇄함으로써 그들의 표현의 자유를 사실상 박탈하는 결과에 이르고 있다. 한편 인터넷 기술의 발달에 따른 인터넷 환경의 변화로 인터넷 이용자들이 일반 게시판보다는 본인확인제의 적용을 받지 않는 모바일 게시판, 소셜 네트워크 서비스(Social Network Service) 등도 많이 이용하게 되었다. 그 결과 본인확인제는 건전한 인터넷 문화 조성이라는 공익을 인터넷 공간의 아주 제한된 범위에서만 실현하는 반면에, 위와 같이 새롭게 등장한 정보통신망상의 의사소통수단과 경쟁하여야 하는 게시판 운영자에게는 업무상 불리한 제한을 가하게 되었으며, 그로 말미암아 인터넷을 통한 여론의 형성·전파라는 정보통신서비스 제공자의 언론의 자유 역시 심대하게 제한받고 있다 하지 않을 수 없다. 그 밖에 정보통신서비스 제공자에 대한 본인확인정보 보관의무 부과로 인하여 게시판 이용자의 개인정보가 외부로 유출되거나 부당하게 이용될 가능성이 증가함에 따라 게시판 이용자가 입는 불이익 및 수사기관 등이 정보통신서비스 제공자에게 이용자의 개인정보 제출을 요청(전기통신사업법 제83조 제3항)하는 경우 발생할 수 있는 본인확인정보의 보관목적외 사용 우려에 비추어 보면, 개인정보자기결정권의 제한 역시 중대함을 부인할 수 없다. 결국 본인확인제로 인하여 기본권이 제한됨으로써 발생하는 인터넷게시판 이용자 및 정보통신서비스 제공자의 불이익이 본인확인제가 달성하려는 공익보다 결코 더 작다고 할 수 없으므로 법익의 균형성 역시 인정되지 않는다. 그렇다면 본인확인제를 규율하는 이 사건 법령조항들은 본인확인이라는 방법으로 게시판 이용자의 표현의 자유를 사전에 제한하여 의사표현 자체를 위축시키고 그 결과 헌법으로 보호되는 표현까지도 억제함으로써 민주주의의 근간을 이루는 자유로운 여론 형성을 방해하는 것으로서 과잉금지원칙에 위배하여 청구인 손○규 등의 표현의 자유, 개인정보자기결정권, 청구인 회사의 언론의 자유 등 기본권을 침해한다(헌재 2012.08.23, 2010헌마47).

아니라 이 재화는 소비자의 임의적 청약철회권의 배제사유에 해당하기 때문에 큰 문제가 발생하지 않는다.

나. 청약철회권의 발생요건

전자상거래소비자보호법상 청약철회권의 발생요건은 방문판매법상 청약철회권의 발생요건과 동일하게 2원적으로 구성되어 있다. 즉 소비자의 임의적 청약철회권과 사업자의 채무불이행에 따른 청약철회권이다. 이에 대하여는 전술하였기 때문에 여기에서는 반복하지 않는다(동법 제17조 제1항, 제3항). 다만, 방문판매법과의 차이점은 청약철회의 배제사유 중 시행령에서 정하고 있는 사항이다. 즉, 방문판매법 시행령에서는 그 사유로 소비자의 주문에 의하여 개별적으로 생산되는 재화등에 대한 것으로서 청약의 철회 및 계약의 해제(이하 "청약철회등"이라 한다)를 인정하면 방문판매자 또는 전화권유판매자(이하 "방문판매자등"이라 한다)에게 회복할 수 없는 중대한 피해가 예상되는 경우로서 사전에 해당 거래에 대하여 별도로 그 사실을 고지하고 소비자의 서면(전자문서를 포함한다) 동의를 받은 경우로 규정하고 있다(동 시행령 제12조). 그러나 전자상거래소비자보호법 시행령에서는 소비자의 주문에 따라 개별적으로 생산되는 재화등 또는 이와 유사한 재화등에 대하여 법 제13조 제2항 제5호에 따른 청약철회등(이하 "청약철회등"이라 한다)을 인정하는 경우 통신판매업자에게 회복할 수 없는 중대한 피해가 예상되는 경우로서 사전에 해당 거래에 대하여 별도로 그 사실을 고지하고 소비자의 서면(전자문서를 포함한다)에 의한 동의를 받은 경우로 규정하고 있다(동 시행령 제21조). 즉, 방문판매법에서는 개별주문재화에 대한 거래에 한정하고 있는 반면에 전자상거래소비자보호법에서는 그 재화뿐만 아니라 이와 유사한 재화를 추가하고 있다. 그럼 전자상거래소비자보호법 시행령의 규정이 타당한 것인가? 물론 개별주문재화와 유사한 재화 및 청약철회를 인정할 경우 사업자에게 중대한 피해가 예상되는 거래라는 두 가지 요건을 제시하고 있기 때문에 문제가 없다고 할 수 있지만, 이는 상위법인 전자상거래소비자보호법에서 위임한 사항이다. 따라서 동 시행령에서는 이를 구체적으로 규정하여야 한다. 그럼에도 불구하고 이를 추상적으로 규정한 결과 위임입법의 원칙에 반한다고 할 수 있다. 따라서 이러한 내용을 삭제하거나 또는 법률에서 직접 규정하고, 이에 해당하는 거래유형을 시행령에서 구체적으로 규정하는 것이 바람직하다.

다. 청약철회권의 행사기간과 행사방법

(1) 청약철회권의 행사기간

소비자가 청약을 철회할 수 있는 기간은 발생요건에 따라 상이하다. 즉, 임의적 청약철회권은 7일 이내에 행사할 수 있는 반면에 사업자의 채무불이행에 따른 청약철회권은 재화를 공급받은 날로부터 3개월, 그 사실을 안 날 또는 알 수 있었던 날로부터 30일 이내이다(동법 제17조 제1항, 제3항). 이러한 점은 방문판매법과 동일하며, 단지 차이점은 임의적 청약철회권의 행사기간과 사업자의 방해행위가 존재할 경우의 기산점이다. 먼저, 행사기간과 관련하여 방문판매의 경우 14일이지만, 전자상거래소비자보호법의 경우 7일이다. 이와 같이 동일한 청약철회권임에도 불구하고 그 행사기간을 달리 정하는 것이 타당한 것인가의 문제가 제기된다. 물론 거래형태가 상이하기 때문에 이를 차별화하는 것이 타당하다고 할 수 있다. 그러나 동일한 권리이며, 행사기간의 기산점에 대하여 동일하게 규정하고 있기 때문에 이를 달리 정하는 것보다 통일적으로 규정하는 것이 소비자 및 사업자의 혼란을 방지하는 방안이라고 할 수 있다.[136] 그럼 어느 기간을 기준으로 통일하는 것이 바람직한 것인가? 물론 제도의 본질적인 취지를 감안하여 그 기간을 결정하여야 할 것이며, 소비자의 충분한 판단기간을 부여한다는 점을 감안한다면 상기의 기간인 14일이 바람직하다고 할 수 있다. 그러나 지나친 장기간은 사업자가 반환받은 재화를 재판매함에 있어서 곤란성을 부여할 수 있으며, 그 결과 재판매하지 못하거나 현저히 하락된 가격으로 판매할 경우로 인하여 발생한 손실에 대하여 청약철회권을 행사하지 않은 다른 소비자에게 그 손실을 부담시킴으로써 정상적인 가격이상으로 구매하게 되는 결과가 발생할 수 있다. 또한 이를 악용한 소비자가 발생할 수 있다. 즉, 청약철회권을 행사할 목적으로 재화를 구매하고, 14일이라는 기간 동안 충분히 재화를 사용한 후 이를 반환하는 것이다. 따라서 14일이라는 기간은 과도한 기간이라고 할 수 있다. 물론 이 기간을 설정함에 있어서는 소비자가 충분히 재고할 수 있는 기간이어야 한다. 이를 위해서는 청약철회에 관한 정보가 모두 기재된 계약서와 재화가 공급된 후 기산되어야 하며, 효력발생시기 역시 도달주의가 아닌 발신주의를 취하여야 한다. 따라서 이러한 요건이 모두 충족된다면 청약철회기간은 7일로 정하더라도 소비자의 재고기간으로 충분하다고 할 것이다. 따라서 이 기간으로 통일하는 것이 바람직하다고 할 것이다. 둘째, 방문판매법과 달리 전자상거래소비자보호법에서는 사업자의 방해행위가 존재할 경우의 기산일에 대한 규정을 두고 있지 않다. 물론 사업자의 방해행위가 존재할 경우 소비자는 청약철회권을 행사할 수 없기 때문에 단지 계약서와 재화를 공급받았다고 하여 이 기간을 기산하는 것은 타당하지 않다. 따라서 전자상거래소비자보호법에서도 이러한 내용을 규정할 필요가 있다고 할 것이다.

---

136) 유럽연합의 소비자권리지침 역시 기존 지침에서의 불통일성을 해결하고자 청약철회기간을 14일로 통일하였다.

(2) 청약철회권의 행사방법

전자상거래소비자보호법상 청약철회권의 행사방법에 대하여는 제한을 두고 있지 않다. 물론 동법에서는 서면에 의한 행사를 규정하고 있지만, 할부거래법과 달리 이를 통하여 행사하여야 하는 것이 아닌 서면으로 행사하였을 경우 그 효력발생시기를 규정한 것이다. 따라서 소비자는 다양한 방식으로 청약을 철회할 수 있지만, 서면으로 행사하였을 경우 그 의사표시가 도달한 날이 아닌 발신한 날에 그 효력이 발생한다(동법 제17조 제4항). 다만, 동법에서는 청약철회권의 행사방법에 대하여 특칙을 정하고 있다. 즉, 계약체결은 온라인 등의 통신수단을 통하여 간편하게 할 수 있게 하였지만, 청약철회 등은 그 절차를 복잡하게 함으로써 사실상 소비자의 청약철회권의 행사를 방해하는 경우가 존재하기 때문이다. 따라서 이러한 점을 악용하는 사례를 방지하기 위하여 전자상거래를 하는 사업자는 소비자의 회원 가입, 계약의 청약, 소비자 관련 정보의 제공 등을 전자문서를 통하여 할 수 있도록 하는 경우에는 회원탈퇴, 청약의 철회, 계약의 해지·해제·변경, 정보의 제공 및 이용에 관한 동의의 철회 등도 전자문서를 통하여 할 수 있도록 조치할 의무를 부과하고 있다(동법 제5조 제4항).

라. 청약철회의 효과

(1) 재화의 반환

청약을 철회한 소비자는 사업자로부터 공급받은 재화를 반환하여야 한다. 방문판매법에서는 청약철회권의 발생요건에 따라 반환비용의 부담주체를 동일하게 규정하고 있지만, 전자상거래소비자보호법에서는 이를 상이하게 규정하고 있다. 즉, 소비자의 임의적 청약철회권의 행사일 경우 반환비용은 소비자가 부담한다. 반면에 사업자의 채무불이행에 따른 반환비용은 사업자가 부담한다(동법 제18조 제9항, 제10항).

(2) 대금의 환급

통신판매업자(소비자로부터 재화등의 대금을 받은 자 또는 소비자와 통신판매에 관한 계약을 체결한 자를 포함한다)는 재화등을 반환받은 날부터 3영업일 이내에 이미 지급받은 재화등의 대금을 환급하여야 한다. 이 경우 통신판매업자가 소비자에게 재화등의 대금 환급을 지연한 때에는 그 지연기간에 대하여 연 20% 이율을 곱하여 산정한 지연이자(이하 "지연배상금"이라 한다)를 지급하여야 한다(동법 제18조 제2항). 또한 통신판매업자, 재화등의 대금을 받은 자 또는 소비자와 통신판매에 관한 계약을 체결한 자가 동일인이 아닌 경우에 이들은 청약철회등에 따른 재화등의 대금 환급과 관련한 의무의 이행에 대하여 연대하여 책임을 진다(동조 제11항).

(3) 결제업자와의 관계

통신판매업자는 청약철회에 따라 재화등의 대금을 환급할 때 소비자가 여신전문금융업법 제2조 제3호에 따른 신용카드나 그 밖에 대통령령으로 정하는 결제수단으로 재화등의 대금을 지급한 경우에는 지체 없이 해당 결제수단을 제공한 사업자(이하 "결제업자"라 한다)에게 재화등의 대금 청구를 정지하거나 취소하도록 요청하여야 한다. 다만, 통신판매업자가 결제업자로부터 해당 재화등의 대금을 이미 받은 때에는 지체 없이 그 대금을 결제업자에게 환급하고, 그 사실을 소비자에게 알려야 한다. 통신판매업자로부터 재화등의 대금을 환급받은 결제업자는 그 환급받은 금액을 지체 없이 소비자에게 환급하거나 환급에 필요한 조치를 하여야 한다. 통신판매업자 중 환급을 지연하여 소비자가 대금을 결제하게 한 통신판매업자는 그 지연기간에 대한 지연배상금을 소비자에게 지급하여야 한다. 소비자는 통신판매업자가 정당한 사유 없이 결제업자에게 대금을 환급하지 아니하는 경우에는 결제업자에게 그 통신판매업자에 대한 다른 채무와 통신판매업자로부터 환급받을 금액을 상계(相計)할 것을 요청할 수 있다. 이 경우 결제업자는 대통령령으로 정하는 바에 따라 그 통신판매업자에 대한 다른 채무와 상계할 수 있다. 소비자는 결제업자가 상계를 정당한 사유 없이 게을리한 경우에는 결제업자에 대하여 대금의 결제를 거부할 수 있다. 이 경우 통신판매업자와 결제업자는 그 결제 거부를 이유로 그 소비자를 약정한 기일까지 채무를 변제하지 아니한 자로 처리하는 등 소비자에게 불이익을 주는 행위를 하여서는 아니 된다(동법 제18조 제3항 내지 제7항).

마. 통신판매중개에 있어서 청약철회

(1) 통신판매중개의 의의 및 필요성

1) 의의 및 유형

통신판매중개란 사이버몰(컴퓨터 등과 정보통신설비를 이용하여 재화등을 거래할 수 있도록 설정된 가상의 영업장을 말한다. 이하 같다)의 이용을 허락하거나 자신의 명의로 통신판매를 위한 광고수단을 제공하거나 그 광고수단에 자신의 이름을 표시하여 통신판매에 관한 정보의 제공이나 청약의 접수 등 통신판매의 일부를 수행하여 거래 당사자 간의 통신판매를 알선하는 행위를 말한다(동법 제2조 제4호; 동 시행규칙 제3조). 즉, 중개는 거래당사자가 아니면서 당사자간에 본계약이 체결될 수 있도록 조력하는 것을 말한다. 그럼 통신판매중개는 이에 대한 조력(알선)을 어떻게 하는 것인가? 이에 대하여 동법에서는 사이버몰의 이용을 허락하거나 자신의 명의로 통신판매를 위한 광고수단을 제공하거나 그 광고수단에 자신의 이름을 표시하여 통신판매에 관한 정보의 제공이나 청약의 접수 등 통신판매의 일부를 수행하는 것을 제시하고 있다.

통신판매중개의 유형은 거래당사자의 지위 및 중개자의 지위에 따라 다음과 같이 구분할 수 있다. 먼저, 당사자의 지위에 따라 통신판매업자간의 중개(B2B), 통신판매업자와 일반사업자간의 중개(B2b), 통신판매업자와 소비자간의 중개(B2C), 일반사업자와 통신판매업자간의 중개(b2B), 일반사업자와 소비자간의 중개(b2C), 개인과 통신판매업자간의 중개(P2B), 개인과 일반사업자간의 중개(P2b), 개인과 개인간의 중개(P2P)로 구분된다. 물론 매수인이 사업자(소비자에 해당하지 않은 사업자에 한함)인 경우에는 동법의 적용이 배제되기 때문에 통신판매업자간의 중개(B2B), 통신판매업자와 일반사업자간의 중개(B2b), 일반사업자와 통신판매업자간의 중개(b2B), 개인과 통신판매업자간의 중개(P2B), 개인과 일반사업자간의 중개(P2b)는 당연히 동법의 적용대상에서 배제된다. 문제는 일반사업자이다. 물론 일반사업자가 통신판매를 업으로 할 경우에 통신판매업자에 해당한다(동법 제2조 제3호). 그러나 이를 반복하지 않을 경우에는 사업자에는 해당하지만, 통신판매업자에는 해당하지 않는다. 또한 통신판매중개자에 따라 통신판매중개만을 하는 통신판매중개자와 통신판매업을 영위하면서 타인의 통신판매중개를 하는 통신판매중개자로 구분할 수 있으며, 후자에 대하여는 통신판매중개를 하더라도 통신판매업자로서의 책임을 부과하고 있다.

2) 필요성

전자상거래소비자보호법에서는 통신판매업자가 아니지만, 당사자간의 통신판매를 중개하는 자에 대한 의무와 책임을 규정하고 있다. 그럼 이러한 자에 대하여 책임을 부과한 이유는 무엇인가? 이는 통신판매의 특성에서 비롯된다. 즉, 통신판매는 비대면 자동화된 거래이기 때문에 당사자가 대면하여 계약을 체결하지 않는다. 따라서 소비자의 입장에서는 사업자와 계약을 체결하고자 하지만, 사업자의 신원 및 신뢰성을 확보할 수 없기 때문에 계약체결을 주저하게 된다. 이러한 점은 재화를 판매하고자 하는 사업자에게도 동일하다. 즉, 통신판매를 통하여 재화를 판매하고자 하지만, 소비자가 자신을 신뢰하지 않기 때문에 재화를 판매할 수 없다. 그럼 이 문제를 해결할 수 있는 방안은 무엇인가? 즉, 소비자가 사업자를 신뢰하고 거래할 수 있는 환경을 조성한다면 이러한 위험을 감소할 수 있게 된다. 이러한 역할을 하는 것이 바로 통신판매중개자이다. 즉, 통신판매중개자는 온라인 또는 오프라인에서 이미 형성한 소비자에 대한 신뢰를 바탕으로 중개의뢰자인 사업자에 대하여 신뢰성을 부여한다면 소비자는 이를 기초로 사업자와 거래할 수 있을 뿐만 아니라 사업자 역시 통신판매중개자의 신뢰도를 활용하여 소비자와 계약을 체결할 수 있다. 즉, 통신판매중개는 비대면거래에서 발생할 수 있는 위험을 감소시키는 역할을 한다. 그러나 단지 중개라는 이유만으로 당사자간에 발생한 문제에 대하여 책임을 부담하지 않게 된다면 소비자의 신뢰는 무의미하게 되며, 이를 통하여 수익만 얻고, 이로 인하여 발생한 손실에 대하여 책임을 부담하지 않는 것은 타당하지 않다. 특히, 단순 중개와 달리 통신판매를 하는 통신판매중개자의 경우 이러한 신뢰도는 매우 높다. 그럼에도 불구하고 단순히 중개라는 이유만으로 그 책임을 면하는 것은 통신판매중개라는 특성에 비추어볼 때 타당하지 않다. 따라서 이러한 신뢰를 부여한 자에 대한 책임 및 이익이 있으면 그로 인하여 발생한 손해에 대하여도 책임을 부담하는 것이 타당하다는 점에 근거하여 전자상거래소비자보호법에서는 통신판매중개자의 의무와 책임을 규정하고 있다. 그러나 이러한 취지에도 불구하고 동법상 통신판매중개자의 의무와 책임에 관한 내용은 사실상 무의미하게 되었다. 이는 동법 규정상의 상충을 비롯하여 과도한 면책을 규정한 결과 사실상 통신판매업자로서의 책임이 거의 무의미하기 때문이다. 이에 대하여는 각 분야에서 살펴보며, 청약철회에 국한한다.

(2) 동법 제3조 제3항과 제20조의2 제3항과의 관계

통신판매중개와 관련하여 첫 번째의 문제는 과연 동법상 통산판매중개자에 대하여 책임을 부과할 수 있는가이다. 이러한 문제가 제기되는 이유는 동법의 적용 배제사유를 정하고 있는 제3조 제3항에서 통신판매업자가 아닌 자 사이의 통신판매중개를 하는 통신판매업자에 대하여는 제13조부터 제15조까지, 제17조부터 제19조까지의 규정을 적용하지 아니한다고 규정하고 있으면서 제20조의2 제3항에서는 통신판매업자인 통신판매중개자는 제12조부터 제15조까지, 제17조 및 제18조에 따른 통신판매업자의 책임을 면하지 못한다고 규정하고 있기 때문이다. 따라서 양 규정의 내용이 상이한 것인가 아니면 동일한 것인가의 문제가 제기되며, 후자에 해당할 경우 상충하는 것인가에 대한 규명이 필요하다.

1) 동법 제3조 제3항의 적용대상

통신판매업자가 아닌 자 사이의 통신판매중개를 하는 통신판매업자에 대하여는 제13조부터 제15조까지, 제17조부터 제19조까지의 규정을 적용하지 아니한다(동법 제3조 제3항). 먼저, 동 규정의 수범 주체는 단순 통신판매중개자가 아닌 통신판매를 업으로 하는 통신판매업자 중 통신판매중개를 하는 자에 국한된다. 또한 대상 중개는 양 당사자 모두 통신판매업자가 아니어야 한다. 따라서 일반사업자간의 통신판매중개, 일반사업자와 소비자간의 통신판매중개, 개인과 일반사업자간의 통신판매중개 및 개인간의 통신판매중개이다. 다만, 매수인이 사업자인 경우에는 제외되므로 개인과 일반사업자간의 통신판매중개는 배제된다. 따라서 이러한 자들간의 통신판매중개를 제외하고, 그 이외의 통신판매중개에 대하여는 동법 제13조부터 제15조까지, 제17조부터 제19조까지가 적용되지 않는다. 즉, 통신판매업자인 통신판매중개자에 대하여는 정보제공의무, 청약의 정정절차제공의무, 재화등의 공급, 청약철회 및 손해배상책임제한에 관한 규정이 적용되지 않는다.

2) 제20조의2 제3항의 적용대상

통신판매업자인 통신판매중개자는 제12조부터 제15조까지, 제17조 및 제18조에 따른 통신판매업자의 책임을 면하지 못한다(동법 제20조의2 제3항). 동 규정의 수범주체는 통신판매업자인 통신판매중개자이며, 그 대상 중개유형에 대하여는 제한이 없다. 물론 매수인이 사업자인 경우에는 당연히 배제된다. 따라서 상기의 통신판매중개유형에 통신판매업자와 소비자간의 통신판매중개도 포함된다. 또한 이러한 통신판매중개를 한 통신판매업자인 통신판매중개자에 대하여는 동법 제12조부터 제15조까지, 제17조 및 제18조까지 적용된다. 다만, 중개의뢰자가 통신판매업자인 경우 통신판매중개의뢰자가 책임을 지는 것으로 약정하여 소비자에게 고지한 부분에 대하여는 통신판매중개의뢰자가 책임을 지기 때문에 통신판매중개자는 책임을 지지 않는다.

3) 소결(양 규정간 상충여부)

상기에서 살펴본 바와 같이, 통신판매중개자의 동법 적용여부에 대하여 두 개의 조문에서 규정하고 있다. 그럼 양 규정은 상호간에 문제가 없는가? 단순히 본다면 충돌의 문제는 발생하지 않는다. 즉, 동법 제3조 제3항에서는 제20조와 제20조의2를 언급하고 있지 않기 때문에 상호 다른 영역을 규율하고 있다고 할 수 있다. 그러나 양 규정에서 규정하고 있는 동법의 조문은 동일하다. 그러나 제3조 제3항에서는 이를 배제하고 있지만, 제20조의2 제3항에서는 그 적용을 긍정하고 있다. 따라서 양 조문간의 상충문제를 검토하여야 한다. 먼저, 수범주제의 문제이다. 양 조문 모두 수범주체는 단순 통신판매중개자가 아닌 통신판매업자인 통신판매중개자이다. 따라서 수범주체에 있어서는 동일하다. 둘째, 적용대상인 통신판매중개유형이다. 제3조 제3항의 적용대상은 통신판매업자가 아닌 자간의 통신판매중개이지만, 제20조의2 제3항의 적용대상은 제한이 없다. 다만, 매수인이 사업자는 아니어야 한다는 점은 양자 모두 동일하다. 따라서 적용범위는 제20조의2 제3항에 더 넓다고 할 수 있지만, 단서 조항에 따라 사실상 동일하다고 볼 수 있다. 셋째, 대상 법조문이다. 제3조 제3항에서 규정하고 있는 조문은 제13조 내지 제15조, 제17조 내지 제19조이지만, 제20조의2 제3항에서는 제12조부터 제15조까지, 제17조 및 제18조만을 규정하고 있다. 따라서 제12조와 제19조에 대하여는 차이가 있지만, 제13조 내지 제15조, 제17조 및 제18조는 동일하다. 여기까지의 내용만을 본다면 양 조문은 거의 대동소이하다고 볼 수 있다. 그러나 양자의 가장 큰 차이점은 이러한 조문에 대한 적용여부이다. 즉, 제3조 제3항에서는 적용을 배제하고 있는 반면에 제20조의2 제3항에서는 그 적용을 긍정하고 있다. 그럼 이러한 통신판매중개에 대하여 동법의 규정을 적용할 수 없는가 아니면 적용할 수 있는가? 이에 대하여 학설은 양 조문간의 상충을 인정하는 견해[137]와 이를 부정하는 견해[138]로 구분된다. 후자의 견해는 동법 제3조

---

137) 拙稿, "전자상거래소비자보호법 제3조 제3항과 제20조 제2항의 관계에 대한 연구", 「법조」 제641호, 2010 · 2, 144-162면; 나지원, "통신판매중개에 있어서 소비자보호", 「인터넷법률」 제29호, 2005 · 5, 116-117면; 이충훈, "인터넷통신판매중개자의 법적 책임", 「인터넷법률」 제38호, 2007 · 4, 43-44면 등.

138) 이병준, "전자상거래에 관한 법제 현황과 과제", 「외법논집」 제32집, 2008

제3항이 고도의 입법기술이기 때문에 상충의 문제, 즉 양 조문이 모순되지 않는다고 한다. 반면에 전자의 견해는 규율대상이 동일함에도 불구하고 제3조 제3항에서는 적용의 배제를 규정한 반면에 제20조의2 제3항에서는 이를 긍정하고 있기 때문에 양 조문은 상호 모순이라고 한다. 물론 제13조 내지 제15조, 제17조 및 제18조는 통신판매업자에 대한 내용이기 때문에 계약당사자가 아닌 통신판매중개자(통신판매업자라고 하더라도 당해 거래에서는 통신판매중개자)이기 때문에 동 조문을 적용하는 것은 타당하지 않다. 이는 계약의 일반원칙이다. 따라서 이 내용만을 본다면 제3조 제3항이 타당하며, 이와 모순되는 제20조의2 제3항은 삭제되어야 한다. 그러나 앞에서 살펴본 바와 같이 동법에서 통신판매중개자임에도 불구하고 계약당사자의 책임을 부과한 이유가 존재하기 때문에 일반 중개와 동일하게 취급할 수 없다. 따라서 동법 제20조 및 제20조의2가 존재하는 이유다. 그럼에도 불구하고 제3조 제3항에서 그 적용을 부정하고 있는 것은 통신판매중개자에 대한 책임을 부과하고자 하는 입법목적에 상치된다. 물론 제3조 제3항과 제20조의2 제3항은 적용범위가 동일함에도 불구하고 그 효과를 상이하게 규정하고 있기 때문에 상충하는 것이며, 그 결과 현행 법규정만으로 통신판매중개를 규율할 수 없다. 즉, 규제기관에서는 제20조 및 제20조의2를 가지고 규제하고자 하지만, 동법의 적용배제규정에서 통신판매업자가 행하는 통신판매중개에 대하여 적용을 배제하고 있기 때문에 법 규정의 모순으로 인하여 이를 규제할 수 없다. 따라서 양자의 모순을 해결하여야 할 것이며, 이에 대한 해결방안은 제20조 및 제20조의2의 입법취지를 감안하여 제3조 제3항을 삭제하여야 할 것이다.

· 11, 281-282면.

(3) 통신판매중개자의 책임

통신판매업자인 통신판매중개자는 제12조부터 제15조까지, 제17조 및 제18조에 따른 통신판매업자의 책임을 면하지 못한다. 다만, 통신판매업자의 의뢰를 받아 통신판매를 중개하는 경우 통신판매중개의뢰자가 책임을 지는 것으로 약정하여 소비자에게 고지한 부분에 대하여는 통신판매중개의뢰자가 책임을 진다(동법 제20조의2 제3항).

통신판매중개자는 본 계약(통신판매)의 당사자가 아니다. 따라서 본 계약이 체결된 이후의 문제는 계약의 당사자가 부담하기 때문에 통신판매중개자에 대하여 책임을 추궁할 수 없다. 그러나 통신판매중개의 경우 그 특성상 일반 계약의 중개와 동일하게 취급할 수 없다. 이러한 점에서 동법에서는 통신판매중개자에 대하여 통신판매업자의 책임을 부과하고 있다. 그러나 이와 관련하여 세 가지 점에서 문제점이 지적된다. 먼저, 책임의 주체에 대하여 단순 중개자가 아닌 통신판매업자인 통신판매중개자에 대하여만 그 책임을 부과하고 있다. 그러나 앞에서 살펴본 바와 같이 통신판매중개에는 사이버몰의 이용허락행위도 존재한다. 따라서 단순히 영업의 장소로서 사이버몰을 이용할 수 있도록 허락해 주는 경우 역시 중개에 포함되어 사이버몰의 운영자도 본조의 책임을 지게 된다. 그러나 이러한 행위는 중개라고 보기 곤란하다. 즉, 중개가 되기 위해서는 당사자간 계약이 체결될 수 있도록 조력하는 행위가 존재하여야 하는데, 단순히 사이버몰의 이용을 허락한 것만으로는 중개라고 볼 수 없기 때문이다. 따라서 이러한 행위는 중개에서 배제하여야 할 것이다. 둘째, 동조의 책임주체는 통신판매업자인 통신판매중개자이다. 따라서 단순 중개자에 대하여는 동조의 책임을 부과할 수 없다. 그러나 통신판매중개자에 대하여 이러한 책임을 부과하는 이유는 신뢰책임이다. 이러한 신뢰는 단지 양자의 지위를 가지고 있는 중개자에 국한하는 것이 아닌 중개자라는 지위를 가지고 있는 자에 대하여 부과되어야 한다. 따라서 그 책임의 주체는 통신판매중개자로 하여야 할 것이며, 사업자를 위하여 청약을 접수하거나 대금을 수령하는 등의 거래관여형 통신판매중개에 국한하여야 할 것이다. 마지막으로 단서조항의 문제이다. 즉, 통신판매중개 의뢰자가 통신판매업자인 경우 이 자와의 약정에 따라 의뢰자가 책임을 지기로 하고, 이를 소비자에게 고지하였을 경우 의뢰자인 통신판매업자만이 책임을 진다. 그러나 단서 조항으로 말미암아 제20조의2 제3항의 책임은 사실상 통신판매중개자에게 부과할 수 없게 되었다. 즉, 통신판매중개자는 중개의뢰자에게 통신판매업자로 신고할 것을 사전에 요구하고, 의뢰자인 통신판매업자가 책임을 지기로 약정하여 이를 소비자에게 고지하였다면 단서 조항에 따라 통신판매중개자는 책임을 지지 않게 된다. 따라서 소비자에게 신뢰를 주었음에도 불구하고 이로 인한 책임이 면제될 뿐만 아니라 이익을 얻고 이로 인한 손해에 대하여는 책임을 지지 않게 되었다. 따라서 통신판매중개자를 신뢰하여 사업자와 거래한 소비자는 피해를 입더라도 사업자가 피해구제를 하지 않은 이상 구제받지 못하게 된다. 이러한 점은 통신판매중개의 특성을 감안하여 일반 중개와 달리 통신판매중개자에게 신뢰책임을 부과하고자 하는 입법목적을 달성할 수 없게 한 것이므로 개정이 필요하다. 그럼 어떠한 방식으로 개정하여야 하는가? 물론 통신판매중개자는 중개자라는 점을 배제하는 것은 타당하지 않다. 따라서 이에 대하여는 다단계판매에 있어서 소비자의 청약철회권의 규정을 감안하여 보충적 책임, 즉 중개의뢰자인 통신판매업자가 1차적인 책임을 부담하고, 이를 통한 해결이 곤란한 경우(주소를 알 수 없어서 청약철회를 할 수 없는 경우 또는 청약철회를 하였지만, 대금을 환급받지 못한 경우)에 한하여 통신판매중개자에게 청약철회권을 행사할 수 있도록 할 필요가 있다.

4. 콘텐츠산업진흥법상 청약철회권

가. 적용범위

(1) 콘텐츠의 거래방식

콘텐츠산업진흥법은 구 온라인디지털콘텐츠산업발전법(이하 "온디콘법")의 개정법이며[139], 그 적용범위를 구 온디콘법상 디지털콘텐츠 또는 온라인디지털콘텐츠에서 콘텐츠로 확대하고 있다. 물론 동법상 청약철회권에 관한 규정은 구 온디콘법상의 청약철회권에 관한 규정과 동일하지만, 약간의 점에서 차이가 있다. 먼저, 조문의 구성에 있어서 구 온디콘법에서는 단일의 조항으로 구성되었지만, 콘텐츠산업진흥법에서는 한 개의 조문에서 두 개의 조항으로 구분하고 있다. 둘째, 구 온디콘법은 온라인디지털콘텐츠거래를 대상으로 하였지만, 콘텐츠산업진흥법에서는 콘텐츠로 규정하여 모든 콘텐츠거래로 확대하고 있다. 셋째, 청약철회의 주체에 대하여 구 온디콘법에서는 소비자로 국한하고 있는 반면에 콘텐츠산업진흥법에서는 이용자로 규정하여 모든 거래의 상대방으로 확대하고 있다. 마지막으로 구 온디콘법에서는 청약철회에 대하여 전자상거래소비자보호법 제17조 제2항에서 규정하고 있는 배제조치에 대하여만 규정하고 있기 때문에 그 이

139) 콘텐츠산업진흥법은 범정부적인 콘텐츠산업 발전 추진체계를 마련하여 콘텐츠 산업 진흥에 관한 기본계획 등을 수립하도록 하고, 콘텐츠 산업의 발전을 위하여 필요한 각종 행정적·재정적 지원의 근거를 마련하는 한편, 콘텐츠 이용자의 이용편익과 유통의 활성화 및 투명성을 보장하기 위한 콘텐츠서비스 품질인증 제도 등을 정비하고, 콘텐츠를 둘러싼 분쟁을 조정하기 위하여 콘텐츠 분쟁조정위원회를 설치하는 등 급변하는 콘텐츠산업 환경에 유연하게 대응할 수 있도록 하여 국민의 삶의 질 향상과 국민경제의 발전에 이바지하기 위하여 2010년 개정되었다.

외의 사항은 전자상거래소비자보호법이 그대로 적용되었다. 그러나 콘텐츠산업진흥법에서는 청약철회에 관한 전자상거래소비자보호법의 제규정을 준용하고 있기에 모든 콘텐츠거래에 대하여 청약철회권이 인정되는지 아니면 전자상거래소비자보호법상 거래방식인 전자상거래 또는 통신판매에 대하여만 청약철회권이 인정되는지에 대한 논란이 제기되고 있다. 물론 전자상거래소비자보호법을 준용하고 있다는 점, 콘텐츠산업진흥법 제27조 제1항은 구 온디콘법 제16조의2의 내용과 동일하고 제2항에서는 제1항에 따른 청약철회라고 하고 있기 때문에 동법상 청약철회권은 전자상거래소비자보호법의 적용대상인 전자상거래 또는 통신판매에 국한하여 청약철회권이 인정될 뿐 그 이외의 거래방식에 의한 콘텐츠거래에 대하여는 청약철회권이 인정된다고 할 수 없다. 그러나 콘텐츠산업진흥법상 청약철회권에 관한 규정의 조문구성은 다음과 같은 문제점이 지적된다. 즉, 제27조 제1항은 청약철회권의 배제조치에 관한 사항이며, 제2항은 청약철회권의 발생요건 및 효과 등에 관한 사항이다. 따라서 체계상으로는 발생요건 등에 관한 사항이 먼저 규정되어야 하고, 이에 대한 배제사유는 나중에 규정되어야 한다. 물론 전자상거래소비자보호법을 준용하고 있기 때문에 발생한 문제라고 할 수 있지만, 전자상거래소비자보호법을 준용하더라고 이러한 체계가 아닌 일반원칙(발생요건 등)을 규정하고, 그 제한 요건을 규정하는 것이 타당하다. 그럼에도 불구하고 현행과 같이 규정한 결과 상기와 같은 문제점, 즉 전자상거래소비자보호법의 규율대상인 거래방식에 의한 콘텐츠거래에만 청약철회권이 인정되는지 아니면 모든 거래방식에 의한 콘텐츠거래에 대하여 적용되는지에 대한 논란이 발생한다. 따라서 이러한 내용(청약철회권의 적용대상 콘텐츠거래방식 : 통신판매 또는 전자상거래)을 보다 명확하게 규정함과 더불어 조문의 위치 역시 변경하여야 할 것이다.

〈표-2〉 콘텐츠산업진흥법과 구 온디콘법상 청약철회관련 규정 비교

구 온디콘법	콘텐츠산업진흥법
제16조의2(청약철회 등) 온라인디지털콘텐츠제작자(이하 "온라인콘텐츠제작자"라 한다)는 「전자상거래 등에서의 소비자보호에 관한 법률」 제17조제2항 본문의 규정에 따라 청약철회 등이 불가능한 온라인콘텐츠의 경우에는 그 사실을 제17조의 규정에 따른 표시사항에 포함시키거나 시용상품의 제공, 한시적 또는 일부 이용 등의 방법으로 청약철회 등의 권리 행사가 방해받지 아니하도록 조치하여야 한다. 다만, 그 조치를 하지 아니한 경우에는 소비자의 청약철회는 제한되지 아니한다	제27조(청약철회 등) ① 콘텐츠제작자는 「전자상거래 등에서의 소비자보호에 관한 법률」 제17조제2항(같은 항 각 호 외의 부분 단서를 제외한다)에 따라 청약철회 및 계약의 해제가 불가능한 콘텐츠의 경우에는 그 사실을 콘텐츠 또는 그 포장에 표시하거나 시용(試用) 상품을 제공하거나 콘텐츠의 한시적 또는 일부 이용이 가능하도록 하는 등의 방법으로 청약철회 및 계약의 해제의 권리 행사가 방해받지 아니하도록 조치하여야 한다. 다만, 그 조치를 하지 아니한 경우에는 이용자의 청약철회 및 계약의 해제는 제한되지 아니한다. ② 제1항에 따른 청약철회 및 계약의 해제에 관하여는 「전자상거래 등에서의 소비자보호에 관한 법률」 제17조, 제18조, 제31조, 제32조, 제40조, 제41조 및 제44조를 준용한다. 이 경우 "통신판매업자"는 "콘텐츠사업자"로 "재화등"은 "콘텐츠"로, "소비자"는 "이용자"로, "공정거래위원회"는 "문화체육관광부장관"으로 본다.

(2) 청약철회권자

콘텐츠산업진흥법상 청약철회권자는 이용자이다. 그러나 구 온디콘법상 청약철회권자는 이용자이다. 그럼 양자는 동일한 것인가? 물론 소비자의 범주에 정책적 의미의 소비자가 포함되어 있기 때문에 양자간 큰 차이점은 없다고 할 수 있다. 다만, 이에 해당하지 않은 사업자는 소비자에 해당하지 않지만, 이용자에는 해당한다. 그럼 이러한 사업자까지 청약철회권을 인정하여야 하는가? 물론 비대면거래이며, 급부의 목적물에 있어서 일반 재화와 달리 콘텐츠이기 때문에 이를 인정할 필요가 있다고 할 수 있다. 그러나 청약철회권은 특수거래방식으로 재화를 거래한 소비자를 보호하기 위하여 민법에 대한 예외를 인정한 것이다. 물론 입법자가 콘텐츠거래의 경우 거래의 상대방에 대하여 제한을 두지 않고자 함이라는 점을 감안한다면 이러한 입법 역시 가능하다고 할 것이지만, 청약철회권의 본질론에 비추어 본다면 과연 대등당사자인 사업자까지 콘텐츠산업진흥법에서 보호할 필요성이 있는가에 대하여는 의문이 제기된다. 물론 비대면거래이며, 콘텐츠의 특성을 감안하여 모든 거래의 상대방을 보호할 필요가 있다고 하더라도 청약철회권까지 부여하여 보호할 필요는 없다고 할 것이다. 따라서 콘텐츠산업진흥법상 거래상대방에 대한 보호는 상대방에 따라 보호의 필요성을 판단하여 각 분야별로 보호대상자를 이용자로 확대하는 분야와 소비자로 한정하는 분야로 구분하여 규정하여야 할 것이며, 청약철회권의 경우는 모든 이용자가 아닌 소비자인 이용자에 국한하여 인정하여야 할 것이다.

(3) 콘텐츠 또는 온라인디지털콘텐츠

구 온디콘법과 달리 콘텐츠산업진흥법에서는 청약철회권의 대상거래에 대하여 온라인디지털콘텐츠에 국한하는 것이 아닌 모든 콘텐츠거래로 확대하고 있다. 물론 콘텐츠는 오프라인으로 공급되는 콘텐츠와 온라인으로 공급되는 콘텐츠로 구분할 수 있으며, 전자는 일정한 유형물에 내장되어 공급된다. 따라서 이는 전자상거래소비자보호법에서 규정하고 있는 일반재화에 포함되며, 이미 전자상거래소비자보호법에서 이에 대한 청약철회문제를 규율하고 있다. 그러나 후자, 즉 온라인으로 공급되는 콘텐츠의 경우 전자상거래소비자보호법에서 충분하게 규율하고 있지 못하고 있다. 따라서 콘텐츠산업진흥법에서는 전자상거래소비자보호법에서 해결하지 못한 분야를 중심으로 규율하여야 하며, 이미 전자상거래소비자보호법에서 규율하고 있는 문제를 재차 반복할 필요는 없다. 따라서 콘텐츠산업진흥법에서는 모든 콘텐츠에 대한 청약철회문제를 규율할 것이 아닌 온라인디지털콘텐츠거래를 중심으로 규율하는 것이 바람직하다.

(4) 전자상거래소비자보호법과의 관계

콘텐츠사업진흥법에서는 이용자의 청약철회권에 대하여 전자상거래소비자보호법의 내용을 그대로 준용하고 있다. 물론 후술하는 조치의무자와 배제조치의무에 대하여 약간의 차이를 두고 있다. 다만, 양자간의 가장 큰 차이점은 청약철회권자이다. 즉, 콘텐츠산업진흥법에서는 이용자로 확대하고 있지만, 전자상거래소비자보호법에서는 소비자로 국한하고 있다. 물론 양자간의 차이가 그리 크지 않음은 앞에서 살펴보았다. 문제는 양법간의 관계이다. 즉, 콘텐츠거래에 대하여 콘텐츠산업진흥법과 전자상거래소비자보호법의 규정 중 어느 법이 우선할 것인가의 문제이다. 이에 대하여는 법적용에 있어서 일반원칙인 특별법 우선적용의 원칙이 적용되지 않는다. 물론 양법간 어느 법이 특별법인가를 판단하기도 쉽지 않다. 즉, 급부의 목적물만을 본다면 콘텐츠산업진흥법이 특별법이지만, 거래의 상대방을 본다면 전자상거래소비자보호법이 특별법이다. 그러나 전자상거래소비자보호법 제4조에서 다른 법과의 관계를 규정하고 있으며, 전자상거래 또는 통신판매에 대하여는 전자상거래소비자보호법이 우선 적용되고, 다른 법의 적용이 소비자에게 유리한 경우에만 그 법이 적용된다. 그 결과 전자상거래소비자보호법의 내용의 타당성을 불문하고, 사업자와 소비자간 콘텐츠거래에 대하여는 전자상거래소비자보호법이 우선 적용되며, 콘텐츠산업진흥법이 소비자에게 유리한 경우에만 콘텐츠산업진흥법이 적용된다. 물론 소비자가 아닌 이용자의 콘텐츠거래에 대하여는 전자상거래소비자보호법의 규율대상이 아니기 때문에 콘텐츠산업진흥법만이 적용된다. 그럼 이러한 입법방식이 타당한 것인가? 물론 전자상거래소비자보호법이 이 분야에 있어서 소비자보호에 관한 최저기준으로써의 역할을 담당하고 있다는 점은 소비자보호에 있어서 바람직하다. 그러나 이는 모든 재화에 대한 거래에 있어서 합리적이고 타당한 기준을 제시하고 있을 때에 국한된다. 또한 전자상거래소비자보호법은 계약체결방식을 중심으로 소비자를 보호하는 법이며, 급부의 목적물의 특성에 적합한 소비자보호를 강구하고 있는 법이 아니다. 이러한 점은 특수한 목적물에 대한 동법의 적용을 배제하고 있다는 점을 볼 때 쉽게 파악할 수 있다. 만일, 이러한 점을 감안하지 않고 거래방식만을 기준으로 동법의 적용범위를 결정한다면 급부의 목적물에 상관없이 계약체결형태만을 기준으로 동법의 적용범위를 결정하여야 하며, 금융상품 등 역시 동법의 적용대상에서 배재할 합리적인 이유가 없다. 그럼 디지털콘텐츠거래는 이를 배제할 만한 합리적인 이유가 있는가? 디지털콘텐츠거래는 다음의 두 가지 점에서 일반 전자상거래와 구별된다. 첫째는 급부의 목적물인 디지털콘텐츠의 특성이다. 즉, 디지털콘텐츠는 일반 재화와 달리 유체물이 아닌 무체물이다. 따라서 그 내용을 쉽게 파악할 수 없다. 또한 사용 또는 시간의 경과에 따라 가치가 감소되지 않을 뿐만 아니라 훼손이라는 문제가 거의 발생하지 않는다. 그리고 복제가 용이할 뿐만 아니라 복제시 원본과 복제본의 구별이 거의 불가능하다. 마지막으로 디지털콘텐츠의 경우 개발에 있어서 많은 비용이 소요될 뿐 제작에 있어서는 거의 비용이 소요되지 않는다. 둘째, 디지털콘텐츠거래는 계약체결 뿐만 아니라 이행까지 온라인으로 이루어진다. 즉, 일반 전자상거래는 계약체결만 온라인으로 이루어지고, 그 이행은 오프라인을 통하여 이루어진다. 따라서 단시간 내에 체결에서 이행이 이루어지며, 국제전자상거래가 쉽게 이루어질 수 있는 거래형태이다.

이러한 디지털콘텐츠 및 그 거래형태의 특성은 일반 재화에 대한 전자상거래를 대상으로 한 전자상거래소비자보호법의 규정을 적용하기가 곤란하다. 물론 전자상거래소비자보호법의 내용을 개정하여 그 특성을 반영한 규정을 추가하여 이 분야에서의 소비자보호를 강구할 수 있다. 그럼 전자상거래 또는 통신판매로 이루어지는 모든 거래를 전자상거래소비자보호법에서 규율하여야 하며, 그 조문은 목적물의 특성에 따라 매우 많아 질 것이라는 점은 쉽게 예상할 수 있다. 과연 이러한 방식이 타당한 것인가에 대하여는 단언하기 곤란하다. 다만, 이미 전자상거래소비자보호법에서 특수한 목적물에 대하여 동법의 일부 규정의 적용을 배제하고 있다는 점, 방문판매법에서 계속거래에 대하여 다른 법의 규정이 있는 경우 방문판매법이 아닌 다른 법의 적용을 인정하고 있다는 점은 이 문제를 해결함에 있어서 하나의 참고자료가 될 수 있다. 물론 전자상거래소비자보호법에서 금융상품 등에 대하여 그 적용을 배제하는 것은 금융상품의 특수성 뿐만 아니라 다른 법에서 충분한 소비자보호를 규정하고 있다는 감안하여야 한다. 즉, 단순히 목적물의 특수성만을 주장하는 것이 아닌 그 거래분야에 있어서 충분하고 합리적인 보호를 규정하고 있음에도 불구하고 전자상거래소비자보호법 제4조로 인하여 이러한 문제가 발생하였을 경우만을 전제로 한 것이지 이러한 보호조치를 강구하지 않으면서 단지 디지털콘텐츠거래라 하여 무조건 전자상거래소비자보호법의 적용을 배제하여야 하는 것은 타당성이 없다고 할 것이다.

나. 청약철회권의 발생요건

콘텐츠산업진흥법은 청약철회권에 관하여 별도로 규정하고 있는 것이 아닌 전자상거래소비자보호법의 규정을 준용하고 있기 때문에 상기에서 살펴본 전자상거래소비자보호법상 청약철회권의 발생요건과 동일하다. 따라서 동법상 청약철회권의 발생요건은 2중적으로 구성되어 있다. 즉 이용자의 임의적 청약철회권과 사업자의 채무불이행에 따른 청약철회권이다(동법 제27조). 다만, 전자상거래소비자보호법과의 차이점은 청약철회의 배제사유이다. 물론 배제사유 그 자체는 동일하다. 그러나 배제사유에 해당하여 이용자의 청약철회권을 배제하기 위한 사업자의 조치의무에 있어서 조치의무의 주체와 조치의무의 내용에 있어서 차이가 있다.

(1) 조치의무의 주체 및 조치의무의 내용

콘텐츠산업진흥법상 이용자의 청약철회권을 배제하기 위한 조치의무자는 콘텐츠제작자이다. 즉, 이용자의 청약철회권을 배제하기 위하여 콘텐츠제작자는 청약철회 및 계약의 해제가 불가능한 콘텐츠의 경우에는 그 사실을 콘텐츠 또는 그 포장에 표시하거나 시용(試用)상품을 제공하거나 콘텐츠의 한시적 또는 일부 이용이 가능하도록 하는 등의 방법을 강구하여야 한다(동법 제27조 제1항). 물론 디지털콘텐츠거래의 경우 콘텐츠제작자가 콘텐츠사업자의 지위를 동시에 갖는 경우가 많다는 점 또는 시용상품 등을 제공할 수 있는 자가 현실적으로 콘텐츠제작자이기 때문이라고 할 수 있다. 그러나 전자의 경우 콘텐츠제작자가 유통사업자에게 이를 매각하거나 위탁판매를 의뢰한 경우 이용자가 콘텐츠이용계약을 체결하는 것은 콘텐츠제작자가 아닌 콘텐츠사업자이다. 또한 콘텐츠제작자가 용이하게 시용상품 등을 제작할 수 있다고 하더라도 이 문제는 이용자와의 계약에서 발생하는 문제인 청약철회권을 배제하기 위한 조치의무이다. 만일 이를 그대로 인정한다면 다른 재화에 대한 전자상거래에 있어서 재화의 제조업자에게 시용상품 등의 제작을 인정하여야 하는 결과가 발생한다. 따라서 청약철회권을 배제하기 위하여 조치의무자는 계약의 당사자인 콘텐츠사업자에게 부과하여야 할 의무이지 결코 콘텐츠제작자에게 부과할 문제는 아니다. 또한 동조 제2항에서는 이러한 조치의무자로 콘텐츠제작자로 규정하고 있다. 그럼 콘텐츠사업자는 이러한 조치의무가 면제되는가? 물론 콘텐츠제작자가 이러한 조치의무를 이행하였다면 이는 이용자의 입장에서 시용상품 등을 이용할 수 있었기 때문에 문제가 없다고 할 수 있다. 그러나 동조 제2항에서는 전자상거래소비자보호법 제17조를 준용하고 있으며, 제1항의 조치의무의 이행시 전자상거래소비자보호법 제17조 제2항 단서에 대한 준용배제를 규정하고 있지 않기 때문에 이러한 조치의무를 콘텐츠사업자가 다시 이행하여야 하는가의 문제를 유발한다. 이러한 문제의 시발점은 앞에서 언급한 바와 같이 조치의무자를 콘텐츠제작자로 규정한 결과이기 때문에 이를 삭제한다면 이러한 문제점은 발생하지 않는다.

(2) 전자상거래소비자보호법 준용에 따른 문제점

콘텐츠산업진흥법에서는 청약철회에 관하여 독자적으로 규정한 것이 아닌 전자상거래소비자보호법의 규정을 그대로 준용하고 있다. 그럼 이러한 준용방식이 타당한 것인가? 물론 디지털콘텐츠가 일반 재화와 동일하다면 이를 그대로 준용하여 이 분야의 사입자 및 이용자에게 재차 고지한다는 차원에서 본다면 문제가 없다. 그러나 디지털콘텐츠는 일반재화와 상이하다. 이러한 점은 청약철회권의 배제사유를 검토할 때 명백하게 나타난다. 즉, 디지털콘텐츠는 삭제하더라도 복구가 가능하며, 시간 또는 사용에 의하여 그 가치가 감소하지 않는다. 또한 다운로드 방식의 디지털콘텐츠의 경우 복제가 용이하지만, 포장이 존재하지 않는다. 따라서 임의적 청약철회권의 배제사유에 해당하지 않는다. 그럼 디지털콘텐츠에 대하여 7일 동안 청약철회권을 인정하는 것이 타당한 것인가? 영화 또는 음악에 관한 디지털콘텐츠거래를 예로 제시하며, 영화는 다운로드하거나 스트리밍으로 이용한 경우 이용자는 구매목적을 거의 달성하였다. 물론 스트리밍방식의 경우 일정기간동안 계속하여 시청 또는 청취할 수 있다는 점을 감안하다면 1회 시청 또는 청취하였다고 하여 100% 구매목적을 달성하였다고 볼 수 없다. 그러나 1회 시청을 한 경우 어느 정도의 구매목적은 달성하였다고 할 수 있다. 그 결과 7일이 경과하지 않았다고 하여 청약철회를 인정하고, 이로 인한 사용이익을 공제한 나머지 금액을 반환하는 것이 과연 타당한 것인가를 살펴본다면 그렇지 않음을 쉽게 알 수 있다. 따라서 디지털콘텐츠거래에 있어서 청약철회권은 일반 재화와 달리 많은 제한을 두어야 한다. 그럼에도 불구하고 단순히 전자상거래소비자보호법의 규정을 준용한 결과 이러한 문제점을 유발하고 있다. 또한 청약철회권을 배제하기 위한 조치의무에 대하여 전자상거래소비자보호법과 거의 동일하다. 다만, 콘텐츠산업진흥법에서는 '콘텐츠의 한시적 또는 일부 이용의 가능'을 추가하고 있다. 그러나 전자상거래소비자보호법에서도 '청약철회등이 불가능한 재화등의 경우에는 그 사실을 재화등의 포장이나 그 밖에 소비자가 쉽게 알 수 있는 곳에 명확하게 적거나 시험 사용 상품을 제공하는 등의 방법'이라고 규정하고 있기 때문에 큰 차이가 없다. 그렇지만, 디지털콘텐츠는 무체재화이며, 외견상 그 내용을 쉽게 파악할 수 있는 디지털콘텐츠와 이를 이용하여야 그 내용을 파악할 수 있는 디지털콘텐츠로 구분됨에도 불구하고 일률적으로 조치의무를 선택적으로 규정한 것은 타당하지 않다. 이러한 점 역시 전자상거래소비자보호법을 준용한 결과 발생하는 문제점이다. 따라서 디지털콘텐츠거래의 특성을 감안하여 청약철회권에 관한 내용을 전반적으로 정비하여야 할 것이다.

〈표-3〉 콘텐츠산업진흥법과 전자상거래소비자보호법간 청약철회배제조치

콘텐츠산업진흥법	전자상거래소비자보호법
제27조(청약철회 등) ① 콘텐츠제작자는 「전자상거래 등에서의 소비자보호에 관한 법률」 제17조제2항(같은 항 각 호 외의 부분 단서를 제외한다)에 따라 청약철회 및 계약의 해제가 불가능한 콘텐츠의 경우에는 그 사실을 콘텐츠 또는 그 포장에 표시하거나 시용(試用) 상품을 제공하거나 콘텐츠의 한시적 또는 일부 이용이 가능하도록 하는 등의 방법으로 청약철회 및 계약의 해제의 권리 행사가 방해받지 아니하도록 조치하여야 한다. 다만, 그 조치를 하지 아니한 경우에는 이용자의 청약철회 및 계약의 해제는 제한되지 아니한다.	제17조(청약철회등) ① <생략> ② 소비자는 다음 각 호의 어느 하나에 해당하는 경우에는 통신판매업자의 의사에 반하여 제1항에 따른 청약철회등을 할 수 없다. 다만, 통신판매업자가 제6항에 따른 조치를 하지 아니하는 경우에는 제2호부터 제4호까지의 규정에 해당하는 경우에도 청약철회등을 할 수 있다. 1. 내지 5. <생략> ③ 내지 ⑤ <생략> ⑥ 통신판매업자는 제2항제2호부터 제4호까지의 규정에 따라 청약철회등이 불가능한 재화등의 경우에는 그 사실을 재화등의 포장이나 그 밖에 소비자가 쉽게 알 수 있는 곳에 명확하게 적거나 시험 사용 상품을 제공하는 등의 방법으로 청약철회등의 권리 행사가 방해받지 아니하도록 조치하여야 한다.

다. 청약철회권의 행사기간과 행사방법

청약철회권의 행사기간 및 행사방법 역시 콘텐츠산업진흥법에서 별도로 정한 것이 아닌 전자상거래소비자보호법의 규정을 준용하고 있기 때문에 그 내용은 전자상거래소비자보호법과 동일하다. 따라서 여기에서는 반복하지 않는다. 다만, 행시기간의 기산점과 관련하여 콘텐츠산업진흥법은 전자상거래소비자보호법을 준용한 결과 재화의 공급시점이 기본적인 기산점이다. 그러나 디지털콘텐츠거래는 사업자가 콘텐츠를 공급하는 방식이 아닌 이용자가 이용하는 방식이다. 즉, 디지털콘텐츠계약에 체결된 경우 사업자는 이용자가 디지털콘텐츠를 이용할 수 있도록 조치를 강구하며, 이용자가 이를 다운로드하거나 이를 이용한다. 따라서 기산점을 공급시점으로 할 경우 이용자가 다운로드를 하지 않으면 행사기간이 진행되지 않는다. 물론 사업자가 공급하는 방식도 존재하지만, 여기에서의 문제는 이용자가 이용을 개시하여야 하는 경우의 문제이다. 그럼 이러한 경우 역시 동일하게 이용자가 다운로드하거나 이용을 개시한 시점을 기산점으로 정하여야 하는가? 물론 디지털콘텐츠거래의 경우 청약철회권이 엄격하게 제한되어야 하지만, 이에 대한 전제로 청약철회권 및 시용상품 등에 관한 정보가 제공되어야 한다. 따라서 이러한 요건이 충족되지 않은 경우 청약철회는 인정되어야 할 것이며, 이 경우 기산점은 디지털콘텐츠의 공급시점이 아닌 다운로드할 수 있거나 이용가능한 시점으로 정하여야 할 것이다.

라. 청약철회의 효과

청약철회권의 행사에 따른 효과 역시 콘텐츠산업진흥법에서 별도로 정한 것이 아닌 전자상거래소비자보호법의 규정을 준용하고 있기 때문에 그 내용은 전자상거래소비자보호법과 동일하다. 따라서 여기에서는 반복하지 않는다. 다만, 문제점은 디지털콘텐츠의 반환, 대금의 환급시기 및 사용이익의 공제방식이다.

(1) 디지털콘텐츠의 반환

이용자가 청약을 철회한 경우 디지털콘텐츠를 사업자에게 반환하여야 한다. 물론 일반 재화라고 한다면 사업자에게 재화에 대한 점유를 이전하는 반환이 가능하다. 그러나 디지털콘텐츠는 사실상 반환이 불가능하다. 즉, 반환하더라도 이용자의 정보처리장치에는 동일한 디지털콘텐츠가 남아 있기 때문이다. 이러한 점이 디지털콘텐츠의 특성이다. 그럼에도 불구하고 반환의무를 규정하는 것은 디지털콘텐츠의 특성을 감안한 것이 아니다. 따라서 이 경우에는 반환의무가 아닌 삭제의무와 더불어 이후의 사용을 금지하는 의무를 부과하여야 할 것이다. 만일, 삭제하지 아니하거나 삭제한 후 다시 복구하여 사용할 경우에는 청약철회권의 행사로 인정하지 않아야 할 것이다.

(2) 대금의 환급시기

대금의 환급시기 역시 재화의 반환을 받은 날로부터 3영업일 이내로 규정하고 있다. 물론 전자상거래소비자보호법을 준용한 결과이다. 그러나 디지털콘텐츠의 경우 반환이 사실상 의미가 없기 때문에 이를 기산점으로 정하는 것은 타당하지 않다. 따라서 이 경우에는 청약철회의 의사표시가 도달한 시점으로 정하여야 할 것이다.

(3) 사용이익의 공제방식

이용자가 디지털콘텐츠를 이용하지 않은 상태에서 청약을 철회하였다면 문제가 없지만, 이를 이용하였다면 사업자는 사용이익을 공제할 수 있다. 그럼 그 사용이익을 어떻게 공제할 것인가? 물론 일반재화라고 한다면 감가상각을 통하여 해결하거나 대차비용 등을 통하여 계산할 수 있을 것이다. 그러나 디지털콘텐츠의 경우 이러한 기준에 의하여 해결하는 것은 타당하지 않다. 즉, 계속반복적 이용이 가능하더라도 처음 이용가치와 그 다음의 이용가치는 상이하기 때문이다. 물론 계속반복적 이용이 동일한 가치를 가질 수도 있다. 따라서 디지털콘텐츠의 유형별로 사용가치에 대한 기준을 설정할 필요가 있다.

제5장

디지털콘텐츠거래분야에서의 청약철회제도의 개선방안

제1절 청약철회권의 인정여부

1. 문제제기

일반재화에 대한 거래와 달리 디지털콘텐츠거래에서 청약철회권을 인정할 것인가의 문제는 21세기 이후 디지털콘텐츠거래의 활성화와 더불어 이 분야의 핵심과제 중 하나로 등장하고 있다. 특히, 스마트폰 또는 태블릿 PC 등 온라인접속이 가능한 이동통신기기의 발달은 모바일 전자상거래의 활성화를 유발하였으며, 이러한 모바일 전자상거래는 디지털콘텐츠거래가 그 중심으로 이루고 있다. 그럼 이러한 디지털콘텐츠거래에 대하여 청약철회권이 인정되어야 하는가? 이에 디지털콘텐츠산업계와 공정거래위원회는 첨예한 대립을 이루고 있다. 이에 대하여는 공정거래위원회의 각종 시정조치의 내용을 살펴본 후 이에 대하여 논의하고자 한다.

2. 디지털콘텐츠거래에 있어서 공정거래위원회의 입장

디지털콘텐츠거래에 대하여 사업자는 디지털콘텐츠의 특성 등을 기초로 청약철회권의 행사가 부적합하다는 이유로 약관에서 청약철회권을 부정하였다. 그러나 공정거래위원회는 디지털콘텐츠거래라는 이유만으로 청약철회권이 배제되지 않으며, 전자상거래소비자보호법상 청약철회권이 당연히 인정된다는 입장을 취하고 있다. 이러한 공정거래위원회의 입장은 현재까지 그대로 고수되고 있으며, 2009년 이후 이를 부정하고 있는 사업자의 약관에 대하여 불공정한 약관으로 판정하였으며, 이에 대한 시정조치를 명하였다.

가. 게임 아이템[140)]

(1) 불공정한 약관 내용

사업자는 관련법령에 따라 고객에게 부여되어 있는 온라인디지털콘텐츠의 청약철회권을 인정하지 않는다고 약관에서 아래와 같이 규정하였다.

1. 회사의 유료서비스(아바타, 아이템, 회원제서비스 등)는 '온라인디지털콘텐츠산업발전법' 및 '디지털콘텐츠이용자보호지침'에서 규정하는 청약철회가 불가능한 서비스입니다. '회사'는 청약철회권의 제한을 위해 동법에 따라 다음 각호중 하나의 조치를 취하여야 합니다.
   (1) 청약의 철회가 불가능한 유료서비스에 대한 사실을 표시사항에 포함한 경우
   (2) 시용상품을 제공한 경우
   (3) 한시적 또는 일부이용 등의 방법을 제공한 경우

140) 공정거래위원회, "보도자료 : 온라인게임 상위 10개 사업자의 불공정한 약관 시정조치", 2009 · 11 · 20.

(2) 불공정 사유

전자상거래소비자보호법상 소비자는 원칙적으로 온라인게임업체로부터 구입한 재화, 즉 아이템[141] 및 아바타[142]는 7일 이내에 청약철회가 가능하다. 즉, 온라인디지털콘텐츠인 아이템 및 아바타는 그 성질상 전상법상의 청약철회 제한사유에도 해당되지 않는다. 따라서 온라인디지털콘텐츠의 청약철회를 금지하는 약관은 법률상 인정된 고객의 정당한 해제·해지권을 배제 또는 제한하는 조항으로서 약관법 제9조 제1호에 해당되어 무효이다.

〈그림-1〉 아바타와 아이템 예시

[아 이 템]

[아 바 타]

---

141) 아이템은 온라인게임상에서 이용자의 캐릭터가 사용하는 물건(무기, 갑옷 등) 또는 특정능력을 일시적으로 부여 또는 향상시키는 것을 통칭한다.

142) 아바타는 온라인게임, 채팅사이트 등 사이버상에서 이용자를 나타내는 가상의 그래픽 아이콘을 말한다.

(3) 사업자의 약관 수정내용

이용자가 구매한 온라인디지털콘텐츠를 법령에서 청약철회 제한사유로 규정한 경우를 제외하고는 원칙적으로 7일 이내에는 청약철회가 가능하도록 수정하였다. 다만, 시스템상 청약철회가 가능하기 위해서는 시스템개선이 필요하고 시스템개선을 위해서는 상당한 기간 및 비용이 소요되는 점을 고려하여 1년간 유예기간을 부여하였다.

[자진수정 예]

> 회원이 구매하는 유료컨텐츠는 청약철회가 가능한 콘텐츠와 청약철회가 제한되는 콘텐츠로 구분되어 제공됩니다. 청약철회가 가능한 콘텐츠는 구매시부터 7일 이내에 청약철회를 할 수 있으며, 이 기간이 경과한 컨텐츠이거나 '전자상거래등에서의 소비자 보호에 관한 법률' 등 기타 관계법령에서 정한 청약철회 제한 사유에 해당하는 콘텐츠는 청약철회가 제한됩니다. 청약철회가 제한되는 콘텐츠는 제한되는 사실을 팝업화면이나 연결화면 등으로 표시합니다.
>
> 부칙
> 본 약관 제7조는 2010년 12월 1일부터 적용됩니다.

〈그림-2〉 온라인디지털콘텐츠 구입 및 사용의 일반적인 절차

이용자 콘텐츠 구입	⇒	사업자 콘텐츠 실현	⇒	이용자 콘텐츠 사용(적용)
웹사이트 또는 프로그램내 상점		이용자 게임계정 창고에 보관		이용자가 자신의 창고에서 콘텐츠 선택, 사용
미사용 (청약철회가 가능하여야 함)				사용

나. 앱스토어[143)]

공정거래위원회는 앱스토어[144)] 시장에 대한 실태점검을 실시 ('11.4월) 한 결과 소비자피해를 야기할 수 있는 앱스토어 사업자들의 다음과 같은 행위에 대해 시정조치하였다.

〈그림-3〉 앱스토어 개요도

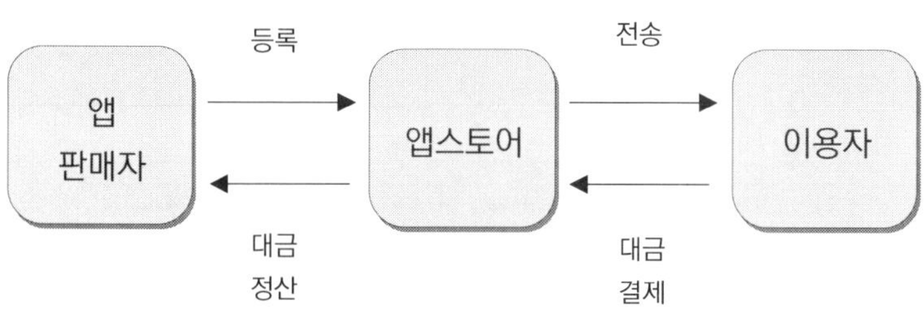

(1) 청약철회약관의 시정

2개 앱스토어 사업자는 앱이 기능상 중대한 오류로 작동하지 않는 경우에도 구매완료 후 24시간 이내에만 환불요청을 받아 주는 등 소비자의 정당한 청약철회권 행사를 제한해 왔다. 그러나 앱이 당초 예상처럼 작동하지 않는 경우는 전자상거래소비자보호법 제17조 제3항에 따라 공급 받은

143) 공정거래위원회, "보도자료 : 불량 앱(애플리케이션) 30일 이내 환불가능!", 2011・9・28.

144) 원래 미국 애플社의 애플리케이션(이하 앱)스토어를 지칭하는 용어였으나 현재는 각종 앱을 사고 팔 수 있는 모바일 기반의 온라인 장터를 통칭하고 있다.

날로부터 3개월, 안 날로부터 30일 이내에는 청약철회가 가능하다. 이에 공정위는 해당 사업자에 대해 환불규정을 시정하여 소비자의 정당한 청약철회권을 보장하도록 조치하고, 해당 사업자는 이를 받아들여 관련규정을 자진시정하였다.

※ 관련피해사례

> 지난 5월 A씨는 스마트폰에 저장된 음악을 별도의 유선연결 없이 차량의 블루투스기능을 통해 들을 수 있으며 블루투스기능이 없는 차량 이용자들을 위해 5월 말까지 차량 라디오로 들을 수 있도록 업데이트 하겠다는 B앱을 구매하였으나 수개월이 지난 지금까지 라디오기능이 업데이트되지 않아 실제 이용하지 못하였으나 환불규정을 보고 환불을 포기하고 말았다.

※ 자진시정 내용

시정 전	시정 후
환불에 관한 규정 ① 상품의 기능상 중대한 오류로 인하여 해당 상품의 본래 이용목적의 달성이 현저히 곤란하거나 불가능한 경우, 구매회원은 이미 구매 완료된 상품이라도 구매시점으로부터 **24시간 이내**에 회사의 고객센터에 환불요청을 할 수 있습니다.	환불에 관한 규정 ① 본 서비스를 통하여 ....(중략) 다만, 상품의 기능상 중대한 오류로 인하여 해당 상품이 본래 이용목적의 달성이 현저히 곤란하거나 불가능한 경우, 구매회원은 이미 구매완료된 상품이라도 회사의 고객센터에 환불요청을 할 수 있습니다...(후략) ② 환불요청 기간은 **관련법령(전자상거래법)에서 규정하는 기간**에 따릅니다.

(2) 사업자의 신원정보제공

4개 앱스토어 사업자에 대하여 소비자에게 앱 판매자의 신원정보를 제공하도록 조치하였다. 즉, 소비자가 앱의 기능상 오류에 대하여 판매자와 직접 연락하여 쉽게 환불 받을 수 있도록 하기 위함이다.

〈그림-5〉 판매자 신원정보 제공 방법

시정 전	시정 후

다. 이러닝[145)]

(1) 청약철회 방해 행위

이용약관, FAQ 게시물 등을 통해 교재, PMP 등의 청약철회 기간을 법정기간 보다 짧게 공지하는 등 법상 청약철회가 가능한 계약에 대해서도

---

145) 공정거래위원회, "보도자료 : 수험생을 속여온 인터넷강의 업체 제재", 2011 · 10 · 6.

청약철회를 제한하였다.

〈예시〉 법 위반 사업자의 FAQ 게시물

▶ 메가스터디에서 구입한 PMP는 PMP기기에 이상이 없고, PMP 수령 후 3일 이내에 반송한 단순 개봉일때만 반품이 가능합니다.
(PMP 구입 혜택에 따른, 적립된 캐쉬가 있는 경우에는 캐쉬를 사용하지 않았을 경우에 한해 취소 및 환불 가능합니다.)

② 구입하신 상품에 하자가 있는 경우, 상품이 오배송 된 경우

구분	코원	맥시안	아이스테이션
반품기간	상품수령일로 부터 20일	상품수령일로 부터 10일	상품수령일로 부터 20일

(2) 시정조치의 내용

청약철회 방해 행위에 대해서는 향후 금지명령 및 시정명령을 부과 받은 사실을 쇼핑몰 초기화면에 1/6크기로 7일간 게시하도록 하였다(시정명령 및 공표명령). 또한 청약철회 관련의무 위반(제18조 제9항)에 대해서는 시정명령을 부과하였다(시정명령).

라. 사이버캐시[146]

(1) 조사배경

간단한 결제절차 만으로 큰 금액이 결제될 수 있는 특성으로 인해 인앱결제(스마트폰 앱 내에서 아이템, 사이버캐시 등을 결제하는 방식)가 모바

146) 공정거래위원회, "보도자료 : 스마트폰 앱에서 결제된 사이버캐시, 환불받을 수 있습니다!", 2012 · 5 · 30.

일 게임 관련 매출(모바일 게임 시장은 3천억원 규모('11년)로 추정)의 70% 이상을 차지하고 있다. 그러나 단순한 핸드폰 게임에서 많은 금액이 결제될 수 있음을 예상치 못한 부모의 스마트폰으로 어린 자녀가 게임을 하던 중 과금되어 환불을 요청하는 민원이 빈발하고 있다. 특히 사이버캐시는 일반적인 아이템과 달리 결제수단의 특성으로 인해 한 번에 많은 금액이 결제될 수 있어 더욱 큰 피해 유발하고 있다.

〈표-4〉 휴대폰 소액결제 민원 통계[147)]

'11. 1분기	'11. 2분기	'11. 3분기	'11. 4분기	'12. 1분기
840건	1075건	1184건	1660건	2443건

〈그림-6〉 모바일 게임 내 캐시 구매 화면 예시

147) 주요 민원 내용으로는 다음과 같다. 4살된 딸아이가 게임어플을 이용해 티스토어에 들어가서 아이템을 구입해서 15만원이 나왔다 또는 8살 아들이 스마트폰을 이용하여 20분만에 20만원이 정보이용료로 나감. 어린 아이들이 너무나 쉽게 게임에 접근하게 되고, 큰 물고기그림을 누르면 바로 33000원이 결제가 됩니다.

(2) 사업자의 법 위반 행위

해당 사업자의 법위반 행위로는 청약철회가 불가능하다는 허위사실을 알려 소비자의 청약철회 등을 방해한 행위이다(동법 제21조 제1항 제1호). 즉, 16개 게임업체들이 모바일 게임 내에서 사이버캐시를 판매하면서 자신의 홈페이지, 게임 내 팝업창, 게임 상세설명 등에 환불이 불가하다(예시 : 아이템 및 캐시는 구매 후 환불이 불가능 합니다.")고 고지하여 소비자의 청약철회를 방해하였다고 한다.

(3) 위법성에 대한 판단

소비자가 구입 후 사용하지 않은 사이버캐시(게임 내에서 다양한 아이템을 구입하기 전 결제의 편의를 위하여 판매되는 일종의 가상 화폐)는 전자상거래소비자보호법에 따라 7일 이내에 청약철회가 가능함에도 이를 불가한 것으로 고지하였다.

(4) 시정조치의 내용

허위 사실을 알려 소비자의 청약철회를 방해한 행위에 대해서 향후 금지명령 및 시정명령을 부과 받은 사실을 홈페이지 초기화면에 4일간 게시토록 조치하였다(시정명령 및 공표명령). 또한 허위 사실을 알려 소비자의 청약철회를 방해한 행위에 대해서 16개 사업자에게 각각 과태료 4백만원 부과하여 총 6,400만원 부과하였다. 다만, 불만을 제기하는 소비자에게는 환불을 해준 점 등을 고려하여 최대 5백만원의 과태료 상한에서 20% 감경하였다(과태료).

마. 온라인 게임[148)]

(1) 사업자의 법 위반행위

소비자가 캐릭터를 생성하여 게임을 이용하기 전까지는 전자상거래소비자보호법에 따라 단순변심에 의한 청약철회가 가능함에도 이를 불가하다고 표시하여 소비자의 청약철회를 방해하였다.

(2) 시정조치의 내용

소비자의 청약철회를 방해한 행위에 대하여 향후 금지명령과 더불어 시정명령을 부과 받은 사실을 홈페이지 초기화면에 1/6 크기로 4일간 게시토록 조치하였다(시정명령 및 공표명령). 또한 소비자의 청약철회를 방해한 행위 등에 대하여 총 8백만원의 과태료를 부과하였다(과태료).

바. 소결

상기와 같이 사업자는 디지털콘텐츠거래에 대하여 청약철회권의 행사를 부정하였지만, 공정거래위원회는 사업자의 약관에 대하여 불공정하다고 판단하고 시정조치 등을 부과하였다. 물론 현행법 하에서 디지털콘텐츠거래라 하여 청약철회권이 배제되는 것은 아니다. 따라서 이를 전제로 한 공정거래위원회의 판단은 타당하다고 할 것이다. 그러나 공정거래위원회의 판단이 전적으로 타당한 것은 아니다. 이에 대하여는 전자상거래소비자보호

---

148) 공정거래위원회, “보도자료 : 블리자드 코리아의 전자상거래법 위반행위 시정조치”, 2012・6・16.

법의 타당성의 문제가 아닌 현행법제하에서의 판단만을 가지고 언급한다. 공정거래위원회는 디지털콘텐츠거래에 대하여 청약철회권이 인정된다는 전제하에 사업자의 약관에 대한 불공정성을 판단하였다. 그러나 소비자가 디지털콘텐츠를 이용하지 않은 경우만으로 전제로 하고 있다. 그럼 소비자가 디지털콘텐츠를 이용한 경우에는 청약철회권이 인정되지 않는가? 공정거래위원회는 이를 명시적으로 판단하지 않고 있지만, "소비자가 구입 후 사용하지 않은 사이버캐시(게임 내에서 다양한 아이템을 구입하기 전 결제의 편의를 위하여 판매되는 일종의 가상 화폐)는 전자상거래소비자보호법에 따라 7일 이내에 청약철회가 가능하다"는 취지는 역으로 이를 사용한 경우에는 청약철회할 수 없다는 것을 간접적으로 나타내고 있다. 그럼 디지털콘텐츠를 이용한 경우에는 청약철회권을 행사할 수 없는가? 이에 대하여는 이미 앞에서 살펴보았으며, 결론만 말한다면 이용하더라도 청약철회권의 행사가 가능하다. 다만, 대금의 환급에 있어서 소비자가 얻은 이익을 공제할 수 있을 뿐이다. 물론 디지털콘텐츠거래에 있어서 소비자가 이를 이용한 후 청약철회권을 행사하는 것이 적합하지 않다는 측면에서 이와 같이 결정하였다고 할 수 있다. 그러나 현행법에서는 이를 이용하더라도 청약철회권의 행사가 제한되지 않는다. 또한 이를 제한하더라도 사업자가 외국의 입법례와 같은 제한 요건을 갖추었는가에 대한 판단이 선행되었어야 했다. 그러나 이에 대하여는 전혀 언급이 없다. 따라서 법을 개정하지 않은 상태에서 디지털콘텐츠거래에 있어서 그 이용전에만 청약철회권의 행사가 가능하다는 공정거래위원회의 판단은 적합하지 않다. 그럼 이 문제는 어떻게 해결하여야 하는가? 이 문제는 현행법 체계하에서는 해결할 수 없다. 즉, 전자상거래소비자보호법은 온라인을 통하여 거래되는 디지털콘텐츠를 전제로 하지 않은 법이기 때문에 그 거래관계까지 규율한다는 것은 적합하지 않다. 또한 콘텐츠산업진흥법은 이러한 특성을 감안하여 그 법률관계를 적절하게 규율하였어야 했음에도 불구하고 단지 전자상거래소비자보호법상 청약철회에 관한 규정을 준용한 결과 동법에 의하여도 이 문제를 해결할 수 없다. 물론 콘텐츠산업진흥법에서 이 문제를 적절하게 해결하였다고 하더라도 해결될 수 없다. 즉, 전자상거래 또는 통신판매에 있어서 소비자보호에 대하여는 전자상거래소비자보호법이 적용되며, 다른 법의 내용이 소비자에게 유리한 경우에만 다른 법이 적용되기 때문에 디지털콘텐츠거래의 특성을 감안하여 소비자의 청약철회권을 적절하게 규율한다고 하더라도 이는 전자상거래소비자보호법보다 소비자에게 불리하기 때문에 콘텐츠산업진흥법이 적용될 수 없다. 따라서 이 문제에 대한 근본적인 해결은 관련법의 개정을 통하여 해결할 문제이다. 그럼 이 문제는 어떠한 방향으로 입법적 해결방안이 마련되어야 하는가? 이에 대하여는 각 항목별로 이하에서 서술하고자 한다.

3. 디지털콘텐츠거래에서 청약철회권의 인정여부

가. 디지털콘텐츠거래에 대한 청약의 철회

앞에서 살펴본 공정거래위원회의 시정조치는 현행 법제하에서 이루어졌다. 그럼 디지털콘텐츠거래에 대하여 현행 법제와 같이 청약철회권을 인정하여야 하는가? 물론 이에 대하여는 디지털콘텐츠 및 그 거래의 특성을 감안하여야 할 것이지만, 보다 근본적인 접근은 청약철회권의 본질에서 시작하여야 한다. 즉, 디지털콘텐츠거래는 온라인을 통하여 자동화된 계약체결시스템에 따라 사업자와 소비자간 비대면으로 체결된다. 이러한 체결절차의 특수성은 일반재화에 대한 온라인거래와 동일하다. 그럼 그 특수성에도 불구하고, 이러한 거래방식(통신판매 또는 전자상거래)에 의하여 체결된 계약에 대하여 청약철회권은 인정되어야 하는가? 이에 대하여 소비자에 대한 공격적인 구매권유형태를 가지는 방문판매 등과 달리 통신판매의 경우에는 이러한 불의의 공격적인 마케팅이 없으며, 물품의 성상에 대한 검사 가능성 역시 하자담보책임으로 해결할 수 있으며, 이를 인정하는 것은 모든 소비자의 비용부담의 증가를 초래하기 때문에 청약철회권을 인정할 필요가 없다는 견해도 있다.[149] 그러나 통신판매의 경우 소비자의 충동적인 구매의사를 야기할 수 있는 요인이 존재하지 않는 것은 아니다. 예를 들어, TV 홈쇼핑의 경우 홈쇼핑호스트들의 적극적인 구매권유는 소비자의 충동적인 구매의사를 야기한다. 물론 소비자가 채널을 변경함으로써 그 요인을 제기할 수 있음에도 불구하고 이를 지속적으로 시청하였다는 점에서 방문판매에서의 권유와 상이하다고 할 수 있다. 그럼 방문판매원의 권유에 대하여 소비자가 퇴거를 요구할 수 있으며, 노상에서의 권유의 경우 소비자가 이를 거절하거나 무시할 수 있다는 점과의 차이점이 무엇인가에 대한 반론을 제기할 수 있다. 또한 광고물의 우편 또는 사이버몰에서 이루어지는 거래는 어떠한가? 즉, 이 경우에는 사업자의 광고행위만 있을 뿐 방문판매에서와 같은 적극적인 구매권유는 없다고 할 수 있다. 그러나 우편 등을 통하여 이루어지는 거래 역시 광고우편의 전송 등의 자체가 구매권유이며, 소비자가 실물을 보고 구매의사를 결정하는 것이 아닌 사진 등을 통하여 구매의사를 결정한다. 이러한 점은 방문판매와의 차이점이다. 즉, 방문판매의 경우 견본을 제시하고, 판매원의 권유가 동시에 이루어진다. 그러나 우편 등을 통한 통신판매의 경우 사업자의 일방적인 광고에 기초하여 구매의사를 결정하게 된다. 또한 그 체결절차 역시 대면방식이 아닌 비대면방식이다. 이러한 점은 소비자가 합리적인 구매의사를 결정함에 있어서 장애요소라고 할 수 있다. 물론 상기의 견해에 따르면 하자있는 재화의 경우 하자담보책임을 통하여 해결할 수 있기 때문에 문제가 없다고 할 수 있

149) 김진우, "소비자철회권의 정당화사유", 「소비자문제연구」 제40호, 2011·10, 151-153면.

지만, 하지담보책임 또는 불완전이행를 이유로 소비자가 계약해제권을 행사하기 위해서는 하자 또는 불완전이행의 정도가 계약의 목적을 달성할 수 없을 정도로 중대하여야 한다. 그러나 하자 또는 불완전이행의 정도가 경미한 경우 또는 사업자의 광고상의 표시된 내용과 실물간에 차이가 있지만, 이를 하자라고 할 수 없는 경우에는 단지 손해배상만을 청구하거나 후자의 경우에는 구제방법이 존재하지 않는다. 이러한 측면에서 볼 때, 통신판매에 대하여 청약철회권을 인정하는 것이 타당하지 않다는 주장은 적절하지 못하다고 할 수 있다. 따라서 통신판매 또는 전자상거래에 대하여도 청약철회권은 인정되어야 할 것이다. 그럼 이러한 논리가 디지털콘텐츠거래에 그대로 적용될 수 있는가? 물론 비대면으로 자동화된 계약체결절차에 따라 계약을 체결한다는 점에서 양자는 동일하다고 할 수 있지만, 실물을 직접 보지 않고 계약을 체결한다는 점에서는 차이가 있다. 즉, 대면하여 계약을 체결하더라도 디지털콘텐츠의 내용을 확인할 수 없다는 점은 온라인을 통한 거래와 동일하다. 그럼 비대면, 자동화된 계약체결절차만으로 디지털콘텐츠거래에 있어서 청약철회권을 인정하여야 하는가? 물론 그 요인이 소비자의 충동적인 구매의사결정에 영향을 미치지 않는다고 한다면 이를 이유로 청약철회권을 인정한다는 것은 타당하지 않다. 그러나 디지털콘텐츠와 같이 실물을 확인할 수 없는 재화에 대한 비대면 및 자동화거래는 계약체결의 편의성을 제공함과 더불어 동시에 소비자의 숙고없는 계약체결을 야기한다. 즉, 대면방식의 경우 교섭과정을 통하여 자신의 구매의사를 충분히 고려할 있지만, 비대면거래방식이기 때문에 자신의 구매의사를 충분히 고려할 수 있는 여지가 없다. 물론 그 책임은 소비자가 부담하여야 할 몫이라고 할 수 있지만, 청약철회권의 본질은 소비자가 숙고없이 행한 구매의사결정을 추후 번복할 수 있는 기회를 부여하기 위함이라는 점을 감안한다면 디지털콘텐츠거래에 있어서 청약철회권을 인정하는 것은 이러한 본질에 부합한다고 할 수 있다. 물론 디지털콘텐츠의 특성을 감안할 때 일반 재화와 동일하게 청약철회권을 부여하는 것이 적합하지 않다고 할 수 있다. 그러나 이 문제는 청약철회권의 인정문제가 아닌 그 남용을 어떻게 방지할 것인가의 문제이다. 따라서 청약철회권의 행사제한 또는 행사기간의 제한에서 논할 문제이지 이를 이유로 처음부터 청약철회권을 배제하는 것은 타당하지 않다.

나. 청약철회권 행사의 제한 및 제한요건

(1) 청약철회권 행사의 제한

상기에서 살펴본 바와 같이, 디지털콘텐츠거래라 하여 청약철회권을 배제할 것은 아니다. 그러나 디지털콘텐츠의 특성을 감안할 때 일반 재화와 동일하게 청약철회권을 인정하기에는 곤란하다. 따라서 청약철회권을 인정하면서 그 남용을 방지할 수 있는 방안에 대한 모색이 필요하며, 이는 청약철회권의 행사제한사유에 해당한다.

그럼 어떠한 경우에 청약철회권의 행사는 제한되어야 하는가? 물론 전자상거래소비자보호법에서는 청약철회권의 행사에 대한 제한사유에 대하여 열거하여 규정하고 있다. 그럼 이러한 사유를 이유로 청약철회권의 행사를 제한하는 것이 타당한 것인가? 이에 대하여는 이미 앞에서 살펴보았으며, 현행 기준은 일반재화를 전제로 마련된 제한기준이다. 따라서 디지털콘텐츠에 대하여 이를 적용하는 것은 사실상 불가능하다. 그럼 어떠한 방식으로 그 기준을 설정하여야 하는가? 물론 이에 대하여는 디지털콘텐츠의 특성을 감안하여야 한다. 즉, 디지털콘텐츠는 아날로그 콘텐츠와 달리 멸실 또는 훼손이 사실상 불가능하다. 또한 이를 사용하거나 시간이 경과하더라도 그 가치가 감소하지 않는다. 마지막으로 디지털콘텐츠를 다운로드한 경우 이미 복제가 이루어졌으며, 이를 삭제하더라도 언제든지 복구가 가능하다. 또한 디지털콘텐츠의 경우 복제본과 원본의 구별이 사실상 불가능할 뿐만 아니라 이를 구별할 실익도 없다. 그러나 디지털콘텐츠의 경우 1회의 사용으로 인하여 소비자는 구매목적을 달성할 수 있다. 물론 1회의 사용이 아닌 계속반복적인 이용을 통하여 구매목적을 달성할 수 있는 디지털콘텐츠 역시 존재한다. 즉, 영화의 경우 1회의 시청으로 인하여 구매목적을 달성할 수 있지만, 음악·이러닝 등의 경우 단지 1회가 아닌 계속반복적인 이용을 목적으로 구매하기 때문에 단지 1회 이용하였다고 하여 구매목적을 달성한 것은 아니다. 이와 같이 디지털콘텐츠는 일반 재화와 차이가 있다. 그럼 이러한 차이점은 청약철회권의 행사에 대한 제한사유를 설정함에 있어서 어떻게 작용하는가? 즉, 소비자가 디지털콘텐츠를 1회 이용하였다면 어느 정도 구매의 목적을 달성하였다고 볼 수 있다. 따라서 청약철회권의 행사에 있어서 제한사유를 설정함에 있어서는 디지털콘텐츠의 사용 여부를 기준으로 하여야 할 것이다. 물론 그 구체적인 방안은 소비자의 디지털콘텐츠의 이용방식에 따라 달리 설정되어야 한다. 즉, 소비자가 디지털콘텐츠를 이용할 수 있는 방식은 계약체결 이후 사업자가 소비자에게 디지털콘텐츠를 다운로드할 수 있도록 조치를 취하는 방식(제1유형), 소비자가 스트리밍 방식으로 디지털콘텐츠를 이용할 수 있도록 조치를 취하는 방식(제2유형), 사업자가 소비자의 계정 또는 전자우편 주소 등으로 전송하는 방식(제3유형)으로 구분할 수 있다. 먼저, 제1유형과 제2유형의 경우 소비자가 디지털콘텐츠를 저장매체에 다운로드하거나 이를 이용한 경우에 청약철회권의 행사를 제한할 필요가 있다. 제1유형의 경우 다운로드하고 아직 이용하지 않았다고 하더라도 언제든지 이용할 수 있기 때문에 이용한 것과 동일하게 취급하는 것이다. 제3유형은 다시 세분하여야 한다. 즉, 사업자가 소비자에게 전송한 장소가 사업자의 지배영역에 해당하는 것인지의 여부에 따라 달리 설정하여야 한다. 구체적으로 사업자의 사이버몰내의 소비자의 계정으로 전송하고, 이를 다른 저장매체로 전송할 수 없는 경우와 소비자의 전자우편주소 등으로 전송하여 사업자의 지배영역에서 벗어난 경우로 구분하여야 한다. 전자의 경우 단지 사업자가 디지털콘텐츠를 소비자에게 전송하였다는 것만으로 청약철회권의 행사를 제한하는 것이 아닌 소비자가 이를 이용하였을 경우로 한정하여야 할 것이다. 이는 소비자가 이를 이용하지 않은 상태에서 청약철회권을 행사하였을 경우 사업자가 전송한 디지털콘텐츠를 제거할 수 있기 때문이다. 반면에 후자의 경우에는 사업자가 이를 제거할 수 없으며, 소비자가 이를 삭제하였다고 하더라도 언제든지 복구하여 이용할 수 있기 때문에 제1유형에서의 다운로드한 경우와 동일하게 취급하여 청약철회권의 행사를 제한하여야 할 것이다. 물론 이러한 청약철회권은 일반적인 디지털콘텐츠에 국한하며, 소비자의 개인적인 주문에 의하여 제작한 청약철회권에 대하여는 상기의 기준이 아닌 당연히 청약철회권의 행사를 제한하여야 할 것이다.

(2) 제한요건으로서의 정보제공

그럼 이러한 요건의 충족만으로 청약철회권의 행사를 제한하는 것이 타당한 것인가? 이는 디지털콘텐츠의 특성을 감안한 것이다. 그러나 이에 대하여는 디지털콘텐츠거래의 특성, 즉 비대면 및 자동화거래의 특성을 감안하여야 하기 때문에 정보제공의무의 이행과 연계되어야 한다. 즉, 특수한 거래방식으로 디지털콘텐츠계약을 체결한 소비자에게 청약철회권이 부여됨과 더불어, 상기와 같이 디지털콘텐츠를 이용하거나 이용할 수 있는 상태에는 청약철회권을 행사할 수 없다는 인식하에 청약철회권을 행사할 것인지 아니면 그 행사를 포기하고 이용할 것인가를 선택할 수 있는 여건을 부여하여야 한다. 이러한 점은 청약철회권의 본질과 일치한다. 그럼 사업자가 소비자의 청약철회권의 행사를 제한하기 위하여 제공하여야 할 정보는 무엇인가? 유럽연합의 소비자권리지침 및 DCFR에서는 청약철회권 및 사업자의 신원에 관한 정보로 규정하고 있다. 물론 소비자권리지침에서는 사업자의 신원정보를 직접적으로 명시하고 있지 않지만, 제공하여야 할 청약철회서식에서 사업자의 신원에 관한 정보(성명, 지리적 주소, 팩스번호 또는 전자우편주소[팩스와 전자우편주소는 필수적 기재사항이 아님])가 포함되어 있으며, 이는 사업자가 기재하도록 규정하고 있다. 이러한 정보는 소비자가 청약철회권의 인식 및 그 행사여부를 결정함에 있어서 필수적인 정보이다. 그럼 이러한 정보의 제공만으로 청약철회권의 행사를 제한하기 위한 요건으로 충분한 것인가? 물론 일반재화에 대한 거래라고 한다면 충분하다고 할 것이다. 그러나 디지털콘텐츠의 경우 그 내용을 확인할 수 없다는 점을 감안하여야 한다. 따라서 이러한 정보뿐만 아니라 소비자가 디지털콘텐츠의 내용을 사전에 파악할 수 있는 조치 역시 필요하다고 할 것이다. 물론 이에 대하여는 전자상거래소비자보호법 및 콘텐츠산업진흥법에서 규정하고 있다. 그러나 동법에서 규정하고 있는 내용은 청약철회가 불가능하다는 사실 또는 시용상품 등의 제공이기 때문에 사업자가 단지 청약철회권을 행사할 수 없다는 사실의 표시만으로 제한될 수 있다. 이는 일반재화에 대한 청약철회권의 행사를 배제하기 위한 조치로 충분할 뿐 디지털콘텐츠거래에 대하여는 충분하지 않다. 즉, 디지털콘텐츠의 내용을 확인할 수 있는 조치가 부과되어야 하기 때문에 현행의 선택방식은 디지털콘텐츠거래에서의 청약철회권의 행사를 배제하기 위한 요건으로 충분하다고 할 수 없다. 따라서 디지털콘텐츠거래분야에 있어서는 소비자가 다운로드 등을 한 경우에는 청약철회권을 행사할 수 없다는 표시와 더불어 그 내용을 파악할 수 있는 시용상품 또는 한시적 이용이 제공되어야 한다. 이러한 것을 규정하고 있는 법이 이러닝(전자학습)산업 발전 및 이러닝 활용 촉진에 관한 법률이며, 동법에서는 이러닝사업자에게 소비자가 해당 이러닝에 관한 적응여부를 계약체결 전에 판단할 수 있도록 시범학습기간을 둘 의무를 부과하고 있다(동법 제26조 제3항). 물론 이러한 시용상품 등을 제공하여야 하는 경우로는 이를 이용하여야 그 내용을 파악할 수 있는 디지털콘텐츠에 한정되어야 할 것이며, 아바타 · 이모티콘 등 그 외관만으로 이를 파악할 수 있는 디지털콘텐츠에 대하여는 다운로드 등을 할 경우에 청약철회권의 행사가 제한된다는 사실의 표시만으로 충분하다고 할 것이다.

(3) 정보제공의 방식

청약철회권의 행사를 제한하기 위한 요건으로 상기와 같이 정보제공의무를 부과할 경우 그 이행방식은 어떻게 이루어져야 하는가? 즉, 단지 사이버몰의 거래조건에 이러한 사항을 표시한 것으로 그 의무를 이행한 것으로 인정할 것인가 아니면 이와 더불어 소비자에게 보관이 가능한 형태로 제공된 경우에만 인정할 것인가의 문제이다. 유럽연합 등에서는 이러한 정보에 대하여 청약철회서의 방식으로 제공할 것을 규정하고 있다. 물론 소비자가 인식할 수 있는 여건을 제공한다는 측면만을 본다면 단지 표시만으로 충분하다고 할 것이지만, 계약체결이후 구매의사의 재차 판단이라는 점을 감안한다면 이러한 정보가 서면(전자문서)으로 제공되어야 할 것이다. 따라서 계약체결이후 사업자가 제공하여야 할 계약서에 그 정보가 기재된 경우에 한하여 정보제공의무의 이행을 인정하여야 할 것이다. 다만, 상기의 시용상품 등에 대한 제공은 계약체결 당시에 제공되어야 할 것이기 때문에 이 사항은 계약서에 기재될 필요는 없다고 할 것이다.

4. 계약해소권으로 청약철회권과 해제권

가. 두 개의 권리에 대한 유래

디지털콘텐츠거래에서 소비자가 계약을 해소할 수 있는 권리에 대하여 전자상거래소비자보호법 및 콘텐츠산업진흥법에서는 청약철회권과 해제권을 동시에 부여하고 있다. 이러한 점은 방문판매법 역시 동일하다. 다만, 할부거래법에서는 청약철회권만을 규정하고 있다. 그럼 이는 어디에서 유래하였는가? 이는 일본의 법제에서 유래하였다. 즉, 일본 할부판매법 및 특정상거래법 모두 소비자가 계약을 해소할 수 있는 권리로 단지 청약철회권만을 규정한 것이 아닌 계약해제권까지 규정하고 있었으며, 이는 현재에도 동일하다. 이러한 일본의 입법례는 우리의 소비자보호법을 입법화하면서 모델이 되었으며, 이에 우리법제에서도 양자를 동시에 규정하게 되었다.

나. 두 개의 권리부여의 타당성

그럼 현행과 같이 소비자에게 계약을 해소할 수 있는 권리를 청약철회권과 계약해제권 두 개를 부여하여야 하는가? 물론 양 권리의 기능이 상이하다면 현행의 체계는 타당하다고 할 수 있다. 그러나 양 권리는 각기 상이한 기능을 담당하는 것이 아닌 동일한 역할을 담당한다. 즉, 발생요건, 행사기간, 행사방법 및 행사의 효과 모든 것이 동일하기 때문에 그 기능 또는 역할이 조금도 상이하지 않다. 그럼에도 불구하고 양 권리를 규정할 실익이 있는가? 그러나 소비자가 어느 하나의 권리를 행사한 경우 자동적으로 다른 권리는 소멸하게 된다. 즉, 소비자가 청약철회권 또는 계약해제권을 행사하였을 경우 당해 계약은 소멸하였기 때문에 다른 권리는 더 이상 존재하지 않는다. 그럼 다른 사유에 의하여 어느 하나의 권리가 소멸하였을 경우 다른 권리는 잔존하는가? 그러나 앞에서 언급한 바와 같이 그 발생요건 등이 모두 동일하기 때문에 어느 하나의 권리가 소멸하면 다른 권리 역시 자동적으로 소멸한다. 따라서 양자를 함께 인정할 필요가 전혀 없음에도 불구하고 이를 규정하고 있는 것이다. 물론 청약철회권이라는 용어가 일반 소비자에게 친숙하지 않기 때문에 더 친숙한 용어인 계약해제권을 병기한 것인가? 법이론적인 문제를 배제하고 단지 일반 소비자의 인식의 용이성을 감안하였다고 한다면 계약취소권이라는 용어도 함께 사용하였어야 했다. 즉, 일반 소비자에게는 취소라는 용어가 더 익숙하다. 그러나 청약철회 및 계약의 해제라고 규정한 것은 이에 근거한 것도 아니며, 이러한 일반 소비자의 인식 문제는 실제 운용에 있어서 문제이지 입법에서 논할 문제는 아니다. 즉, 법에서 청약철회권으로 규정하였지만, 일반 소비자가 그 용어를 가지고 계약을 해소하지 않고 취소 또는 해제라고 칭하면서 계약의 해소를 주장할 경우 이를 청약철회권의 행사로 인정하면 된다. 또한 이를 입법과정에서 고려할 경우 기존 법질서와의 관계를 고민하여야 하며, 기존 법체계에서 사용하는 법률용어와의 혼동을 유발하여서는 아니 된다.

이러한 측면에서 볼 때 동일한 기능을 담당하는 두 개의 권리를 부여할 필요가 없기 때문에 단일의 권리로 규정하는 것이 바람직하다. 그럼 청약철회권과 계약해제권 중 어느 것이 더 적합한가? 물론 계약이라는 점만을 감안한다면 계약해제권이 더 적합하다고 할 수 있다. 또한 그 행사기간 역시 계약체결 이후이며, 사업자의 채무불이행의 경우를 감안한다면 더욱 그렇다고 할 수 있다. 그러나 소비자에게 왜 계약해소권을 부여한 것인가에서부터 출발하여야 한다. 즉, 이러한 권리를 부여한 취지는 계약체결단계에서 숙고없이 체결한 계약을 해소할 수 있도록 하기 위함이다. 이는 계약의 체결단계에서 발생한 문제를 해결하기 위함이지 결코 계약체결이후 이행의 단계에서 발생한 문제를 해결하기 위한 것이 아니다. 또한 이는 청약의 구속력을 인정하고 있는 민법 제527조에 대한 예외이다. 즉, 청약이 효력을 발생한 이후 임의적 철회를 부정하고 있지만, 소비자보호차원에서 이에 대한 예외를 인정한 것이다. 마지막으로 행사기간에 있어서 이 권리는 단지 계약이 체결된 이후에만 행사가 가능한 것이 아닌 청약을 한 이후 행사기간내에 행사할 수 있다. 즉, 계약체결 이전에도 행사할 수 있다. 그러나 계약해제권은 계약체결이전에 행사할 수 없다. 물론 권리발생요건 중 하나로 사업자의 채무불이행을 규정하고 있지만, 이에 대하여는 후술하는 바와 같이 타당하지 않기 때문에 이를 이유로 계약해제권으로 단일화하는 것은 적합하지 않다. 이러한 측면에서 볼 때 소비자가 계약을 해소할 수 있는 권리는 청약철회권으로 단일화하는 것이 입법취지 등을 감안할 때 타당하다고 할 것이다.

5. 발생요건의 이원화

할부거래법과 달리 전자상거래소비자보호, 콘텐츠산업진흥법 및 방문판매법에서는 소비자의 청약철회권의 발생요건에 대하여 임의적 청약철회권과 사업자의 의무위반에 따른 청약철회권으로 구분하여 그 발생요건을 이원화하고 있다. 물론 주요국의 입법례에서는 발생요건에 있어서 단일화를 취하고 있다. 그럼 이러한 이원화 방식이 과연 타당한 것인가? 물론 단순하게 생각한다면 양자를 이원화하고, 사업자의 의무위반의 경우 그 행사기간을 장기간으로 정함과 더불어 임의적 청약철회권이 인정되지 않은 경우에도 이를 행사하게 한다는 점 및 반환비용을 사업자에게 부과시킨다는 점(전자상거래소비자보호법)은 타당한 것으로 보인다. 그러나 발생요건의 이원화는 청약철회권의 본질과도 적합하지 않을 뿐만 아니라 결코 소비자에게 유리한 방식이 아니다.

먼저, 발생요건의 이원화는 청약철회권의 본질적인 취지와 일치하지 않는다. 즉, 청약철회권은 소비자가 계약을 체결한 이후 구매의사를 재차 판단할 수 있는 기회를 부여하기 위함이다. 물론 초기에는 재화의 공급이전에 행사기간이 기산하였지만, 현행에는 이러한 의사를 재차 판단할 수 있는 시기는 재화의 공급시점 이후라는 점을 감안하여 이를 기산일로 정하고 있다. 그럼 여기에서 재화의 공급시점은 무엇인가? 이는 사업자의 완전이행을 의미한다. 즉, 사업자가 계약의 내용에 적합하게 이행한 후 소비자는 구매의사를 재차 판단하는 것이다. 그러나 사업자의 의무위반에 따른 청약철회권의 경우 사업자의 불완전이행을 기초로 구매의사를 재차 판단하도록 요구하고 있기 때문에 청약철회권의 본질적인 취지와 일치하지 않는다. 또한 청약철회권은 소비자를 중심으로 한 것이다. 즉, 자신이 종전에 행한 계약을 재차 판단할 수 있는 여지를 부여하기 위함이기 때문에 사업자와의 관계가 아닌 소비자 자신을 기점으로 하여야 한다. 그럼에도 불구하고 사업자의 채무불이행을 기준으로 청약철회권의 발생요건을 정하는 것은 타당하지 않다. 물론 정보제공의무 위반 역시 사업자의 의무위반의 일 유형이다. 그러나 여기에서의 채무불이행은 계약체결이후의 채무불이행을 의미하며, 계약체결단계에서의 의무 위반과는 무관하다.

둘째, 발생요건의 이원화는 결코 소비자에게 유리하지 않다. 즉, 사업자의 채무불이행은 다시 중대한 경우와 사소한 경우로 구분할 수 있으며, 청약철회권은 양자 모두에 대하여 행사할 수 있다. 반면에 해제권은 중대한 경우에만 행사할 수 있기 때문에 사소한 경우에는 행사할 수 없다.[150] 그

150) 물건의 하자담보책임에 있어서 하자가 중대한 경우에 한하여 해제권을 인정하고 있으며, 그 이외의 경우에는 손해배상책임만을 인정하고 있다(민법 제580조, 제581조). 또한 불완전이행에 있어서 학설은 하자담보책임규정을 적용하여

러나 청약철회권의 행사에 따라 소비자가 사업자에게 손해배상을 청구할 수 있는가에 대하여 개별 소비자보호법에서는 규정을 두고 있지 않다. 이는 청약철회권의 본질적 취지인 소비자가 간편하게 계약관계를 벗어날 수 있도록 함이기 때문에 사업자의 채무불이행과는 무관하다는 점에서 손해배상에 관한 규정을 두지 않은 것으로 추정된다. 그럼 민법의 규정을 적용하여 손해배상을 청구할 수 있는가? 물론 민법상 손해배상책임은 계약의 해소와 무관하기 때문에 사업자의 채무불이행으로 인하여 발생한 손해에 대하여 청구할 수 있지만, 이를 청약철회권의 효과로 인정하기에는 곤란하다(청약철회권의 본질). 그렇다고 하여 사업자의 손해배상책임을 부정하는 것은 사업자에 대한 과도한 보호이기 때문에 타당하지 않다. 그럼 이 문제를 어떻게 해결하여야 하는가? 이에 대하여는 두 가지 방안을 제시할 수 있다. 하나는 현행 사업자의 채무불이행에 따른 청약철회권의 효과로 손해배상책임을 인정하는 방안과 다른 하나는 이를 삭제하고, 이 문제를 민법에 의하여 해결하는 것이다. 그러나 첫 번째 방안은 청약철회권의 본질과의 상충문제가 발생하기 때문에 적합한 방안이라고 할 수 없으며, 두 번째 방안이 법체계 및 청약철회권의 본질에 적합한 방안이라고 할 수 있다.[151] 그럼 사업자의 채무불이행에 있을 경우 그 행사기간을 연장하고자 하는 입법의도는 달성할 수 없다는 비판이 제기될 수 있다. 그러나 현행의 방식은 소비자에게 유리한 것이 아닌 사업자에게 유리한 방식이다. 즉, 청약철회권의 기산일은 기본적으로 계약서와 재화를 공급받은 시점이다. 여기에서 재화의 공급은 사업자의 채무이행을 의미한다. 따라서 소비자가 구매의사를 재차 판단하기 위해서는 사업자의 채무이행이 있어야 함에도 불구하고

해결하고 있기 때문에 중대한 불완전이행에 한하여 해제권은 인정된다(김증한·김학동, 앞의 책, 135면; 김준호, 앞의 책, 95면).

151) 김성천, 앞의 책, 125면; 拙稿, 앞의 소비자계약에 있어서 청약철회권의 적정화에 관한 연구, 81-82면.

현행 소비자보호법에서는 사업자의 채무불이행상태에서 구매의사를 재차 판단하도록 요구하고 있는 것이다. 또한 사업자의 채무불이행이 있는 경우 재화를 공급받은 시점 또는 이를 안 날 또는 알 수 있었던 날로 기산일을 정하는 것은 사업자의 채무이행 또는 추완을 부정하는 결과이다. 즉, 소비자는 채무불이행상태속에서 구매의사를 재차 판단하여야 하기 때문이다. 이러한 점은 청약철회권의 본질적인 취지와 일치하지 않을 뿐만 아니라 소비자가 아닌 사업자보호에 해당한다. 따라서 사업자의 채무불이행이 있는 경우를 별도의 발생요건으로 정하고, 그 행사기간 및 기산일을 달리 정하는 것은 타당하지 않다.

그럼 사업자의 의무위반이 있을 경우 이 문제를 어떻게 해결하여야 하는가? 이는 청약철회권의 입법취지인 사업자의 채무이행이 있는 후 구매의사를 재차 판단할 수 있는 기회를 부여한다는 점을 감안하여 해결하면 간단하게 해결될 수 있다. 즉, 사업자의 채무불이행이 있는 경우 소비자의 청약철회권은 채무이행이 완료된 시점, 즉 표시광고된 내용과 동일한 재화가 공급된 시점 또는 계약내용과 다르게 이행된 경우에는 추완된 시점을 행사기간의 기산일로 정한다면 청약철회권의 본질에 적합할 뿐만 아니라 법의 목적인 소비자보호에 충실한 방안이 될 것이다. 물론 이는 청약철회권과 관련된 경우이다. 그럼 그 이외의 구제방안은 어떠한가? 이에 대하여는 민법상 채무불이행 책임을 통하여 소비자의 피해를 구제할 수 있다. 즉, 표시광고된 재화와 다른 재화가 공급된 경우 소비자는 표시광고된 내용과 동일한 재화의 공급을 청구할 수 있다. 만일, 다른 채무불이행에 대하여는 중대성 여부에 따라 중대한 경우 계약해제와 더불어 손해배상을 청구할 수 있으며, 사소한 경우에는 손해배상만을 청구할 수 있다. 다만, 종류물인 경우에는 하자없는 완전한 재화로 교환할 것을 청구할 수 있다.

제2절 청약철회권의 행사기간[152)]

1. 행사기간의 개별화

현행 소비자보호법상 소비자의 임의적 청약철회기간은 모두 동일한 것이 아닌 법률마다 차이가 있다. 즉, 할부거래법에서는 7일 또는 14일이며, 방문판매법에서는 14일, 전자상거래소비자보호법에서는 7일을 규정하고 있다. 그럼 이와 같이 행사기간을 개별적으로 규정하는 것이 타당한 것인가 아니면 이를 통일하는 것이 바람직한 것인가의 문제가 제기된다. 또한 통일적으로 규정할 경우 어느 기간으로 통일하는 것이 바람직한 것인가의 문제가 제기된다.[153)] 이러한 행사기간의 개별화에 따른 문제는 유럽연합에서 이미 발생하였으며, 이 문제를 해결하고자 소비자권리지침에서는 14일로 통일하였다. 첫 번째의 문제와 관련하여 거래형태가 상이하기 때문에 그 행사기간 역시 개별적으로 정하는 것이 바람직하다고 할 수 있지만, 행사기간의 상이성은 소비자 및 사업자에게 혼란을 유발할 수 있다. 또한 동

152) 拙稿, 앞의 청약철회권의 행사기간 및 기산일에 관한 연구, 311-324면.

153) 2012년 7월 5일 발의된 전자상거래소비자보호법 개정안(신장용 의원 대표발의)에서는 일반판매와는 다르게 우편・전기통신 등을 이용하여 재화등에 관한 정보를 제공하고 계약을 체결하는 통신판매의 특성을 고려할 때 현재의 청약철회 기간으로는 소비자의 권익을 보호하는데 충분치 않다는 의견이 제기되고 있는 실정이라는 점을 이유로 통신판매에 의한 계약의 청약철회 기간을 7일에서 14일로 연장하고 있다.

일한 권리를 행사함에도 불구하고 행사기간을 달리 정하는 것은 적합하지 않다고 볼 수 있다. 따라서 행사기간에 대하여 개별 소비자보호법별로 상이하게 규정할 것이 아닌 통일적인 행사기간을 적용하는 것이 바람직하다. 그럼 어느 기간으로 통일하는 것이 바람직한 것인가? 이를 결정함에 있어서는 청약철회권의 본질인 소비자가 재차 구매의사를 결정할 수 있는 시간적 여유를 감안하여야 할 것이다. 그럼 7일 또는 14일 중 어느 것이 적절한 것인가? 물론 소비자의 입장에서는 장기의 기간을 선호할 것이다. 그러나 청약철회권은 계약체결 즉후 구매의사를 재차 판단할 수 있는 기회를 부여하기 위함이라는 점을 감안할 때 그 기간으로는 7일이 적당하다고 생각한다.[154] 즉, 후술하는 바와 같이 재화의 공급과 이에 관한 정보가 모두 제공된 시점을 기산일로 한다면 7일이라는 기간 동안 충분히 구매의사를 재차 판단할 수 있기 때문이다. 만일 이 기간을 장기간으로 인정할 경우에는 이를 악용한 소비자, 즉 청약철회권을 행사할 목적으로 재화를 구매하여 이용하는 소비자가 급증할 수 있으며, 이로 인한 비용은 이를 행사하지 않은 소비자에게 전가될 수 있기 때문이다.[155]

2. 정보제공의무 위반과의 관계

가. 정보제공의무의 이행과의 연계

소비자가 합리적인 구매의사를 결정하여 계약을 체결하기 위해서는 먼

154) 이와 다른 기간으로 통일화하는 방안 역시 고려할 수 있지만, 이미 소비자 및 사업자가 7일 또는 14일로 생각하고 있기 때문에 다른 기간을 제시하는 것은 혼란을 야기할 수 있다.

155) 拙稿, 소비자계약에 있어서 청약철회권의 적정화에 관한 연구, 86면.

저 이에 관한 정보를 취득하여야 한다. 물론 이러한 정보는 소비자가 스스로 취득하는 것이 원칙이다. 다만, 스스로 정보를 취득하는 것이 곤란한 경우, 예를 들어 이에 관한 정보가 사업자만이 보유하고 있는 경우 등(정보격차가 존재하는 당사자간)에서는 정보를 가진 자가 정보를 가지지 못한 자에게 이를 제공하여야 함은 신의칙상 인정된다고 할 수 있다.[156] 그 대표적인 예가 소비자계약이며, 개별 소비자보호법 역시 사업자의 사전정보제공의무를 부과하고 있다.[157] 이러한 정보 중 대표적인 것이 바로 청약철회권에 관한 정보이다. 즉, 청약철회권에 관한 정보를 알지 못한 경우 소비자는 청약철회권을 행사할 수 있음에도 불구하고 행사하지 못하게 된다. 따라서 사업자는 청약철회권에 관한 정보를 소비자에게 제공하여야 한다. 그럼 이에 관한 정보를 제공하지 않은 경우 청약철회권의 행사에는 어떠한 영향을 미치는가? 물론 앞에서 살펴본 외국의 입법례에서는 이에 관한 정보를 제공하지 않는 행위를 불공정한 행위로 인정하거나 청약철회권의 행사기간을 연장하고 있다. 우리 법제에서도 일부 이를 반영하여 행사기간의 기산일을 달리 정하고 있다. 그러나 실질적으로 기산일의 변경에 따른 행사기간의 연장효과는 발생하지 않는다고 할 수 있다. 즉, 계약서의 교부, 주소가 기재되지 않은 계약서의 교부, 주소의 변경 또는 청약철회권이 미기재된 계약서의 교부시 기산일은 그 주소를 안 날 또는 알 수 있었던 날이거나 이를 행사할 수 있음을 안 날 또는 알 수 있었던 날이다.[158] 그러

---

156) Christian von Bar · Eric Clive, Ibid, p.200.

157) 사업자가 계약체결전에 소비자에게 제공하여야 할 정보로는 크게 사업자의 신원, 재화 및 거래조건에 관한 정보로 구분할 수 있다(할부거래법 제5조, 제23조; 방문판매법 제7조, 제16조, 제29조; 전자상거래소비자보호법 제13조).

158) 소비자가 이를 알았거나 알 수 있었다는 사실에 대하여 누가 입증책임을 부담하는가? 물론 할부거래법 등에서는 청약철회권과 관련하여 입증책임을 사업자에게 부과하고 있지만, 그 내용은 계약서의 발급사실과 그 시기, 재화등의 공급 사실과 그 시기 및 배제사유에의 해당성으로 국한하고 있다. 그럼 소비자가 사업자의 주소를 알았거나 알 수 있었다는 사실에 대한 입증책임을 누가 부담

나 동 규정은 근본적인 측면에서의 접근이 잘못되었다. 즉, 사업자의 채무불이행이기 때문에 사업자의 추완시점을 기산일로 정하여야 함에도 불구하고 소비자의 인식가능성을 기초로 기산일을 정하고 있기 때문이다. 또한 소비자의 인식에 있어서 단지 안 날만이 아닌 알 수 있었던 날까지 포함하고 있기 때문에 사실상 기산일이 변경되는 경우는 극히 드물다고 할 수 있다. 즉, 할부거래의 경우 사업자의 영업장소에서 계약을 체결하기 때문에 주소를 알지 못한다는 것은 소비자에게 과실이 있는 것이 되므로 재화를 공급받은 시점이 행사기간의 기산일로 인정되기 때문에 행사기간의 연장은 발생하지 않는다. 또한 방문판매업자 등이 계약체결시 명함 등을 주었을 경우 또는 사이버몰에 사업자의 주소가 기재된 경우 소비자가 주소를 알지 못함에 있어 과실이 있기 때문에 그 행사기간 역시 연장되지 않는다. 그리고 사업자가 계약체결시 청약철회권을 언급하였지만, 교부된 계약서에 이에 관한 사항이 기재되지 않은 경우 소비자는 이를 알았기 때문에 행사기간의 연장은 발생하지 않는다.[159] 이러한 점은 앞에서 언급한 바와 같이

하는가? 물론 이러한 문제의 발생이 사업자가 주소 등을 기재하지 않은 계약서를 교부하거나 계약서를 교부하지 않았기에 발생하는 문제이며, 그 요건은 권리발생이 아닌 권리소멸의 기준일이기 때문에 사업자가 이를 입증하여야 할 것이다. 그러나 이러한 문제가 발생하는 근본적인 이유는 그 기산점을 결정함에 있어서 의무불이행자인 사업자의 추완시점이 아닌 소비자의 인식가능성을 기준으로 하고 있기 때문이며, 본문에서 언급한 것과 같이 사업자가 이러한 정보를 제공한 시점을 기산일로 정한다면 이러한 문제는 발생하지 않게 될 것이다.

159) 사업자가 계약서를 교부하지 않거나 주소 등을 기재 하지 않은 경우 기산일은 소비자가 이를 안 날 또는 알 수 있었던 날이다. 그럼 계약체결시점에 계약서를 교부하지 않았지만, 소비자가 사업자의 주소를 안 경우 청약철회권의 행사기간의 기산일은 계약체결시점인가 아니면 재화를 공급받은 날인가의 문제가 제기된다. 물론 주소 등이 기재되지 않은 경우 그 기간을 연장하기 위함이라는 입법목적을 감안한다면 이 경우에는 주소를 안 날 또는 알 수 있었던 날이 아닌 재화를 공급받은 시점을 기산점으로 정하여야 할 것이다. 만일, 이 경우에도 주소를 안 날로 정한다고 한다면 재화를 공급받은 날로 기산일을 정하고자 하는 입법목적은 달성할 수 없으며, 사업자는 이를 악용하고자 계약서를 교부

정보제공의무를 이행하지 않은 경우 그 행사기간을 연장하고자 하는 입법 의도는 달성할 수 없게 된다. 그럼 이 문제는 어떻게 해결하여야 하는가? 이는 기본적으로 사업자의 추완을 통하여 해결하여야 할 것이다. 또한 그 제공방식은 단순히 구두가 아닌 서면에 의한 경우에만 인정하여야 할 것이다. 즉, 개별 소비자보호법에서 소비자보호를 위하여 사전정보제공의무를 부과하고, 계약체결시 이에 관한 정보가 기재된 계약서를 교부하도록 규정하고 있기 때문에 그 위반에 대한 사법적 효과로서 청약철회권의 행사기간에 대한 기산일을 이에 관한 사항(사업자의 주소 및 청약철회권에 관한 사항)이 기재된 계약서가 교부된 시점을 기산일로 정하여야 할 것이다.

나. 선불식 할부거래에서의 계약서의 미교부

선불식 할부계약에 있어서 청약철회권의 행사기간에 대한 기산일 중 다른 소비자계약과 다른 점은 계약서를 교부받지 않은 경우이다. 즉, 다른 소비자계약의 경우에 있어서 소비자가 계약서를 교부받지 않았다면 사업자의 주소를 안 날 또는 알 수 있었던 날이 기산일이 된다. 그러나 선불식 할부계약의 경우 계약서를 교부받지 않은 경우 기산일은 계약체결일이다. 그럼 이러한 점이 과연 타당한 것인가? 다음의 두 가지 사례를 제시하여 그 타당성을 검토한다. 제1사례는 소비자가 계약서를 교부받았지만, 주소가 기재되지 않아 사업자의 주소를 과실없이 알 수 없는 경우이다. 제2사례는 선불식 할부계약을 체결하였지만, 사업자가 소비자에게 계약서를 교부받지 않았으며, 소비자 역시 과실없이 사업자의 주소를 알지 못한 경우이다. 제1사례의 경우 소비자는 기간에 관계없이 사업자의 주소를 안 날

하지 않거나 주소 등을 기재하지 않은 계약서를 교부하게 될 것이기 때문이다.

또는 알 수 있었던 날로부터 14일 이내 청약을 철회할 수 있다. 즉, 계약체결일로부터 1년이 경과한 후에 사업자의 주소를 알았다면 이 날로부터 14일 이내 청약을 철회할 수 있다. 제2사례의 경우 기산일이 계약체결시점이기 때문에 최장 3개월까지만 청약을 철회할 수 있으므로 주소를 알지 못하여 철회할 수 없었다고 하더라도 3개월이 경과한 후에는 청약을 철회할 수 없다. 이러한 두 가지의 사례에서 사업자의 의무위반의 정도는 어느 사례가 더 중대한 것인가? 당연히 제2사례가 의무위반의 정도가 더 중대하다고 할 수 있다. 그런데 그 효과(철회기간)는 정반대로 되어 있다. 그 결과 소비자가 청약을 철회할 수 없도록 하기 위하여 사업자는 주소 등이 미기재된 계약서를 교부하는 것이 아닌 계약서를 교부하지 않게 된다. 즉, 주소 등이 기재되지 않은 계약서를 교부할 경우 최장기간의 적용을 받지 않은 반면에 계약서를 교부하지 않은 경우 최장기간은 3개월이기 때문에 소비자가 주소를 알지 못하여 3개월 동안 행사하지 못하였다면 기간 도과로 인하여 청약철회권은 소멸하게 된다. 이에 대한 부당성은 재언을 요구하지 않는다. 그럼 이 문제는 어떻게 해결하여야 하는가? 앞에서 언급한 바와 같이 사업자의 주소 및 청약철회권이 모두 기재된 계약서를 교부한 시점을 기산일로 정하는 것이다. 이와 같이 개정할 경우 상기에서 제시한 문제, 즉 계약서를 교부하지 않은 사업자가 더 보호를 받는 부당한 결과를 해소할 수 있게 된다.

3. 급부의 목적물을 구분하지 않은 기산일

유럽연합의 소비자권리지침과 달리 우리 소비자보호법에서는 급부의 목적물에 관계없이 동일한 기산일을 적용하고 있다. 즉, 재화, 용역 그리고 권리에 대하여 모두 동일하게 공급된 시점을 기본적인 기산일로 정하고 있다. 물론 재화에 대하여는 타당하다고 할 수 있지만, 용역 등에 대하여도 동일하게 적용하는 것이 타당한 것인가의 문제가 제기된다. 용역의 경우 제공되었다면 사실상 청약철회권을 행사할 수 없다. 즉, 용역의 특성상 반환이 불가능하기 때문이다. 그럼 유럽연합과 같이 기산일을 계약체결시점으로 정하고, 이행이 완료된 시점에 청약철회권을 행사할 수 없도록 하는 것이 타당한 것인지 아니면 일본과 같이 기산일을 계약체결시점으로만 정하는 것이 타당한 것인지의 문제가 제기된다. 물론 용역의 특성을 감안한다면 유럽연합의 방식이 타당하다고 할 수 있다. 그러나 사업자가 이행에 착수하였지만, 완료되지 않은 경우에 청약을 철회하는 것이 타당한 것인가의 문제가 다시 제기된다. 유럽연합의 경우 이행완료시점(fully performed)에 청약을 철회할 수 없다고 규정하고 있기 때문에 아직 이행이 완료되지 않은 시점(철회기간의 미도과)에는 청약을 철회할 수 있다고 해석된다. 그러나 이행에 착수하였음에도 불구하고 이를 철회할 수 있다면 사업자만이 손실을 부담하여야 하는 결과가 발생하게 된다. 따라서 용역의 경우 계약체결시점을 기산일로 정하여야 하겠지만, 사업자가 이행을 착수한 경우 청약을 철회할 수 없도록 규정하는 것이 용역의 특성을 감안한 것이라고 할 수 있다. 그럼 소비자는 어떻게 이행착수 사실을 알 수 있는가? 물론 이에 대하여 사업자가 이행을 착수한 경우 통지할 의무를 부과하거나, 계약서에 이행착수 시기를 명시하는 방안을 제시할 수 있다. 물론 후자의 경우 계약서에 명시된 착수시점에 실제 착수하지 않으며, 아직 행사기간 이내라고 한다면 청약을 철회할 수 있도록 하여야 할 것이다. 전자의 경우 사업자가 이행을 착수하였음에도 불구하고 이를 통지하지 않은 경우에는 청약철회권이 소멸하지 않음으로 규정할 필요가 있다.

4. 제3자를 위한 소비자계약에 있어서 기산일

청약철회권을 행사할 수 있는 자는 사업자와 계약을 체결한 소비자이다. 따라서 개별 소비자보호법에서는 그 기산일을 소비자가 재화를 공급받은 시점으로 정하고 있다. 그럼 제3자를 위한 소비자계약에서 청약철회권의 행사기간의 기산일은 언제인가? 이에 대하여 유럽연합에서는 소비자 또는 소비자가 지정한 제3자라고 규정하고 있기 때문에 제3자가 재화를 공급받은 시점이 기산일이다. 그러나 우리 소비자보호법에서는 제3자가 수령한 경우에 있어서 기산일을 정하고 있지 않다. 물론 이는 입법적 미비라고 할 것이며, 제3자가 수령한 시점을 기산일로 정하여야 할 것이다.

5. 행사기간의 역일(Calendar day)

청약철회권의 행사기간을 산정함에 있어서 단위는 우리의 경우 역일로 규정하고 있는 반면에 미국은 영업일로 정하고 있다.[160] 그럼 단순한 단위의 차이인가 아니면 행사기간에 있어서 실질적인 차이가 발생하는가의 문제가 제기된다. 예를 들어, 행사기간이 7일이고, 금요일(1일)에 재화를 공급받은 경우 역일에 의하면 다음 주 금요일(8일)까지 행사하여야 하지만, 영업일의 경우 다다음 주 화요일(12일)까지 행사할 수 있다. 또한 역일로 계산할 경우 공급시점에 따라 행사기간이 상이하게 된다. 즉, 금요일(1일)에 재화를 공급받은 경우 다음 주 금요일(8일)까지 행사할 수 있지만, 토요일 또는 일요일에 공급을 받은 경우 다다음 주 월요일(11일)까지 행사할

---

160) 유럽연합의 격지계약지침에서는 소비자권리지침과 달리 행사기간의 단위를 영업일(working day)로 규정하였다(동 지침 제6조 제1항).

수 있기 때문에 3일의 차이가 발생하게 된다.[161] 이와 같이 현행 역일 방식은 소비자에게 동일한 행사기간을 부여하는 것이 아닌 차이를 유발하는 것이기 때문에 통일적인 기간을 부여하기 위해서는 영업일로 개정하는 것이 바람직하다.

6. 방해행위의 종료시점

우리 할부거래법 및 방문판매법과 일본의 경우 사업자의 방해행위가 있는 때에는 그 행위가 종료한 시점 또는 청약철회권에 관한 정보 등을 제공한 시점을 기산일로 정하고 있다. 그러나 전자상거래소비자보호법에서는 이를 규정하고 있지 않다. 물론 방해행위 중 정보의 미제공의 경우는 사업자가 청약철회권에 관한 정보를 제공하지 않은 경우에 해당하기 때문에 이를 안 날 또는 알 수 있었던 날이 기산일이 된다. 물론 이에 대한 부당성은 앞에서 언급하였기 때문에 반복하지 않는다. 그럼 그 이외의 방해행위가 존재한 경우에는 어떠한가? 물론 할부거래법 등에서는 방해행위가 종료한 날을 기산일로 정하고 있지만, 전자상거래소비자보호법에서는 이를 규정하고 있지 않다. 그럼 전자상거래소비자보호법 역시 할부거래법 등과 동일하게 방해행위가 종료한 날을 기산일로 정할 필요가 있는가? 물론 전자상거래소비자보호법에서도 이를 규정하여야 할 것이지만, 할부거래법상의 방해행위의 종료시점이 불명확하다는 문제점이 존재한다. 즉, 청약을 철회할 수 있음에도 불구하고 이를 행사할 수 없다고 표시한 경우에는 이를 행사할 수 있음을 고지한 시점이 방해행위의 종료시점일 것이다. 그러나 위

---

161) 기간을 계산함에 있어서 초일은 산입하지 않으며, 종료일이 토요일 또는 공휴일인 경우 월요일 또는 그 익일이다(민법 제157조, 161조).

력을 가하여 청약철회권을 행사할 수 없도록 한 경우 방해행위의 종료시점은 언제인가? 물론 민법상 강박에 의한 의사표시에 있어서 취소권의 행사기간의 기산일은 표의자가 강박상태에서 벗어난 시점이기 때문에 청약철회권 역시 이에 따라 해결하여야 할 것이다. 그러나 그 시점을 객관화하기란 그리 쉽지 않다. 따라서 할부거래법 등에서 방해행위가 종료한 시점을 기산일로 정함에 있어서 난점이 존재한다. 그럼 이 문제를 어떻게 해결하여야 하는가? 이에 대하여는 일본의 입법례에 따라 청약을 철회할 수 있다는 내용이 기재된 서면이 교부된 날을 기산일로 정하는 것이 할부거래법 등에서 발생하는 불명확성을 해소하는 방안이라고 할 수 있다.

7. 최장기간의 부존재

가. 제척기간 등에 의한 제한

청약철회권은 언제까지 행사할 수 있는가? 물론 사업자가 정보제공의무를 이행하였다면 7일 또는 14일 이내이다. 그러나 정보제공의무를 이행하지 않았으며, 소비자가 이를 과실없이 알 수 없었을 경우 언제까지 행사할 수 있는가의 문제가 발생한다. 유럽연합의 경우 이러한 문제를 해결하기 위하여 최장기간, 즉 1년이라는 행사기간을 규정하고 있다. 반면에 일본의 경우 최장기간을 규정하고 있지 않기 때문에 계약체결일로부터 8개월이 경과한 후에 청약철회권을 행사한 사건에서 권리남용에 해당하지 않는다고 판시하였다.[162] 우리 법 역시 최장기간에 대한 제한을 규정하고 있지 않다. 다만, 청약철회권은 형성권의 일종이기 때문에 소멸시효의 대상이

162) 東京地判平6・9・2判時1535号(大村敦志, 앞의 책, 83면).

아닌 제척기간(10년)의 적용을 받거나 신의칙상 실효의 법리에 따라 소멸될 때까지 행사할 수 있다.[163] 그러나 사업자가 영업활동을 지속하고 있는 상황이라고 한다면 10년의 제척기간에 의하여 소멸하는 경우는 거의 없을 것이다. 즉, 할부거래법상 행사기간의 기산일은 난지 안 날뿐만 아니라 알 수 있었던 날도 존재하기 때문에 과실없이 이를 알지 못한 경우는 거의 없을 것이기 때문이다. 물론 이 문제점에 대하여는 앞에서 언급하였다.

나. 최장기간의 신설

앞의 문제점을 해소하기 위하여 법을 개정할 경우 최장기간에 대한 설정이 불필요한 것인가의 문제가 제기된다. 물론 사업자가 청약철회권에 관한 정보를 제공하지 않았기 때문에 행사기간은 진행되지 않으므로 10년의 제척기간이 적용되어야 한다고 할 수 있다. 그러나 청약철회권은 계약체결 이후 소비자에게 구매의사를 재차 판단할 수 있는 기회를 부여하기 위함이라는 취지를 감안할 때 그 행사기간을 과도하게 장기간으로 정하는 것은 바람직하지 않다. 이러한 측면에서 볼 때, 유럽연합의 소비자권리지침상 1년이라는 최장기간은 어느 정도 타당성이 있다.[164] 그러나 이는 가장 기본적인 전제를 감안하고 있지 않다. 즉, 청약철회권은 소비자에게 구매의사를 재차 판단할 수 있는 기회를 부여하기 위함이기 때문에 구매의사가 변경된 경우 이를 행사할 수 있는 여건이 마련되어야 한다. 구체적으로 소비자가 청약철회권을 행사하려고 하였지만, 사업자의 주소 등을 알지 못하여

---

163) Christian von Bar · Eric Clive, Ibid, p. 357.

164) 본문에서 제시한 1년이라는 최장기간은 후술하는 국가기관 등에 대한 권리행사방안을 신설하지 않았을 경우를 전제로 한 것이며, 이를 신설할 경우에 최장기간은 이 보다 단축하는 방안도 고려할 수 있다.

이를 행사하지 못한 경우까지 최장기간을 적용하는 것은 청약철회권의 근본적인 취지를 감안한 것이라고 볼 수 없다. 따라서 이러한 경우에는 소비자가 청약철회권을 행사할 수 있는 방안을 마련하고, 그럼에도 불구하고 최장기간내에 행사하지 않았을 경우 이를 소멸하도록 하여야 할 것이다.

그럼 그 구체적인 방안은 무엇인가? 가장 기본적으로 공시송달의 방식이다(민법 제113조).[165] 그러나 이 방법을 통한 해결은 곤란하다고 할 수 있다. 즉, 공시송달의 경우 절차, 시간 및 비용이 소요되기 때문에 간편하게 계약관계를 해소하고자 하는 방안(청약철회권의 취지)으로는 적합하지 않다. 이러한 이유에서 공탁의 경우 역시 동일하다.[166] 그럼 어떠한 방안으로 이를 해결하여야 하는가? 매우 어려운 문제이며, 이에 대하여는 다각적인 측면에서의 검토가 필요하다. 필자가 제안하는 방안으로는 소비자보호를 추진하는 기관(국가기관[공정거래위원회], 공공기관[한국소비자원], 소비자단체 또는 해당 분야의 사업자단체)을 통하여 이 문제를 해결하는 것이다. 즉, 소비자가 중대한 과실없이 사업자의 주소를 알지 못하여 청약

---

165) 표의자가 과실없이 상대방을 알지 못하거나 상대방의 소재를 알지 못하는 경우 의사표시는 민사소송법 공시송달의 규정에 따라 송달할 수 있다(민법 제113조). 공시송달의 구체적인 내용에 대하여는 민사소송법에서 규정하고 있다. 먼저, 공시송달의 요건으로 당사자의 주소등 또는 근무장소를 알 수 없는 경우 또는 외국에서 하여야 할 송달에 관하여 제191조의 규정에 따를 수 없거나 이에 따라도 효력이 없을 것으로 인정되는 경우이며, 재판장의 직권 또는 당사자의 신청이 있어야 한다(동법 제194조). 둘째, 공시송달의 방법으로 공시송달은 법원사무관등이 송달할 서류를 보관하고 그 사유를 법원게시판에 게시하거나, 그 밖에 대법원규칙이 정하는 방법에 따라서 하여야 한다(동법 제195조). 셋째, 공시송달의 효과로서 첫 공시송달은 제195조의 규정에 따라 실시한 날부터 2주(외국에서 할 송달에 대한 공시송달의 경우에는 2월)가 지나야 효력이 생긴다. 다만, 같은 당사자에게 하는 그 뒤의 공시송달은 실시한 다음 날부터 효력이 생긴다(동법 제196조).

166) 청약철회권의 행사를 반드시 서면으로 하여야 한다면 공탁의 방식은 인정되지 않지만, 청약철회의 의사표시 뿐만 아니라 재화의 반환으로도 이를 행사할 수 있다고 할 것이기 때문에 공탁(재화의 반환) 역시 청약철회의 방식 중 하나이다.

철회권을 행사하지 못한 경우 공정거래위원회 등에 청약철회의 의사를 표시함으로써 사업자에 대한 청약철회로 인정하는 것이다. 그럼 이 방안의 장점은 무엇인가? 첫째, 소비자가 중대한 과실없이 사업자의 주소를 알지 못하였다고 하더라도 국가기관 등은 사업자의 주소를 간편하게 파악할 수 있기 때문에 사업자에게 이를 대신 전달함으로써 소비자가 중대한 과실없이 사업자의 주소 등을 알지 못하여 청약철회권을 행사할 수 없는 문제점을 해소할 수 있다. 둘째, 국가 등 역시 사업자의 주소 등을 알지 못한 경우 그 의사표시를 전달할 수 없지만, 소비자가 청약철회권을 행사한 사실을 객관화할 수 있다. 그 결과 청약철회의 효과인 신용제공자에 대한 대금지급의 거절 또는 대금환급을 용이하게 청구할 수 있다.[167] 셋째, 이를 악

---

167) 소비자가 대금을 지급하는 방식 중 다수를 차지하는 것이 신용카드결제이다. 그런데 사업자의 주소 등을 알지 못하여 청약을 철회하지 못한다면 매매계약과 여신계약의 관계와 무관하게 소비자는 신용카드사의 대금결제요청에 대하여 거절할 수 없게 되어 대금을 지급하여야 한다. 물론 최장기간을 1년으로 설정하여 1년 이내에 사업자의 주소를 안 후 청약을 철회하여 사업자가 대금을 환급하였다면 이러한 문제는 어느 정도 해결할 수 있다고 할 것이다. 그런데 1년이 경과하도록 사업자의 주소를 알지 못한 경우 또는 청약철회권을 행사하였지만, 사업자가 대금을 반환하지 않은 경우 그 피해는 소비자가 부담하여야 한다. 이러한 소비자피해를 예방 또는 구제하기 위하여 사업자가 아닌 자(국가 등)에게 청약철회권을 행사할 수 있는 방안의 모색이 필요하다는 것이며, 이를 통하여 신용카드사업자의 대금결제요청에 대하여 거절하거나 반환을 청구할 수 있도록 하기 위함이다. 물론 신용카드사에 대하여 반환을 청구하기 위해서는 현행 법제하에서는 불가능하며, 매매계약과 여신계약의 법적 일체성을 인정하는 법 개정 또는 특별법의 제정이 필요하다. 그럼 그 손실을 왜 신용카드사가 부담하여야 하는지에 대한 반론이 제기될 수 있다. 이러한 경우가 발생하는 경우가 일반적이라고 할 수 없지만, 사업자가 거래를 빙자하여 기망한 경우가 대표적인 사례이다. 그럼 이 경우 사업자의 정상적인 영업행위에 대한 확인의무는 누구에게 있는가? 소비자가 이를 확인하여야 하는가 아니면 신용카드사가 확인하여야 하는가이다. 여신전문금융업법에서는 가맹계약을 체결할 경우 신용카드사는 가맹계약을 체결하고자 하는 자의 사업장을 방문하여 영업 여부 등을 확인할 의무를 부과하고 있다(동법 제16조의2). 따라서 신용카드사의 확인의무 위반이 이러한 결과발생의 원인 중 하나라고 할 수 있다. 따라서 이러한 의무를 부담하는 자가 의무를 이행하지 않음으로 인하여 발생한

용한 소비자피해를 예방 또는 구제할 수 있다. 즉, 사업자가 청약철회권의 행사를 방해할 목적으로 도피하여 1년이 경과하였다면 최장기간의 도과로 인하여 소비자는 이를 행사할 수 없다. 그러나 이러한 제도를 신설한다면 소비자는 간편하게 청약철회권을 행사할 수 있기 때문에 사업자의 악용행위로 인한 피해를 방지할 수 있음과 더불어 신용제공자의 대금결제요청에 거부 또는 반환을 청구할 수 있게 된다. 그럼 이로 인한 단점은 무엇인가? 먼저, 민사관계에 있어서 국가 등이 개입한다는 점이며, 사인간의 법률관계가 제3자에 의하여 해결된다는 점이다. 즉, 청약철회권은 사법상 권리이기 때문에 이 문제는 당사자간에 해결되어야 함에도 불구하고 국가 등을 개입시키는 것은 사법질서의 원칙에 반할 수 있다. 물론 이러한 반론이 타당하다고 할 수 있지만, 소비자보호법은 일반 사법과 달리 소비자의 피해에 대하여 사적자치를 통하여 구제할 수 없는 경우 국가 등의 개입을 통한 구제를 인정하고 있다. 따라서 단지 국가 또는 제3자가 개입한다는 것 자체만으로 문제가 되지 않지만, 어느 정도까지 국가 등이 개입하는 것을 허용할 것인지의 문제는 남아 있다. 그러나 이러한 문제가 발생하는 근본적인 이유는 사업자의 위법행위(정보의 미제공 또는 주소변경 등)라는 점을 감안할 때 사업자의 측면이 아닌 소비자의 입장에서 청약철회권을 행사할 수 있는 방안을 마련하는 것이 필요하다고 생각된다.

이에 대한 구체적인 실행방안으로는 다음과 같이 제시할 수 있다. 먼저, 소비자가 사업자의 주소를 중대한 과실없이 알지 못한 경우 국가기관 등(공정거래위원회, 한국소비자원 또는 소비자단체 등)에 청약철회의 의사를 표시할 수 있도록 한다. 둘째, 이를 접수한 공정거래위원회 등은 사업자의 주소 등을 확인하고, 이에 대한 확인이 불가능할 경우 공시송달하여야 할 것이다. 그러나 민사소송법 또는 행정절차법[168]상의 공시송달방법으로 하

손실을 부담하는 것이 타당하다고 할 것이다.

168) 행정절차법상 송달은 우편·교부 또는 정보통신망 이용 등의 방법에 의하되 송

는 것은 바람직하지 않으며, 인터넷만으로의 공고를 요구하여야 할 것이다. 이를 위해서는 공시송달을 위한 전용사이트를 개설하여야 할 것이며, 각 기관별로 독자적으로 운영하기 보다는 통합사이트를 운영하는 것이 필요하다. 물론 국가 등의 개입없이 소비자가 직접 전용사이트에서 청약을 철회하는 방안 역시 고려할 수 있다. 그러나 소비자가 직접 사이트에서 청약을 철회할 수 있도록 한다면 그 편리성만을 악용하여 사업자의 주소를 간편하게 파악할 수 있음에도 불구하고 이 방식으로 행사할 수 있다. 따라서 이러한 악용의 소지를 제거하기 위해서는 중간단계, 즉 소비자가 중대한 과실없이 사업자의 주소를 알 수 없었는가에 대한 검증절차가 필요하며, 이를 담당하는 것이 공정거래위원회 등이다. 물론 이를 위하여 소비자는 사업자가 교부하였던 계약서를 함께 제출하도록 하고(주소변경의 경우 또는 허위 주소가 기재된 경우), 계약서를 교부하지 않은 경우에는 소비자의 확인서를 함께 제출하도록 하는 방안이 결부되어야 할 것이다. 또한 이러한 악용사례를 방지하기 위하여 고의 또는 중대한 과실이 있는 소비자가 이를 통하여 행사할 경우 그 효과를 부정하여야 할 것이다. 물론 이러한 방안을 실행하기 위해서는 법적 근거가 마련되어야 함은 당연하다.

달받을 자(대표자 또는 대리인을 포함한다. 이하 같다)의 주소·거소·영업소·사무소 또는 전자우편주소(이하 "주소등"이라 한다)로 한다. 다만, 송달받을 자가 동의하는 경우에는 그를 만나는 장소에서 송달할 수 있다. 교부에 의한 송달은 수령확인서를 받고 문서를 교부함으로써 행하며, 송달하는 장소에서 송달받을 자를 만나지 못한 때에는 그 사무원·피용자(被用者) 또는 동거자로서 사리를 분별할 지능이 있는 자에게 이를 교부할 수 있다. 정보통신망을 이용한 송달은 송달받을 자가 동의하는 경우에 한하며, 이 경우 송달받을 자는 송달받을 전자우편주소 등을 지정하여야 한다. 또한 송달받을 자의 주소등을 통상의 방법으로 확인할 수 없는 경우 또는 송달이 불가능한 경우에는 송달받을 자가 알기 쉽도록 관보·공보·게시판·일간신문중 하나 이상에 공고하고 인터넷에도 공고하여야 한다. 행정청은 송달하는 문서의 명칭, 송달받는 자의 성명 또는 명칭, 발송방법 및 발송연월일을 확인할 수 있는 기록을 보존하여야 한다(동법 제14조).

제3절 청약철회권의 행사방법

1. 재화의 반환방식

청약철회권의 행사방법에 대하여 서면방식을 요구하고 있는 경우와 그 행사에 있어서 제한을 두지 않은 경우로 구분된다. 전자에 해당하는 법이 할부거래법이며, 후자에 해당하는 법이 전자상거래소비자보호법, 방문판매법 및 콘텐츠산업진흥법 등이다. 그러나 상기의 법 모두 소비자의 직접적인 의사표시를 전제로 하고 있다. 물론 후자에 해당하는 법에서는 구체적인 행사방법을 규정하고 있지 않기 때문에 반드시 직접적인 의사표시만을 전제로 하고 있다고 할 수 없지만, 입법자의 의도는 명시적인 의사표시를 전제로 하고 있음으로 추정할 수 있다. 그럼 청약의 철회는 반드시 명시적인 의사표시만으로 행사하여야 하는가? 그러나 청약의 철회 역시 계약을 해소하겠다는 소비자의 의사를 상대방인 사업자에게 나타내는 것이다. 따라서 그 방식은 의사표시의 방법에 의하여야 하며, 이에는 직접적 의사표시와 간접적 의사표시로 구분할 수 있다. 그럼 후자에 해당하는 방식은 무엇인가? 그 대표적인 예가 공급받은 재화를 반환하는 것이다. 즉, 직접적 의사표시는 소비자가 서면 또는 구두의 방식으로 청약철회의 의사를 사업자에게 나타내는 것이다. 그러나 소비자가 당해 계약을 해소하겠다는 의사는 단지 이러한 직접적 의사표시만이 아닌 간접적인 방식 즉, 공급받은 재화를 반환함으로써 나타낼 수 있다. 이를 명시적으로 규정하고 있는 법제가 독일 민법이다. 즉, 독일 민법에서는 청약철회뿐만 아니라 반환권을 규정하여 재화의 반환을 통하여 이러한 권리를 행사할 수 있음을 규정하고 있다. 그럼 이러한 반환권은 우리의 현행법제에서는 인정되지 않는가? 물론 이 방식 역시 소비자가 청약을 철회한다는 의사를 나타내는 것이기 때문에 해석상 이러한 방식 역시 인정된다고 할 수 있다. 그러나 반환권과의 관계에서의 문제점은 그 효력발생시기이다. 즉, 반환권의 행사가 구두에 의한 의사표시인가 아니면 서면에 의한 의사표시인가의 문제가 제기된다. 물론 구두에 의한 의사표시는 대화자간의 관계를 전제로 하며, 이에는 당사자가 반드시 직접 대면하여야 하는 것은 아니다. 즉, 대면하지 않더라도 당사자의 의사표시가 실시간으로 상대방에게 도달할 수 있는 상황이라면 대화자간의 관계라 할 수 있으며, 그 대표적인 예가 전화 또는 온라인 채팅 등이 있다. 반면에 격지자간의 관계는 대화자간의 관계가 아닌 경우를 의미한다. 그럼 당사자가 반드시 지리적으로 떨어져 있어야 하는가? 물론 종전의 기준으로 한다면 지리적인 격리가 반드시 필요하다고 할 것이다. 그러나 전자적 의사표시의 경우에 있어서 실시간 방식이 아닌 경우, 즉 전자우편에 있어서 당사자가 지리적으로 격리되어 있지 않더라도 이는 대화자간의 관계라고 할 수 없으며, 격지자간의 관계로 보아야 한다. 그럼 이를 구분하는 실익은 무엇인가? 이는 의사표시의 효력발생시기와 직결한다. 즉, 대화자간의 계약은 승낙의 의사표시가 상대방에게 도달하였을 때 효력을 발생하지만, 격지자간의 계약은 승낙의 의사표시가 발하였을 때 효력을 발생한다. 따라서 당사자간의 관계가 대화자간인가 아니면 격지자간인가의 문제는 계약의 성립시기와 직결하는 문제이다. 물론 현행 민법에서 계약의 성립시기를 대화자와 격지자간으로 구별하고 있기 때문에 발생하는 문제이며, 외국의 입법례와 같이 이를 통일적으로 규정할 경우에는 이 문제는 크게 발생하지 않는다. 그럼 이러한 문제가 청약철회권의 행사에 있어서는 어떠한 영향을 미치는가? 즉, 앞에서 언급한 바와 같이 재화의 반환에 의한 청약철회가 구두에 의한 의사표시로 인정될 수 있는가 아니면 서면에 의한 의사표시로 인정될 수 있는가의 문제이며, 이는 청약철회의 효과발생시기와 직결한다. 그러나 이는 후자로 보아야 할 것이다. 즉, 구두에 의한 의사표시는 직접적으로 상대방에게 의사표시를 전달하는 것이기 때문에 재화의 반환은 이에 해당하지 않는다. 그러나 서면에 의한 의사표시는 반드시 서면에 이러한 의사가 표시되어야 하는 것은 아니며, 당사자의 의사표시가 다른 물건에 화체되어 전달하는 방식과 같이 상대방이 그 의사를 알 수 있는 방법으로 행하면 충분하다고 할 수 있다. 물론 서면에 의한 의사표시를 좁게 해석하여 반드시 문서에 기재된 방식만을 의미한다고 해석한다면 재화의 반환은 이에 해당하지 않게 된다. 그러나 이에 대하여는 좁게 해석할 필요는 없으며, 넓게 해석하여야 할 것이다. 따라서 재화의 반환을 통한 청약철회는 구두가 아닌 서면에 의한 청약철회로 인정되기 때문에 재화를 반환하는 시점에 당해 계약은 소멸한다고 할 것이다. 물론 이 문제는 상기와 같이 해석을 통하여 해결할 수 있지만, 이를 보다 명확하게 하기 위해서는 재화의 반환을 통한 청약철회권의 행사를 명시적으로 규정할 필요가 있으며, 그 효과발생시기를 재화가 사업자에게 도달한 시점이 아닌 소비자가 재화의 반환을 위하여 운송업자 등에게 반송한 시점으로 규정할 필요가 있다.

2. 서면 방식에서 효과발생시기로의 전환

방문판매법 및 전자상거래소비자보호법과는 달리 할부거래법에서는 청약철회권의 행사방법에 대하여 서면방식을 요구하고 있다. 물론 이는 주의적 규정에 불과하기 때문에 소비자가 구두로 청약을 철회할 경우 그 효력과는 무관하다고 해석할 수 있다. 그러나 이러한 논란의 여지를 제공하는 것은 바람직하지 않다. 물론 청약철회권의 행사사실을 명확하게 한다는 장점은 있지만, 이는 소비자가 입증할 문제일 뿐이다. 따라서 청약철회권의 행사방법을 서면으로 행사할 것을 규정하는 것은 타당하지 않다. 그럼 이를 어떠한 방식으로 개정하여야 하는가? 이는 방문판매법 등과 같이 행사의 방법으로 규정할 것이 아니라 효력발생시기로 규정하는 것이 바람직하다. 즉, 청약의 철회를 서면으로 행사할 경우 그 효력은 서면을 발송한 시점에 발생한다로 규정하여야 할 것이다.

제4절 청약철회의 효과

1. 재화의 반환의무

소비자가 청약을 철회하였을 경우 당해 계약은 소멸한다. 따라서 당사자는 상대방으로부터 이행받은 것을 반환하여야 한다. 즉, 소비자는 재화를 반환하여야 하며, 사업자는 대금을 환급하여야 한다. 이와 관련하여 방문판매법 등에서는 소비자의 반환의무만을 규정하고 있을 뿐 언제까지 이를 반환하여야 하는가에 대하여는 규정하고 있지 않으며, 디지털콘텐츠와 같이 반환이 불가능한 경우와 반환 그 자체가 의미가 없는 경우에 있어서 반환의무를 어떠한 방식으로 설정되어야 하는가에 대하여 문제가 제기된다.

가. 반환시기 및 위반의 효과

방문판매법 등에서는 소비자가 청약을 철회한 경우 재화의 반환의무만을 규정하고 있을 뿐 언제까지 이를 반환하여야 하는가에 대한 규정을 두고 있지 않다. 물론 대금의 환급시기가 재화를 반환받은 날로부터 3영업일 이내이기에 대금을 조속히 환급받고자 하는 소비자는 즉시 반환할 것이다. 그럼 이러한 반환시기에 대한 규정의 부존재는 별다른 문제를 야기하지 않는가? 그러나 이러한 규정의 부존재는 청약철회권을 악용하고자 하는 소비자를 유발한다. 즉, 청약철회권을 행사하였음에도 불구하고 재화를 즉시 반환하지 않고 충분히 자신의 목적에 따라 사용한 후 이를 반환하고, 대금을 환급받을 수 있기 때문이다. 물론 이로 인하여 얻은 이익을 청구할 수 있지만, 이를 통하여 해결하는 것은 그리 쉬운 문제가 아니다. 그럼 이 문제는 어떻게 해결하여야 하는가? 이에 대하여는 반환시기를 규정하는 것이 바람직하다. 즉, 청약철회권을 악용하는 경우를 발생시키지 않기 위해서는 청약철회권의 행사 후 일정기간내에 반환에 필요한 조치를 취하도록 하고, 이 기간내에 이러한 조치를 강구하지 않은 경우 청약철회권의 행사를 인정하지 않은 것이다. 그럼 그 기간을 얼마로 정하여야 하는가? 충분한 기간을 부여하는 것 역시 필요하지만, 청약철회권을 남용하는 것을 방지하기 위함이라는 측면으로 고려한다면 청약을 철회한 후 3영업일 이내에 정하는 것이 타당할 것이다. 물론 이 기간내에 반환하여야 한다면 소비자에게 지나친 의무부과라고 할 수 있지만, 이러한 의무를 반환이 아닌 반환에 필요한 조치로 설정한다면 그리 과중한 의무부과라고 할 수 없다. 즉, 여기에서 말하는 반환에 필요한 조치는 반환 그 자체가 아닌 반환을 위하여 필요한 조치를 말하며, 구체적으로 재화의 재포장 및 운송업체 등에게의 연락을 의미한다. 이는 전자상거래소비자보호법상 소비자의 청약을 받은 사업자는 7영업일 또는 3영업일 이내에 공급에 필요한 조치를 취하도록 규정하고 있기 때문에 이에 상응하게 규정하도록 하는 것이다.

나. 디지털콘텐츠의 삭제의무 등

상기의 반환의무는 반환이 가능한 재화에 대한 소비자의 의무이다. 그럼 반환이 불가능하거나 의미가 없는 재화등에 대하여는 어떠한가? 이에 해당하는 것이 바로 디지털콘텐츠와 용역이다. 먼저, 용역은 사업자가 이행을 착수한 경우 이를 배제사유로 규정하여야 하지만, 정보제공의무 등을 이행하지 않은 경우에는 청약을 철회할 수 있도록 할 필요가 있다. 만일 이러한 경우에 해당하여 소비자가 청약을 철회한 경우, 용역 그 자체는 반환이 불가능하다. 그럼 용역에 대하여는 반환 대신에 어떠한 의무를 부과하여야 하는가? 쉽지 않은 문제이지만, 용역의 제거가 가능한 경우에 그 제거의무를 규정할 필요가 있다. 다만, 용역을 제거할 경우 소비자에게 다른 피해가 발생할 경우에는 예외적으로 제거의무를 부정하여야 할 것이다. 둘째, 디지털콘텐츠의 경우에는 반환의무를 어떻게 정하여야 하는가? 이를 정함에 있어서는 디지털콘텐츠의 이용방식에 따라 구분하여야 한다. 즉, 디지털콘텐츠의 이용방식은 다운로드 방식과 스트리밍 방식이 있다. 문제가 되는 경우는 다운로드 방식이다. 즉, 스트리밍 방식의 경우 소비자의 정보통신기기에 전송된 것이 없기 때문에 반환의무 그 자체가 발생하지 않는다. 따라서 이 경우에는 반환의무가 아닌 소비자가 더 이상 디지털콘텐츠를 이용할 수 없도록 필요한 조치를 취할 의무를 사업자에게 부과하여야 할 것이다. 그럼 다운로드 방식의 디지털콘텐츠는 반환하여야 하는가? 그러나 이러한 디지털콘텐츠를 반환하더라도 소비자의 정보처리장치에는 그대로 남아 있기 때문에 의미가 없으며, 사업자 역시 이를 반환받아 재판매하는 것이 아니기 때문에 그 반환의무를 부과하는 것은 디지털콘텐츠의 특성을 전혀 감안하지 않는 것이다. 즉, 반환의무를 부과하는 것은 기본적으로 소비자의 추가적인 이용을 금지할 뿐만 아니라 사업자가 반환받은 재화를 재판매할 수 있도록 하기 위함이다. 그러나 디지털콘텐츠의 경우 개별 디지털콘텐츠를 판매하는 것이 아닌 이를 복제하는 것이다. 따라서 물리적 반환이 가능한 재화를 전제로 한 반환의무를 디지털콘텐츠에 그대로 적용하기는 곤란하다. 그럼 디지털콘텐츠에 대하여는 어떠한 의무를 부과하여야 하는가? 가장 기본적으로는 이를 삭제할 의무를 부과하여야 할 것이다. 물론 이를 복구하여 사용하는 것이 가능하기 때문에 이러한 삭제의무와 더불어 이용금지의무를 부과하여야 할 것이다. 그럼 소비자가 디지털콘텐츠를 삭제한 후 대금을 반환받은 후 다시 복구하여 사용한 경우에는 어떻게 처리할 것인가? 물론 이는 신의칙에 반하는 것이기 때문에 청약철회권의 행사로 인정하여서는 아니된다. 따라서 대금을 청구하여야 할 것이다. 그럼 이를 방지하기 위한 방안은 무엇인가? 물론 이를 방지하기 위한 조치를 설정한다는 그 자체가 의미가 없다고 할 수 있지만, 디지털콘텐츠에 대하여 시건장치(기술적 보호조치)를 설정하는 것이 하나의 방안이라고 할 수 있다. 즉, 청약철회권의 행사기간 동안에는 제한 없이 이를 사용할 수 있도록 설정하면서, 이 기간이 도과할 경우 더 이상 사용할 수 없게 설정하는 것이다. 만일 소비자가 청약철회권을 행사하였다면 시건장치에 의하여 그 기간이후에는 더 이상 이용할 수 없지만, 청약철회권을 행사하지 않은 경우에는 시건장치를 해제할 수 있는 정보를 소비자에게 제공함으로써 계속적으로 이용할 수 있게 하는 방안이다. 이러한 방안에 대하여는 이미 사업자가 활용하고 있다. 물론 이 문제는 법적인 차원에서 해결할 문제는 아니며, 사업자가 기술적으로 해결할 문제이기 때문에 여기에서는 더 이상 논하지 않는다.

2. 대금환급의무

소비자가 재화를 반환한 경우, 사업자는 3영업일 이내에 대금을 반환하여야 한다. 사업자의 대금환급의무와 관련하여 문제가 되는 경우는 대금환급시기이며, 특히 소비자가 신용제공자를 통하여 대금을 지급하였을 경우에 있어서 여신계약의 효력 및 급부의 목적물을 사용하기 위하여 다른 재화를 구입하였을 경우 그 계약의 효력이 문제된다.

가. 대금의 환급시기

할부거래법 등에서는 대금의 환급시기에 대하여 재화를 반환받은 날로부터 3영업일 이내에 대금을 반환하도록 규정하고 있다.[169] 이러한 대금의 환급시기와 관련하여 문제는 소비자가 재화를 공급받지 않은 경우와 상기에서 살펴본 바와 같이 반환의무를 부담하지 않은 경우에 있어서의 대금

169) 계약체결시에 재화등을 공급할 필요가 없는 선불식 할부거래의 경우 대금반환시기를 선불식 할부거래업자가 청약철회의 서면을 접수한 날부터 3영업일 이내에 이미 지급받은 계약금 및 할부금을 환급하도록 규정하고 있다(동법 제24조 제5항).

환급시기이다. 먼저, 재화등을 공급받지 않은 경우에 있어서 소비자가 청약을 철회한 경우에는 반환할 재화가 없기 때문에 그 의사표시가 도달한 날로부터 3영업일 이내에 반환하도록 규정할 필요가 있다. 물론 전자상거래소비자보호법에서 통신판매업자는 청약을 받은 재화등을 공급하기 곤란하다는 것을 알았을 때에는 지체 없이 그 사유를 소비자에게 알려야 하고, 선지급식 통신판매의 경우에는 소비자가 그 대금의 전부 또는 일부를 지급한 날부터 3영업일 이내에 환급하거나 환급에 필요한 조치를 하여야 한다(동법 제15조 제2항). 그러나 이는 통신판매업자를 기준으로 한 것이며, 청약철회가 아닌 사업자의 이행지체 또는 이행불능의 경우를 대상으로 한 것이다. 반면에 상기에서 제시한 경우는 소비자가 재화등을 공급받기 전에 청약철회권을 행사한 경우이다. 따라서 이를 기준으로 이 문제를 해결할 수 없다. 그럼 이 문제는 어떻게 해결하여야 하는가? 이에 대하여는 선불식 할부거래와 같이 소비자의 청약철회의 의사표시를 받은 날로부터 3영업일 이내로 정하여야 할 것이다. 이러한 점은 반환을 할 수 없는 용역 또는 디지털콘텐츠에 대하여도 동일하게 적용하여야 할 것이다.

나. 결합계약의 효력

(1) 결합계약의 정의 및 유형

결합계약이라 함은 소비자가 체결한 재화등에 관한 계약과 경제적 일체성을 갖는 계약이라고 할 수 있다. 즉, 소비자가 재화에 관한 계약을 체결하면서 체결하여야 하는 그 이외의 계약을 말한다. 물론 여신계약이 그 대표적인 계약이라고 할 수 있지만, 반드시 이에 한정되는 것은 아니다. 즉, A라는 재화를 구입하면서 이를 이용하기 위해서는 B라는 재화가 필요한 경우 B에 대한 계약이 A에 대한 계약과의 관계에서 결합계약에 해당한다. 다만, B라는 재화를 구입하였다는 것만으로 결합계약으로 인정하기에는 곤란한 점이 있다. 즉, A라는 재화는 전자상거래를 통하여 갑에게 구입하고, B라는 재화는 甲과 전혀 무관한 소비자의 주거지 근처인 乙의 매장에게 구입하였을 경우 양 계약을 결합계약이라고 할 수 없다. 그럼 양 계약이 결합계약으로 인정되기 위한 요건은 무엇인가? 먼저, 동일한 사업자로부터 구입하였고, 하나의 재화가 다른 재화의 이용을 위하여 구입하였을 경우에 양자는 결합계약이라고 할 수 있다. 다만, 동일한 사업자라고 하더라도 두 개의 재화간에 이러한 연관관계가 없는 경우에는 결합계약이라고 할 수 없다. 둘째는 상이한 사업자로부터 각기 다른 재화를 구입하였을 경우이다. 물론 이러한 경우에는 결합계약성을 인정하기가 곤란하지만, 양 재화의 이용에 있어서 상호간에 연관관계가 존재하고, 당해 재화를 판매한 사업자를 통하여 다른 사업자와 계약을 체결한 경우에는 결합계약성을 인정하여야 할 것이다. 그러나 여신계약과 달리 그 외의 결합계약의 경우에 있어서 청약철회의 문제는 동일하게 발생하지 않는다. 즉, 전자상거래 등의 비대면거래의 경우 양 계약 모두 비대면거래의 요건을 충족하는 것이 일반적이기 때문에 각 계약에 대하여 청약철회권을 행사할 수 있기 때문이다. 물론 하나의 계약은 비대면으로 체결하고, 다른 계약은 대면으로 체결할 수 있다. 즉, 온라인으로 이러닝 계약을 체결하고, 그 교재는 사업자가 지정한 오프라인 서점에서 구입한 경우가 대표적이라고 할 수 있다. 이러한 경우에 있어서 결합계약성은 상기의 요건에 따라 판단하여야 할 것이다.

(2) 결합계약의 효력

할부거래법 등에서 규정하고 있는 결합계약은 주로 여신계약이다. 또한 이 문제는 사업자의 대금환급의무와 연관하여 규정하고 있다. 즉, 소비자가 대금을 지급할 때 신용카드 등으로 지급한 후 청약을 철회하였을 경우 신용제공자의 대금결제요청에 대하여 소비자가 이를 거부할 수 있는가의 문제이다. 그러나 이미 앞에서 살펴본 바와 같이 할부거래법 등에서는 결합계약의 효력에 대하여 각기 별도로 판단하고 있다. 따라서 재화등의 계약에 대하여 청약을 철회하였다고 하더라도 그 효력은 결합계약에는 영향을 미치지 않는다. 따라서 여신계약은 그대로 유효하기 때문에 신용제공자의 대금결제요청에 대하여 소비자는 거부할 수 없다. 물론 이에 대하여 할부거래법 등에서는 소비자의 항변권 등을 규정하고 있다. 그러나 그 법률관계 역시 모두 동일한 것이 아니라 할부거래법과 방문판매·전자상거래소비자보호법·콘텐츠산업진흥법의 내용이 상이하다. 즉, 할부거래법상 소비자가 청약철회권을 행사하고 그 사실을 신용제공자에게 통지하거나 사업자가 그 사실을 신용제공자에게 통지한 경우 또는 신용제공자가 청약철회권 행사기간 내에 대금을 사업자에게 지급한 경우 소비자는 신용제공자의 대금결제요청에 대하여 거절할 수 있다. 그러나 방문판매법 등에서는 소비자에게 상계요청권만을 부여하고, 신용제공자가 정당한 사유없이 상계하지 않은 경우에 한하여 거부할 수 있도록 규정하고 있다. 물론 양자만 비교한다면 할부거래법이 소비자에게 유리하다고 할 수 있지만, 이러한 방식 역시 궁극적인 해결방안으로 적합하지 않다. 즉, 할부거래법은 소비자가 아직 대금을 지급하지 않은 경우만을 대상으로 하고 있다. 물론 대금을 지급한 경우를 규정하고 있지만, 그 법률관계는 사업자가 대금을 신용제공자에게 환급한 경우이다. 그러나 소비자가 대금을 신용제공자에게 지급하였지만, 사업자가 신용제공자에게 반환하지 않은 경우는 규정하고 있지 않다. 그럼 이 문제는 어떻게 해결되는가? 현행법상 구제방법은 소비자가 사업자에게 반환을 청구하여 해결하여야 한다. 그러나 이 방법은 사실상 매우 곤란하다. 물론 사업자가 임의적으로 소비자에게 환급할 수 있지만, 이러한 경우라면 신용제공자에게 바로 환급하여 신용제공자가 소비자에게 환급하기 때문에 이미 법에서 규정하고 있다. 따라서 이와 관련하여서 발생하는 문제는 사업자가 신용제공자에게 환급하지 않고, 소비자에게 대금을 환급하지 않은 경우 소비자는 어떻게 환급받을 수 있는가이다. 물론 유럽연합 소비자권리지침 등과 같이 양 계약을 결합계약으로 인정하여 청약철회권의 행사에 따라 여신계약 역시 동시에 효력을 소멸시킨다면 소비자가 대금을 지급하거나 하지 않더라도 큰 문제는 발생하지 않는다. 즉, 대금을 지급하지 않은 경우라고 한다면 채권이 존재하지 않기 때문에 신용제공자의 결제요청에 대하여 당연히 거절할 수 있으며, 이미 지급하였다면 사업자 및 신용제공자에게 반환을 청구할 수 있기 때문에 사업자가 임의적으로 환급하지 않았다고 하더라도 소비자는 신용제공자에게 청구하거나 결제할 다른 채무와 상계함으로써 사실상 환급을 받는 결과를 발생시킬 수 있다.

그럼 우리의 소비자보호법도 유럽연합 소비자권리지침 등과 같이 매매계약과 여신계약에 대하여 결합계약으로 인정하여 이와 같이 처리하는 것이 필요하며, 이와 같이 법을 개정하는 것이 바람직한 것인가? 물론 청약철회에 따른 여신계약 등의 문제를 간편하게 해결하기 위함이라고 한다면 이와 같이 해결하는 것이 바람직하다고 할 수 있다. 그러나 이러한 사항을 소비자보호법에서만 규정한다고 하여 모든 것이 해결되는 것은 아니다. 즉, 개별 소비자보호법에서는 청약철회권만을 규정하고 있다. 그러나 소비자계약을 해소할 수 있는 권리는 단지 청약철회권만이 있는 것이 아니라 취소권, 해제권 또는 해지권도 존재한다. 그럼 소비자계약을 취소, 해제 또는 해지하였을 경우 여신계약의 효력은 청약철회권의 행사와 동일하게 소멸한 것으로 볼 수 있는가의 문제가 제기된다. 이러한 점 때문에 결합계약의 효력은 유럽 국가들은 소비자신용법의 제정을 통하여 해결하고, 이를 청약철회권에서 다시 규정하고 있다. 즉, 결합계약의 효력에 대하여 단지 청약철회권에서만 규정하고 있는 것이 아닌 소비자신용법에서 이를 규정하고 청약철회의 효과로써 이를 다시 규정한 것이다. 물론 청약철회권의 효과로서 결합계약의 효력을 규정하고, 해석론을 통하여 취소, 해제 또는 해지된 경우 동일하게 소멸한 것으로 할 수 있을지도 모른다. 그러나 매매계약과 여신계약에 대하여 결합계약성을 부정하고 있는 현실에서 청약철회의 효과로 이를 규정하였다고 하여 이를 취소 등에 바로 적용하는 것은 어렵다고 할 수 있다. 따라서 매매계약에 대하여 청약을 철회한 경우 여신계약의 효력 역시 소멸하는 것으로 규정할 필요는 있지만, 이러한 입법방식은 단지 청약철회권을 규정하고 있는 개별 소비자보호법에서 이를 규정할 것이 아니라 소비자신용법의 제정을 통하여 해결하여야 할 것이다. 그러나 소비자신용법을 제정하여 해결하는 것은 비교적 장기간이 소요된다고 할 것이다. 그럼 그 기간까지의 해결방법은 무엇인가? 현행 할부거래법의 내용과 방문판매법 등의 내용을 조합한다면 과도기적 해결방안이 제시될 수 있다. 즉, 소비자가 청약철회권을 행사한 후 이를 신용제공자에게 통지하거나(통지의 주체는 소비자 또는 사업자), 신용제공자가 그 기간내에 대금을 지급한 경우에는 당연히 신용제공자의 대금결제요청에 대하여 거절할 수 있도록 하고, 이미 소비자가 대금을 지급하였지만, 사업자가 대금을 환급하지 않은 경우에는 사업자의 다른 채무와 상계할 것을 요청하고, 신용제공자가 정당한 사유없이 상계하지 않은 경우에 신용제공자에게 반환의무를 부과하는 것이다. 물론 이들간에는 공백이 있다. 즉, 소비자 및 사업자가 그 사실을 신용제공자에게 통지하지 않아 신용제공자가 소비자에게 대금을 청구한 경우에 그 결제요청에 대하여 거부할 수 있는가이다. 물론 이 경우는 사업자의 다른 채무와 상계할 것을 요청하고, 정당한 사유없이 상계하지 않은 경우에 이를 거부할 수 있도록 하여야 할 것이다. 이러한 방안은 매매계약과 여신계약간에 결합계약성을 인정하지 않기 때문에 부득이 소비자보호차원에서 제시한 방안이다. 물론 이는 과도기적인 해결방안이며, 궁극적인 해결방안은 앞에서 제시한 바와 같이 소비자신용법(가칭)을 제정하여 결합계약으로 인정하는 것이다.

3. 사용이익의 산정 등

소비자가 재화를 사용한 후 청약을 철회하였을 경우 사업자는 사용에 따라 소비자가 얻은 이익, 재화등의 사용으로 소모성 부품의 재판매가 곤란하거나 재판매가격이 현저히 하락하는 경우에는 해당 소모성 부품의 공급에 든 비용 또는 다수의 동일한 가분물로 구성된 재화등의 경우에는 소비자의 일부 소비로 인하여 소비된 부분의 공급에 든 비용을 청구할 수 있다. 물론 소비자가 재화를 사용하였다면 이로 인하여 얻은 이익 등을 지급하여야 하지만, 문제는 그 이익을 산정하는 기준이 모호하다는 점에서 문제가 있다. 즉, 일반적인 재화의 경우에는 감치감소분이 이에 해당한다고 할 수 있지만, 반드시 사용이익이 감치감소분과 일치하지 않는다. 특히, 디지털콘텐츠의 경우에는 이를 산정하기가 매우 어렵다. 즉, 디지털콘텐츠의 경우에는 가치감소가 발생하지 않을 뿐만 아니라 일회적 이용에 의하여 이용목적을 달성하는 디지털콘텐츠(영화 등)과 계속반복적 이용에 의하여 이용목적을 달성하는 디지털콘텐츠(음악, 이러닝 등)로 구분되기 때문에 일률적인 기준을 정하기가 곤란하다. 또한 후자에 해당하는 디지털콘텐츠 중 이용기간에 제한이 없는 경우에는 이를 산정하기가 매우 곤란하다. 이러한 점은 청약철회권을 행사한 후 대금의 환급에 있어서 사업자와 소비자간에 분쟁이 발생할 가능성이 매우 높다. 따라서 이 문제를 해결하기 위하여 일정한 기준을 설정할 필요가 있으며, 이는 단지 청약철회에만 국한되는 문제가 아닌 취소, 해제 또는 해지에도 공통적으로 적용되는 문제이다. 둘째로 재화 중 일부가 소모된 경우에 있어서 청구할 수 있는 금액이다. 물론 이에 대하여 전자상거래소비자보호법 등에서는 소모성 부품의 공급에 든 비용 또는 소비된 부분의 공급에 든 비용으로 규정하고 있다. 그럼 여기에서 공급에 소요되는 비용이라고 할 때 공급의 의미는 무엇인가? 즉, 사업자가 이러한 부품 또는 부분을 구입하는 비용을 의미하는가 아니면 소비자에게 공급할 때 소요되는 비용인가의 문제이다. 전자로 해석한다면 소비자에게 유리하다. 즉, 그 비용에는 사업자의 영업이익 등이 가산되지 않은 원가만을 의미하기 때문이다. 그러나 이는 후자 즉, 소비자에게 공급할 때 드는 비용을 해석하여야 하며, 단지 공급원가가 아닌 그 부품 또는 부분을 소비자에게 판매하는 금액으로 해석하여 처리하여야 할 것이다. 그럼 개별 단위 가격의 합계가 전체 금액과 상이한 경우에는 어느 기준에 의하여 이를 산정하여야 하는가? 이에 대하여는 유럽연합 소비자권리지침과 같이 전체에 대한 판매금액을 기준으로 하여 소모된 부분의 비율에 해당하는 금액을 공제하는 방식으로 해결하여야 할 것이다.

찾아보기